중국불교철학

인생론

01

ESSENCE OF CHINESE
BUDDHIST PHILOSOPHY

중 국 불 교 철 학

인 생 론

01

저자 : 팡리티엔(方立天)
역자 : 김봉희, 이봉순, 황성규

KSI 한국학술정보(주)

『중국불교철학요의』 한국어판 출판에 즈음하여

　법문사의 숭고한 성물 불지사리(佛指舍利)가 한국에 보내져 받
들어진 지 40일, 산시성에서 북경으로 되돌아온 지 얼마 되지 않은
좋은 날, 2006년 1월 4일 황성규 박사가 북경을 방문하여『중국철
학요의』의 번역을 이미 완료하였으며 곧 출간할 예정이라고 말하
였습니다. 먼저 서울불교대학원대학교 이봉순 교수를 위시한 관계
자 여러분의 수고로운 번역 작업에 깊은 감사를 드리며, 나의 이
책이 한국의 독자 여러분과 만나게 되는 것을 매우 기쁘게 생각합
니다.

　일찍이 40여 년 전부터 불교를 연구해 오면서 나에게는 중국불
교철학 관련서적을 집필하고자 하는 마음속의 원이 있었습니다. 집
필의 목적은 두 가지였습니다. 하나는 체계적으로 중국불교철학의
풍부한 내용을 정리하고 총괄하여 중국불교철학의 사상적 특징을
드러내는 것이었으며, 또 하나는 중국불교의 철학적 지혜가 함유하
고 있는 현대적 가치를 탐색하고 제시함으로써 사회의 건강한 발
전을 촉진하는 데 도움이 되고자 하는 것이었습니다.

　오늘날 중국에는 중국 전통문화의 삼대 지주라고 할 수 있는 유
교 · 불교 · 도교 중에서 불교문화가 가장 적극적으로 활동하고 있

습니다. 이러한 현상의 출현은 결코 우연한 것이 아니며, 불교문화가 간직하고 있는 것이 현대 인류의 사회 발전에 필요한 내용에 부응하기 때문입니다. 즉 인류사회의 세 가지 기본 모순이라고 할 수 있는 인간과 자아, 인간과 사회, 인간과 자연의 모순과 직접적인 상관이 있으며, 그것을 해결하는 데 도움이 되고 있기 때문입니다. 또한 불교문화를 구성하는 있는 핵심인 연기(緣起), 인과(因果), 평등(平等), 자비(慈悲), 중도(中道), 원융(圓融) 등의 철학적 범주는 현대 사회 속에서 발전을 계도하고 협조하는 바람직한 기능과 작용을 발휘하고 있을 뿐만 아니라 보편적 세계의 가치와 영원한 가치를 지니고 있어 우리가 높이 중시하고 실천할 만한 가치가 있는 것이라고 생각합니다.

중국과 한국은 지리적으로 서로 이어져 있는 순망치한의 관계이며, 양국의 국민은 오래고 깊은 전통적인 우의를 지니고 있습니다. 양국의 문화 교류를 촉진하고 양국 국민의 우의를 돈독히 하는 중요한 교량과 유대의 하나로서 불교는 독특한 작용을 발휘하였습니다. 고대 중국불교는 한국불교에 오랫동안 깊은 영향을 끼쳤으며, 한국불교의 고승들은 중국불교 종파에 참여하기도 하였습니다. 예를 들면, 자은종(慈恩宗)의 창립과 천태종이나 화엄종 등 여러 중국불교 종파의 진흥에 동참하여 강력한 촉진작용을 일으킨 바 있습니다. 이러한 상호작용은 두 나라 불교의 신앙·철학사상·윤리도덕·문학예술·민간 풍습·역사발전에 이르기까지 영향을 주었으며, 하나같이 모두 심대한 것이었습니다. 그래서 불교는 중국과 한국 나아가 중국·한국·일본을 연결하는 '황금유대'라는 찬미를 듣게 된 것입니다. 불교는 중·한 양국 공동의 소중한 문화유산이면서 중요한 정신적 재산이며, 또한 두 나라 국민이 공동적으로 귀중하게 여길 만한 가치 있는 것입니다. 우리는 최대한 불교문화의 우수한 전통을 고양시킴으로써 두 나라 국민의 행복을 이루어 나가야 할 것입니다.

　나의 졸저『중국불교철학요의』는 중국에서 출판된 후, '국가도서상(2002년)', '중화문화우수저작' 일등상(2004년)과 '북경시 철학·사회과학 분야의 우수성과' 특등상(2004)을 수상하였으며, '중화문고(中華文庫)'에 수록되어 출판되었습니다. 십여 년 전, 나의 졸저『불교철학』과『중국 고대문제발전사(中國古代哲學問題發展史, 상·하)』등이 한국어로 출판되었으며, 이제『중국불교철학요의』의 한국어판이 곧 출판되게 되었습니다. 나는 중국과 한국 양국의 불교 및 철학과 문화의 교류에 미력하나마 공헌을 하게 된 것을 마음속으로 대단히 기쁘게 생각합니다. 이후 나는 중국과 한국 두 나라의 문화 교류와 국민들 간의 우의가 더욱 돈독해지기를 바라며 끊임없이 새로운 노력을 하고자 합니다.

2006년 1월 6일 북경에서
저자 팡리티엔(方立天) 씀

역자 서문

　역자가 팡 교수님을 만나게 된 것은 역자가 근무하고 있는 서울 불교대학원대학교와 중국 인민대학 불교와종교학이론연구소[佛敎與宗敎學理論硏究所]가 2004년 8월 26일 학술교류협정을 맺게 되면서이다.

　2004년 8월 26일, 먼저 우리 학교 관계자들이 중국인민대학을 방문하여 학술교류협정에 서명을 하였고, 같은 해 12월 1일에 팡 교수님과 인민대학 관계자들이 우리 학교를 답방하였다. 그때 우리 학교는 팡 교수님께 본교 제1호 명예불교학박사학위를 수여하였고, 팡 교수님께서는 이 책을 우리 학교에서 번역할 수 있도록 허락하였다. 그래서 인민대학을 함께 방문하였던 황성규 박사와 김봉회 박사, 본인 셋이서 이 책을 함께 번역하기로 뜻을 모아 출판하게 되었다.

　처음 뵈었을 때부터 역자는 팡 교수님에게서 평생을 학문연구에 매진해 오신 노학자의 풍모와 함께 할아버지에게서 받을 수 있는 푸근함도 함께 느낄 수 있었다. 연구소 소속의 쉬엔팡(宣方), 장펑레이(張風雷), 하오리신(郝立新), 원진위(溫金玉) 박사님들도 워낙 친절하시고 중국에 머무는 동안 불편함이 없도록 보살펴 주셔서 마치 오래전부터 알고 지낸 가까운 지인들처럼 느껴졌다.

이 책의 저자인 팡 리티엔 교수님은 1933년 3월 저지앙성(浙江省) 융캉(永康)에서 출생하여 북경대학을 졸업하신 후 인민대학 정교수를 거쳐 현재 중국 인민대학 종신교수이면서 중국인민대학 철학계와 종교학계 박사 지도교수로 재직하고 있다. 중국에서 종신교수와 박사 지도교수는 중국의 대학교수 중에서도 가장 영예로운 교수라고 한다.

그는 중국 교육부 인문사회과학중점연구소인 인민대학 불교와종교학이론연구소[佛敎與宗敎學理論硏究所] 소장을 맡고 있고, 중국 종교학회의 부회장과 고문, 중국철학사학회의 부회장과 상무부회장, 『중국철학사』의 편집주간을 역임하였고, 전국고교고적정리연구공작위원회 위원과 교육부 인문사회과학연구전문가자문위원회 위원으로서 중국 철학계와 종교학계를 이끌고 있는 분이다.

그의 주요 저서로는 1982년에 발간한 『위진남북조불교논총』이 있으며, 1986년에 발간한 『불교철학』은 1986년도 중국도서영예상과 1988년도 중국인민대학도서우수상을 수상하였다. 그 외에도 『중국불교와 전통문화』, 『중국 고대철학문제발전사』 상·하, 『중국불교사상사료선편』(4권 10책), 『중국불교철학요의』 상·하권 등이 있다.

그 가운데서 이 책은 그가 10년의 각고 끝에 펴내어 중국의 출판문화상을 수상한 『중국불교철학요의(中國佛敎哲學要義)』 5편 중 1편과 2편을 번역한 것이다. 저자는 이 책에서 중국불교의 뛰어난 인물과 중국불교학자가 제시한 불교경전의 풍부한 철학성과 사상적인 개념과 관점 등에 대하여 자세하게 밝히고 있다.

제1편은 총론으로서 인도불교가 중국에 들어와 중국의 고유철학인 유교 및 도교와 접목되어 중국불교철학이 형성된 과정과 중국의 정치·경제·문화 등 사회적인 영향에 의하여 중국불교철학이 변천되어 온 과정을 설명하고 있다. 그리고 그렇게 형성되고 발전된 중국불교철학의 사상체계를 역사적으로 살펴보고 그에 대한 저자의 관점을 기술하고 있다.

제2편 인생론에서는 인간의 삶의 문제를 본격적으로 다루고 있다. 인간 행위의 규범인 인과응보론을 먼저 다룬 다음 인간의 육체와 정신의 문제에 대한 다양한 주장을 깊이 있게 논의하고 있다. 그리고 인간의 궁극적 이상인 성불문제와 관련하여 열반·불·정토 세 가지 개념을 중심으로 중국불교학자들의 다양한 관점을 설명하고 저자의 견해를 드러내고 있다.

이 책에서 저자는 중국철학에서 대단히 중요한 부분을 차지하고 있는 중국불교철학이 인도불교철학의 주제와 기조를 유지하면서도 중국의 전통적인 사상인 유교와 도교와의 사상적인 교섭을 통하여 독창성이 뛰어나다는 점을 강력하게 피력하고 있다. 중국인에 의한 중국불교철학 저술이라는 한계와 장점이 동시에 드러나 있고, 불교철학을 보는 중국인 스스로의 관점을 볼 수 있다는 점에서 평가할 만하다고 할 수 있다.

팡 교수님이 특별히 우리에게 자신이 가장 아끼는 이 귀한 책의 번역권을 주신 것은 황성규 박사 덕분이다. 황성규 박사는 인민대학에서 7년간 수학하고 중국철학 가운데 묵자연구로 석·박사 학위를 취득한 후 현재 학교법인 보문학원의 보문고등학교에 재직하고 있다. 팡 교수님은 황 박사의 뛰어난 중국어 실력과 중국철학에 대한 실력을 충분히 믿고 불교학과가 있는 우리 학교에 기꺼이 이 책의 번역을 맡겨 주었다.

이 책의 초역은 대부분 황 박사가 맡아 주었고, 원문에서 인용하고 있는 불교경전의 번역과 책 전체 내용의 증의와 윤문은 나머지 두 역자가 담당하였다. 황 박사의 초역을 바탕으로 역자들은 일주일에 한 번씩 모임을 가지고 다시 원문과 대조하면서 번역어를 선정하고 내용을 다듬었다. 내용적으로 이해가 잘 안 되는 부분은 중국에 있는 저자와 이 책을 만드는 데 함께 애썼던 저자의 제자교수들과 통화를 하는 수고도 마다하지 않았다.

　작년 겨울에는 그 추운 날씨에도 불구하고 원문 내용을 질의하기 위해서 황 박사가 직접 중국에 다녀오기까지 하였다. 다시 한 번 황 박사의 노고에 이 지면을 빌려 감사드린다. 그리고 회사 일로 늘 바쁜 중에도 엄마의 책이라고 기꺼이 표지 디자인을 해 준 딸 고윤영에게도 고마운 마음을 전한다.

2006년 12월
역자 이봉순

차 례

제2편 인생론

| 서 론

1. 연구의 대상과 임무

1) 연구의 대상

중국사상사에는 불교의 위상에 관한 두 차례의 중요한 대화가
전해 온다. 북송시대의 저명한 사대부인 장방평(張方平, 1007~
1091)[1]이 당시의 정치가이며 문학가이자 사상가인 왕안석(王安石,
1021~1086)과 다음과 같은 대화를 나눈 적이 있다.

> 세간에 전하는 바에 의하면 왕형공(王荊公)이 장문정공(張文定公)에
> 게 여쭙기를, "공자[2]가 돌아가시고 백 년이 지나 맹자[3]가 태어났지
> 만, 그 두 분 이후에는 인재가 끊어져 사람이 없습니다. 어찌된 일입
> 니까?" 문정공이 말하길, "어찌 없단 말입니까? 공자보다 더 뛰어난
> 사람이 있습니다." 왕형공이 말하길, "누구입니까?" 장문정공이 말하
> 길, "강서(江西)의 마대사(馬大師), 분양(汾陽)의 무업대사(無業大

---

1) 장방평(張方平)은 하남성 상구(河南省商丘) 사람이며 시호는 문정(文定)이고 저서에
   는 『악전집(樂全集)』이 있다.

2) B.C. 552~B.C. 479.

3) B.C. 372?~B.C. 289?.

師), 설봉(雪峰), 암두(岩頭), 단하(丹霞), 운문(雲門)이 그들입니다." 왕형공이 듣고도 그 뜻을 잘 이해하지 못하여 물었다. "무슨 말씀이 신지요?" 문정공이 말하길, "유가(儒家)는 인재가 적고 사람들을 감복시킬 만한 이론이 없어 모두 석씨(釋氏)에게 귀의한 것입니다." 형공이 탄복하였다. 훗날 장천각(張天覺)[4]에게 이 이야기를 전하니, 천각은 아주 감탄하면서 '달인의 말씀'이라고 하며 역사 문헌에 기록하였다.[5]

여기서 장방평은 마조도일(馬祖道一) 등의 선사들을 공자보다 뛰어난 사람으로 보고 있음을 알 수 있다. 이 글은 비록 객관적인 근거가 결여되어 있을지라도 당나라 오대[唐五代] 연간의 사상계에서 유교가 쇠퇴하고 불교가 성행한 것에 대한 중요한 평론으로서 우리가 깊이 생각할 만한 가치가 있는 것이다.

위의 대화 이후 약 900년이 지난 뒤 당시의 유명한 사학자인 진인각(陳寅恪, 1890~1969)과 비교문학의 대가인 오복(吳宓, ??~??)이 중국과 서양과 인도문화 전반에 대하여 논의한 담화가 있다. 오복의 회고에 의하면 진 씨는 다음과 같이 말하였다.

한(漢)나라와 진(晉)나라 시대에 불교가 들어와 당대(唐代)에 흥성하였다. 당나라는 문무 정치가 안정되고 서역(西域)과의 교역을 통하여 불교를 널리 유포시켰는데, 이것은 실로 세계문명사에 있어서 대단한 연구 가치가 있는 것이다.
불교는 성리(性理) 철학(metaphysics)을 깊이 연구하여 중국의 결함을 충분히 보완함으로써 사람들로부터 환영받았다. 그러나 불교의 계

---

4) 장천각(張天覺)은 장상영(張商英, 1043~1122)을 말하며 사천(四川) 사람이다. 원래는 불교 배척을 주장하였으나 후에는 불교를 신봉하였다. 저서에는 『선변집(善辯集)』이 있다.

5) 진선(陳善), 『유석질위성쇠(儒釋迭爲盛衰)』, 『문슬신화(捫虱新話)』上冊 10권, 유학경오본(儒學警悟本)의 교인(校印)에 근거함(上海: 上海商務印書館, 1920).

율에는 중국의 풍속과 부합되지 않는 부분이 상당히 많았다. 예를 들자면 제사를 지내고 결혼을 하는 것 등이다. 이 때문에 창여(昌黎)[6] 등은 불교를 비난하고 배척하였다. 그러나 유교의 결점을 보완할 수 있는 다른 방법이 없어서 불교를 끝까지 막기 어려웠고, 그 결과 불교가 크게 성행하게 되었다. 송대의 유학자인 이정(二程)이나 주희(朱熹)는 모두 불교에 정통한 사람이다. 그들은 불교의 의리(義理)가 철저하고 고명한 견해라고 좋아했다. 불교로써 중국의 결점을 충분히 보완할 수 있음에도 불구하고 그들은 오랑캐에게 중국[華夏]이 굴복될지 모른다는 두려움을 가지고 있었다. 그래서 두 쪽 모두 손해를 보지 않는 방법을 선택하였으니, 그 이름[名]은 피하면서 실속[實]은 챙기는 방법, 즉 구슬[珠]은 취하고 구슬을 담은 상자[櫝]는 되돌려 주는 방법이 바로 그것이다. 불교이론의 정수를 취하여 사서오경(四書五經)을 주석함으로써 옛 학문을 밝힌 것이 이름[名]이라면, 실속 [實]은 다른 종교[異敎]를 받아들였다는 것이다. 말로는 공자를 존중하고 불교를 배척한다고 하였으나 실은 불교의 의리에 이미 물들어 있어서 유교의 종지(宗旨)와 합하여 하나로 만들었다. 이는 선대의 유학자들[先儒]이 나라를 사랑하고 세상을 구하기 위하여 고심한 것이므로 존경하고 이해해야 할 것이다. 그러므로 불교가 중국에 끼친 공은 지극히 크다고 할 수 있다. ……불교의 도움을 얻어 중국의 학문은 원기를 증장함으로써 새로운 국면을 열게 되었다.[7]

진인각은 불교가 중국에 유포된 원인, 불교의 이론과 사유상의 장점, 불교가 이정과 주희의 이학[程朱理學]에 끼친 중대한 영향을 설명하고 있다.[8] 진인각은 송나라와 명나라의 이학이 창립되고 흥성하게 된 것은 불교학[佛學]의 핵심적인 의리사상을 적극적으로

---

6) 역자 주: 창려(昌黎)는 당대(唐代)의 문학가이며 철학가인 한유(韓愈, 768~824)를 말한다.

7) 오학소(吳學昭), 『오복여진인각(吳宓與陳寅恪)』(北京: 靑華大學出版社, 1992) pp.10~11.

8) 불교는 성리지학(性理之學), 즉 이학(理學)이 주장하는 윤리도덕의 최종 근원과 실천윤리의 도덕적인 방법 다시 말해서 이학의 '본체'와 '공부'라는 양 방면에 중요한 깨우침과 도움을 주었음을 말한다.

수용한 결과라고 한다. 다시 말해서 중국철학에 불교가 최대로 공헌한 점은 송나라와 명나라의 이학을 발생시키고 성행하도록 한 것이라고 할 수 있다. 진인각의 이러한 관점은 풍우란(馮友蘭)의『중국철학사(中國哲學史)』하권「심사보고(審查報告)」에 더욱 명확하게 언급되어 있다.

> 불교경전에 의하면, "부처님[佛]은 일대사인연으로 세상에 출현하셨다."고 하였다. 중국은 진(秦)나라 이래 오늘에 이르기까지 그 사상의 변천과정이 지극히 번잡하고 오래되었다. 요약하자면 일대사인연만으로 신유학이 탄생하고 성행하였다는 것이다.9)

진인각의 이 주장은 일대사인연을 새롭게 해석함으로써, 한편으로는 중국의 불교철학과 송명이학의 인연관계를 표명하고, 다른 한편으로는 중국불교가 중국철학사와 중국사상사에서 중요한 지위를 차지하고 있음을 밝히고 있다.

중국불교가 중국역사에서 차지하는 중요성에 대한 구체적인 평가는 사람마다 다를 수도 있을 것이다. 그러나 중국 전통문화 속에서 중국불교가 차지하는 중요성에 대해서는 추호도 의심할 필요가 없을 것이다. 위의 두 대화는 불교문중[佛門]의 뛰어난 인물들의 엘리트[精英]불교와 불교사상을 서술한 경전불교를 언급한 것이다.

이 책에서 연구하고 설명하고자 하는 대상은 바로 이러한 중국불교의 뛰어난 인물과 경전불교의 철학사상, 즉 중국불교학자가 제시하고 밝힌 풍부한 철학성과 사상적인 개념과 술어와 범주 및 명

---

9)『풍우란중국철학사하책심사보고(馮友蘭中國哲學史下冊審查報告)』,『진인각사학논문선집(陳寅恪史學論文選集)』, p.510(上海: 上海古籍出版社, 1992).

제와 관점과 방법문제 등이다.

필자는 불교의 각 유형, 즉 엘리트불교와 대중불교, 경전불교와 민속불교 사이에 매우 큰 차이가 있다고 생각한다. 엘리트불교가 대중불교를 지배하였고 경전불교가 민속불교를 주도했기 때문에 엘리트불교와 경전불교의 철학사상에 대한 연구는 매우 중요하다. 동시에 이는 대중불교와 민속불교의 신앙과 실천의 실제를 깊이 이해하고 통찰하는 데도 도움이 될 것이다.

이 책은 철학적 의미가 충분한 중국불교철학자의 전공저서[專著]와 논문과 어록 및 주소(注疏) 등을 기본자료로 삼고 있다. 다음으로 중국불교의 사적(史籍)으로서 중요한 승전(僧傳)과 사전(史傳) 및 중국불교의 유기(游記)와 필기류도 자료로 삼았다. 이 밖에도 불교 이외의 역사기록과 시문 저작(詩文著作)과 새로 발견된 불교 고고학 자료도 인용하였다.

그리고 이 책은 중국불교철학을 각 분야별로 중요한 주제를 선정하여 기본 의미와 변천과정에 주안점을 두고 설명하였다. 또 각기 다른 불교철학의 주제를 서술할 때는 그 역사성을 유지하고 정리하기 위하여, 우리는 여러 방면에서 철학적으로 의의가 있거나 크게 영향을 끼친 자료는 중복하여 인용하기도 하였다. 그 예로 용수의 『중론』 「관사제품」 삼제게(三諦偈)를 들 수 있다.

> 여러 가지 인연을 따라 생긴 법을 나는 空이라고 말한다. 또한 가명
> 이라고도 한다. 이것이 곧 중도의 의미이다.
> (衆因緣生法, 我說卽是無(空), 亦爲是假名, 亦是中道義)

이는 중관학파 '중관(中觀)'의 총괄적인 의미로서 중국불교 각파에 사상적으로 깊고 크게 영향을 끼친 것이다. 그리고 다시 승조(僧肇)의 『부진공론(不眞空論)』을 인용한다.

> "부동의 진제가 제법의 입처이니, 진제를 벗어나지 않은 것이 입처이고, 입처가 바로 진제이다. 그렇다면 도가 멀리 있겠는가? 부딪히는 일마다 진제이다! 성인이 멀리 있겠는가? 체득하면 곧 신인 것을!"
> (不動眞際爲諸法立處, 非離眞而立處, 立處卽眞也. 然則道遠乎哉? 觸事而眞! 聖遠乎哉? 體之卽神)

이것은 중국화된 불교 종파에 이론적으로 중요한 기초가 된 것이다. 축도생(竺道生)도 중국불교철학사상에서 중요한 인물이나 그의 저술들은 안타깝게도 거의 유실되고 말았다. 그러나 『고승전(高僧傳)』의 본전 등에 남아 있는 그의 진술들은 중요할 뿐 아니라 그 함의도 풍부하여 여러 각도에서 인용하고 해석하였다.

고대 중국에서는 작자의 본명을 숨기고 앞선 사람[前人]의 이름을 차용하여 저술의 권위를 높이려는 풍토가 있었다. 지승(智升)의 『개원록(開元錄)』에 의하면 동한(東漢) 이래 당대(唐代)에 이르기까지 이러한 서적은 4백여 종이 넘었다고 한다. 이러한 현상을 발견한 불교학자들은 범본[梵莢]으로부터 번역된 것이 아니고 중국학자가 불설(佛說)에 가탁하여 지은 경전을 '위경(僞經)'이라고 하고, 그 내력이 불분명하고 쉽게 단정하기 어려워 실태조사가 필요한 경전은 '의경(疑經)'이라고 하였다. 위경과 의경이 위서(僞書)라고 할지라도 불교와 불교외적인 학문, 인도불교와 중국불교의 사상적인 차이까지 언급하고 있으므로 그 학술적인 가치는 결코 폄하할 수 없다. 일부 위경은 중국불교학자가 불교를 가르치기 위하여 편찬한 작품으로서 인도불교와는 다른 중국불교사상을 집중적으로 반영하고 있기 때문에 이러한 저술도 충분히 활용하였다. 의경을 활용할 때는 그 의문점에 대하여 필요한 설명을 하였다.

위경과 의경 이외에도 후세 학자가 자신의 이름을 고승대덕[古德]에 가탁하거나 자신의 견해를 앞사람의 저작 속에 섞어 놓은 경우도 있었다. 사실 승조(僧肇)의 작품으로 알려진『법장론(法藏論)』(『大正藏』제45권)은 후대인의 위작이다. 또 혜능(慧能)의『육조단경(六祖壇經)』은 결숭본(契嵩本)과 종보본(宗寶本) 다른 판본이 있는데, 그중 일부 내용은 혜능이 말한 것이 아니다. 승조와 혜능의 저작 중에서 그 후학들의 작품과 견해를 구별함으로써 불교사상의 변천사를 설명하는 데 도움이 되도록 하였다. 이 밖에 선종(禪宗)의 '염화미소(拈花微笑)' 등의 공안(公案)은 역사적인 사실과는 부합되지 않지만 그 변혁사상과 문화적 의의가 매우 커서 연구해 볼 만한 가치가 있다.

2) 연구의 임무

중국불교철학은 중국불교학자들의 지적 활동의 산물이며 지혜의 결정체이다. 중국불교학자들은 대부분 중국 고유의 유교와 도교사상에 훈습되어 있었기 때문에 중화민족의 전통적 입장에서 중국과 인도가 서로 통할 수 있도록 하기 위하여 독창성을 지닌 불교의 교리와 사상을 제시하였다.

중국의 불교철학은 중국사회의 정치 · 경제 · 문화 · 생활환경 속에서 형성된 것이며, 중국의 불교학자가 인도불교철학과 중국사회의 실제·중국 고유의 철학사상·사유방식·민족의식 등을 상호 결합하여 만들어 낸 산물이다. 중국의 불교철학사상이 형성되어 변천하고 발전한 과정은 인도불교철학이 중국화된 과정이라고 할 수 있다. 중국의 불교철학이 인도의 불교철학을 계승하고 발전시킨 점에 있어서 더욱 중요한 것은 중국철학에 중요한 하나의 전환이 이루어졌다는 점, 즉 중국철학사를 구성하는 중요한 부분이 되었다는 것이다. 이러한 관점에 입각하여 중국철학사의 발전 맥락에서 중국불교철학사상을 해석하고 설명하는 것을 이 책의 기본 임무로 삼았다.

중국의 불교철학은 중국의 저명한 불교학자와 학파와 종파의 우주관과 인생관과 실천수행에 대한 주장을 반영하고 있다.

한나라[漢代] 이래로 불교 지도층의 철학 저작과 사상과 학설은 중국불교철학의 사상적인 면모와 정신기상과 역사의 변천을 반영하고 있다. 위에서 언급한 기본 임무를 실현하기 위하여 이 책은 동진(東晋)시대의 불교철학자와 남북조시대의 불교학파의 대표적인 인물과 수·당의 불교 종파, 특히 천태·화엄·선종 등의 창시자로부터 근대에 이르기까지 저명한 불교학자의 철학과 핵심 사상을 찾아내어 기본 내용을 종합하고 서술하였다.

중국불교철학이 형성되어 발전하고 변천하는 과정에는 수많은 요소가 연계되어 있다. 예를 들면 중국사회의 정치·경제와의 연계, 동시대와 전후시대 사상과의 연계, 중국철학이 스스로 발전시킨 사상과의 연계, 그리고 인도불교철학사상과의 연계 등이 그것이다. 철학사상 상호간의 연계라는 관점에서 본다면 중국불교철학·

인도불교철학·중국고유철학과의 사상적인 연계가 가장 중요하다.

인도불교철학은 의심할 나위 없이 중국불교철학 원류의 하나로서 중국불교철학사상에 끼친 영향은 지대하다. 인도불교철학은 끊임없이 변화하였고 이런 변화 역시 중국불교철학에 중대한 영향을 주었다. 동시에 중국불교철학은 인도불교철학을 수용하는 과정에서 일정한 거리를 유지하기도 하고 때로는 현저한 거리를 두기도 하였다.

중국불교철학과 인도불교철학의 동질성과 이질성[同異性]을 이해하는 것은 중국불교철학을 파악하는 데 도움이 된다. 그러므로 이것 역시 이 책의 중요한 임무로 삼았다.

중국 고유문화는 중국불교철학이 형성되고 발전해 나가는 데 있어서 토양의 역할을 한다. 인도의 종교적인 문화와는 달리 세속적인 인문색채를 농후하게 띠고 있는 중국 고유의 철학과 민간신앙과 사유방식 및 민족의식은 중국불교철학의 또 하나의 중요한 원류가 된다. 따라서 중국불교철학사상을 중국 고유철학사상 특히 유교·도교 철학사상과의 상호 작용 가운데서 연구, 토론하는 것은 분명히 특별한 의의가 있다. 중국의 불교학자가 철학적인 개념을 정리하거나 철학적인 체계를 구축할 때, 중국 고유의 철학과 사유방식은 그들이 관심을 가지고 있는 문제와 그 문제를 다루는 사상적인 패턴과 방법 그리고 관점의 확립에 대단히 큰 영향을 주었다. 따라서 중국의 고유철학과 사유방식은 중국불교학자의 문화적·학술적 방향과 사유와 가치의 방향을 결정했다고 할 수 있다. 동시에 중국불교철학은 여러 방면에서 중국철학사상을 풍부하게 하고 중국전통철학과 융합하여 중국전통철학의 중요한 부분을 구성하였다.

유교·도교·불교의 상호 작용을 밝히는 것은 중국민족의 철학적
사유의 형성과정과 그 구조를 되새겨 민족의 영혼을 파악하고 분석
하는 데에도 도움이 될 것이다. 이것 또한 이 책의 임무이다.

2. 연구 태도와 방법

　중국불교철학을 연구함에 있어서 우리는 객관적이고 이성적으로
학문을 연구하는 입장을 채택하였다. 이러한 입장에서 우리는 사실
을 존중하고 실사구시(實事求是)하는 근본 원칙을 견지할 필요가
있다. 구체적으로 말하면 중국불교철학의 문헌자료에서 출발하여,
선입견을 배제하고 객관적이고 공정하게 이해하고 분석한 후, 그
속에 내재되어 있는 철학적인 관점의 의미와 근거 및 특색을 탐구
하고, 철학사상 사이의 내적 연계와 규칙성을 발견하고, 나아가 철
학사상의 중요 원리를 종합해 내고, 또 실제와 부합되는 서술과 논
평을 하여 판단을 도출하고자 하였다.
　불교를 연구하는 태도에 대한 탕용동(湯用彤) 선생의 다음과 같
은 말씀은 많은 것을 깨우쳐 주었다.

　　"불법(佛法)[10]은 종교이자 철학이다. 종교적인 정서는 사람의 마음
　　깊이 존재하는 것이므로 곧잘 근거 없는 역사적인 사실을 상징으로
　　삼아 오묘한 작용을 발휘한다. 그러므로 최대한 옛 자취에 근거하여
　　세밀하게 탐구하더라도 말없이 공감할[同情之黙應] 수 있는 것이 없

---

10) 불법은 불교의 불, 법, 승 삼보의 법을 가리킨다. 불법에는 교법(敎法), 이법(理法), 행
　　법(行法), 과법(果法) 네 가지가 있으며, 이것은 불교에서 인생 해탈의 이론과 실천,
　　원인과 결과를 내용으로 한다.

으면 그 진리를 얻을 수 없다. 철학은 깊고 오묘하다. 옛 현자는 진실한 것을 직접 이해하고 자신의 지혜를 통하여 진리를 펼쳐 보였고, 생각을 신중히 하고 명확히 분별한다. 때때로 옛 현자의 언어는 간략하지만 의미는 심원하고, 가까운 데서 예를 취하지만 도(道)는 지극히 넓다. 그러므로 제자가 문자를 통하여 진리를 찾고 구하여도 심성으로 체득하지 않으면 얻는 것은 그 찌꺼기뿐이다."11)

이는 탕 선생이 중국불교철학사 연구에서 체득한 것으로서 다음과 같은 몇 가지 깊은 속뜻을 담고 있다.

(1) 불법은 종교와 철학 두 방면의 내용을 담고 있다. 불법은 종교이며, 불법 자체는 결코 철학적 형태로 세상에 나타나지는 않는다. 그러나 불법은 매우 풍부한 철학사상을 내포하고 있고, 불교철학은 불교신앙체계의 이론적 기초를 구성하고 있으므로 불법은 곧 철학이라고 할 수 있다. 실제로 탕 선생의 언급은 불법은 종교도 철학도 아니라고 하는 주장에 찬성하지 않는 것이다. 또한 불법은 종교일 뿐 철학이 아니라고 하거나, 철학일 뿐 종교가 아니라고 하는 태도도 배척하는 것이다. 탕 선생의 언급은 불법은 종교와 철학의 통일체라고 하는 불법의 본질적인 특징을 반영한 것이다.

종교로서의 불법은 심오한 철학사상을 지니고 있으며, 철학으로서의 불법은 강렬한 종교적 정서를 담고 있다. 이것은 불법의 의미와 이치가 이론과 학설이라는 측면에서 드러나 있지만 동시에 이론과 학설을 초월하는 측면도 있으므로, 불법을 단순히 지식이나 학문으로만 볼 수 없고 일반철학이나 사회과학의 연구대상과 동일시해서는 안 된다고 생각한다.

---

11) 『漢魏兩晋南北朝佛敎史・跋』, 『湯用彤全集』 제1권, (石家庄: 河北人民出版社, 200), p.655.

(2) 불법을 종교적인 측면에서 연구하려면 '말없이 공감할' 필요가 있다. 종교는 일종의 정신현상이면서 신앙생활이기 때문이다. 종교는 '역사적인 사실'로 증명할 수 없는 것을 통하여 신묘한 작용을 발휘하기도 한다. 그러므로 말없이 공감할 필요가 있는 것이다. 즉 불교경전을 저술한 사람의 정신과 상통하고, 종교 내에서 수행하고 배우는 신도와 말없이 마음으로 공감하고, 신도의 종교적인 필요성과 종교적인 심리와 종교적인 정서를 느껴야 비로소 불교의 진제(眞諦)를 체험하고 관찰할 수 있다. 이는 결코 단순히 과거의 역사적인 사실을 수집하고 연구하여 도달할 수 있는 것이 아니다.

(3) 불교의 철학적인 측면에 대한 연구는 반드시 '마음으로 체득하여 느낄[心性之體會]' 필요가 있다. 왜냐하면 불교철학은 깊고 오묘하여 말은 간략하여도 도법(道法)은 넓고 깊기 때문이다. 따라서 불교를 연구하는 사람에게는 심성을 연마하고 체득하는 것이 필요하다. 즉 내적인 심성의 수양을 통하여 생명의 지혜를 승화시키고, 정신의 품격을 정화하여 불교철학을 체득하고, 인생의 진실을 깨달아야만 비로소 관건이 되는 것을 파악할 수 있다. 그때 진정으로 불교철학의 정수를 얻고 인생의 경지와 생명의 품격을 드높일 수 있다. 그렇지 않으면 문자 고증만을 하는 것이 되어, 그 본(本)을 버리고 말(末)만을 좇는 것이 되고 그 외형만을 얻는 것이어서 불교철학의 찌꺼기만 얻게 되는 것이다.

여기에는 또 불교언어의 의의와 문자 고증과 심성 체득의 관계에 대한 문제도 언급되어 있다. 불법은 '언어는 간략하나 의미는 심원[言約旨遠]'하다. 불교언어는 문자 그 자체에 의미를 담고 있으나 문자 이면에 있는 도덕적인 의미·심성적인 의미·상징적인 의미·숭고한 의미·실천적인 의미 등이 더욱 중요하다. 만약 문자 그 자체에서 불법의 의미를 해독하려 한다면 달을 가리키는 손가락만 보고 달을 잊는 것이라 할 수 있고, 언어 뒤에 숨겨진 불교의 생명인 지혜의 근본을 이해할 수 없어, 언어 배후의 심원한 의미를 파악할 수 없다. 단지 문자만 고증하고 문자 배후에 초경험적인 의미가 있다는 것을 마음의 본성으로 체득하여 깨치지 않고 내적인 반성을 하지 않는다면, 역시 진정한 불교철학의 정수를 얻기는 어렵다.

탕용동 선생의 설명을 통하여 중국불교철학을 연구할 때 반드시 주의해야 할 세 가지를 도출해 낼 수 있다.

(1) 연구와 체험의 관계이다. 불교철학은 종교철학이어서 일반철학과는 다른 특수성을 지니고 있다. 그러므로 우리가 연구할 때는 반드시 내재된 심성으로 철저하게 체득할 필요가 있다. 심성체득의 중요성을 강조한다는 것은 심성체득의 가능성을 인정하는 것이다. 이는 성직자가 아닌 연구자에게 더욱 중요한 의미가 있다고 생각된다.

나의 스승 장대연(張岱年)은 다음과 같이 가르쳤다. "그대가 불교를 연구하려고 한다면 반드시 그 속에 들어가야 한다." 이것은 입장을 바꾸어 생각하고, 마음을 비워 통찰하고, 깊이 계합하고, 깊이 깨달아 체득하고 관통할 때만 비로소 불교철학의 진리와 핵심적인 의미를 이해하게 된다는 말이다. 그렇다! 학문 연구자로서 그 속에 들어가려고 하고 또 그 밖으로 나오려고 할 때, 비로소 연구 성과의 과학성과 깊이가 확보될 수 있다. 만약 '들어갈 수는 있고',

'나올 수는 없다면' 과학적 연구라고 하기는 어렵다.

(2) 연구와 신앙의 관계이다. 위에서 언급한 것과 일치하는 것으로 탕 선생은 『한위양진남북조불교사(漢魏兩晋南北朝佛敎史)』「중인후기(重印後記)」에서, "나는 과거에 맹목적으로 불교사를 연구하는 것을 반대했다. 그것은 불교사상의 진상을 제대로 볼 수 없기 때문이다."12)라고 하였다. 맹목적인 신앙으로는 결코 불교사상을 명확하게 볼 수 없다. 탕 선생은 학술적이고 이성적인 태도로 불교를 연구할 것을 주장하고, 그렇게 함으로써 불교사상을 제대로 보기를 바랐다. 이는 '말없이 공감하고', '마음으로 체득할 것'을 요구하는 것과 완전히 일치하는 것이다. 우리의 연구 태도는 당연히 맹목적 신앙을 반대할 뿐 아니라 신앙을 존중하며 불교신앙을 '말없이 공감하고' 불교철학사상을 '마음으로 체득함'으로써 불교의 종교로서의 신앙적 진리와 불교철학사상의 진상을 이해하려고 한다. 맹목적인 신앙과 적대적인 신앙 양자 모두 불교사상을 제대로 파악할 수 없게 하므로 수용할 수 없다. 객관적이고 냉정하며 실사구시의 태도로 깊이 통찰하고 공감하고 이해하여야만 비로소 불교사상을 제대로 파악할 수 있다. 주관적이고 감정적인 요소가 작용하면 냉정하고 이성적인 태도로 불교를 연구하는 것이 매우 어렵다는 것을 역사는 가르쳐 주고 있다. 바로 이러한 점 때문에 우리는 연구 과정에서 최선을 다하여 객관적이고 중립적인 태도를 지키려고 하였다.

(3) 연구와 비판의 관계이다. 탕 선생의 주장에 의하면 신도가

---

12) 탕용동(湯用彤), 『한위양진남북조불교사(漢魏兩晋南北朝佛敎史)』下册, (北京: 中華書局, 1983), p.653.

아닌 학자는 연구과정에서 비판정신을 관철해야 한다. 여기서 이야기하는 비판이란, 종교를 탄압하는 것도, 생각이 같은 사람끼리 파벌을 만들고 생각이 다른 사람을 공격하는 것도, 정치투쟁을 의미하는 것도 아니다. 비판은 학술연구에서 반드시 필요한 것으로서 학술적 가치를 탐구하고 토론하고 분석하고 평론하는 것을 말한다. 학술적인 비판은 외재적인 것뿐만 아니라 내재적인 것이 더욱 필요하다. 내재적 비판이란 연구대상에 몰입하여 평정한 마음으로 연구대상을 대하고, 보편적인 학문준칙과 공용의 언어를 사용하여 연구대상과 사상적으로 충돌하면서 '대화'를 진행하고, 실사구시적인 태도로 연구대상을 분석하고, 그것의 합리적인 논점과 사상은 긍정하고, 이론상의 문제나 모순은 물론 오류까지도 제시함으로써 학문사상의 발전을 촉진하는 것이다. 당연히 이러한 비판은 이치에 맞고 사람들에게 이로운 것이 되어야 하며 신도의 감정과 신앙을 상하게 해서는 안 된다.

불교 내부의 다른 학파와 학자 간에도 오랫동안 상호 토의와 비판이 있었다는 사실은 역사가 말해 주고 있다. 어떤 의미에서 볼 때 불교철학사는 불교학자들이 끊임없는 내부비판을 통하여 발전시켜 온 역사라고 할 수 있다.

연구 태도와 방법의 관계를 살펴보면 태도는 방법에 영향을 주고, 올바른 태도는 연구방법을 정확하게 운용하는 데 도움을 준다. 연구방법 면에서 말하자면 중국은 최근 백 년 이래 불교를 연구할 때 대체로 문헌학·역사학·철학·문화학·사상사·사회학·고고학·심리학의 연구방법을 사용하였다. 이는 동일한 대상인 불교를 다른 각도에서 연구해 온 것이다. 일반적으로 말하면 위의 연구방법은 각각 그 자체의 장점과 한계가 있으며 봄의 난초와 가을의 국화처럼 현저하게 다른 점이 있다. 그러나 그들 간에 결코 높고 낮음은 없다. 역대 학자들은 다른 연구방법을 사용하여 이미 그에 상응하는 연구성과를 거두었으며, 다른 방법을 존중하고 포용함으로써 학문연구가 발전하는 데 도움을 주었다. 이러한 연구방법의 다양화는 불교연구를 크게 발전시킨 원동력이 되었다.

이 책은 철학적인 측면에서 중국불교를 연구한 것이다. 중국불교를 대상으로 진행한 철학적인 반성이며 철학하는 방법의 운용이고, 중국불교저술과 그 사상을 객관적으로 묘사하고, 설명하고, 분석하고, 종합하고, 탐구한 것이다. 철학하는 방법을 구체적으로 운용함에 있어서 우리는 다음과 같은 몇 가지 측면에 중점을 두었다.

(1) 현대의 인간학·우주론·인식론·실천론 등의 방법을 결합하여 중국의 불교저술 중에서 깊은 철학적 의미를 담고 있는 몇 가지 주제들을 가려내어 인생론·심성론·우주론·실천론 등 몇 개의 큰 주제로 귀결시켜 철학적인 해석과 연구를 진행하였다.

(2) 현대적인 언어를 사용하여 불교철학의 술어·개념·범주들을 해석하고 그 의미를 규정하고 사상을 해설하였다. 예컨대 불교철학의 핵심적인 범주인 '공(空)'은 이공, 삼공, 사공, 육공, 칠공, 십공, 십일공, 십이공, 십사공, 십육공, 십팔공, 십구공, 이십공 등 여러 말들이 있지만, 어떻게 '공'의 의미를 규정할 것인가는 쉬운 일이 아니다. 필자는 다년간의 지속적인 사고와 체험을 통하여 불교가 말하는 '공'은 여러 가지 측면에서 의미가 있다고 생각하며, 현대의 표현방법을 사용하여 그 주요 의미를 네 가지로 개괄하였다.

첫째는 공성(空性)이다. 존재론의 입장에서 말할 때 원인과 조건으로 말미암은 모든 존재는 모두 무자성(無自性)·무실체(無實體)이며 그 본성은 공[性空]이다.

둘째는 공리(空理)이다. 인식론에서 볼 때 '공'은 원인과 조건으로 말미암은 모든 존재의 본질을 반영하는 것으로서, 공은 진리이며, 공의 이치를 인식하는 것이 존재의 참본질을 인식하는 것이며, 불교의 근본진리를 파악하는 것이다.

셋째는 공경(空境)이다. 경계론의 입장에서 볼 때 수행자가 공성을 깨닫고 공의 이치에 부합되는 것은 생명의 맑고 밝은 경지, 공의 경계에 들어가는 것이다. 일부 불교학자들은 공의 경계를 불교 최고의 경지로 보고 있다.

넷째는 공관(空觀)이다. 방법론상 '공'은 만유(萬有)의 본성이고 우주의 진리이며 생명의 맑고 밝은 경지이면서 또한 일종의 수행 방법인 공관으로 전화(轉化)된 것이다. 공관의 실상은 존재와 견해를 실제로 존재하는 것[實有]으로 집착하지 말 것을 요구한다. '공'에 관한 위의 네 가지 정의는 대체로 중국불교학자들이 논문이나 저서 등에서 사용한 공(空)에 대한 여러 가지 의미를 정리한 것이다.

(3) 중국불교철학 본래의 의의를 추구하였다. 이는 중국불교학 원저작의 본래 의미를 세밀하게 음미하고 그 이론을 주장하게 된 실질적인 의도를 파악하여 그 주장의 동기와 목적을 이해하고 그 주장의 사회적 효과를 고찰하는 것을 말한다. 이것은 매우 힘든 과정이어서 전력을 기울여야 비로소 객관적인 공인을 받을 수 있는 결론을 얻어 낼 수 있다. 예를 들면 불교의 인과응보(因果應報)사상을 우리들은 흔히 미신이라고 배척하지만 면밀하게 분석해 보면 곧 이해할 수 있다. 즉 어떤 구체적 설명이나 사례가 아닌 그 이론

의 원리를 말할 때 인과응보론은 수행자는 물론 사회구성원의 자율적인 도덕과 인격을 제고하는 데 사상적인 기초를 제공하였다. 인과응보론은 인간 생명의 자연법칙과 행위규범의 도덕법칙을 결합하고 있기 때문에 이러한 이론을 받아들이는 사람은 스스로 규율에 엄격하고 악행을 버리고 선행을 하게 된다. 역사적인 사실에서도 밝혀졌듯이 인과응보론의 원리는 오늘날에 이르기까지 여전히 인간행위의 규범이 되어 있으며 인간의 마음을 품위 있게 승화시키는 데 효과적인 이론의 하나이다.

(4) 중국불교철학의 몇몇 철학용어의 언어 외적인 의미를 체득하였다. 중국불교철학 저술들의 내용은 결코 경험적인 사실과 일상적인 지식만을 기록한 것이 아니고, 그 속에는 일련의 근거 없는 역사적 사실·경험과 일상을 초월한 말들·직관적 체험적인 느낌 등을 포함하고 있다. 이런 것들은 일상적인 경험방법이나 이해기준으로는 설명하기 어렵다. 예를 들면 풍부한 철학적 의미를 담고 있는 선종의 저술은 연구자가 일상적인 논리를 초월하여 관점을 전환하고 반복하여 체득할 것을 요구한다. 이렇게 할 때 비로소 어망전(魚忘筌)[13]을 얻을 수 있으며 깨달음에 접근하여 그 언어 외적인 본래의 의미를 파악할 수 있다.

(5) 중국불교철학사상의 발전법칙을 탐색하였다. 중국불교사상은 내재적인 역사변천의 과정을 거쳤고 중국불교의 중대한 철학문제는 역사단계별로 독자적인 특징을 지니고 있다. 중국불교철학 발전사에서 역사단계별 철학사상의 변천과 중요한 철학이론의 창출 및

---

13) 『장자(莊子)』「외물(外物)」의 "筌者所以在魚, 得魚而忘筌"에서 유래된 것이다. 고기를 얻고 나면 통발은 잊어버린다는 의미를 담고 있으며, 목적하였던 오묘한 이치를 깨닫고 나면, 수단으로 삼았던 언어는 소용이 없음을 말한다(역자 주).

불교철학사조의 발전에 대한 연구는 중국불교철학사상의 전개과정과 변천법칙을 제시하는 데 도움이 된다. 또한 중국불교 신도의 심리적인 소양과 사유방식 및 이론적인 관심과 종교적인 염원을 이해하는 데도 도움이 된다.

(6) 중국불교철학의 이론과 사유 성과를 종합하였다. 중국불교학자가 중국철학의 이론체계를 구축할 때, 종교의 실천적인 경험을 어떻게 인식하여 이론화하였고, 어떻게 개념을 제시하고 운영하였으며, 관점과 관념을 어떻게 논리적으로 조직하고 체계화하여 원리로 형성하였는가를 종합하였다. 이러한 과정에서 생긴 풍부하고 경험적인 교훈을 적절하게 종합한 것은 철학적으로 높은 가치가 있고 이론적인 의의가 있다.

(7) 비교연구는 중국불교철학의 사상적인 특색을 파악하는 데 중요한 의의가 있다. 중국불교철학과 인도불교철학 및 중국의 유교·도교 철학의 연계와 차이점을 탐색하여 중국불교철학의 특색을 드러내는 것은 중국불교철학을 연구하는 데 있어서 중요한 임무 중의 하나일 뿐 아니라 중국불교철학을 연구하는 데 있어서도 빠져서는 안 될 연구방법의 하나이다.

(8) 중국불교철학의 현대적 가치와 의의를 밝혔다. 사회적인 관점에서 볼 때 불교철학사상은 인류의 문명과 지혜의 총결산이며 인류의 생존과 발전에 이바지한 지혜의 결정체이다. 인류 사회의 세 가지 큰 모순인 인간과 자아, 인간과 사회, 인간과 자연의 모순을 조화시키고 화해하게 하며, 중국불교철학의 도덕적인 수양과 심리적인 조화, 사회적인 안정과 환경 보호 등의 기능을 충분히 설명하고 밝히는 것도 매우 중요하다.

3. 체제와 구성

이 책은 주제를 해석하는 체제로 중국불교철학의 내용을 전개하였다. 각 주제별로 '장(章)'을 만들어 중국불교철학의 중요한 문제를 설명하고, 그 철학문제의 기본 의미와 원류의 변천상을 설명하였다.

이 책에서 선택한 중국불교철학의 문제는 역대 중국불교학자가 관심을 가졌던 철학과 이론적 사유에서 중요한 문제이면서 현대인이 관심을 가지고 있는 이론적 의의와 실천적 의의에 관한 중요한 문제이다. 이를 기준으로 볼 때 중국불교철학의 문제는 대체로 인생론·우주론·실천론 세 부분으로 나눌 수 있다. 그중 인생론과 실천론은 중국불교철학의 주요 구성 부분이며, 양자를 서로 비교해 볼 때 인생론은 중국불교철학의 기초적인 부분이며 실천론은 중국불교철학 중에서 가장 독창적인 부분이다. 이 두 부분은 매우 다채롭고 독특하여 그 의의를 결코 과소평가할 수 없다.

인생론으로 말하자면 중국불교의 인생철학사상은 매우 광범위한 내용을 포괄하고 있다. 인간의 구성·본질·본원·본성의 정립·생의 가치·생의 법칙·깨달음·이상(경지)·인생수양 등을 포함하는 하나의 방대한 사상체계이다. 이 문제에 대해서는 모든 중국불교학자가 설명한 바 있으며, 그중에서도 특히 인과응보법칙의 문제, 육체와 정신[形神]의 문제, 성불의 문제, 수행과 성불의 근거, 즉 심성·본성의 문제와 성불을 위한 수행과정과 방법에 대한 문제에 대하여 가장 많은 설명을 하고 논쟁을 펼쳤으며 내용 역시 가장 풍부하다. 따라서 이 책 역시 인생론 부분에서 중국불교학자의 인과응보 법칙·육체와 정신의 관계·인생의 이상·심성학설·수행방법 등에 관한 여러 분야의 문제를 중점적으로 서술하였다.

인생론에 관한 중국불교 주류학자의 설명 가운데 가장 많은 것은 인간의 성불 근거 또는 본원(本原)에 관한 문제이다. 이 근거나 본원을 인간의 심성·본성에 귀결시켜 본심이나 본성을 끌어올리고, 근본으로 돌아가고, 나타내고 드러나게 하는 것을 성불하기 위한 수행의 근본과정이라고 여겼다. 이에 근거하여 우리도 심성론을 인생론에서 분리하여 비교적 많은 설명을 하였다. 먼저 인도불교의 심성사상을 간략하게 설명하고 중국불교 심성론의 철학적인 범주를 종합하여 서술한 후에, 계속해서 남북조 시기의 심성론 사조와 수·당시대 이래의 천태·화엄·삼론·유식·밀교 등 여러 종파의 심성론을 서술하였다.

선종에 대해서는 여섯 장으로 나누어 혜능 이전과 혜능 및 하택(荷澤)·석두(石頭)·홍주(洪州)·임제(臨濟) 사종(四宗) 심성사상을 서술하였고, 마지막 두 장에서는 전문적으로 불교와 유교, 불교와 도교 심성사상의 상호 작용에 대해 논하였다. 심성론은 중국불교철학의 중요 내용의 하나이기 때문에 중국불교의 심성사상을 이해하는 것은 중국불교철학의 핵심을 파악하는 것이다.

중국의 역대 불교학자들은 모두 해탈과정의 탐구를 매우 중시하여 세밀한 실천방법을 종합하여 만들어 놓았다. 이것 또한 다른 실천사상과 함께 하나의 풍부하고 독특한 중국불교의 실천철학을 형성하였다. 이에 근거하여 우리도 수행실천법과 사상을 인생론에서 따로 분리하여 실천론에 포함시켰다. 그리고 불교의 계(戒)·정(定)·혜(慧) 삼학을 하나의 '장(章)'으로 하여 윤리실천·선법수행·지혜

수학 세 가지 부문으로 나누어 설명을 전개하였다. 그 중심이 되는 것은 윤리도덕의 실천방법, 직관적 사유의 내용과 특징, 설명과 깨달음, 이성과 신앙, 체험과 지혜 등의 관계, 진리의 단계성과 실천성, 진리의 상대성과 절대성 등 문제에 대한 토론과 분석이다. 실천론은 우주만물의 현상과 본질에 대한 관점을 언급하고 있기 때문에 우주론 뒷부분에 두었다.

이 책은 중국불교철학을 인생론·심성론·우주론·실천론 네 부문으로 나누어 설명하였다. 중국불교철학의 중요한 문제에 대한 설명을 통하여 어떤 철학 문제의 근원·논쟁·변천·발전의 역사과정에 대해서 비교적 명확하게 설명하고, 어떤 철학 문제에 대한 몇몇 관점 간의 긍정·부정과 부정·부정 간의 상호작용 과정을 제시함으로써 그 사상의 궤도와 발전의 법칙을 정확하게 제시하였다. 이러한 체제는 역사와 논리를 상호 통일하는 원칙을 용이하게 드러낼 뿐 아니라 사람들이 중국불교철학사상의 중요한 문제를 이해하고 파악하는 데에 비교적 도움이 될 것으로 생각한다.

이 책은 5편 32장으로 구성되어 있다.

중국불교의 역사는 유구하고 풍부한 내용을 담고 있다. 중국불교철학을 총체적으로 이해할 수 있도록 하기 위하여, 총론을 제1편으로 하여 중국불교철학의 형성과 역사적인 변천과 사상체계로 나누어 각각 간략하게 서술하였다. 중국불교철학의 근본 취지는 인생의 해탈을 추구하며 번뇌와 고통으로부터 벗어나 궁극적으로는 생사유전에서 초탈하는 것이다. 중국불교의 주류는 인간의 청정성과 본성을 깨닫는 것이 인생해탈의 근원이라고 설명하고 있다. 그러므로 심성문제에 대한 설명이 중국불교철학의 중심내용으로 구성되어 있다. 그래서 우리는 제2편의 인생론 다음에 특별히 심성론을 제3편으로 두었다. 인간은 광활한 우주 속 하나의 생명체로서 우주와 매우 밀접한 관계를 가지고 있다. 그러므로 불교는 어떻게 우주를 대하고 우주를 인식할 것인가 하는 문제가 해탈에 있어서 지극히 중요하다고 본다. 이를 위하여 중국불교학자의 우주에 대한 관점을 제4편 우주론에서 서술하였다. 불교는 실천을 중시하는 종교이다. 인생과 우주를 탐색한 결과 최후의 귀결점은 수행 실천을 하는 것이며 오로지 실천을 통해서만 비로소 진정한 깨달음을 얻을 수 있고 올바른 성과를 얻을 수 있다. 따라서 우리는 제5편에서 중국불교학자의 수행 실천에 대한 수많은 학설을 실천론에 포함시켜 철학적 이론과 사유의 관점에서 서술하였다.

각 장 내용의 많고 적음은 중국불교학자들의 관련 학설에 근거하여 설정하였고, 각 편 속의 각 장 배열은 논리와 역사라는 두 가지를 고려하여 확정하였다. 예컨대 제4 우주론편은 우주구조론·현상론·본체론(상, 하)으로 선후를 정하였는데, 이것은 우주에 대하여 중국불교학자의 인식이 끊임없이 심화되는 것, 인간 인식의 발전법칙에 비교적 부합되는 것, 중국불교철학 발전사와 서로 일치되는 것 등을 대체로 반영한 것이다. 또 제6 실천론편은 윤리관·선수행론(상, 하)·직관론·언어관·진리관 순서로 배열하였다. 이것은 불교의 계·정·혜 삼학을 기본으로 하여 배정한 것이다. 선수행론·직관론·언어관·진리관의 여러 장은 실은 하나의 문제로 귀속되고, 직관론·언어관·진리관은 기본적으로 모두 선수행론에 귀결되며, 선수행론·언어관·진리관은 사실상 직관론으로 귀결될 수 있지만, 분량에 있어서 각 편과 장의 상대적인 균형을 고려하여 특별히 단독으로 편성하여 서술하였다.

　장 내 각 절의 배치와 구조와 조직에 관해서는 철학별로 전문적인 내용과 특징을 근거로 정하였다. 전체 내용의 약 3분의 2는 어떤 철학 문제에 대한 특정 사상의 관점과 역사적 변천에 의하여 절을 나누어 서술했다. 나머지 약 3분의 1은 개론·종론·체계적인 분석·전문적인 저술의 평론·사상의 비교라는 전문적인 테마에 따라 분류하였다. 따라서 논리적인 요구 위주로 편성하면서 동시에 최대한 역사적인 순서에 맞추어 절의 순서를 배열하였다.

　책의 제목에 대해서도 한마디 하고자 한다. 불교철학사에서 불교학자는 성불의 근거가 되는 심성문제와 성불의 과정 및 어떻게 수행할 것인가 하는 방법문제에 대해 심혈을 기울였기 때문에 그에 대한 설명이 가장 많다. 이에 걸맞게 불교철학사에서 가장 창조적이고 가장 특색이 있는 것도 역시 심성론과 실천론 부분이다. 그래서 이 두 분야를 본 책의 중심으로 구성하였다. 중국불교 실천론의 본질은 직관론이며, 직관론은 전형적인 중국불교학자의 예리하고 독특한 사유방식을 반영하고 있다. 따라서 심성과 직관은 중국불교 철학사상의 양대 요점이라고 할 수 있다. 하지만 중국불교철학사상은 하나의 총체이며, 심성론·실천론·인생론·우주론 사상은 모두 상호 영향을 주고받으며 융합하고 확충하면서 거대한 철학체계를 이루고 있다. 이러한 중국불교철학체계의 사상 내용을 전면적으로 밝히기 위하여 이 책의 이름을 『중국불교철학요의(中國佛敎哲學要義)』라고 붙였다.

제1편 총 론

| 이끄는 말

　제1편에서는 중국불교철학의 형성과 변천 및 사상체계를 설명한다. 역사와 이론 두 가지 측면에서 중국불교철학을 총체적으로 설명함으로써 독자가 중국불교철학의 역사와 개념을 종합적으로 이해하는 데 편리하도록 하였다.

　중국불교학술사에서 '불교이론은 철학인가 아닌가', '중국불교철학은 과연 존재하는가'에 대하여 의견이 엇갈려 논쟁을 벌인 적이 있다. 본 편의 제1장에서는 이 두 가지 문제와 이와 관련된 문제에 대하여 설명하고자 한다. 중국불교철학은 내용이 광범위하고 매우 풍부하다. 그 때문에 이 책은 문제를 해결하는 기술방식을 취하고, 이를 위해 본 편의 제2장과 제3장은 각각 중국불교철학의 역사적인 변천과정과 중국불교철학의 총체적인 이론구조라는 두 가지 문제를 종합적으로 서술한다.

　먼저 철학 학설의 특징적인 관점에서 중국불교철학을 정의하고, 다음으로 문화발생학적인 관점에서 중국불교철학이 형성된 과정과 발생된 근원을 고찰할 것이다. 중국불교철학은 인도불교문화와 중국 고유문화 간 충돌과 융합의 산물이다. 중국 고대의 불교학자들은 역경(譯經) · 강습(講習) · 불전편찬 · 판교입종(判敎立宗) 등 과정을 거치며 인도불교를 중국에 전래하였다. 그리고 그들은 중국 고대사회의 정치 · 경제 · 문화 · 지리 등의 '철학적 생태환경'과 결합하여 취사선택하고, 인도불교를 점차 중국화하여 유교와 도교 등 중국 고유철학과 다르고 인도불교철학과도 구별되는 상대적으로 독립된 중국불교철학 체계를 형성하였다. 중국불교철학의 형성은 중국 토착문화와 외래문화가 교류하여 융합한 성공적 모델이다.

다음으로 우리는 역사의 흐름에 따라 중국불교철학의 사상적인 변천과정을 중점적으로 서술할 것이다. 역사적인 순서에 따라 간명하게 한위서진(漢魏西晋)시대의 '격의(格義)' 철학, 동진십육국(東晋十六國)시대의 현학화(玄學化)된 철학, 남북조(南北朝)시대의 학파철학, 수 · 당(隋唐)시대의 고도로 발달된 종파철학, 그리고 당대(唐代) 이후 유교 · 도교와 융합하여 만들어진 심성철학을 되새겨 볼 것이다. 그리하여 중국불교철학이 역사단계별로 초점을 둔 문제와 시대적인 특징을 드러냄으로써 중국불교철학사상이 발전해 온 내재적인 논리와 필연적인 법칙을 파악할 수 있도록 할 것이다.

그다음으로 우리는 세 방면에 중점을 두고 중국불교철학의 사상적인 체계를 고찰할 것이다.

첫째, 중국불교철학의 사상적인 체계를 인생론과 우주론, 실천론 셋으로 나누어 각 분야가 함유하고 있는 사상적인 요소를 각각 지적할 것이다.

둘째, 중국불교철학의 기본적인 사상요소 간 상호관계를 연구, 토론할 것이다.

셋째, 중국불교철학 체계의 내재적인 작용을 서술할 것이다. 즉

중국불교철학이 중국불교의 다른 문화형태, 예를 들자면 불교문학
이나 불교예술 또는 민간신앙의 개념과 풍속에 어떤 작용을 하였
으며, 중국불교철학이 중국의 나머지 다른 철학과 문화영역 나아가
서는 사회, 정치영역에 어떠한 작용을 했는가에 대해 서술할 것이다.

제1장 중국불교철학의 형성

　최근 백 년 이래 중국 학술계에서는 중국 역사에 있어서 도대체 중국불교철학이 형성된 적이 있었던가 하는 문제가 줄곧 논쟁이 되어 왔다. 이 문제는 중국과 인도의 문화적 충돌과 융합, 중국과 인도불교철학의 연계와 구별의 문제에까지 이르고 있으며, 이론과 실제를 어떻게 결합하여 탐구하고 설명할 것인가 하는 것까지도 포함하고 있다. 앞으로 문화발생학적인 관점에서 중국불교철학의 정의, 중국불교철학의 형성과정, 중국불교철학의 근원이라는 세 가지 측면에 대하여 서술하려고 한다.

제1절 중국불교철학의 정의

　중국불교철학의 형성은 동양문화사의 중대한 현상이며 중국철학사에서도 중요한 하나의 항목이다. 인도불교는 인도의 고대문명과 정신적인 가치를 대표하고 있으므로, 인도불교와 중국의 고유철학은 성격과 종교개념과 가치에 있어서 큰 차이가 있다. 인도불교철학은 중국의 고유문화와 철학과 서로 충돌하고 모순이 융합되는 과정에서 점차 변형되고 갈수록 중국화된 중국불교철학의 새로운 학설을 형성하였다. 이는 고대 동양에서 중국과 인도라는 양대 문명을 발생시킨 국가의 가치관과 사유방식이 체계적으로 교류하면서 두 개의 이질적인 문화가 상호 접촉하여 영향을 주고받은 성공적 모델이라고 볼 수 있다.

인도불교는 중국문화에 새로운 피를 수혈하듯 새로운 활력과 창조력을 불어넣었다. 중국의 불교학자는 인도불교철학의 자양분을 흡수하여 고대 중국의 정치·경제적인 수요에 부응하였고, 중국 고유의 철학적인 지혜와 논리에 의거하여 인도와는 다른 새로운 불교철학 학설을 창출하였다. 중국불교철학은 수·당 철학의 핵심일 뿐만 아니라 송·명 철학의 발전에도 지대한 영향을 끼쳐 중국의 고대철학사상을 풍부하게 하였다. 그 결과 동아시아 불교문화권에서는 중국불교철학의 내용이 가장 풍부하고 가장 깊이가 있어서 인도불교철학과 충분히 서로 어깨를 겨룰 만하다.

중국불교철학은 중국불교학자가 밝힌 철학사상이므로 중국철학에 속한다. 위진남북조시대의 중국불교학자가 독자적으로 설명한 본무론(本無論)·부진공론(不眞空論)·신불멸론(神不滅論)·불성론(佛性論)·돈오론(頓悟論) 등 학설은 당시 철학사조의 중요한 내용을 구성하였다. 수·당시대에 형성된 불교의 종파, 가령 천태종과 화엄종, 선종 등 여러 종파의 일련의 철학사상은 한때 당시 철학의 주류가 되기도 하였다. 이러한 종파철학은 그 발전의 위세에 대한 언급은 차치하더라도 사상적인 규모와 내용의 심도에서 당시 유가와 도가의 철학사상을 초월하고 있어서 중국철학사상사에서 결코 무시할 수 없는 위치를 점유하고 있다.

중국 고대사상의 주류는 끊임없이 변형되어 선진시대의 제자학과 한대의 경학, 위진시대의 현학, 수·당시대의 불교학, 송명시대의 이학, 청대의 박학(朴學) 순으로 형성되었다. 이러한 철학 형태는 모두 각각의 철학사상을 함유하고 있고, 이러한 철학사상은 또 중국 철학사의 변천과정을 반영하며 중국 철학사의 기본 내용을 구성하고 있다. 만약 위·진에서 수·당에 이르기까지 불교철학의 중국화된 성격과 그 위상을 간과한다면 중국철학사는 수·당시대에는 거의 단절된 것으로 나타날 것이며 당시의 철학이 발전한 실제 상황을 설명하기 어려울 것이다.

중국불교철학은 중국 고대의 가장 거대하고 가장 복잡한 종교 철학체계이다. 그것은 인도불교가 중국에 전래된 이후 형성된 것으로서 인도불교와 중국 고대사회의 현실이 결합되어 생겨난 것이기 때문이다. 또한 그것은 역대의 중국불교학자가 취사선택하고 스스로 조직화한 결과이며 그들의 사상적인 창조와 지혜의 결정체이다. 중국불교철학은 중국철학의 일부분이면서 불교철학의 일부분이다. 그러나 중국불교철학은 중국 고유의 철학과도 다르며 인도불교철학의 복제품도 아니다.

불교는 인생의 해탈을 추구하기 위하여 창립된 종교이다. 불교사상의 출발점과 귀착점은 성불을 하기 위한 것이며 해탈의 경지에 이르는 것이다. 불교철학은 인생의 해탈을 얻기 위하여 논증하는 것이며, 출세간의 철학이며, 초월의 철학이다. 불교철학은 인생의 고통과 현실적인 모순과 세간의 염오를 중점적으로 논술하고, 번뇌에서 벗어나고 고난을 제거하는 과정과 방법을 연구하고 논의하여,

현실의 삶과 세계를 부정하고 영원하고 행복한 피안(彼岸)의 세계, 이상적이고 자유로운 정신의 경지를 추구한다.

일반적으로 중국의 유교와 도교 철학가는 모두 현실을 긍정하고 진실한 것으로 인식하여 현실세계와 실제 생활 가운데서 정신적인 고향을 찾으며 이상적인 인격을 만드는 것을 중시한다. 불교철학과 중국 고유의 철학은 그 정신적인 취지 면에서 큰 차이를 보이고 있다. 중국화된 불교철학은 중국 고유의 전통사유에서 깊은 영향을 받았고 유가와 도가의 철학사상을 많이 흡수하기도 하였다. 그래서 원융(圓融)과 돈오(頓悟)를 더욱 중시하고 본성으로 돌아갈 것을 강조하며 현실생활 가운데서 정신적인 해탈을 주장하는 것으로 드러나 있다.

반면 인도불교는 수행에 있어서 현실적인 마음의 활동에 대한 고찰을 중시하고, 점진적인 깨달음[漸悟]을 중시하며, 또한 현실의 삶과 세계를 초월하여 내세(來世)에 피안의 불국토에 갈 것을 강조한다. 이는 중국불교철학이 중국의 고유사상과 현저히 다르며 인도불교철학과도 다른 일종의 상대적으로 독립된 철학형태임을 나타내는 것이다.

중국불교철학은 특정 대상과 범위를 가지고 있다. 중국불교철학은 전체 불교철학의 한 분파이며 중국철학의 한 분파이기도 하다. 중국불교철학을 연구하는 기본적인 목적은 역대 중국불교학자와 종파의 중요한 저술 및 철학사상을 대상으로 중국불교철학사상의 중요한 명제·기본내용·원류의 변천·발전법칙·이론적인 사유로부터 경험적인 교훈을 설명하는 것이다.

중국불교철학은 저명한 불교학자 개인의 사상 특히 종파의 학설이라는 형식으로 구성되어 있다. 수·당시대의 중국불교는 천태·삼론·유식·화엄·율·정토·선·밀종이라는 여덟 종파로 형성되었다. 그중 천태·삼론·유식·화엄·선 다섯 종파는 풍부한 철학사상을 가지고 있다. 이 다섯 종파 중 천태·화엄·선 세 종파는 불교철학과 비교적 거리가 멀고 중국인의 창조성을 잘 드러내고 있다. 동진·남북조시대의 저명한 불교 학자와 수·당시대 이래의 천태·화엄·선종은 중국불교철학의 주요 연구대상이다. 이 외에도 중국적 색채가 선명한 불교 학자와 종파의 철학사상도 역시 중국불교철학의 중요 연구대상이다. 이러한 특정 대상을 연구함으로써 우리는 중국불교철학을 인도불교철학과 분명하게 구별할 수 있고 또한 중국 고유사상과도 구별할 수 있을 것이다.

중국불교철학에서 논의되는 중대한 철학적인 문제는 중국불교철학을 연구하고 설명하는 기본이 되어 있다. 불교는 일종의 해탈론으로서 삶의 고난에서 해탈하여 불과(佛果)를 이루는 근거와 과정과 방법을 중점적으로 설명한다. 이 가운데 포함된 철학사상은 해탈론의 이론적인 기초가 된다. 중국불교철학자도 역시 인생의 해탈을 추구하고자 하는 불교의 주제를 둘러싸고 인도불교철학의 이론과 중국의 실제 정황 특히 중국의 고유문화와 철학을 상호 결합하여 일련의 철학 문제를 밝혀냈다.

첫째는 인간 주체에 대한 논술이며, 둘째는 인간이 처한 환경에 대한 설명이며, 셋째는 앞의 두 문제의 이론적 성과에 근거하여 어떻게 성불을 실천하고 수행할 것인가 하는 문제이다. 이상의 세 문제도 역시 인생론과 우주론과 실천론으로서 이들은 중국불교철학 체계의 틀을 이루고 있다. 그런데 각각의 문제는 또한 약간 다른 측면과 다중적인 내용을 담고 있다. 인생론은 인생의 본원·인과·가치·육체와 정신[形神]·심성·불성·도덕윤리·이상경지 등 내용을 포괄하고 있고, 우주론은 구조론·현상론·본체론에서 다루고 있으며, 실천론은 곧 수행의 방법·방식·절차·시간·직관적인 사유·진리론 등 문제를 중요시하고 있다. 위에서 서술한 세 문제는 서로 밀접하게 관련되어 있어서 나눌 수도 없거니와 이러한 문제를 구별하는 것은 상대적일 뿐만 아니라 어렵기도 하다. 우리가 중국불교철학의 문제를 나누어 설명한 주요 목적은 단지 중국불교철학의 범위를 설정하고 서술상의 편리를 위해서이다.

어떤 학자는 인도불교철학만 있을 뿐 중국불교철학은 존재하지 않는다고 생각한다. 그 주된 이유는 중국불교철학의 근본 문제와 사색 방법이 모두 인도로부터 온 것이지 중국철학 전통으로부터 온 것이 아니며, 중국의 고유문화와 철학이 중국불학에 중대한 영향을 주지 않았으며, 불교가 중국화되었다고 해도 결코 질적으로 변화하지는 않았다는 것이다. 중국불학이 아무리 중국인의 불학이라 하더라도, 그 의미와 이치는 순수한 불교의 것으로서 인도불교의 계속적인 발전에 지나지 않으므로 중국 철학전통에 속하는 불학은 아니라는 것이다.14)

또 어떤 학자는 잠재의식 속에 있는 전통 유학이 너무 강하여 유교로써 불교를 배척하는 색채까지 띠면서 중국불교철학의 존재와 위상을 부정하는 것 같다. 이러한 관점은 중국불학과 인도불학의 관계만 보았을 뿐 양자 사이에 존재하는 실로 엄청난 차이를 간

---

14) 모종삼(牟宗三), 『불성과 반야(佛性與般若)』(수정판), 序言(台灣: 學生書局, 1989), pp.4~5 참조.

과한 것이다.

우리는 중국 고유문화와 철학의 강력한 영향을 받으면서 인도불학이 중국에 널리 전파되는 과정에서, 체용(體用)의 개념이나 심성이론 · 윤리학설 · 수행방법 · 사유방식 등 일련의 중대한 문제에 있어서 이탈이 발생하였고 그 성질도 변화하여 심지어 어떤 것은 인도불교 교의와 완전히 상반되는 것도 나타났다고 본다. 이러한 현상은 천태종 · 화엄종 · 정토종 · 선종 등 중국화된 몇 개의 종파에서 각기 그 정도를 달리하며 나타나 있다. 우리는 중국불교학자가 편찬한 것과 인도불학이 완전히 일치된 철학 내용은 중국불교철학사상이라고 할 수 없다고 생각한다. 그러나 인도불학 내용과 다른 부분, 즉 인도불학을 계승한 후에 발전하고 개조되어 인도불학과는 달리 독자적으로 중국에서 창조된 모든 것, 다시 말해서 인도불학이 중국에 들어와서 변하고 달라진 모든 것은 중국불교철학으로 보아야 마땅하다고 생각한다.

이천여 년의 전파과정에서 불교는 인도와 중국 양대 체계를 구축하였으며 이는 불교계에서 이미 공인된 사실이다. 갈수록 많은 불교 연구학자들이 불교철학사에서 중국과 인도가 양대 체계를 이루고 있다는 사실을 인정하고 있다.

제2절 중국불교철학의 형성과정

중국불교철학은 어떻게 형성되었는가? 중국불교철학은 특수한 정신적 면모와 중화민족의 철학정신을 어떻게 표현하였는가? 중국불교철학이 형성된 과정을 이해하기 위해서는 불교가 중국화하는 과정에서 나타난 특정 매개 메커니즘의 수용과 확산의 과정을 살펴서 그 메커니즘을 전수하는 사람과 전수받는 사람이 그 메커니즘을 채택한 과정과 운용한 방법을 고찰하여야 한다.

불교를 중국화한 창조 주체가 객관적인 조건의 제약과 결정 아래서 그 메커니즘을 어떻게 접수하고 개조하였으며 또 어떻게 창조하였는가를 분석하고 종합해야 한다. 개괄하여 말하면 중국불교학자는 주로 불전을 편찬하고 교상판석을 통하여 새로운 종파를 설립함으로써[判敎立宗] 불교철학을 중국화하였다. 동시에 불전을 번역하고 사람들에게 경전의 뜻을 가르쳐 익히게 하는 것과 서로 밀접한 관계를 지니고 있다. 왜냐하면 역경(譯經)과 강습을 통해서만 불교의 각종 전적(典籍)을 전면적으로 깊이 이해할 수 있고, 소화하고 이해하여야 비로소 개척하고 창조할 수 있게 되어 중국의 독특한 불교철학 체계를 세울 수 있기 때문이다. 불교의 중국화라는 어렵고 복잡한 역사과정에서 볼 때, 경전을 번역하고, 경의 의미를 가르쳐 익히게 하고, 불전을 편찬하고, 새로운 종파를 세워 교를 분별하는 것이 바로 중국의 불교철학이 형성된 기본과정이고 방식이라고 할 수 있다. 이러한 과정과 방식으로부터 우리는 불교철학의 창조자가 중화민족의 고유사상을 중심으로 인도의 불교철학사상을 어떻게 받아들여 바꾸어 나갔으며, 중국불교철학 체계를 어떻게 새로 세우고 구축했는지 분명히 알 수 있다.

1. 경전의 번역

불교경전의 번역은 오랫동안 중국불교 포교운동의 중심사업이었다. 이것이 중국불교를 건설한 기초과정이며 중국불교철학을 형성한 하나의 특수한 조건이기도 하였다. 불교경전의 번역은 중국불교철학의 중요한 사상적 근원을 결정하였고 중국불교철학의 중요한 사상적 경향도 결정하였다.

불교경전번역은 한대(漢代)에서 송대(宋代)에 이르기까지 천 년이라는 오랜 시간에 걸쳐 이루어졌다. 번역사업은 먼저 서역과 인도에서 온 승려 위주로 진행되었다. 나중에는 중국의 승려가 서쪽으로 가서 법을 구하고 경전을 가지고 귀국한 후에 번역 사업에 종사하여 차츰 역경을 주도할 수 있게 되었다. 번역하는 일에는 지극히 진지하며 체계를 갖춘 일련의 엄숙한 절차가 있었다. 통상적으로 번역하는 장소에는 역관을 배치하여 직책을 아홉으로 나누어 맡겼다. 역주(譯主)·증의(證義)·증문(證文)·서자범학승(序字梵學僧)·필수(筆受)·철문(綴文)·증범어(證梵語, 參譯)·간정(刊定)·윤문(潤文)이 그것이다. 번역이 상당히 어려웠기 때문에 질과 양을 제고한다든지 혹은 다른 원인으로 어떤 불경은 재차 번역되는 경우도 여러 차례 있었다. 많은 불교경전이 아주 우아한 한문으로 번역됨에 따라서 불교가 중국문화체계 속에서 발붙일 수 있게 되었고, 중국문화의 토양에 뿌리를 내리고 중국문화의 한 부분으로 전환될 수 있었다. 이 것이 불교가 중국화되는 중요한 하나의 계기였다.

불교경전의 번역과정은 불교사상이 중국화되는 과정이기도 하였 다. 왜냐하면 불전번역은 불전의 전래라는 특수한 상황을 수용해야 했기 때문이다. 언어와 문자가 다르고 역자의 지식 구조와 사회 문 화적인 배경의 차이 등 여러 가지 조건의 제약으로 인하여 문자의 변화만 초래한 것이 아니라 어떤 사상은 그 내용이 달라지기도 하 였다.

불교는 기원전 6세기 내지 5세기경에 창립되었고, 약 기원전 1세 기 전후에 중국 대륙에 전래되었기 때문에 그 사이에는 오백여 년 이라는 세월의 간격이 있다. 불교 여러 교파들의 불전은 각기 다른 기회와 인연으로 말미암아 서로 뒤섞인 채 중국에 전래되었다. 이 로 인하여 불전번역이 불학사상의 변천과정을 반영하지 못하였을 뿐 아니라 읽고 이해하고 번역하는 데 어려움을 가중시켰다. 아울 러 번역 시에 인도불교사상의 본의와도 어긋나게 되어 중국사상이 침투하는 계기를 제공하였다.

불교는 최초에 서역을 통하여 전래되었다. 이 지방의 방언[胡語] 으로 인하여 인도불교는 서역에 전래될 당시에 이미 변화를 겪었고, 중국의 한어(漢語)지역에 전래되었을 때에 다시 진일보된 변화를 겪었다. 서역의 호어경전과 훗날 인도로부터 직접 전래된 범어경전 은 언어와 문자 등의 측면에서 중국의 언어와 문화 및 철학과 아주 큰 차이가 있어서 번역을 하는 데 여러 가지 어려움이 있었다.

일찍이 동진시대(東晉時代)에 당시의 저명한 불교 지도자인 도 안(道安)은 『마하반야바라밀경초서』에서 불전번역에 대한 것을 '오실본삼불이(五失本三不易)'[15]로 종합해 놓았다. 즉 한역불전에는 본래의 의의를 쉽게 상실할 수 있는 다섯 가지의 상황과 쉽게 번역할 수 없는 세 가지의 정황이 있다는 것이다.

'오실본(五失本)'은 첫째, 범어와 한문은 문법이 달라서 부득이 원문의 어구를 전도시켜 한문 어법에 부합하게 하였다. 둘째, 원전의 문체는 매우 소박하여 수사가 적으나 한문은 문장 수식을 많이 한다. 셋째, 원전에는 같은 어구가 종종 중복되어 있어도 그 번거로움을 피하지 않는데 한역에서는 중복 어구를 여러 차례 생략하고 있다. 넷째, 어떤 원전의 경문 중에는 주해(註解)가 혼재해 있는데 한역은 이러한 주해를 여러 차례 없애고 있다. 다섯째, 원전에는 한 가지 일을 끝내고 다시 계속하여서 다른 일을 서술할 때 앞에 기술된 글과 중복되는 경우가 많은데 한역은 이런 중복된 부분을 여러 차례 없애 버렸다.

'삼불이(三不易)'는 첫째, 불전은 당시 인도의 언어와 풍속에 의하여 만들어진 것인데 후대의 언어와 습속에 맞추려고 하다 보니 번역에 어려움이 있었다. 둘째, 성인(부처)과 범부 사이에는 본래 커다란 거리가 있으므로 번역 중에 옛 성인의 현묘한 사상을 후세 범부들의 습속에 맞추려고 하는 것은 쉽지 않은 일이다. 셋째, 불전이 널리 전파된 지 오래되어 후세 학자들이 만약 평범하고 얕은 지식으로 번역에 종사하였다면 설령 각별히 신중을 기하였다 하더라도 그 오류를 면하기 어렵다.

도안이 총괄한 이 여덟 가지의 정황은 불전의 번역 특히 초기의 번역은 인도불전의 본래 의의가 상실될 수밖에 없는 필연성과 심

---

15) 약칭하여 '五失三離'라고 한다. 『大正藏』 55, p.52bc 참조.

각성을 설명하고 있는 것으로서 불전번역에서 있을 수 있는 동서고금의 모순을 제시한 것이다. 이러한 모순은 번역 내용이 당시 중국의 언어와 습속에 맞게 조정하여 만들어진 데서 발생하였다. 여기서 불교를 중국화할 필요성과 가능성이 생긴 것이다. 사실 당시의 역경자(譯經者)들은 중국인들이 불전을 이해할 수 있도록 하기 위하여 역경할 때 어쩔 수 없이 중국 고유의 도가와 유가와 음양가의 명사와 개념과 술어를 채택하여 그에 부합하는 번역을 하였고, 그에 따라 원래 의미가 다소 변색되었다. 더 나아가 역경자들은 중국 유가의 윤리도덕과 조화시키기 위하여, 선(選)·산(刪)·절(節)·증(增) 등 방법으로 불전에 오묘하게 서술된 인간과 인간의 관계를 조정하였으며, 특히 부자(父子)·부부(夫婦)·주인과 하인[主僕] 등의 문란한 성생활을 서술한 원문은 삭제함으로써 인도 불전의 본의를 위배하였다.

역자의 언어조건과 지식구조와 문화적인 소양 등 주관적 요소는 번역의 질에 결정적인 영향을 미친다. 초기의 역경(譯經)은 서역과 인도 승려가 주로 하였다. 서역과 인도 승려들 중 많은 사람은 한문에 능통하지 못하거나 어느 정도 의사소통만 할 수 있을 뿐이어서 역경 시에 중국인의 도움이 필요했다. 이렇듯 언어와 문자의 소통문제는 시종 번역 작업을 어렵게 한 커다란 문제였다. 나중에는 중국의 승려가 주로 번역을 맡았다. 그들은 대개 한문과 범어 모두에 능통하였으나 그래도 정통 범어 수준과는 분명히 다른 점이 있었으므로 이 또한 원문을 이해하는 데에 어쩔 수 없는 영향을 끼쳤다. 아울러 매우 중요한 것은 번역 사업에 참여한 중국 승려들의 지식구조와 문화소양이다. 번역과정 중에 보이지 않는 요소 또한 매우 중요한 작용을 하였다. 중국의 불교 지식인들은 통상적으로 불교에 귀의하기 전에 한결같이 유학과 도학 교육을 받아 고유문화의 영향을 깊이 받았다. 그들이 지니고 있던 전통사상과 가치관념과 사유방식이 외래의 불교에 대한 이해와 해석을 크게 좌우하였기 때문에 때로는 인도불교철학사상 일부의 근본적인 변화를 초래하였다.

번역으로 인하여 불교철학의 중국화를 가져온 전형적인 예의 하나로 여징(呂澂) 선생이 열거한 '여성(如性)'에 대한 개념과 번역을 들 수 있다. 이 예는 중국의 고유철학 술어와 사상방법과 세계관이 인도불교철학의 개념을 이해하여 개조한 것을 잘 드러내고 있다. 이 개념은 매우 중요하고 쉽게 파악할 수 없는 것이어서 여기에 특별히 인용한다. 여 선생은 다음과 같이 말하였다.

> "'여성(如性)'이라는 개념은 당초에는 '본무(本無)'로 번역되었다. '여성'이라는 개념은 『오의서(奧義書)』에서 비롯된 것으로 결코 불가에서 지어낸 것이 아니다. '바로 그것'을 뜻하는 것으로 오직 직관으로써만 체득할 수 있다. 인도인은 이미 습관적으로 이 개념을 사용하였지만, 중국의 어휘 중에서는 이에 상응하는 용어를 찾을 수 없다. 왜냐하면 중국 고대의 사상가는 실제를 비교적 중시하여 개념은 모두 구체적 내용을 담을 것을 요구하였기 때문이다. 따라서 이런 종류의 추상적 의미를 지닌 용어가 없었던 것이다. 이른바 '여성'은 '실제 그대로'이지만 그러나 현실의 사물은 언제나 '실제와 달리' 이해되었기 때문에 이 개념은 부정적인 의미를 가지고 있다. 실제와 다른 부분을 부정하는 것이다. 인도인의 사유방법은 결코 실제하지 않는 부분을 부정함으로써 부정을 표시하지는 않는다. 개념에 부정의 가능성이 있을 때만 표현한다. 따라서 불가에서는 진일보하여 이 개념을 '자성공(自性空)', '당체공(當體空)'이라고 한다. 이러한 의미에서 볼 때 '본무'라고 번역한 것은 착오라고 할 수 없다. 또한 '무

(無)’ 자는 중국 도가에 이미 있던 용어이다. 만약 ‘본무’의 내력을 이해했다면 오해가 생기지 않았을 것이다. 그러나 이러한 의미를 이해한 사람은 오직 그 의미를 사용한 역자 본인뿐이었고, 번역 출간된 후에 독자들은 글자만 보고 그 뜻을 헤아렸으니 큰 오해가 생긴 것이다. 처음에는 이 개념을 노자가 말한 ‘무(無)’와 혼돈하여 말하고, 이후에는 우주 발생론과 연계하여 ‘본’을 ‘본말(本末)’의 ‘본’으로 이해하여 만물은 ‘무’에서 생겨난 것이라고 여겼다. 이러한 오해는 결코 그것이 번역어 때문이 아닌데도 다시 정정되었다. 예를 들어 나중에 ‘본무’에 대한 번역을 ‘여여(如如)’, ‘진여(眞如)’ 등으로 바꾸었으나, 설성가상으로 진여는 일체를 생성한다고 여기는 데까지 이르렀다. ……종합하자면, 우리는 중국불학을 인도불학의 단순한 ‘이식(移植)’으로 볼 수 없으며 정확히 말하면 그것은 ‘시집보내는 것[嫁接]’이라고 할 수 있다. 그러므로 양자 사이에는 일정한 거리가 있다. 이는 중국불학은 그 뿌리가 중국에 있는 것이지 인도에 있는 것은 아니라는 것을 말하는 것이다.16)

2. 경전의 의미를 가르치고 익힘

불교를 널리 포교하고 또한 불교가 중국사회의 토양에 뿌리내리게 하기 위하여 중국불교학자는 경의 의미를 가르치고 익히게 하는 방식을 채택하였다. 경의 의미를 강습하는 것은 불경을 번역하는 것과 마찬가지로 인도불교와는 다른 중국불교의 독자적인 전문화 활동으로서 중국불교 활동의 특색을 이루고 있을 뿐 아니라 중국불교 형성과정의 하나가 되었다.

사료에 의하면 남북조시대에 이미 경을 강의하는 활동이 매우 성행하여 그 규모가 방대했다고 한다. 불교가 사람들의 마음에 깊

---

16) 여징(呂澂), 『중국불학원류약강(中國佛學源流略講)』, 『여징불학논저선집(呂澂佛學論著選集)』, (濟南: 齊魯書社, 1991), pp.2438~2440.

이 파고들어 사회에 뿌리내리게 하기 위하여 경전 강의는 명확하게 전공분야별로 나누어 실시하였을 뿐 아니라 일정한 격식을 갖추고 있었다.

범패[천장가찬(擅長歌贊)]와 경전의 독송[咏經, 轉讀] 및 불교의 의미를 잘 해석하는 승려를 '경사(經師)'라고 부르고, 불교경전의 해설을 담당한 승려를 '강사(講師)'라고 하고, 강사의 경전 강의를 도우며 강사가 경전을 강의할 때 강사와 대화를 하면서 듣는 이들이 경전의 의미를 더욱 쉽고 명백하게 하는 승려를 '도강(都講)'이라고 하고, 경전 강의가 발전함에 따라 '법의 이치를 널리 알려 중생을 인도하는' 승려와 감동적인 목소리로 신도들에게 가르침을 전하는 승려들을 '창도사(唱導師)'라고 부른 것이 그 예이다. 이렇게 전공을 나누었다는 것은 불교포교를 정규화(正規化)했음을 나타내는 것으로서 이는 불교를 널리 유포하는 데 효과를 높이고 불교를 중국의 토양에 뿌리내리게 하는 데 큰 도움을 주었다.

경전을 강의하는 사람이 경문을 이해하는 정도는 개인의 문화적인 수준과 전승관계와 그 사람이 본래부터 지니고 있던 사상적인 경향성으로부터 직접적인 영향을 받는다. 그들은 모두 자신이 배워서 알고 있는 것을 근거로 해설하였다. 그리고 수강자도 역시 대부분 중국 고유문화에 훈습되어 있었기 때문에 그들 자신이 지니고 있던 중국문화사상의 소양에 의지하여 경의 의미를 이해하고 받아들였다. 경을 강의하고 그 강의를 듣는다는 것은 사실 중국의 문화사상과 인도불교의 교의를 대조·비교하고 융합하고 회통하는 과정이라고 말할 수 있다. 그리하여 중국 승려의 경전 강의는 중국의 불교철학을 형성하는 데에 직접적인 영향을 끼쳤다.

동진시대 초기에 이루어진 경전강의는 고정적인 격의(格義)와 자유로운 표현이라는 다른 두 종류의 방식을 주로 채택하였다.17) 강법랑(康法郞)과 축법아(竺法雅) 등은 불전 중의 '사수(事數)'를 해석하기 위하여 '격의'의 방법을 만들었다. 사수란 명수(名數) 혹은 법수(法數)라고도 하는데 이는 명상(名相), 즉 사제(四諦), 오온(五蘊), 육도(六度) 등의 숫자를 가진 불교의 명사를 말한다. '격의'란 "불경 속의 명사개념을 사용하여 불경 이외의 명사개념과 결합하여 해석하는 방식"18)을 의미한다. 불전 속의 법수를 중국의 『노자[老]』, 『장자[庄]』, 『주역[易]』 등에 나타난 관계있는 개념과 균형을 맞추고 서로 비슷한 것은 고정시킴으로써 불교 법수의 규범을 이해하도록 강습하는 것이다. 이렇게 불교 명사개념과 범주를 판정하여 중국 고유의 비슷한 명사개념과 범주로 만들어 통일된 격식을 형성하였다. 이러한 격의 방법에 의하여 경전의 의미를 이해함으로써 인도불전의 의리와 서로 위배되는 경우가 종종 있었다.

> "그런데 평범하게 그것을 비유하는 자, 문장을 살핌으로써 그 이치를 밝히고자 하는 자는 그 취지를 어둡게 하는 자이다. 구절을 살핌으로써 그 뜻을 증험하려고 하는 자는 그 취지를 미혹되게 하는 자이다. 무엇 때문인가? 문장을 살펴보면 같고 다른 것은 항상 글자나 말로 나타나기 마련이고, 문구를 살펴보다가 그와 비슷한 문구를 만나게 되면 항상 비슷한 취지로 삼게 된다. 글자나 말로 표현되고 나면 그것이 이루어진 이치를 상실하게 되고 취지가 되고 나면 불경의 본래 뜻을 찾고자 하여도 원본에서 기록한 사항을 소홀히 하게 된다."19)

---

17) 승예(僧叡)는 『비마라힐제경의소서(毗摩羅詰提經義疏序)』에서 "自慧風東扇, 法言流泳以來, 雖日講肄, 格義迂而乖本, 六家偏而不卽."(『大正藏』 55, p.59a)라고 하여, 격의와 육가는 강이(講肄)의 다른 두 종류의 방식이라고 하였다.

18) 『양고승전(梁高僧傳)』 권3 『축법아전(竺法雅傳)』, 『大正藏』 50, p.347a.

62

말하자면, 구체적으로 그 취지를 파악하지 못하고 오로지 격의의 방법에 집착하여 문자에만 얽매여 장과 구를 구분하고 해석에 힘쓰다 보니 불교경전의 문구와는 다른 오해와 혼란만 조성했다는 뜻이다. 격의는 분명 불전의 원의를 왜곡하였다. 그러나 이러한 왜곡이 실제로는 불교철학을 소박하게 표현해 낸 초급 형식의 중국화된 불교의 의미와 이치라고 생각한다.

자유표현 방법을 채택한 것은 동진시대의 반야(般若)학파이다. 이 학파는 자유로운 강론을 하였기 때문에 다시 여섯 내지 일곱 개의 분파로 나누어졌다. 이런 학파들의 사상적 차이에 관한 것은 여기서 언급하지 않겠다. 여기서는 다만 그들이 어느 정도 자유를 발휘했는지 불교철학의 형태 변화가 야기한 결과를 예를 들어 소개하겠다. 자료에 의하면 반야학파의 대표적인 인물 가운데 한 사람인 지민도(支敏度)가 강동(江東)으로 떠나기 전 남방에 도착하여, 어떻게 반야(般若)를 말할 것인가를 일창(一僧) 도인과 상의한 적이 있다. 이때 일창 도인은 "강동에 가서 옛 교의를 사용한다면 아마 밥 얻어먹기가 힘들 것이다."[20]라고 하였다. 이에 지민도는 "심무의(心無義)를 함께 세우리라."고 마음먹고 홀로 강동에 도착하여 심무의(心無義)를 강론하였다. 그 후 일창 도인은 지민도를 일깨워주기 위해 다시 편지를 써서 "그런 알음알이의 방편으로써 불경을 해석한 것은 배고픔은 해결할 수 있을지 모르나 불경의 근본적 의

---

19) 『도행경서(道行經序)』, 『大正藏』55, p.47b; 『大正藏』8, p.425ab, "然凡諭之者, 考文以徵其理者, 昏其趣者也; 察句以驗其義者, 迷其旨者也. 何則? 考文則異同每爲辭, 尋句則觸類每爲旨. 爲辭則喪其卒成之致, 爲旨則忽其始擬之義矣."

20) 『세설신어·가휼제이십칠(世說新語·假譎第二十七)』, 『제자집성(諸子集成)』(八), (北京: 中華書局, 1986), pp.226~227, "用舊義往江東, 恐不辦得食."

식을 드러내는 것은 아니다."라고 하였다.[21] 지민도는 강남 명사들로부터 널리 환심을 얻어서 먹는 문제를 해결하였으나, 원래의 불교 이치는 고려하지 않고 임의로 곡해하여 불경과 청담 현학을 일치시키는 등 인도의 반야학과는 다른 별도의 새로운 학설을 세웠다.

또 다른 예로 당시 반야학파의 중요한 대표인물인 도안(道安)은 줄곧 『방광반야경(放光般若經)』을 강의하였으며 『광찬반야경(光贊般若經)』도 주목하여 양자를 비교 연구하였다. 그는 『합방광광찬약해서(合放光光贊略解書)』에서 다음과 같이 말하고 있다.

> "반야경을 경으로서 말하자면, 그것은 '여'로써 시작하며 법신을 으뜸으로 삼는다. '여'의 의미는 본래, 원래, 본성을 의미하며, 근본적이든 지엽적이든 본성에 있어서는 모두가 같아서 다름이 없음을 말하는 것이다. 불(佛)이 흥하고 멸하는 것은 끊임없이 항상 있는 일이고, 멀어서 의탁할 수 없기에 '여'라고 하는 것이다. 법신은 하나이며 항상 청정하다. 골고루 청정하지 아니하면 이름이 있을 수 없다."[22]

도안은 여기서 위(魏)·진(晋) 현학자들의 본말(本末) 사유방식으로 『반야경(般若經)』을 이해하여 '여(如)'와 '법신(法身)'을 근본·본체로 보고 있는데 이는 인도불교의 본의에 부합되지 않는다. 『반야경(般若經)』이 제창하는 공관(空觀)은 현상과 본체의 실유를 타파하고 실유 본체의 존재를 부정하고 본체는 공(空)이라고 주장한다. 그런데 도안이 제창한 '무를 본으로 삼는다[以無爲本]'는 학설은

---

21) 『세설신어·가휼제이십칠(世說新語·假譎第二十七)』, 『제자집성(諸子集成)』(八), (北京: 中華書局, 1986), pp.226~227, "治此計權救飢爾, 無爲遂負如來也."

22) 『출삼장기집(出三藏記集)』 권7, (北京: 中華書局, 1995) p.226, "其爲經也, 以如爲始, 以法身爲宗也. 如者, 爾也, 本末等爾, 無能令不爾也. 佛之興滅, 綿綿常存, 悠然無寄, 故曰如也. 法身者, 一也, 常淨也, 有無均淨, 未始有名."

본체의 실유를 버릴 것을 말하는 반야학을 수정하여 본체는 근본이며 본체는 실재한다고 보는 본무설(本無說)이다. 이것은 인도불교철학의 방향을 크게 변화시켰고 인도불교철학의 내용을 개조하여 중국 특유의 불교 본체론을 형성하였다.

3. 불전 편찬

긴 세월에 걸쳐서 불교가 널리 전파됨에 따라 중국의 불교 학자는 단순한 번역에서 독립적인 연구를 진행하는 쪽으로 방향을 바꾸어 도리에 통달하게 되면서 많은 저술들을 편찬하였다. 통계에 의하면 중국 승려의 한문불전 저술은 약 600부 4,200여 권에 이른다. 이러한 저술들은 한민족(漢民族)의 사상형식뿐만 아니라 한민족의 다양한 사상내용까지 담고 있다. 종교·철학·윤리·문학·역사 등 여러 방면에까지 영향을 미쳐서 인도사상과는 다른 품격과 색채와 특징을 표현하고 있다.

중국불교학자의 저술은 중국불교철학이 형성되는 중요한 과정이며 기본적인 지표이다. 역대 중국의 불교저술은 중국의 불교사상이 형성되고 발전된 역사적인 과정을 기록하고 있으므로 우리가 발굴하고 연구해야 할 중국불교철학의 주요한 자원이다.

중국의 불교저술에는 다음과 같은 몇 종의 유형이 있다.

(1) 장소(章疏): 중국의 불교학자는 인도불교경전을 받들고 존중하여 지니고 외우고 연구하고 익히는 데 태만하지 않았으며 동시에 경을 강의할 때는 불전사상에 해석을 더하여 설명하는 실력을

발휘하였다. 또 어떤 불교학자는 경(經)을 주석하는 중국의 전통형식을 모방하여 장소(章疏)를 짓는 데 적극적이었다.

중국 승려의 전체 저술 중에서 이러한 종류의 저작이 가장 많다. 장과 소는 종종 중국 고전저술의 용어와 고유사상을 가지고 경전 원문을 주석하여 중국화한 해석을 한다. 이러한 경우가 많아 장과 소는 독립된 철학사상을 설명하고 있다. 예를 들자면 당대(唐代)의 화엄종 사조(四祖)인 징관(澄觀)은 여러 권의 『화엄경소초(華嚴經疏鈔)』를 저술하여 『화엄경(華嚴經)』의 원융관념(圓融觀念)을 밝힘으로써 중국 화엄종파의 '사법계(四法界)'설을 발전시켰다(뒤에서 상세히 설명함). '사법계'설은 고대 중국의 불교철학에 있어서 매우 중요한 우주의 구조론과 현상론 및 본체론에 관한 학설이다.

(2) 논저(論著): 중국불교학자는 창작을 중시하여 부지런히 저술작업을 하고 중요한 논저를 많이 찬술하였다. 이러한 논저들은 불경의 중요한 뜻을 총괄하여 설명하거나 독자적인 견해를 발표하기 위하여 만들어졌다. 또한 유가나 도가와 논쟁하는 과정에서 '정법을 수호하기 위하여' 저술된 것도 적지 않다. 어떤 것은 가장 풍부한 중국불교철학사상을 포함하고 있어서 중국불교철학의 중요한 저술로 인정받고 있다.

동진시대 남방불교의 지도자인 혜원(慧遠)은 승려가 왕자(王者)에게 예경(禮敬)을 해야 하는가에 대하여 당시 사람들과 논쟁을 펼치면서 『사문불경왕자론(沙門不敬王者論)』을 지었다. 그는 여기서 고대 중국의 영혼불멸 관념과 결합된 '형진신불멸(形盡神不滅)'사상을 논술하였다. 인간의 육체는 비록 태어나고 죽지만 사람의 영혼은 영구불멸하다고 강조하였다. 혜원의 이러한 '육체는 다함이 있으나 정신은 없어지지 않는다.'는 관점은 바로 석가모니가 규탄하고 배척했던 것이다. 이것은 불멸의 영혼은 다른 육체에 기거할 수 있다는 브라만교의 관점에 필적한다고 할 수 있다.

초기불교는 인간의 정신은 부단히 변화하는 의식상태의 흐름으로서, 영원히 불멸하는 실체를 지닌 영혼의 존재는 없다고 여겼다. 그러나 혜원은 중국 고유의 영혼관념과 실체성 사상의 측면에서 인간의 육체와 정신의 관계를 이해함으로써 인도 초기불교 사상과의 괴리를 초래하였다. 그렇지만 그와 동시에 고대 중국의 정신불멸론을 풍부하게 하고 발전시킨 것은 분명하다.

(3) 경전(經典): 중국의 승려는 적지 않은 불경을 찬술하기도 하였다. 선종 창시자인 혜능(慧能)의 『단경(壇經)』은 중국 승려들이 유일하게 공개적으로 '경(經)'이라고 부르는 저술이다. 이 저술은 불교의 신앙적인 요소를 일부 흡수하여 유가와 도가의 중국 고유 문화 토양에서 만들어진 것이다. 이 저술은 중국불교사와 중국사상사에서 대단히 중요한 위치를 차지하고 있고 그 영향이 지대했다는 사실은 모두가 공인하고 있다.

이 외에 위경과 의경도 있다. 이는 중국 한족 승려들이 편찬하고 발췌하여 표절한 것으로 판단되거나 의심되는 불경을 가리키는 것으로서 호어(胡語)나 범어(梵語)로부터 번역한 한문불경은 아니다. 위경과 의경의 내용은 종종 유·도·불 삼교의 투쟁과 관련되어 있다. 어떤 것은 사회적인 필요에 의하여 유교와 도교 사상을 흡수하여 편성한 것이다. 위경과 의경은 사실상 불교가 중국화된 결과로 나온 것이어서 선명하게 중국화된 철학사상을 함유하고 있다. 가령 『제위파리경(提謂波利經)』은 중국 승려가 재가신도를 위하여 쓴 것으로서 인과응보사상과 지계수행(持戒修行)을 중점적으로 선양하고 있다. 이 경은 중국 고유의 음양오행학설과 삼강오륜의 윤리와 불교의 교의를 결합하고 있다. 이러한 결합은 억지로 꿰맞춘 것 같아 어색하기도 하지만 중국불교의 우주론과 도덕철학에 어떤 특색을 부여한 것이기도 하다.

(4) 등록(燈錄): 전등록(傳燈錄)이라고도 한다. 전등록은 선종의 승려들이 창조한 독특한 문체로 기술되어 있으며 선종의 역대 전법기연(傳法機緣)들을 기록한 저술이다.

내용은 말씀을 기록한 '어록' 위주로 되어 있으며 전승(傳承)관계도 기록하고 있다. 중요한 등록으로는 이삼십여 종류가 있고 그중 선사(禪師)의 어록은 삼백여 편을 웃돌고 있다. 어록의 대부분은 선사(禪師)들의 말씀으로서 좌우 측근의 선문 제자들이 기록한 것을 편집하여 만든 것이다.

어록은 사제 간의 전법심요(傳法心要) · 참오험증(參悟驗證) · 방편시행(方便施行) · 참학소득(參學所得) 등을 기록하고 있다. 이들은 선종이 생각하는 인생의 이상적인 경지 · 심성사상 · 직관적인 사유를 집중적으로 표현하고 있으며 중국불교철학의 중요한 내용을 이루고 있다.

(5) 선서(善書): 윤리 도덕과 권선징악적 내용을 담은 책을 가리킨다. 불교의 선서는 곧잘 유가의 도덕관념과 혼합되어 유가와 불가의 윤리적인 목표와 생활규범을 널리 알리는 역할을 하였다. 예를 들자면 명대(明代)의 명승 운서주굉(雲栖袾宏)의 『자지록(自知錄)』은 인간의 행위를 선(善)과 과(過)로 나누어 사람들에게 과오를 버리고 선을 좇아 공덕을 쌓음으로써 훌륭한 보답을 받도록 권

하고 있다. 이런 통속적이고 이해하기 쉬운 설교는 정식 경전에 비해 민중들에게 아주 쉽게 받아들여졌기 때문에 그 영향도 매우 컸다. 불교의 선서는 중국 승려가 국가의 정세에 맞추어 불교의 윤리도덕학설을 새로 세우는 데에 쏟은 노력과 중국의 불교 윤리도덕철학을 보급한 데서 얻은 성과를 반영하고 있다.

(6) 사서(史書): 불교의 사서는 불교 역사의 발전과 변천을 기록하고 있으며 중국불교사 연구의 기본적인 자료의 하나이다. 사서 중에서 특히 중국의 승려열전의 기전체(紀傳體) 사서는 총전(總傳)과 유전(類傳)과 별전(別傳) 등 유형이 있다. 이는 대표적인 불교계 인물의 업적과 사상을 기술하여 역대 불교철학사상의 생성과 발전과정을 반영하고 있다. 동시에 이것은 우리들이 불교철학자의 사상적인 내용과 특색을 이해하고 중국불교철학사상의 형성과 변화를 총체적으로 파악하는 데에 매우 중요한 사료적인 가치를 가지고 있다.

4. 교상판석과 종파 창립[判敎創宗]

수·당시대에는 불전이 대량으로 번역되고 불교 연구성과가 오랜 기간 동안 축적되어 있었고 불교인재가 두루 성장하였기 때문에 중국불교의 창조력은 엄청나게 신장되어 있었다. 또 국가가 정치적으로 통일되고 경제적으로 번영하고 국력이 강대해짐에 따라 중국불교학자는 사상을 창조하는 데 객관적으로 대단히 좋은 환경을 가지고 있었다. 이러한 주·객관적인 조건이 성숙되자 불교의 각 종파가 연이어 성립되었다. 수·당시대의 불교 종파 중에는 국가의 정세에 부응하고 중국의 고유문화와 결합하여 다른 전승(傳承)관계와 교리를 형성함으로써 인도불교의 교의와는 괴리되고 심지어 위배되기까지 하는 종파가 창립되었다. 이러한 종파의 지도자는 종파를 창립하는 과정에서 각자의 민족적인 특색과 민족정신을 담은 철학사상을 드러냈다.

중국불교의 각 종파가 창립될 때 근거가 된 경전은 기본적으로는 인도에서 온 것이다. 인도불교가 각 교파별로 교의도 다르고 경전도 달라서 불교의 의미와 이치를 이해하고 해석하는 데 곤혹스러운 점도 더러 있었지만 어느 면에서는 종파를 창립하는 데 편리한 점도 있었다. 곤혹스러운 점을 해결하고 종파를 창립하기 위하여 중국의 불교학자는 인도불교의 각종 경전을 앞뒤 순서와 교리의 깊고 얕음을 정하여 통일적으로 안배하여 자신의 종파가 존중하고 신봉하는 경전을 최고의 반열에 두었다. 이를 교상판석이라고 한다. 중국불교 각 종파의 창시자는 중국 역사에 대한 깊고 두터운 의식과 가치관을 가지고 각기 다른 표준과 척도로 문도들을 이끌어 자신들이 추앙하는 경전을 학습하고 연구하게 하여 그들 종파의 발전을 촉진시켰다.

중국불교의 교상판석은 중국인의 인도불교에 대한 사고과정과 선택의 결과를 반영하고 있으며 중국 고유의 역사철학과 가치관념을 구현하고 있다.

제3절 중국불교철학의 형성 근원

위에서 우리는 중국불교철학이 형성된 과정과 방식에 대하여 설명하였다. 지금부터 중국불교철학이 형성된 근원에 대하여 분석하고자 한다. 이른바 중국불교철학이 형성된 근원이란 중국불교철학이 발생된 근본원인을 말한다. 이러한 근본원인은 중국불교철학이 형성된 '철학적인 생태환경', 즉 지리 · 경제 · 정치 · 문화 등의 환경에 기인한다. 중국불교철학이 형성된 '철학적인 생태환경'을 철저하게 고찰해야 비로소 중국불교철학이 발생하게 된 원인과 원천과 필연성을 제대로 이해할 수 있고 나아가 중국불교철학의 내용과 특색을 파악하는 데에도 도움이 된다.

인도불교는 주제나 주도적인 사상의 측면에서 중국의 고유문화와는 근본이 다른 이질적인 문화였기 때문에, 중국에 전래된 이후 중국 고유문화와 충돌하고 모순이 발생하는 것은 필연적이었다. 그래서 불교 전수자는 반드시 중국의 객관적인 환경에 맞추어 대응할 필요가 있었다. 중국은 토지가 광활하고 인구도 많고 오랜 역사와 수준 높은 문명을 가지고 있는 큰 나라이다. 불교가 서방에서 동방으로, 험준한 고산준령과 수없이 많은 강과 심한 모래바람이 부는 황량한 사막을 건너 중원 일대로 전래될 당시, 불교는 인도와 마찬가지로 위대하고 선진적이며 오랜 역사를 지닌 나라와 직면하게 되었다. 당시 중국사회는 현실생활에 관심을 가지고 실천도덕을 중시하는 유가학설이 사상을 주도하고 있었다. 당시 중국의 관리들과 문인들 사이에는 화하중심주의(華夏中心主義), 즉 중국중심관이 광범위하게 자리 잡고 있어서 불교를 수용하는 데 심리적인 저항이 상당히 강했다. 그러나 중국과 인도 두 나라의 문화는 발전 모습이나 수준이 상당하였으므로 양국 문화 간에 존재하는 주제의 차이는 두 문화를 상호 보완하는 기회와 조건을 제공하였다. 두 나라의 서로 다른 가치관은 역사상 일정한 시기를 함께 살아가는 다른 사회의 구성원과 어느 정도 상응하면서도 주도하는 의의를 지닌다. 이는 바로 인도불교문화와 철학, 중국 고유문화와 철학이라는 양자가 서로 포용하지 않으면서도 한편으로는 서로 포용하는 성질을 지니고 있음을 말해 준다. 이것은 인도불교의 문화와 철학을 중국의 현실적인 수요에 맞추어 다시 만들 수 있는 가능성이 있음을 의미하는 것이다.

중국불교학자의 학술활동은 주로 중국과 인도의 문화와 철학사상이 서로 충돌하고 융합하는 가운데 충돌과 융합을 조절하면서 진행하는 것이었다. 한편으로 그들은 인도불교문화의 규범을 수용하면서 다른 한편으로는 인도불교문화를 선택하였다. 선택이란 배척하고 수용하는 두 가지 면을 다 포함하는 것을 말한다. 중국의 국가 정세와 어울리지 않는 사상과 문화는 배척하고, 중국의 국가 정황과 잘 부합되는 사상과 문화는 수용하는 것을 뜻한다. 다시 말해서 선택이란 조건적인 것으로서 중국사회에서 제기되는 여러 가지 복잡한 요소들로부터 제약받는 것을 말한다. 그러한 선택의 결과 '정서연설(鄭書燕說)'과 '종과득두(種瓜得豆)' 현상이 자주 발생하여 불교사상의 원래 의미와 배치되고 괴리되는 결과가 초래되었다.

중국불교학자는 인도불교철학을 선택하는 과정에서 정리하고 종합하는 작업도 하였다. 선택과정을 거쳐서 자신이 창조한 불교철학사상을 최선을 다해 정밀하게 구조화하여 좀 더 완전하게 정리된 철학체계를 구축하였다. 이렇게 종합 정리된 철학체계를 구축한 데에서 중국불교학자들의 창조력을 충분히 알 수 있다. 그리고 이러한 창조력은 중국의 고유문화와 사회의 제약은 물론 중국불교학자들의 주관적인 조건과 규정까지 받아들인 데서 나온 것이다.

사상의 연원과 특색이라는 측면에서 볼 때 수·당의 불교 종파는 대체로 두 종류로 분류된다. 한 종류는 인도불전에 의거하여 종파를 세워 교리상의 발전이 거의 없었거나 약간 발전했을 뿐인 삼론종(三論宗)·유식종(唯識宗)·율종(律宗)·밀종(密宗) 등이다. 삼론종과 유식종은 어느 정도 창조는 하였으나 원래 있었던 이론을 추론하는 정도의 발전을 했을 뿐이다.

다른 한 종류는 인도의 불교경전과 중국의 고유문화사상을 결합하거나 중국의 고유사상을 중심으로 인도불교의 일부 신앙을 결합하여 창립한 것이다. 이와 같이 다방면으로 선택하여 종합하는 과정을 통해 창조된 종파로는 천태종과 화엄종과 선종이 있다.

천태종은 『법화경(法華經)』을 소의경전으로 삼고 『법화경』 「방편품」에 근거하여 방편법문을 제창하면서 동시에 도교의 단전(丹田)과 연기(煉氣) 등의 설법을 흡수하여, 먼저 신선이 되고 난 후에 성불할 수 있다는 사실을 선양함으로써 도교 신앙을 융합하였다. 천태종의 승려는 유가의 인성(人性)과 선악에 대한 관념도 흡수하여 악을 버리고 선을 따를 것을 선양함으로써 불교의 수행설을 유가의 실천도덕과 유사하게 만들었다. 화엄종은 『화엄경(華嚴經)』을 신봉하여 그것을 소의경전으로 삼았고, 『화엄경』의 원융사상에 의거하여 중국 고유의 여러 학설과 서로 융합하여 우주만물의 현상과 본체 사이는 원융무애하다는 우주관을 제시하였다.

화엄종은 직접 유학과 도교사상을 불교의 사상체계 속에 받아들였기 때문에, 어떤 의미에서는 유·도·불가의 인생의 이상경지와 유·불 양가의 도덕규범을 소통시켰다고 볼 수 있다. 선종은 중국 고유의 유가와 도가 문화의 영향 아래서 불교의 해탈사상인 깨달음을 수용하고 불교의 외형도 받아들이는 등 불교의 기치를 내걸고 창립된 종파이다. 선종은 성정자오(性淨自悟)를 종지로 삼아 불립문자(不立文字), 교외별전(敎外別傳), 견성자오(見性自悟), 돈오성불(頓悟成佛)을 주장하였다. 그리고 불성은 본래부터 존재하는 것이어서 깨달음을 임시로 외부에서 빌려 오지 않고도, 경을 봉독하지 않고도, 부처를 숭배하지 않고도, 좌선을 하지 않고도, 가거나 머무르거나 앉거나 눕거나, 물을 긷거나 장작을 패거나, 이 모두가 깨달음을 얻는 길이 될 수 있다고 생각하였다. 훗날 한때 선종은 종조와 부처를 질책할 정도로 발전하여 종조와 부처를 초월하는 초조월불(超祖越佛)을 제창하기도 하였다.

선종은 중국 유가의 성선론(性善說)과 양지설(良知說), 즉 사람은 누구나 요순(堯舜)처럼 착한 사람이 될 수 있다는 관념과 도가의 자연 그대로 살아가는 인생태도가 종교화된 것이라고도 볼 수 있다. 천태종과 화엄종, 선종 모두 분명히 풍부한 중국철학사상을 가지고 있기 때문에 우리가 발굴하여 정리하고 연구하고 총괄할 필요가 있다. 이 밖에 정토종(淨土宗)의 교의는 유가사상과 도교의 주장에 상응하는 것이라고 할 수 있다. 유가는 성심(誠心)을 강조하고 경전을 숭상하였는데, 정토종 승려들은 이를 수행의 모범으로 삼았다. 도교에서 말하는 아름다운 선경(仙境)은 정토종의 승려들을 크게 고무시켜 서방극락세계를 적극적으로 선양하게 하였다.

중국불교철학이 형성된 근원을 탐구해 본 결과 네 가지 중요한 부분을 찾을 수 있었다. 지금부터 이 부분에 대하여 기술하겠다.

1. 지리환경

각각 다른 지리환경은 중국불교철학의 각 종파가 형성되는 데 어느 정도 영향을 끼쳤다.

먼저 교통은 중국불교철학이 형성된 측면에서 볼 때 상당히 중요한 작용을 하였다. 불교는 실크로드를 따라 서에서 동으로 전래되었다. 실크로드로 이어지는 중요 도시는 불교 승려가 모여들어 기거하는 곳이었고 불교철학사상이 가장 먼저 발생한 곳이기도 하였다. 도안(道安)과 승조(僧肇) 등의 불교철학사상이 장안에서 형성된 것이 하나의 좋은 예가 된다.

다음으로 정치의 작용 역시 결코 소홀하게 볼 수 없다. 남북조시대에는 정치적·지리적으로 단절되어 있었다. 그래서 남과 북 두 지역이 각각 실천수행과 이론적인 사유를 중시하는 선명한 특징을 드러내어 두 지역의 불교 각 학파들이 철학사상에 있어서 다른 색채를 드러내고 있다.

또 다른 예로 정치와 문화의 중심이 되는 수도와 그 주변지역은 곧잘 사찰이 밀집되어 있고 고승이 많이 모여 사는 곳이어서 불교의 종파 창립이 비교적 빈번했던 지역이기도 하다. 그러므로 이 지역에서 중국불교철학이 형성된 것은 지극히 자연스러운 일이라고 생각된다. 유식종 · 화엄종 · 정토종 · 율종과 밀종은 당나라의 수도인 장안에서 형성되었다.

다음으로 도시와 산림 양쪽에 모두 불교사원이 집중되었다. 도시의 불교는 사회 상류계층 인사와 가까이 있었고 산림의 불교는 하층 평민과 이웃하였다. 전자는 의미와 이치를 중시했고, 후자는 수행을 중시하였다. 선종 철학사상의 발생은 산림환경과 서로 관계가 깊은데, 일반 백성들의 해탈에 대한 염원을 반영하여 소박하고 단순한 품격을 보여 주고 있다. 나중에 일부 선사(禪師)는 사대부들과만 교류함으로써 갈수록 불교 본래의 사상적인 궤도에서 이탈하였다.

2. 자연경제

불교가 발전하기 위해서는 반드시 일정한 경제적인 도움이 있어야 한다. 경제는 불교가 생존하고 발전하는 기초이며 불교철학을 형성시킨 중요한 근원이기도 하다. 중국의 불교철학은 고대 중국의 자연경제의 기초 위에서 형성된 것이다. 바꾸어 말하면 고대 중국의 자연경제는 중국불교철학이 발전하는 추세와 사상의 성향을 결정하였다. 특히 사원경제가 중국불교철학에 막강한 영향을 끼친 점은 주목할 만한 가치가 있다. 사원경제에는 두 가지 중요한 종류가 있다. 하나는 장원경제(庄園經濟)이고 다른 하나는 자경경제(自耕經濟)이다. 이것이 두 종류의 다른 종파철학을 형성하게 한 중요한 요인이다.

불교사원의 경제는 동진·십육국시대에 차츰 형성되기 시작하여 남북조시대에 크게 발전하였다. 당대 중엽에 이르러 일부 큰 불교사원은 하나의 봉건장원(封建庄園)을 이루었다. 이러한 사원은 종교조직인 동시에 사회경제적인 조직이기도 하였다. 사원의 장원경제는 농업·산림업·과일채소업·목축업·정미업·수공업 등 여러 종류의 산업을 포괄하는 일종의 종합경영체제라고 할 수 있는 자연경제체계를 이루고 있었다. 예를 들면 북위(北魏) 시대의 담란(曇鸞)이 산시성(山西省)에 현중사를 세우자 효문제(孝文帝)가 사원에 장원[寺庄]을 하사하였고, 당대에 와서는 덕종(德宗)과 헌종(憲宗)도 사원에 장원을 하사하여 사방 백오십여 리에 이르는 토지를 가지게 되었다. 또한 남조(南朝) 양(梁)나라 시대의 곽조심(郭祖深)은 "남경에는 불교사원이 오백여 곳이 있는데 지극히 크고 화려하다. 승려는 십여만에 이르고 자산이 넉넉하고 비옥하다. 군현(郡縣)에 있는 것은 이루 말로 다 할 수 없다."[23]고 하였다. 이것은 남북조시대의 사원경제를 실제 그대로 정확하게 묘사한 말이다. 여기서 말하는 넉넉하고 비옥한 자산에는 농지와 산림은 물론 자재와 상업 무역도 포함되어 있다. 당대 초기 장안의 청선사(淸禪寺)는 "울창한 대나무 숲이 동산과 정원 주위를 두르고 있고, 수륙에 걸쳐 장원의 밭이 있어 창고에는 빻아야 할 양식이 가득 차 있다."[24]고 하였다. 장안의 서명사(西明寺)는 당나라 고종(高宗)으로부터 백 경(百頃)에 이르는 전원(田園)과 백 칸의 방을 쓸 만큼 많은

---

23) 『순이(循吏)·곽조심전(郭祖深傳)』, 『남사(南史)』 권70, 제6책, (北京: 中華書局, 1975), p.1721.
24) 『혜주전(慧冑傳)』, 『속고승전(續高僧傳)』 권29, 『大正藏』 50, p.697c.

하인과 오십 대의 수레를 하사받았다.[25]

측천무후시대에 이르러서는 "논밭이 기름져 농사를 지으면 수확량이 다른 곳의 두 배나 되고 곡식을 빻는 물레방아가 있는 장원을 적지 않게 가진"[26] 사원이 출현하였다. 사원이 있는 어떤 지방에서는 "밭과 집을 대부분 승려가 소유하고 있는"[27] 형국이었다.

고도로 발달된 사원경제는 수·당시대 불교가 종파를 창립하는 데 필요한 물질적인 조건을 충족시켜 주었다. 불교 승려 중의 일부는 물질적으로 풍족한 뒷받침을 받음으로써 충분한 시간을 가지고 경전을 주석하고 의리를 설명하는 등 광대한 불교사상 체계를 조직하고 창조하였다. 또한 이들 불교 승려는 최선을 다하여 불교사상과 중국 고유문화 사이, 불국세계와 현실사회 사이의 거리와 모순을 줄이고 조화시키는 일을 촉진시켰다. 천태종과 화엄종의 불교 철학체계는 이러한 사상적 특징을 나타내고 있다.

당나라 중엽 이래 점차 중국사회의 경제구조와 계급구조에 심각한 변화가 발생하면서 상류층인 승려지주의 여러 가지 특권도 차츰 상실되었으며 사원의 장원경제도 서서히 쇠락하게 되었다. 또한 당 무종(武宗)의 멸불(滅佛)사건을 겪으면서 사원경제는 엄청난 타격을 받았다. 몇몇 승려는 토지를 개간하는 쪽으로 전향하였다. 특히 선종 사원의 일부는 밭과 장원과 산림 등의 사원영역은 여전히 보유하고 있긴 했지만, 선종의 승려들은 '하루 일하지 않으면 하루 먹지 않는다[一日不作, 一日不食]'는 원칙을 지키면서 끊임없이

---

25) 소정(蘇頲), 『당장안서명사탑비(唐長安西明寺塔碑)』, 『전당문(全唐文)』 권257, (北京: 中華書局, 1983), p.2597.

26) 『적인걸전(狄仁杰傳)』, 『구당전(舊唐傳)』 권89, (北京: 中華書局, 1975), p.2893.

27) 『자치통감(資治通鑑)』(7) 권205, (北京: 中華書局, 1976), p.6498.

남방의 산지를 농지로 개척해 나갔다. 스스로 개간하여 농지를 만드는 것은 선종 총림(叢林) 경제의 기본 특징이며 농사와 선정의 결합은 선종 승려의 기본적인 생활방식이 되었다. 선종사원의 자간자경(自墾自耕)·자급자족(自給自足)의 농업경제 생산방식은 선종이 추구하는 자아만족이라는 정신적 경지를 결정하였다. 즉 선종은 개인이 몸소 겪은 체험을 중시하고 자아를 탐구하기 위하여 분투할 것을 강조하였다. 아울러 종교생활과 현실생활을 서로 결합하여 현실생활에서 자아의 정신해탈을 추구하였다.

3. 정치구조

중국 봉건사회의 구조 특히 사회의 정치구조는 인도사회의 정치구조와는 현저히 다른 특징을 가지고 있다.

인도는 카스트 제도를 실행하는 국가였다. 사람들은 직업에 따라 네 종류로 나누어진다. 순서에 따르면 브라만은 제사와 문화, 교육에 전문적으로 종사하는 승려로서 가장 높은 계층이다. 크샤트리아는 무사와 왕족과 귀족들로서 정치와 군사 활동에 종사하였다. 바이샤는 상업과 무역에 종사하는 평민을 말하며, 수드라는 각종 고된 노동에 종사하는 가장 낮은 계층이다. 훗날 각 계층은 또다시 삼천여 종의 카스트로 세분되었다. 이 밖에도 '접촉해서는 안 되는 부류인 불가촉천민' 계층이 있었다. 각 계급은 대대로 세습되기 때문에 서로 결혼도 교류도 할 수 없었다. 또한 인도는 오륙백 개의 크고 작은 왕국이 서로 패권을 다투는 할거상태의 국가여서 서로 버티고 양보하지 않아 오랫동안 분열되어 있었다. 인도에서 부파불교가 분열하고, 대·소승불교가 투쟁하고, 대승불교 내부에서 공(空)과 유(有)를 주장하는 두 종파가 대립하고, 밀교(密敎)와 현교(顯敎)의 차이가 있는 이 모든 것은 정치적 구조와 관련이 있다.

중국 봉건사회의 정치구조 특징은 전제군주의 중앙집권제를 중심으로 나타난다. 이는 군현제와 관료제 그리고 종법제를 통하여 관철되었다. 전제군주의 중앙집권제는 중국 봉건정권의 조직형식으로서 군주는 곧 황제로서 국가의 원수이고 그 지위는 세습되는 종신제로서 황제는 신의 화신으로 받들어졌다. 통일정치가 장기적으로 계속되는 국면 속에서 이러한 전제군주제는 갈수록 강화되었고, 명대(明代)에 이르러서는 최고 수준에 달하였으며, 청조에 이르러 전제군주제가 전복될 때까지 이천여 년간 존속되었다.

진(秦)에서 수·당에 이르기까지 전제군주제는 군현(郡縣)이라는 지방조직을 통하여 전국을 통치하였다. 군현제는 전제군주제 중앙집권조직의 일부분이었다. 군현제와 보조를 맞추기 위하여 찰거(察擧)·과거(科擧)제도를 시행함으로써 정부관원의 관료제가 생겨났다. 봉건정권과 종족권과 부권을 보호하기 위하여 국가정권의 최고인 황실과 사회 기득권층에서는 변형된 가부장제의 종법제가 실행되었다. 군주의 권력은 절대적이어서 종교적인 업무도 국가의 관할 아래 두도록 하였다.

북위(北魏)와 후진(後秦)시대 이래로 국가가 승관제도를 시행하였다. 즉 관리와 기구를 설치하여 사원을 건립하고, 승려의 정원을 정하고, 도첩(度牒)을 발행하고, 승려의 호적을 편성하였으며, 부속 승관(僧官) 및 중요 사찰의 주지를 임명하고, 주지의 중요한 불사

활동과 승려의 일상생활을 단속하는 등 전국의 불교관련 업무를 관할하였다.

중국의 봉건정치구조에서 불교가 존재하기 위해서는 정치 환경에 의지하지 않을 수 없었다. 이러한 정치적 구조는 전국의 신하와 민중들이 정신적으로 군주에게 절대적으로 충성하도록 군주의 권력을 논리적으로 증명해 주고, 미화하고 신격화하여 줄 것을 요구하였다. 불교에 대해서도 마찬가지로 군주의 권한이 신의 권한 위에 있음을 강조하면서 승려는 마땅히 군주에게 무릎을 꿇고 엎드려 절하며 정치에 복종하도록 하였다. 봉건시대의 종법제도는 효도를 받들어 행할 것을 요구하였다. 그래서 중국불교철학은 자연스럽게 논증된 현실을 중시하게 되었고, 세속적인 현실과 출세간적인 이상을 조화하여 충효를 제창함으로써 인도불교와는 현저하게 다른 철학 내용을 형성하게 되었다.

4. 문화환경

중국불교철학은 인도불교철학을 계승하고 발전시킨 것이며, 중국 승려가 중국의 문화환경과 분위기 속에서 수립하고 창조한 것이기도 하다. 불교가 전래되기 이전에 이미 중국의 문화와 철학은 고도로 발달되어 있었으며 중국 성현의 철학체계와 이론과 사변(思辨)은 인도철학사상과 충분히 필적할 만하였다. 중국문화의 유구한 전통은 중국민족의 생활과 사유방식에 스며들어 있어서 외래문화를 수용하는 모체가 되었다. 인도불교의 풍모와 극히 이질적인 중국문화와 철학은 중국불교문화와 불교철학이 구체적으로 발전하는 데 방향을 크게 제약하여 중국불교철학의 주제와 내용과 특징에 영향을 주었다. 중국불교철학에 제약을 가한 중국문화환경 중 중요한 것으로는 중국문화의 기본적인 수단이며 중요한 체제인 언어와 중국문화의 중요한 구성요소인 유학과 도학과 종교관념 등이 있다.

(1) 언어와 문자의 차이

언어는 인류의 가장 중요한 교류 수단이다. 중국의 한어와 인도의 범어는 다르다. 범어는 표음문자로서 13개의 모음과 33개의 자음으로 구성되어 있어서 책을 쓸 때 음절을 가장 작은 단위로 한다. 한어는 단음절 문자로서 자모가 합성된 것이 아니며, 어미의 변화가 없고 소위 어격(語格)변화나 문법상 각종 형식에 변화가 없다. 이렇듯 하나의 단어를 통하여 그 단어가 지닌 정확한 함의를 판단하기 어렵고 반드시 앞뒤 문자가 연관되어 있어야 그것의 진정한 의미를 판단할 수 있다. 또 언어와 사유는 상호 밀접한 관계를 지니고 있다. 언어는 사유의 수단으로서 사상과 직결된 실제이기 때문에 어법의 조직과 구조의 차이는 사유방식에 직접 영향을 준다. 또한 사유방법의 차이도 문자 표현과 사상적 교류에 큰 영향을 미친다. 이와 같이 인도불교경전이 중국어로 번역되고 전파되는 과정을 거치면서 불교사상은 고대 중국어의 사유형식에 용해되었고, 인도불교사상의 몇몇 부분은 본래의 모습을 찾아볼 수 없을 정도로 변하게 되었다.

(2) 유학의 정통지위

유학은 춘추 말기 공자에 의해서 창립되어 봉건사회가 발전함에 따라 역사적 변천을 겪었다. 유학의 기본 특징은 공자를 종조[宗師]로 삼아 공자의 언행을 최고의 표준으로 하여 인의도덕을 제창하고 군신과 부자와 부부와 형제 등의 오륜관계를 옹호한다. 유학이 봉건 통치계층의 총체적이고 장기적이며 근본적인 이익에 부합됨에 따라 유학을 창시한 공자는 봉건 통치자에 의해서 성인으로 존중되고, 유학의 인문본위 사상과 도덕윤리는 중국의 전통사상과 문화의 중요한 부분이 되었다. 백가를 폄하하여 축출하고 유가만을 존중한다는 동중서(董仲舒)의 책략을 한 무제(漢武帝)가 받아들였고, 5·4운동 이전의 이천여 년 동안 유가사상은 줄곧 중국 사상계를 지배하였고 그 영향 또한 대단하였다.

유가 학자들은 불교도가 황제에게 무릎을 꿇고 머리를 숙여 인사하는 예를 올리지 않는 것을 맹렬하게 비난하였다. 또한 중국의 가정윤리와 조상숭배에 어긋나는 불교도의 독신 생활방식을 강력하게 질책하였고, 불교의 현세를 부정하는 출세간사상도 비판하였다. 유가학자들은 불교의 유신론(有神論)도 비평하였다. 이는 무신론과 유신론의 상이한 철학 입장을 반영하는 것이다. 이러한 상황 아래서 자신의 생존과 발전을 도모하기 위하여 불교는 이런저런 유가사상과 타협하고 화합하지 않을 수 없었다. 사원이 유가가 제창한 가정의례를 받아들여 작고한 조사(祖師)에게 제례를 올리고, 부자(父子)가 전수하는 것처럼 법을 전수하는 체계를 만든 것이 그 예이다. 철학 방면에서는 유가의 심성론과 도덕관과 경계설(境界

說)을 받아들여 최대한 서로 적절하게 조화시켰다. 이 모두가 유학의 강력한 영향으로 빚어진 일이었다.

(3) 도가사상의 깊은 영향

도가는 춘추 말기 노자가 창립한 학파이다. 도가는 춘추전국시대 중엽에 분화되기 시작하였으며 장자는 도가 학설을 발전시켜 장학(莊學)을 형성하였다. 아울러 제나라 사직에 있었던 학자들에 의해 황노도덕술(黃老道德術)이 제창되었고 황노학이 형성된 이후 전한(前漢) 초기에 한때 성행하였다. 위진(魏晋)시대에는 노장사상을 숭상하고 황노학을 발전시킨 현학(玄學)도 출현하였다.

노자의 기본사상은 철학에 있어서는 허무무형(虛無無形)의 '도(道)'를 우주의 근본으로 삼고, 유약(柔弱)을 따르는 것이 '도'의 작용이며, 정치에 있어서는 무위(無爲)로써 통치할 것을 주장하여, 오로지 무위만이 하지 못하는 것이 없다고 강조하였다.

장자는 진일보하여 '도'가 '허무(虛無)'의 본체이며, 천지만물이 생성되는 근원이라고 여겼다. 또한 이것으로부터 '만물은 모두 하나[萬物皆一]'라는 논리를 연역적으로 추리해 내었다. 장자는 또 인생의 최후의 귀착점은 마음이 물질을 떠나 노닐며 세속의 번뇌에 얽매이지 않는 절대자유의 소요 경계에 도달하는 것이라고 주장하였다.

황노학은 도가와 유가·묵가·명가·법가의 학설을 융합함으로써 무위의 정치를 추구하였다. 철학에 있어서 황노학파 중 일부는 '도'를 음양이기(陰陽二氣)의 통일물로 여겼고, 일부는 여전히 '도'

를 '허무'의 본체로 보았다. 위진시대의 현학은 우주의 본체 문제에 대한 탐구를 중시함으로써 '유무(有無)'의 문제를 중심으로 논의하였다.

현학의 귀무파(貴無派)는 '무(無)'를 '유(有)'의 존재근거로 보고, '무를 근본으로 삼는다[以無爲本]'는 본체론의 명제를 제시하였다. 현학자들은 또 문제를 토론하고 사물을 인식할 때 언어와 사물의 형상[物象]에 집착하는 것에 반대하고 사상(思想)과 의리(義理)의 파악에 주안점을 두어야 한다는 점을 강조하여 '형상을 얻으면 말을 잊고[得象忘言]', '뜻을 얻으면 형상을 잊는다[得意忘象]'는 방법론에 대한 명제도 제시하고 있다. 한대(漢代) 초기에는 황노학이 국가의 통치철학이 되었고, 위진시대에는 현학이 풍미하였다.

도가사상은 중국 역사에 있어서 지위와 역할이 유학에 뒤질지는 몰라도 도가가 지니고 있는 우주론과 본체론의 사상적 영향은 꽤 오랫동안 유가를 초월하였다. 도학이 중국 고대사상의 전반 특히 철학사상의 발전에 끼친 영향은 대단히 심원하다. 도가철학은 도교와 불교 양대 종교의 사상 발전에 지대한 영향을 주었다. 한·위진시대에 불교는 도가사상을 원용하여 인도불전을 해석하는 경우가 많았다. 예컨대 도가의 '도'를 활용하여 '보리(菩提)'를 표현하였다. 양진(兩晉)시대 불교의 반야학은 불교와 위진현학이 결합한 산물이다. 수·당시대 천태·화엄·선종의 사유노선과 방식의 중요한 원천의 하나가 바로 도가사상이다.

(4) 전통 종교사상의 작용

인도는 다종교 국가여서 절대다수의 사람들이 독실하게 종교를 믿고 있다. 사람들은 종교를 믿는 것을 너무나 당연하게 여기고 종교를 믿지 않는 것은 있을 수 없는 일이라고 생각한다. 하지만 중국의 사정은 이와 달리 기본적으로 국교가 없고 종교적인 관심을 국가 차원에서 표출하는 일도 없다.

불교가 전래되기 이전의 중국에는 자연숭배나 조상숭배 혹은 천제숭배를 특징으로 하는 다신교가 형성되어 있었다. 중국의 원시종교는 무속점술[巫術]과 결합되어 있어서 신과 통하는 이러한 무속점술을 장악하는 것은 제사의 대권을 장악하는 것이었고 나아가 씨족부락의 대권을 장악하는 것이기도 하였다.

중국종교의 신령세계는 현실세계를 이상화한 것으로서 신령은 현실세계와 현실질서의 수호자였다. 사람들은 늘 현실적인 문제가 생기고 나서야 비로소 신령의 보우를 구하였다. 이러한 실용주의의 공리적(功利的)인 태도는 고대 종교 발전의 실용노선과 이성노선을 결정하였다.

중국 원시종교의 위와 같은 특징이 불교가 중국에서 전파되고 발전하는 데에 중요한 영향을 끼쳤음을 역사가 증명하고 있다. 중국 원시종교의 신이(神異)관념에 부응하여, 불교 전래 초기에 중국인을 매료시킨 것은 바로 불교의 신통(神通)과 주술(呪術)이었다. 이러한 신통과 주술은 사람들이 추구하는 자유와 영원에 대한 염원이 서로 감응하는 매력을 가지고 있었다. 중국 원시종교가 조상을 숭배하고 현실사회를 옹호하는 공리적인 경향의 특징은 중국 승려가 불교사상을 재건하는 데 깊은 영향을 주었다. 이 점은 전형적으로 중국화된 불교 종파인 선종의 종교사상과 종교실천에 잘 나타나 있다.

중국의 가장 중요한 토착종교는 '도'를 최고의 신앙으로 삼는 도교이다. 도교는 고대의 무속점술에 그 근원을 두고 방선술(方仙術)과 황노도의 일부 종교 개념과 수행방법을 답습하며 후한시대에 형성되었다. 도교의 기본교의는 인간이 일정한 수련을 하면 장생불사(長生不死)하고 신선이 될 수 있다는 것이다. '도'는 대자연의 근본이며 천지신명의 뿌리이고 천지의 으뜸이다. '도'는 신기한 것이고 기이한 것[神異之物]으로서 인격화된 신(神)이다. 도는 '수행을 통하여 얻을 수 있으므로' 사람들이 성실하게 수행만 한다면 도와 합일되어 득도할 수 있고 득도하면 신선이 된다는 것이다. 이를 위하여 그들은 일련의 도의 공력과 도술도 제시하였다. 복식(服食)·행기(行氣)·수일(守一)·외단(外丹)·내단(內丹) 등의 신비한 방술로써 장생불사를 희구하면 세상을 떠나 신선이 된다는 것이다.

어떤 의미에서 도교는 불교를 제지하고 반대하기 위하여 성립된 종교라고 할 수 있다. 도교는 민족본위의 전통과 감정 등의 위세에 의지하면서 전력을 다해 불교를 배척하였다. 일찍이 도교는 노자가 오랑캐가 사는 곳으로 들어가 불타가 되었다는 전설을 제시하였고 나중에는 『노자화호경(老子化胡經)』을 지어내기도 하였다. 도교는 중국의 종교문화로서 외래문화를 배척하였고, 불교는 이화론(夷華論)을 반대하며 최대한 자신을 변호하였다. 불교는 한편으로는 도교와 투쟁하면서도 다른 한편으로는 도교의 몇몇 교의와 융합하기도 하였다. 천태종의 지의(智顗)는 도교의 내단(內丹)에 관한 견해를 수용하였다. 도교의 장생불사에 대한 염원과 범속한 것을 초월하고자 하는 간절한 추구 역시 불교 종파에 깊은 영향을 주었다. 선종과 정토종의 이상 경계는 도교의 신선사상이나 이상향과 서로 부합하며 형식에서 약간의 차이가 있을 뿐이다.

문화환경은 문화가 어떤 특성으로 변천하는 데에 중요한 영향을 미친다. 중국의 문화환경은 인도불교철학이 변화하고 중국불교철학이 형성되는 데에 중요한 영향을 주었다. 중국불교 상류층의 지식인 특히 중국불교사상가들이 이런 중요한 작용을 하였다. 중국불교 사상가들은 불교철학을 창조한 주연이며, 인도불교와 중국 고유문화를 결합시킨 장본인들이다. 중국불교철학의 형성이라는 관점에서 중국불교학자를 보면 그들은 일반적으로 다음과 같은 특징을 지니고 있다.

첫째, 절대다수의 불교학자는 출가 이전에 먼저 유가학설의 세례를 받았고, 다시 도가사상을 배우고 익힌 다음에 불교이론을 접촉하여 학습하고 연구하였다. 그러므로 그들이 불학을 이해하고 수용할 때는 이러한 지식 습득의 단계나 절차와 구조에 좌우되지 않을 수 없었다. 다시 말해 중국 전통문화의 가치가 추구하는 방향과 사유방식이 분명히 불교학자가 불학을 연구하고 창조하는 데에 깊은 영향을 끼쳤다고 말할 수 있다.

둘째, 당나라 이전의 대다수의 불교학자는 명문귀족 집안 출신으로서 사회적 지위가 높았다. 일반적으로 그들은 전란이 빈번하게 일어나 정국이 동요하자 관직에 나아가 사회에 진출하려는 뜻을 잃었거나 가계가 쇠락하여 불문에 입문하였다. 그들은 출가 이후에도 대부분 사회적 명사나 관료들과 왕래하거나 학문을 교류하였다.

진대(晋代)에 명승(名僧)과 명사(名士)가 동일하게 취급된 경우가 있었던 것이 그 예이다. 이러한 그들의 신분과 사회적 배경은 부지불식간에 사회 상류층의 특별한 정신적 수요를 촉진시켜 하나의 특수한 철학을 만들어 냈다.

셋째, 창조성이 뛰어난 일부 불교학자들은 종종 확고한 민족중심주의 관념을 지닌 사람들이었다. 그들은 민족 고유의 문화전통을 잊지 않고 첨예한 사상과 용기 있는 이론을 갖추어 중국의 실제에 맞게 잘 결합하였다. 그들은 전통에 뿌리를 두고 외래문화를 받아들인 것이다. 인도불교 자체도 변천을 거듭하면서 원융성과 조화성을 지니게 되었는데, 이것이 중국불교학자가 개발하고 창조한 새로운 불교철학사상에 전제(前提)를 제공하였다.

제2장 중국불교철학의 역사적 변천

후한 이래의 사상발전사에서 중국불교철학 역사가 변천해 온 과정은 매우 독특하다. 우리는 변천하는 역사를 따라 고찰하면서 이 과정을 중점적으로 논술하고자 한다. 각각의 역사단계별로 논쟁의 초점이 되었던 문제와 특징을 제시함으로써 중국철학사상의 발전과정 속에 내재되어 있는 논리와 필연적인 법칙을 파악하는 데 도움이 되고자 한다.

제1절 '격의' 철학의 발생

불교는 후한·삼국·서진시대에 중국에 전래되기 시작했고 이 시기의 사회는 매우 불안정하였다. 당시의 이런 사회적 정황이 반영되어 문화사조 역시 끊임없이 조정되고 발전되는 과정에 있었다. 서한의 황노학과 유가의 경학에 이어 후한시대에는 참위신학(讖緯神學)이 흥성하였고 수나라 이후에는 현학이 다시 위진시대의 사조를 이어 갔다. 오로지 유학만을 존중하던 문화격식이 와해되고 문화가 활기차게 다원화됨으로써 불교사상이 전파될 수 있는 옥토가 제공되었다. 또한 이때 형성된 초기 중국불교철학은 발전방향의 중점을 어디에 두어야 할 것이며 어떤 수준의 품위를 가져야 할 것인지 등에 대한 문제를 확정하였다.

이 단계에서 불교의 포교 활동은 주로 인도경전을 번역하는 것이었으며, 경전번역도 시대사조에 부응하여 주로 신학과 반야학 저작을 번역하였다. 역사적인 조건과 주관적인 조건의 한계로 말미암아 당시 중국불교철학을 표현하는 방법으로는 주로 격의가 사용되었다. 격의란 경문을 이해하고 의리를 밝힐 때 중국 고유철학의 개념과 어휘를 사용하여 인도불교경전과 그 사상을 해석하는 것이다. 그렇게 격의방식의 중국불교철학이 형성되었는데, 격의 색채가 선명한 후한·삼국·서진 시대의 중국불교철학사상 중 아래의 일곱 종류가 대표적인 것이다.

(1) 불(佛)은 제왕이며 신선이다

『이혹론(理惑論)』28)에서는 "불(佛)은 마치 삼황오제와 같은 시호이다."29)라고 하여 불(佛)을 중국 상고시대 전설 속의 제왕으로 보고 있다. 또 다음과 같이 언급하고 있다.

---

28) 승우(僧祐) 編, 『홍명집(弘明集)』 권1, 제목은 한대(漢代)의 모융(牟融)이 지었으며, 제목 아래에 "一雲蒼梧太守牟子博傳"이라는 주가 달려 있다. 이 책의 진위에 관한 문제는 중국 내외의 학자들 간에 두 가지 다른 견해가 있다. 판본의 전파와 기록을 볼 때 한위(漢魏)시대의 서책으로 생각한다.

29) 석준(石峻) 등 編, 『중국불교사상자료선편(中國佛敎思想資料選編)』 제1권, (北京: 中華書局, 1981), p.3.

불(佛)은 도덕의 원조이며 신명(神明)의 종가이다. 불(佛)이 말한 깨
달음이란 홀연히 변화하여 몸이 흩어져 있는 듯 없는 듯하고, 작기도
하고 크기도 하며, 둥글기도 하고 네모나기도 하며, 늙기도 하고 어
리기도 하며, 숨기도 하고 나타나기도 하고, 불 위를 걸어도 타지 않
으며, 칼 위를 밟아도 다치지 아니하고, 더러운 곳에 있어도 오염되
지 않고, 화(禍)를 입어도 재앙이 없고, 가려 하면 날고, 앉으면 빛이
난다. 그래서 불(佛)이라고 한다.30)

이것은 분명히 도가의 이상적인 인격에 불(佛)을 견강부회하여
신선(神仙)과 동일시한 것이다. '불(佛)'은 '깨달은 자[覺者]'로 해
석된다. 이른바 깨달음에는 자각(自覺)과 각타(覺他, 중생으로 하여
금 깨닫게 하는 것), 각행원만(覺行圓滿)의 세 가지 의미가 있는데,
불의 가르침을 실천하여 성취하게 되는 최고의 경지를 말한다. 그
리고 『이혹론』의 '각(覺)'에 내재되어 있는 의미와 '불(佛)'이 가지
고 있는 의미는 인도불교 본래의 의미와 현저한 차이가 있다. 이것
은 중국의 유가와 도가가 제시한 이상적인 인격이 변형된 형태이다.

(2) 불교는 황노도술이다

『후한서(後漢書)』「양해전(襄楷傳)」에서 양해(襄楷)는 다음과 같
이 말하고 있다.

또 궁중에 황노와 불타의 사당을 건립하였다고 들었습니다. 이 도는
청정하고 허공처럼 걸림이 없으며, 무위(無爲)를 귀하게 여겨 숭상하
고, 생명을 중히 여겨 죽이는 것을 싫어하고, 탐욕을 억제하고 사치

---

30) 석준(石峻) 등 編,『중국불교사상자료선편(中國佛敎思想資料選編)』제1권, (北京: 中
華書局, 1981), pp.3∼4.

를 버립니다. 지금 폐하께서 욕망을 좋아하고, 사치스러움을 버리지 않고, 사형으로 벌을 주어 도리에 지나친다면, 이미 그 도를 어긴 것이니 어찌 제위를 얻을 수 있겠습니까! 혹자는 말하길 노자가 이적의 땅에 가서 불타가 되었다고 합니다.[31]

이것은 후한 후기에 사회지도층의 불교에 대한 보편적인 관점을 반영하고 있는 것이다. 그들은 불교의 교의를 청허무위(淸虛無爲)로 귀결시키고 황노학과 함께 논하고 심지어 도교와 불교를 융합하여 불(佛)을 노자의 화신으로 보고 있다.

(3) 선법(禪法)과 청정무위(淸淨無爲)

선(禪)은 중요한 불교수행 방법 중의 하나로서, 조용히 앉아 마음을 거두어 한곳에 집중하여 심신을 편안하게 하고 밝고 맑은 것을 봄으로써 정신적 해탈을 얻는 것이다. 불교는 선법(禪法)의 실천을 통하여 신통, 즉 신묘한 지혜를 얻을 수 있다고 선전하였는데, 이 점이 중국불교신도의 흥미와 관심을 불러일으켰다. 도가와 신선가(神仙家)의 정심양기(精心養氣)나 태식호흡[胎息吐納]의 수련방법과 서로 조화를 이루어 후한 말기에는 소승(小乘)의 선법이 성행하기 시작했다.

안세고(安世高)가 번역한 소승선법의 평론서인 『안반수의경(安般守意經)』에서는 도가의 술어를 사용하여 소승선법을 청정무위(淸靜無爲)로 귀결시키고 불교의 선정(禪定)을 '수일(守一)'[32]이라

---

31) 『후한서(後漢書)』 권30c, (北京: 中華書局, 1965), p.1082.

32) '수일(守一)'이 지닌 의미 중의 하나는 마음을 고요하게 하고 몸을 양생하고 정욕을 절제함으로써 장수(長壽)라는 목적에 도달하는 것이다.

고 번역하였다.

강승회(康僧會, ?~280)는 『안반수의경서(安般守意經序)』를 지어 소승선학의 의의와 방법을 항목별로 설명하였다. '마음[心]'의 작용과 변화를 강조하여, '마음이 지나치게 흔들리는 것'은 욕망의 표현이며 고통의 근원이다. 마땅히 잡념을 끊는 선법수행을 통하여 "마음을 거두어 정념으로 돌아가면, 모든 음이 다 멸하고"33) "더러운 탐욕을 제거하여 안정되면 그 마음에 망상이 없어지고",34) 사람의 마음이 본래의 상태인 청정무위(淸淨無爲)로 돌아간다고 지적한다. 즉 심외무법(心外無法)의 무위 경지에 도달하여 불가사의하고 신통하고 신묘한 작용을 얻는다는 것이다. 이는 도가의 방술과 상통되는 선법으로서 명상을 특징으로 하는 정신현상학이며 인류가 추구하는 영원하고 자유롭고 아름다운 염원을 반영하는 것이다. 이것은 이후 불교의 실천철학에 중요한 영향을 주었다.

(4) 영혼불멸·길흉화복의 인과응보 개념과 생사윤회설

인도불교는 연기론에서 출발하여 인간의 실체적인 존재를 부정한다. 즉 육신의 '나[我]'도 없고 또 영혼의 나[我]도 없다는 '무아(無我)'를 말한다. 사람은 자신의 선악행위에 상응하는 과보를 받으면서 과거·현재·미래 삼세(三世)에 걸쳐 윤회한다. 한대(漢代)의 일부 학자는 이러한 삼세윤회설에 회의를 표시하고 『이혹론』에서 특히 중국전통사상을 활용하여 이를 해석하고 있다.

---

33) '제음(諸陰)'은 '오음(五陰)'을 말한다. 색(色)·수(受)·상(想)·행(行)·식(識)을 지칭하며, 불교에서 사람을 구성하는 다섯 가지 요소와 현상으로 보는 것이다.
34) 『출삼장기집(出三藏記集)』 권6, (北京: 中華書局, 1995), p.243.

영혼은 결코 소멸하는 것이 아니다. 다만 몸은 저절로 썩어 없어진
다. 몸은 마치 오곡의 뿌리와 잎과 같고, 영혼은 마치 오곡의 열매와
같다. 뿌리와 잎은 생겨난 후에 반드시 죽지만 열매에 어찌 끝이 있
겠는가. 도를 얻어도 몸은 없어진다. 『노자』에 이르기를 "나에게 큰
근심이 있는 까닭은 나에게 몸이 있기 때문이다. 나에게 몸이 없다면
어찌 근심이 있겠는가!"라고 하였다.[35]

이는 식물의 열매와 뿌리와 잎에 비유한 노자의 '무신(無身)'개
념을 활용하여 영혼의 존재와 필연적인 생사윤회를 긍정하고 있다.
강승회(康僧會)가 편역한 『육도집경(六度集經)』에서는,

혼령과 원기가 서로 결합하여 사라졌다 다시 시작하는 윤회전생이 끝이
없으니 정말 생사와 길흉화복으로 나아감이 있음을 믿을 수 있다.[36]

고 하여, 중국의 영혼과 원기와 길흉화복의 인과응보 관념을 활용
하여 불교의 윤회와 인과응보 학설을 해석하고 있다. 이들은 중국
불교 인생철학사상의 중요한 내용이 되었다.

(5) '인도(仁道)'적인 정치윤리관의 고양

강승회(康僧會)는 『육도집경』을 편역할 때 유가의 인(仁)과 인정
(仁政)학설을 수용하여 불교의 인도론(仁道論)을 선양하였다. 그는
"하늘의 뜻으로 백성을 보살피기 위해서는 마땅히 인도로써 해야

---

35) 석준 등 編, 『中國佛教思想資料選編』 제1권, p.7, "魂神固不滅矣, 但身自朽爛耳. 身
譬如五穀之根葉, 魂神如五穀之種實. 根葉生必當死, 種實豈有終亡, 得道身滅耳. 「老
子」曰: '吾所以有大患, 以吾有身也. 若吾無身, 吾有何患!'"

36) 『명도무극장(明度無極章)』, 『육도집경(六渡集經)』 권8, 『大正藏』 3, p.51, "魂靈如元
氣相合, 終而復始, 輪轉無際, 信有生死殃福所趣."

한다."37)고 하고, "모든 불(佛)은 인(仁)을 삼계의 최고 보물로 삼았으니 내 차라리 목숨을 버리더라도 인도를 버리지 않으리라."38)라고 하였다. 인도(仁道)를 불도(佛道)와 동의어로 보고 불교의 사회정치와 윤리의 기본내용으로 삼고 있다. 인도(仁道)정치에 부합하기 위하여 강승회(康僧會)는 '효제(孝悌)'와 '효친(孝親)'을 불교 계율에 넣기도 하고, 효를 다하는 것의 중요성을 강조하여 사람들에게 효자와 효부가 되기를 요구하였다. 불교가 전래된 초기에 강승회(康僧會)가 유가의 사회정치와 윤리철학을 불교에 접목한 것이 이후에도 내내 중국불교윤리철학의 중요한 특색이 되었다.

(6) '제법본무(諸法本無)'의 본체론적 관념

후한 시대의 지루가참(支婁迦讖)은 소품반야(小品般若), 즉 『도행반야경(道行般若經)』을 번역하였다. '공(空)'을 '무(無)'로, '성공(性空)'을 '본무(本無)'로 번역하고, '제법성공(諸法性空)'을 '제법본무(諸法本無)'로 번역하였다. '연기성공(緣起性空)'은 대승불교의 사상적 기초로서 일체의 사물은 인과 연이 결합하여 생기므로 자성(自性)이 없고, 본성(本性)이 공적(空寂)하다고 한다. 그리고 '본무(本無)'는 도가의 관념으로 '무(無)'를 '유(有)'의 본체로 해석하여 본체론의 범주에 넣고 있다. '제법본무(諸法本無)'는 세계의 만사와 만물은 모두 '본무(本無)'의 발현이며 '본무(本無)'의 산물이라고 이

---

37) 『명도무극장(明度無極章)』, 『육도집경(六渡集經)』 권8, 『大正藏』 3, p.47a "爲天牧民, 當以仁道."

38) 『명도무극장(明度無極章)』, 『육도집경(六渡集經)』 권8, 『大正藏』 3, p.18c "諸佛以仁 爲三界上寶, 吾寧殞軀命, 不去仁道也."

해하고 있다. 이는 분명 번역하기 곤란했거나 오해로 말미암아 야기된 철학적 선택이었을 것이다. '제법본무(諸法本無)'라는 번역은 사실상 중국불교 본체론의 모델을 형성한 것을 의미한다.

(7) 불교 · 유가 · 도가의 종지의 조화

불교가 중국에 전래되면서 유가 · 도가와 충돌하는 경우가 차츰 늘어났다. 서진시대의 도사(道士)인 왕부(王浮)는 『노자화호경(老子化胡經)』을 지어 노자는 서역을 돌아다니며 호인(胡人)을 교화한 사람으로서 심지어 불타(佛陀)가 노자의 제자라고까지 하였다. 그래서 불교로부터 맹렬한 반격을 받기도 하였고, 오랜 논쟁을 불러일으키기도 하였다. 그러나 총체적으로 볼 때, 후한에서 서진시대의 불교학자들은 종교와 철학의 개념적인 측면에서는 도가사상과 서로 조화를 이루었을 뿐 아니라 정치와 윤리 방면에 있어서도 유가사상과 서로 타협하였고, 삼가(三家) 경전의 기본정신은 일치하고 있음을 강조하기도 하였다. 『이혹론(理惑論)』에서는 다음과 같이 말하고 있다.

> 내가 이미 불경의 설명을 보고 『노자』의 요점을 살펴보니, 세상의 명리를 모두 떠나 마음이 담담한 무아의 경지에 이르러 무위의 행을 밝히고 있음을 보았다. 세상일을 돌아보건대 마치 하늘 꼭대기에 올라 계곡을 보는 것 같고 태산에 올라 구릉을 보는 것 같다. 『오경(五經)』이 바로 오미(五味)이며 불도가 바로 오곡이다. 내가 도를 듣고 나니 마치 구름이 걷혀 밝은 해를 보는 것 같고 횃불을 들어 어두운 방을 밝힌 것과 같다.[39]

---

39) 석준 등 編, 『中國佛敎思想資料選編』 제1권, p.12, "吾旣睹佛經之說, 覽『老子』之要,

이와 같이 불교와 도교를 나란히 오곡에 비유하고 또 유가의 경전을 오곡에서 생성되는 오미로 보는 것에서 삼자의 정신적인 일치를 강조하고 있음을 알 수 있다.

위의 설명에서 볼 때 후한에서 서한시대의 중국불교철학의 사상과 내용은 산만하고 체계적이지 못하다. 이러한 현상에서 중국불교철학이 초기 단계에 난관이 많았음을 알 수 있다. 그러나 이러한 철학사상도 이미 인생과 우주의 근본문제에까지 접근했고 유·불·도 삼자의 관계까지 언급하고 있어서 중국불교철학사상의 중요한 성격을 나타내고 있을 뿐 아니라 이후 중국불교철학이 나아갈 기본 방향을 규정하고 있기 때문에 철학적 출발점으로서의 의의가 대단히 중요하다고 볼 수 있다.

제2절 현학화한 철학의 유행

동진·십육국시대는 남북이 대립하여 전쟁이 끊이지 않았고 정국이 혼란스러웠다. 동요하는 사회는 생명에 대한 위기감마저 조성하여 마치 다마스쿠스의 칼이 사람의 머리 위에 높이 걸려 있는 것처럼 위태로웠다. 생명에 대한 심각한 위기의식 때문에 사람들은 개인의 생명과 생존의 의미와 가치를 여러 각도에서 찾게 되었다. 바로 이러한 시대적 요청에 부응하여 중국불교는 처음으로 신앙의

守恬淡之性, 觀無爲之行, 還視世事, 猶臨天井而窺溪谷; 登嵩岱而見丘垤矣.『五經』則五味, 佛道則 五穀矣. 吾自聞道已來, 如開雲見白日, 炬火入冥室焉."

고조기를 맞이하게 되었다. 이때 중국불교사상은 선학(禪學)으로부터 급속하게 우주만물의 본성이 공적(空寂)함을 설명하는 반야학(般若學)으로 전향하여 반야성공(般若性空) 학설이 불교철학의 초점이 되었다. 중국불교학자들은 성공(性空)사상을 돌아보고 위진현학의 사상적 노선을 근거로 여러 가지 철학적인 견해를 드러내었다.

그와 동시에 불교사상과 중국 고유관념의 충돌은 더욱 격화되었고, 불교 안팎에서 논쟁이 전개됨에 따라 일부 불교 학자는 논쟁이 되는 중요문제에 대하여 각자 해답을 내어 놓았다. 그래서 당시 불교철학은 다채롭고 풍부하며 특색 있는 내용으로 형성되었다.

(1) '공(空)'에 대한 현학적 이해

대승불교의 반야학에서는 우주 만물은 모두 원인[因]과 조건[緣]이 결합하여 생겨난 것이기 때문에 자성도 없고 실체도 없는 공(空)이라고 한다. 철학적인 입장에서 볼 때, 이것은 객관적인 사물이 진실성과 항상성을 가지고 있는지 없는지에 대한 관점의 문제이고, 본체와 현상의 관계에 대한 관점의 문제이며, 우주론과 본체론의 근본문제이기도 하다. 동진 초기의 불교학자들은 다양한 자신의 인식과 체험을 바탕으로 '공(空)'에 대한 이해를 자유롭게 설명함으로써 육가칠정(六家七情)[40]의 학설을 형성하였다. 이들 학설 중에서 가장 중요한 것으로 삼가(三家)가 있다.

첫째는 법무설(法無說)로서 무(無, 空)가 모든 변화의 시작이고

---

40) 역자 주: 六家七情은 東晋 道安 때 반야사상에 대한 여러 가지 다른 학설을 6家와 7宗으로 개괄한 것이다.

만물의 근본이라고 여겼다.

둘째는 즉색설(卽色說)로서 물질현상 자체가 공(空)이라고 하는 '즉색시공(卽色是空)'을 주장하였다.

셋째는 심무설(心無說)로서 주관적인 마음이 바깥의 사물에 집착해서는 안 된다는 것을 강조하고, 바깥의 사물은 한결같지 못하므로 공무(空無)라고 하였다.

이러한 학설의 공통된 특징은 '무(無)'로써 '공(空)'을 해석하는 것이다. 이것은 분명히 위진 현학으로부터 깊은 영향을 받은 학설로서 불교와 현학이 합류한 시대적인 사조의 일종이다.

승조(僧肇)는 일찍이 자신이 저술한 『부진공론(不眞空論)』에서 위에서 언급된 관점은 반야의 성공(性空) 이론과 부합되지 않는다고 비평하고, '공(空)'은 진정한 실체가 없는 것[不眞實]을 말하는 것으로서 '진정한 것이 없는 것[不眞]'이 곧 '공(空)'이고, '진정한 것이 없기' 때문에 공(空)이며 이것이 반야에서 공을 논하는 것이라고 강조하였다.

승조(僧肇)의 이러한 관점은 불교 반야학의 본래의 의미와는 부합되지만 그가 논증할 때 언급한 "일기(一氣)를 살펴 만법의 변화를 관찰한다[審一氣以觀化]."[41]는 것은 『장자』 「대종사(大宗師)」에서 "저들은 또한 조물주와 더불어 짝이 되어 천지의 일기(一氣)에서 노닐려고 한다."[42]라는 설법에 근원을 두고 있다. 그는 또 다른 논서에서, "어떤 사람은 이것을 이것으로 여기고, 저것을 저것

---

41) 『조론·부진공론(肇論·不眞空論)』(『大正藏』 45, p.152a).

42) 역자 주: 김항배, 『장자철학정해』(서울: 불광출판부, 1992) p.235, "彼方且與造物者爲人, 而游乎天地之一氣"의 爲人은 "왕인지(王引之)의 설명에 의하면 위우(爲偶), 즉 짝이 되는 것을 말한다."고 되어 있다.

으로 여긴다. 다른 사람들은 또 이것을 저것으로 여기고, 저것을 이것으로 여긴다. 이것과 저것을 동일한 이름으로 정할 수 없다. 어떤 사람은 반드시 그래야 할 의미가 있다는 것을 의심한다."[43]는 관점을 비평하였다. 그는 더 나아가 사람들에게 "이것과 저것이 원래 있지 않는 것임을 깨달을 것"[44]을 요구하고 있다. 이것은 분명히 『장자』「제물론(齊物論)」에서 이것과 저것의 구별을 두지 않는 것에서 영향을 받은 것이며, 도가의 언어와 사상을 수용하여 반야학의 '공(空)'의 의미를 논증한 시대적인 색채를 반영한 것이다.

(2) 중국적 색채를 지닌 인과응보설

인도의 불교사상이 중국에 전래되었을 때 일반인에게 가장 중요했던 것은 전혀 새로운 생사관(生死觀)인 인과응보와 삼세윤회설이다. 사료에는 "왕공대인께서 생사응보의 끝을 보고 망연자실하지 않을 수 없었다."[45]라고 기록되어 있다. 동시에 이러한 학설은 일부 사람들에게 회의와 반대를 불러일으켰고, 이에 대하여 당시 불교 지도자였던 혜원(慧遠)은 특별히 『명보응론(明報應論)』과 『삼보론(三報論)』이라는 문장을 지어 회답하였다. 재가신도였던 귀족 손작(孫綽)은 『유도론(喩道論)』을 짓고, 치초(郗超)는 『봉법요(奉法要)』를 편찬하여 모두 적극적으로 윤회응보설을 지지하였다.

---

43) 人以此爲此, 以彼爲彼; 彼亦以此爲彼, 以彼爲此. 此彼莫定乎一名, 而惑者懷必然之志.

44) 『조론·부진공론(肇論·不眞空論)』(『大正藏』 45, p.152c), "旣悟彼此之非有. 有何物而可有哉. 故知萬物非眞. 假號久矣." (이미 이것과 저것이 본래 있지 않다는 것을 깨달았다면 어떤 사물이 실제로 있다고 집착할 만한 것이 있겠는가. 그러므로 만물은 진실한 것이 아니라 임시로 그렇게 부르게 된 지 오래되었음을 알아야 한다.)는 글의 일부.

45) 『후한기(後漢記)』 권10, 『1879년강서채학소중간본(江西蔡學蘇重刊本) p.5, "王公大人, 觀生死報應之際, 莫不瞿然自失."

그들은 불교의 인과응보설과 "선을 쌓은 집안에는 반드시 경사가 있고, 선하지 않은 일을 쌓은 집안에는 반드시 재앙이 있다."는 전통적인 중국의 길흉화복의 인과응보 개념과 유가의 도덕수양을 서로 조화시켜 중국적 특색이 매우 강한 윤회응보설을 만들었다. 이러한 인생철학도 보편적인 사회심리로 전환되어 민간에 큰 영향을 끼쳤고 역사적으로도 여러 가지 기능과 작용을 하였다.

(3) 신불멸론(神不滅論)의 새로운 논증

인과응보설과 긴밀한 관계가 있는 것이 신불멸론이다. 초기불교는 인과응보와 삼세윤회설을 중심으로 신불멸론을 반대하고 영혼의 영원항상설도 부정하였다. 이러한 이론상의 모순으로 인하여 '유아(有我)'설을 제시하는 불교 학파도 생겨났다. 이는 사실상 영혼의 영원한 존재를 긍정하는 것과 같은 것으로서 인과응보를 책임지는 주체가 되었다. 이러한 '유아(有我)'이론은 훗날 대승불교의 공을 중시하는 종파로부터 비판을 받았다.

중국불교가 선전한 신불멸론도 일부 유학자들로부터 비평을 받았다. 이러한 비평에 대하여 혜원(慧遠)은 『사문불경왕자론(沙門不敬王者論)』에서 전문적인 「형진신불멸(形盡神不滅)」장(章)을 만들고, 나함(羅含)은 『갱생론(更生論)』을 짓고정선지(鄭鮮之, 364~427)는 『신불멸론(神不滅論)』을 저술하여 반박하였다. 그들은 전래된 땔감과 불의 비유를 사용하여 '땔감[薪]'은 생기고 없어지는 것이 무상(無常)하나 '불[火]'은 영원불멸함을 강조함으로써 사람은 죽어도 정신은 영원히 존재한다는 것을 논증하였다. 혜원(慧遠)은 또 도가의 견해를 다음과 같이 인용하였다.

"장자가 「대종사(大宗師)」에서 현묘한 말씀을 하였다. '대자연은 살아서는 나를 수고롭게 하고, 죽어서는 나를 편안하게 한다.'고 하였다. 또 생은 사람의 굴레이며 죽음은 참됨으로 돌아가는 것이다. 이것은 생은 큰 근심이고 죽음은 근본으로 돌아가는 것임을 아는 것을 말한다. 「문자(文子)」에서는 황제의 말을 인용하여 '형체는 없어지나 정신은 변하지 아니하며, 변하지 않는 것이 변하는 것을 타니 그 변화가 무궁하다.'고 하였다."[46]

'형진신불멸(形盡神不滅)' 역시 도가의 '형체는 없어지나 정신은 변화하지 않는다[形有靡而神不化].'라는 관념의 복제판이다.

(4) 신격화된 법신(法身)의 이념

불교신도가 불교를 믿으면서 근본적으로 가장 관심을 가지는 것은 성불(成佛)의 문제이다. 불(佛)의 존재는 무엇인가? 성불의 의의는 어디에 있는가? 이것은 불교 최고의 문제에까지 이르는 것이다.

소승불교는 석가모니불의 육신은 멸해도 법신(法身)은 멸하지 않는다고 말한다. 대승불교는 통상적으로 불(佛)에는 삼신(三身), 즉 불법과 불교의 진리가 구현된 법신(法身), 지혜와 비원과 공덕으로 이루어진 보신(報身), 사물에 상응하여 나타난 응신(應身)이 있다고 한다. 사람들은 이 중에서 법신(法身)을 아주 곤혹스러워하고

---

46) 『사문불경왕자론·형진신불멸(沙門不敬王者論·形盡神佛滅)』, 石峻 등 編, 『中國佛教思想資料選編』 제1권, p.86, "莊子發玄音於『大宗』曰: '大塊勞我以生, 息我以死.' 又, 以生爲人羈, 死爲反眞. 此所謂知生爲大患, 以無生爲反本者也. 『文子』稱黃帝之言曰: '形有靡而神不化, 以不化乘化, 其變無窮'."

이해하지 못하였다. 법신(法身)의 생성과 진위와 성질과 형태 등의 문제에 대하여 혜원(慧遠)은 구마라집(鳩摩羅什)에게 가르침을 청한 적이 있다. 구마라집은 이른바 불신(佛身)의 모든 형상은 인과 연이 화합하여 생긴 것이어서 자성이 없고 필경에는 공적(空寂)한 것이라고 말하였다. 혜원(慧遠)이 보기에 법신(法身)은 마땅히 불법을 체득한 실유(實有)의 인격신이었기 때문에 구마라집의 해석과 설명을 이해하기 힘들었다. 법신 등의 문제에 관한 그들의 토론은 매우 상세하여 뒷사람들이 『대승대의장(大乘大義章)』이라는 책으로 집성하였다. 이 책은 중국과 인도불교의 이상적인 인격에 대한 커다란 관념의 차이를 중점적으로 표현하고 있다.

(5) 불교와 삼강오륜의 윤리

불교는 가정을 버리고 현세를 부정한다. 유가(儒家)의 입장에서 볼 때 불교를 믿는 것은 '군주와 아버지를 부정하는[無君無父]' 효에 역행하는 행위였다. 동진(東晉) 왕조는 한 차례 "승려는 마땅히 왕에게 존경을 다해야 한다[沙門應盡敬王者]."는 칙령을 내린 적이 있다. 그 후 태위(太尉) 환현(桓玄)은 '왕을 예경하는 것[禮敬王者]'에 대한 토론을 펼쳤고 혜원은 이를 위해 『사문불경왕자론(沙門不敬王者論)』을 저술하였다. 그는 먼저 재가자가 불(佛)을 받드는 것과 출가자가 수도하는 것을 구별할 것을 강조하였다. 재가자는 마땅히 윗사람을 받들고 부모를 존중해야 하지만 출가자는 "왕족에게 순종하지 아니하고 불교의 종지를 구해야 한다."고 하였다. 근본적인 입장에서 볼 때 사문들은 "그 효를 어긴 것이 아니고",

"그 존경을 버린 것도 아니며"[47] 불교의 도덕과 유가의 삼강오륜의 윤리는 일치된다고 말하였다.

『유도론(喩道論)』과 『봉법요(奉法要)』[48]의 작자도 거사(居士)의 입장에서 불교의 도덕계율과 유가의 윤리가 일치함을 강조하고, 아울러 불교의 수행과 유가의 효도에는 통일성이 있음을 두드러지게 강조하고 있다. 불교가 이와 같이 유가의 윤리도덕과 결합하려는 경향은 중국불교도덕철학에 근본적인 특징을 부여하게 되었다.

(6) 불교와 유가

혜원(慧遠)은 "안팎의 도를 합칠 수 있다면 사회가 밝아질 것"이라는 방법론적으로 중요한 원칙을 제시하였다. 또 "불교와 유가는 그 나온 곳은 달라도 추구하는 목적은 같다."[49]는 근본입장도 확립하였다. 손작(孫綽)은 '도를 실천하는' 면에서 '주공과 공자가 바로 불(佛)'이며 '불(佛)이 주공과 공자'[50]라는 명제를 제시하고, 불(佛)을 주공과 공자와 분별하여 말하지만, 이들은 근본[內]과 드러난 현상[外]을 다스리는 방법을 깨달은 자로서, 내외의 명칭은 서로 달라도 중생을 제도하고 천하를 다스리는 목적은 같다고 말하였다.

위·진의 현학이 주로 노장사상을 활용하여 유가의 경의 뜻에 나타난 사상적인 노선을 융합하여 일치시킨 것처럼, 혜원(慧遠)은 불가를 유가의 원칙과 입장에 조화시켰다. 이로써 후한 이래로 불

---

47) 『답환태위서(答桓太尉書)』, 석준 등 編, 『中國佛敎思想資料選編』 제1권, p.99.
48) 두 글은 석준 등이 편찬한 『中國佛敎思想資料選編』 제1권, pp.16～29에 보인다.
49) 『사문불경왕자론·체극불겸응(沙門不敬王者論·體極不兼應)』 석준 등 編, 『중국불교철학사상자료선집』 제1권, p.84 "出處誠異, 終期則同."
50) 『유도론(喩道論)』 석준 등이 편찬한 『中國佛敎思想資料選編』 제1권, p.27, "佛則周孔".

교의 의리(義理)는 도가 위주로 결합했던 것에서 유가 위주로 바뀜으로써 사상적인 대전환이 이루어졌다. 이것이 이후 중국불교의 주류가 존중하고 따르는 근본 종지의 하나가 되었다.

후한 · 삼국 · 서진시대의 중국불교와 비교해 볼 때 동진 · 십육국시대의 불교철학은 이미 의리를 견강부회하던 것에서 벗어나 자유롭게 사상을 발휘하는 쪽으로 방향을 전환하였다. 이렇게 자유롭게 사상을 발휘하게 된 것도 위 · 진 현학의 체용(體用)의 사유방식으로부터 깊은 영향을 받았다. 그와 동시에 불교 안팎에서 사상의 논쟁은 날이 갈수록 증가되고 격화되었다.

예컨대, 육가칠종(六家七宗)의 여러 학설은 불교 내부의 논쟁이었고, 인과응보 · 신멸신불멸(神滅神不滅)과 유가의 삼강오륜윤리와의 관계 등에 관한 문제는 당시 불교와 불교 외부 학자 간의 논쟁의 초점이 되어 있었다. 불교는 현학과의 관계에서처럼 논쟁을 하면서 유교윤리와 조화해가는 경향을 선명하게 나타내었다. 이 외에도 철학은 영역이 확대되고 사상적인 측면에서도 깊이가 심화되는 등 커다란 진전이 있었다. 당시에 우주론과 본체론 · 인과응보론 · 신불멸론 · 법신론 등의 문제에 대하여 탐색했다는 것은 모두 중국불교철학이 그 넓이와 깊이에 있어서 개척을 해 나가고 있었다는 사실을 표명하는 것이다.

제3절 학파철학의 발흥

남북조시대는 중국에서 진한(秦漢)시대 이후 정국분열이 가장 오랫동안 계속되었던 시기이다. 또한 중국의 불교신앙이 두 번째로 고조되었던 시기이기도 하다. 이 시기에 번역되고 출판된 불교경전은 날이 갈수록 많아졌고 경론의 강습도 갈수록 성행하여 유행되었다. 여러 경사(經師)와 논사(論師)들은 각자 문호를 세우고, 스승의 가르침을 중시하고, 열반종·삼론종·성실종·지론종·섭론종 등 수많은 학파를 형성하였다. 각 학파는 모두 자기 학파의 철학을 최선을 다하여 선전하게 되었고, 이 때문에 불교 내외에서 각기 다른 관점에서 논쟁이 발생하게 되었다.

남북조 시대에 불교철학의 각 학파가 언급한 철학 내용은 여러 방면에 이르지만, 그 중심문제는 어디까지나 심성론(心性論)이었다. 심성론 학설에 있어서 남과 북 두 지역이 중점을 둔 부분이 다소 다른데, 남조(南朝)에서는 불성론(佛性論)에 중점을 두고 있었다. 불성론은 인간에게 성불할 수 있는 내재적인 근거와 성불의 가능성이 있는가, 사람들은 누구나 다 불성을 가지고 있는가, 인성(人性)은 선한 것인가 악한 것인가, 어떻게 악을 제거하고 선을 따라 불과(佛果)를 이룰 것인가 하는 등의 문제들을 설명하고 있다.

북조(北朝) 심성론의 중점은 아뢰야식설(阿賴耶識說)이다. '아뢰야식'은 범어를 음역(音譯)한 것으로 의역하면 '장식(藏識)'이며 일종의 아주 심층적인 '잠재의식[潛意識]'이라고 볼 수 있다. 대승불교의 유가행파(瑜伽行派)는 아뢰야식(阿賴耶識)은 우주만유의 근본이

며 만물이 변화하는 근원이라고 생각한다. 아뢰야식의 청정(淸淨)·
염오(染汚)와 진망(眞妄) 문제는 남북조 불교의 중대한 논쟁거리였다.

남북조 불교에서 학설의 중심이 변한 것은 우연이 아니다. 진대
(晋代) 이래 유행했던 반야학(般若學)은, 만물은 모두 공이라고 하
여 사람들에게 집착하지 말 것을 널리 홍보하면서 집착에서 벗어
나는 것이 불교의 근본 출발점임을 강조하였다. 이러한 학설과 중
국 고유철학의 사유는 결코 합치될 수 없었다. 중국의 불교학자는
언제나 '공(空)'으로써 이런저런 것에 실체적 의의를 부여하였고,
사람이 죽은 후의 영원한 정신[神] 혹은 영혼의 존재를 인정하였
다. 이러한 관점은 불성론(佛性論)을 주장하는『열반경(涅槃經)』이
들어온 이후에 더욱 강화되었다.

열반학은 모든 사람은 태어나면서부터 불의 본성을 갖추고 있어
서 누구나 다 성불할 수 있으므로, 이러한 자각을 바탕으로 정진을
게을리 해서는 안 된다고 하였다. 중국불교학자는 이에 근거하여
다시 성불에 대한 주체적인 입장을 세웠다. 당시 오랑캐와 중국의
논쟁과 신멸신불멸(神滅神不滅) 논쟁은 불교가 중국 고유의 철학
사유와 관념에 한 걸음 더 가까이 접근하도록 촉진하는 계기가 되
었다. 한편으로는 정신불멸의 입장을 옹호하고 다른 한편으로는 형
체와 정신의 관계를 초월하는 입장을 변론하는 등으로 심성문제를
직접 설명하였다. 그리하여 보다 심층적인 단계에서 형체와 정신의
관계뿐만 아니라 인간의 내재적인 본질에서 성불의 주체성을 설명
함으로써 신불멸론을 옹호하는 불교 핵심이론의 기초를 공고히 하
였다. 모든 인간에게 불성이 있어서 수행을 통해 사후에 성불할 수
있다는 이러한 학설은 전란의 고통 속에 있던 많은 백성들의 절박

한 염원과 너무나 잘 부합되어 깊이 받아들여졌다. 이러한 상황들이 불교학설의 핵심문제에 변화를 가져오게 하였다.

남북조 불교학파는 심성론을 둘러싸고 철학이론과 철학적인 의의가 풍부한 사상을 전개하였다. 중요한 것은 아래와 같다.

(1) 불성론(佛性論)과 돈오론(頓悟論)에 대한 새로운 해석

진대(晋代)와 송대(宋代) 사이의 축도생(竺道生)은 『반야경』과 『열반경』에서 말하는 깨달음을 바탕으로, 성불의 근거·방법·목적·경지 등의 문제에 대하여 일련의 새로운 견해들을 제시하여 매우 독창적인 불교사상 체계를 형성하였다. 그중에서 가장 영향력이 있는 것이 『불성론(佛性論)』과 『돈오론(頓悟論)』이다.

축도생에 의하면 불성은 중생이 불과(佛果)의 본성(근거)을 성취하고 있는 것으로서 모든 사람이 갖추고 있다고 한다. 당시에 전래된 불경에 의하면 일천제(一闡提)[51]가 성불할 수 있다는 설은 결코 없었는데, 그는 홀로 혜안을 가지고 처음으로 일천제에게도 불성이 있고 성불할 수도 있다는 관점을 제시하였다. 그는 또 돈오점수설(頓悟漸修說)을 제시하여 성불은 하나의 과정, 즉 불교의 불유불무(不有不無)의 지혜로 결합되어 나눌 수 없는 반야의 지혜이며 확연하게 관통하는 하나의 돈오과정이라고 하였다.

사령운(謝靈雲)은 『변종론(辯宗論)』[52]에서 중화와 오랑캐를 구별하고 유가학설을 결합하여 이에 대한 보충설명을 하면서 축도생

---

51) 일천제(一闡提)는 범어 icchantika의 음역(音譯)으로서 성불의 因을 가지지 못한 사람을 말한다. 斷善根, 信不具足, 極欲 등으로도 번역한다.

52) 석준 등 編, 『中國佛敎思想資料選編』 제1권, pp.220~224.

의 관점을 지지하고 있다.

(2) '신(神)'과 '불성(佛性)'의 결탁

동진 이래로 신멸(神滅)과 신불멸(神不滅)의 논쟁은 여전히 격화되고 있었다. 중국불교학자는 중생의 영혼이 단절되거나 소멸되지 않는다고 주장하는 것만이 불을 가능하게 하는 것이라고 믿었다. 따라서 그들은 신멸론 사상을 여지없이 반박하였다. 그들은 정신[神]과 물질[物]이 다름을 강조하고, 정신과 물질은 발생하는 곳과 소멸하는 곳이 각각 다르고, 불(佛)의 법신(法身)을 성취하는 것이 정신[神]의 독립적인 존재형식을 성취하는 것이라고 하였다. 양 무제(梁武帝)도 '신명성불'론(神明成佛論)을 세우고, '신명(神明)'이 정신이고 영혼이며 윤회응보의 계승자로서 중생의 불성과 성불의 주체라고 강조하였다. 이것은 정신[神]을 불성(佛性)과 결부시켜 중생이 불교를 믿고 성불하도록 고무하고 격려하기 위한 논거로 제공되었다.

(3) 아뢰야식(阿賴耶識)에 대한 다른 견해

유가행파의 근본이념인 아뢰야식은 중국에 전래된 이후 남북조의 논사들에게 지대한 관심을 불러일으켰으며 그들은 이것을 여러 가지로 다르게 이해하였다.

섭론종의 논사들은 아뢰야식을 망식(妄識)이라고 생각하였다. 그러나 아뢰야식 가운데는 청정한 식[淨識]도 있으므로 청정한 식을 발전시켜 망식(妄識)을 대치함으로써 불과(佛果)를 성취할 것을 강조하였다.

　지론사(地論師)는 남도와 북도의 양도로 나누어졌다. 남도(南道)는 아뢰야식을 '자성청정심(自性淸淨心)' 또는 '불성(佛性)'이라고 생각하였고, 북도(北道)는 아뢰야식을 망식(忘識)으로 여겼기 때문에 섭론종 논사의 관점과 합치되었다.

(4) 진심본각설(眞心本覺說)과 진여연기설(眞如緣起說)

　『대승기신론(大乘起信論)』은 성불의 기초를 중생이 공유하고 있는 본성으로 보고, 이 공동의 본성을 '진심(眞心)'이라고 불렀다. 진심은 망념(妄念)을 떠나 있는 것으로 그 근본은 원래 깨달음이다. 중생들이 두루 갖추고 있는 이 진심은 우주만물의 본체이며 만물이 생성되는 근거이다. 이와 상관하여 『대승기신론』은 '진여연기설(眞如緣起說)'을 설명하고 있다. 이것은 우주적인 마음을 표현한 것으로서 성불론(成佛論)과 우주론을 통일하여 양자의 상관관계를 설명한 새로운 학설로서 그 영향이 대단히 크고 심원하였다.

(5) 이제의(二諦義)에 관한 논쟁

　이제(二諦)란 진제(眞諦)와 속제(俗諦)를 말한다. 제(諦)란 진실하여 허망하지 않은 이치이다. 진속이제(眞俗二諦)는 불교의 인식론과 진리관의 근본문제이다.

　남조시대 성실종의 논사[誠實師]와 삼론종의 논사[三論師]들은 모두 이제(二諦)에 관하여 많은 이야기를 하였다. 그들은 이제를 성불에 있어서 결정적인 의의를 가지고 있는 문제라고 여겼다. 성실종의 논사들은 이제의 상즉[二諦相卽]을 주장하였고, 삼론종의 논사들은 진제(眞諦)는 이유이무(離有離無)이고, 속제(俗諦)는 즉유즉무(卽有卽無)여서 반드시 양자를 종합하여야 비로소 중도(中道)가 된다고 하였다.

양(梁)나라의 소명태자(昭明太子) 소통(蕭統)도 22파의 도인·속인과 더불어 이제문제를 논의한 적이 있다.

(6) 실천적인 불교명상의 발전

명상(冥想)은 불교를 실천하는 근본내용으로서 좌선(坐禪)과 염불(念佛) 등 여러 가지 방법을 포괄하고 있다. 불교가 중국에 전래된 초기에 불교의 명상법은 신선이 되는 비법[神仙方術]과 같은 것으로 여겨졌다. 대승의 반야학이 중국에 전래된 이후에는 불교의 명상이 신비롭고 기이한 실천에서 반야를 관조하는 것으로 승격되었다.

저명한 승려인 담란(曇鸞)은 반야사상 연구를 바탕으로 불로장생의 방술에 대한 신앙을 경건한 염불수행(修行)으로 전환함으로써, 미타정토(彌陀淨土)를 신봉하고 서방극락세계에 영생하기를 기원하게 하여 중국불교가 중요하게 추구하던 바를 실현시켰다. 이는 민간에서부터 상류 지식층에 이르기까지 광범위한 영향을 끼쳤다.

(7) 불교와 유·도교

유가·도가·불가 삼가(三家)의 관계문제는 남북조의 사상영역에서 여전히 중대한 문제였다. 유가와 불가가 사상적으로 투쟁한 중심 내용은 신멸(神滅)과 신불멸(神不滅) 문제에 대한 것이었다.

이 밖에 유가는 불가를 불충하고 불효하며, 기강을 문란하게 하고, 나라와 백성을 환란과 재앙에 빠뜨린다고 질책하며 불교를 배척하였다. 불가와 도가의 투쟁 역시 매우 격렬하였다.

도사(道士)는 오랑캐와 중국을 차별해야 한다는 기치를 높이 내걸고 불교를 맹렬히 공격하였고, 불교가 중국에 들어오면 나라가 망하고, 집안에 들어오면 집안이 망하고, 사람에게 들어오면 사람이 망한다고 질책하였다. 이에 대해 불교 역시 온갖 힘을 기울여 반격하였다. 일부 불교학자들은 도가의 '허무'와 불교의 공의 수행은 이치가 동일하고, 삼교의 근원이 동일하여 삼교는 일치한다는 관점을 제시함으로써 삼교의 모순을 최대한 조화시키려고 애썼다.

중국불교철학이 발전해 온 궤적을 살펴볼 때 남북조시대에 불교의 학풍과 방법과 사상적으로 중요한 부분이 모두 변화하였다.

경전을 강의하는 풍조는 청담(淸談)으로 대체되었다. '뜻을 얻으면 말을 잊는다[得意忘言].' '철저한 깨달음의 경지는 말을 벗어난다[徹悟言外].'라는 사유방법은 또한 장과 구를 찾고 가려내어 주석하고 해독하는 것에 그 자리를 내어 주기도 하였다. 경의 뜻을 깊이 연구하고, 각자 문호를 세우고, 학파를 창건하는 것이 그 당시 불교의 시대적인 풍조였다.

불교학자의 관심과 흥미는 성불의 주체를 찾는 것으로 바뀌었고, 우주적인 마음이나 개인의 마음에서 해탈의 길을 찾는 데 있었다. 이는 수행방법과 이상적인 인격과 최고의 경지 등에 대하여 일련의 중대한 변화를 가져왔을 뿐만 아니라 중국불교와 중국철학이 우주의 본체를 탐구하는 것에서 인간의 본체와 인간의 본질을 연구하는 쪽으로 역사적 전환을 했음을 나타내는 것이다.

제4절 종파철학의 번성

태평성세를 구가했던 수·당은 군사적으로 강대하고 정치적으로 통일을 이루어 경제가 발달하고 문화가 찬란했던 시대였다. 바야흐로 중국불교신앙도 융성할 수 있는 시기를 맞이하여 번영의 시대로 들어섰다. 이 시기에는 불교계의 인재도 넘쳐나서 수나라 초기에서부터 측천무후시대에 이르기까지 전국의 일류 사상가의 절대다수가 불교계에 집중되었다고 할 수 있다. 이들 불교학자는 통일국가의 필요에 부응하여 자신의 학설과 일치하거나 통하는 점을 찾아 각자 다른 학설을 조직하고 여러 가지 불교 종파를 창건하였다.

수대에서 당 현종에 이르기까지 천태(天台)·삼론(三論)·법상유식·화엄(華嚴)·율(律)·정토(淨土)·선(禪)·밀(密)의 여덟 종파가 다투어 사상을 제기하고 이채로움을 겨루었다. 남북조의 학파와는 달리 각 종파는 "창시자가 있고, 전수가 되고, 신도가 있고, 교의와 규범을 갖춘 하나의 종교집단이었다."[53] 수·당시대의 불교 종파의 형성은 중국불교가 성숙되고 발전되었음을 나타내는 것이며 불교가 중국화된 중요한 지표이기도 하다.

수·당시대의 불교이론의 핵심도 역시 심성문제였다. 당시 풍부한 이론적 색채를 가지고 있었던 종파는 모두 심성문제 특히 불성문제에 대하여 논의하고 설명하는 것을 중시하였다. 천태종은 '마음[心]'의 주체적 작용을 매우 중시하였고, 아울러 인성의 선악문제

---

53) 탕용동(湯用彤), 「논중국불교무"십종"(論中國佛敎無"十宗")」, 『탕용동전집』 제2권, (石家庄: 河北人民出版社, 2000), p.372.

에 특별한 관심을 보였다. 법상유식과 화엄과 선종은 모두 주체적인 활동과 주관적인 심성을 통하여 주체의 이상적 경지를 이룰 것을 주장하였다. 다만 이들 세 종파의 심성에 대한 설명에는 중대한 차이가 있다.

법상유식종은 개인의 현생을 해부하고 심리현상을 분석하는 데 치중하고, 경험으로부터 깨달음에 이르는 길을 분석하고 이해함으로써 의식을 전변시켜 지혜를 성취하고 불의 경계에 들어가려고 하였다.

화엄종과 선종이 내세우는 성불(成佛)의 내재적 근거는 아주 독특하다. 생명의 본질은 진심(眞心) 혹은 불심(佛心)이라고 하고, 이 진심 혹은 불심은 능히 불과(佛果)를 이룰 수 있을 뿐 아니라 모든 이상적인 존재를 드러낼 수 있다고 강조하였다. 여기서 말하는 진심은 우주적인 마음으로서 법상유식종에서 말하는 개인의 마음과는 다르다. 이와 같이 두 종파는 서로 다른 유심 노선과 수행방법을 표출하였다.

다음으로 수 · 당 불교철학의 주요특징을 중국화된 불교 종파의 철학사상을 통해서 간략하게 살펴보고자 한다.

(1) 천태종의 지관(止觀)철학

천태종의 창시자 지의(智顗)는 지(止, 定) · 관(觀, 慧)의 쌍수(雙修)를 주장하였다. 이것은 대승불교의 '공(空)'의 철학과 실천을 결합한 체계이다. 그는 공론의 철학적 지혜를 바탕으로 불교의 실천론을 체계화하였을 뿐 아니라 철학의 지도 아래 실천을 통하여 심오한 경지로 도약하는 과정을 제시하였다. 그리하여 이전의 불교학자들이 제대로 이해하지 못한 반야사상의 공에 대한 편견을 바로잡고 주체적인 신앙을 실천하도록 촉진함으로써 불교가 진정한 중국의 종교가 되게 하였다. 이것은 시대적으로 의의가 큰 획기적인 일이었다.

철학적으로 천태종의 핵심 사상은 우주만물의 실제 모습을 설명하는 실상론(實相論)이다. '일념삼천(一念三千)'과 '삼제원융(三諦圓融)'이라는 두 명제가 실상론의 중요한 두 가지 측면을 구성하고 있다. '삼천(三千)'은 삼천 종의 세간을 가리키며 우주만물을 나타낸다. 일념삼천은 미세한 한 생각 속에 삼천 종의 세상, 즉 우주만물이 다 갖추어져 있다는 것이다. 그리고 모든 현상 하나하나의 원리는 공(空)·가(假)·중(中)의 삼제가 원융하고, 공·가·중이 한 생각 속에 동시에 갖추어져 있다는 것이다. 공·가·중은 모두 진실한 것이기 때문에 삼제(三諦)라고 한다. 셋이 곧 하나이고 하나가 곧 셋이다[三卽一·一卽三]. 셋이 하나로 원만하게 통하여 아무런 장애가 없으므로 삼제가 원융한 것이다. 한 생각 속에 우주만물이 나타나는 것과 동시에 개개의 사물의 공·가·중을 관조하는 것은 천태종 관법수행(觀法修行)의 기초를 구성하고 있다. 천태종의 실상론(實相論)은 선명한 종교인식론적인 내용을 담고 있으며 우주론적인 의의를 가지고 있다.

당대(唐代)의 천태종 승려들은 『대승기신론』의 진여설(眞如說)도 수용하여 진여(眞如)가 불성(佛性)이라고 하고, 여기에 근거하여 무정유성설(無情有性說)을 제시하였다. 따라서 무정의 풀과 나무와 산과 돌과 자갈과 먼지 등 모든 것에 진여불성(眞如佛性)이 있다고 강조하였다. 이들은 당시 불교의 심성론(心性論)과 서로 호응하여 천태학의 중심을 심성론으로 전환하였고, 이것은 이후 천태종사상이 발전하는 데 중대한 영향을 미쳤다.

(2) 화엄종의 원융(圓融)철학

화엄종은 협서성 종남산 일대를 중심으로 형성되었다. 실질적인 창시자는 법장(法藏)이라고 할 수 있으며, 그는 방대한 화엄학의 철학체계를 세우고 확장하였다.[54] 법장의 화엄종 철학체계의 핵심은 불(佛)의 경계를 설명하는 것으로, 불의 경계는 원래 중생의 마음속에 갖추어져 있다고 강조하고 불의 경계를 관조하는 방법을 지적하였다. 법장의 스승인 지엄(智儼)은 처음으로 일(一)은 다(多, 一切)와 상즉상입(相卽相入)한다는 관점에서 성불의 경계, 즉 깨달음을 증득한 세계를 설명하였다. 법장은 스승의 학설을 계승하여 '십현(十玄)'[55]·'육상(六相)'[56] 등의 법문으로써 화엄종 특유의 세계관을 체계적이고 전면적으로 밝혔다. 그 후 징관(澄觀)도 명확하게 이(理, 本體, 性空)·사(事, 現象)·이사무애(理事無碍)·사

---

54) 법장과 같은 시대의 화엄학자 이통현(李通玄, 635~730)은 산시성 오대산 일대에서 경의 의미를 설명하며, 『주역(周易)』을 응용하여 『화엄경』을 해석하였으며, 자기의 심신에서 佛을 찾을 것을 주장하였고, 성불을 추구하는 실천방법에 주의를 기울여 법장의 체계와는 다른 일가를 이루었다.

55) '십현(十玄)'이란 불교의 열 가지 현묘한 법문(法門)을 가리킨다. 법장은 이러한 법문은 상호 관계를 가지며, 상호 교차하고, 두루 원융하며, 나아가 우주만물 사이에서도 상호 조건이 되고, 상호 의존하며, 상즉상입(相卽相入)하고, 원융무애(圓融無碍)하여 여러 가지가 뒤섞여 복잡한 것의 통일관계를 설명하고 있다고 생각했다.

56) '육상(六相)'이란 사물의 총상(總相)과 별상(別相), 동상(同相)과 이상(異相), 성상(成相), 괴상(壞相) 여섯 가지 상(相)의 정황을 일컫는다. 법장은 이들 육상(六相)도 서로 상즉상입(相卽相入)의 원융관계로 봄으로써 일체의 사물이 비록 자성을 지니고 있을지라도 또한 융합하여 틈이 없으며 차별이 없다고 설명하고 있다.

사무애(事事無碍)의 사법계설(四法界說)을 제시하였다. 우주만물은 상의상대(相依相待)하고 상즉상입(相卽相入)하며 원융무애(圓融無碍)하여 중중무진(重重無盡)하다고 설명하였다. 즉 세계의 삼라만상은 모두 한없이 원융하고 완벽하게 조화를 이루어 잘 통일되어 있는 모습임을 설명하였다.

징관(澄觀)은 또 화엄종 종남산 계열[終南山系]과 오대산 계열[五臺山系]의 학풍을 결합하여 화엄과 선을 융합하는 새로운 학풍을 열었다. 그는 지엄(智儼)과 법장(法藏)의 유심설(唯心說)의 기초 위에서 진일보하여 만유(萬有)가 일심(一心)이며 일심(一心)은 만유(萬有)를 받아들인다는 화엄의 유심학설을 발전시켰다. 종밀(宗密)을 계승한 징관의 사상과 학풍은 선교(禪敎)의 일치와 아울러 불가와 유가와 도가의 조화를 더욱 강조하였다. 그는 또한 밝고 뚜렷한 지혜로운 마음[靈知之心]을 우주만물의 본원으로 삼는 관점을 제창하였는데, 이것은 송명이학(宋明理學)에 중대한 영향을 주었다.

당대(唐代)의 화엄종 철학은 우주생성론과 현상원융론·인식론·주객체관계론 등에 이르기까지 광범위하게 언급하고 있으며, 사상이 깊고 풍부하여 중국불교의 이론적 사유에서 하나의 봉우리를 형성하였다.

(3) 선종의 돈오철학

선종은 북위시대에 중국으로 와서 선법(禪法)을 전수하였다고 전해 오는 보리달마(菩提達摩)를 추종하여 초조(初祖)로 삼고 있다.

오조(五祖) 홍인(弘忍) 이후 선종은 혜능(慧能)의 남종과 신수(神秀)의 북종으로 나누어졌다. 나중에 북종은 쇠퇴하고 남종이 크게 성행하여 남종이 사실상 선종의 주류가 되었다.

혜능 선종의 사상 강령은 성정자오(性淨自悟)이다. 이것은 모든 인간의 본성은 청정한데 단지 망념의 뜬구름이 덮여 있어서 스스로 깨달을 수 없지만, 일단 망념을 모두 멸하고 진여의 본성을 보게 되면, 그 순간 문득 스스로 불도를 이루게 되는 것을 말한다. 이것은 바로 혜능의 『육조단경』의 핵심사상이기도 하다.

혜능은 또 "생각이 없는 것을 종으로 삼고, 상이 없는 것을 체로 삼으며, 머물지 않는 것을 본으로 삼는다[無念爲宗, 無相爲體, 無住爲本]."는 도를 깨치는 절차를 제시하였다. 그리고 모든 잡념을 배제하고, 외부사물의 형상에 집착하지 않고, 어떠한 사물에도 머물지 않고, 실유(實有)를 취하고 망념을 제거함으로써 문득 깨달아 성불할 것을 요구하였다. 혜능의 중생심성론과 성불방법론은 이후 중국불교계 전반에 중대한 영향을 끼쳤다. 혜능 이후 선종의 남악(南岳)과 청원(靑原)의 두 계파는 모두 혜능의 가르침에 따라 깨달음의 방법에 대한각양각색의 다양한 이론을 전개하였다.

남악계(南岳系)는 '촉류시도(觸類是道)'의 선법을 제창하여, 인간의 선수행(禪修行) 중의 행위는 모두 불도(佛道)가 자연스럽게 흘러나온 것이라고 강조하였다. 청원계(靑原系)는 '즉사이진(卽事而眞)'의 선법을 제창하여, 선을 수행할 때 개별적인 사물의 현상 가운데서 진리를 체득할 것을 주장을 하였다. 전자는 진리로부터 사물을 보고, 후자는 사물로부터 진리를 본다. 서로 다른 경로를 통하여 진리와 사물이 원융(圓融)하는 경지에 도달하는 것이다.

위의 설명에서도 알 수 있듯이 수·당(隋唐)시대의 불교철학은 중국불교철학의 최고봉이다. 이전의 불교와 비교해 볼 때 다음과 같이 그 특징을 말할 수 있다.

　첫째는 불교철학의 체계화를 들 수 있다. 수·당(隋唐)시대의 일련의 중요한 종파들은 모두 넓고 큰 철학체계를 구축하였다. 이것은 이전의 대부분의 불교철학가들의 학파가 철학사상이 결핍된 체계를 형성했던 것과 선명하게 대조된다. 물론 이전에도 승조(僧肇)라든가 도생(道生) 등이 철학체계를 형성하긴 하였다. 그러나 그들의 체계는 단지 일부 논문들로 구성되어 있을 뿐이어서 그 규모가 크지 않았다. 초기 선종을 제외하고 수·당의 불교 종파는 모두 상당한 수량의 저술을 하였고, 그 내용도 철학의 각 방면에 걸쳐 매우 체계적으로 고루 언급하고 있다. 인생의 본질과 가치·해탈방법·이상경지와 그에 상응하여 어떻게 인간사회와 자연계를 인식할 것인가 하는 것에 대하여 하나의 체계적인 학설을 제시하였다. 또 수·당의 불교 종파들은 남북조 두 지역의 불교의 장점을 수용하여 이론과 실천을 통일하는 철학체계를 구성하였다. 이 역시 수·당 불교철학체계의 전반적인 장점이다.

　둘째는 불교철학을 중국화한 것이다. 수·당의 불교 각 종파는 자기 종파를 중심으로 인도불교경전의 수준을 판단하였는데, 심지어 선종은 인도불교사상을 상당히 폄하하기도 하였다. 수·당의 불교 종파는 중국문화에 근거를 두고 유가와 도가의 사상과 관념을 수용하였다. 또한 유가와 도가를 벗어나 독립적으로 자주적인 불교철학의 체계를 창건하였다. 그 철학이 표현하는 독립성과 자주성과 창조성이 바로 불교철학이 중국화되었다는 사실을 분명하게 의미하는 것이다.

셋째는 불교철학이 심화되었다는 것이다. 수·당의 불교 종파 철학은 구조가 체계화되고 내용이 중국화되었다는 특징을 지니고 있을 뿐 아니라 사상의 깊이가 심화되었다는 특징을 지니고 있다. 예컨대 천태종의 직관인식론(直觀認識論)과 화엄종의 원융세계관(圓融世界觀)과 선종의 심성론(心性論) 및 직각론(直覺論) 등은 모두 이론적으로 상당한 사유의 깊이를 갖추고 있어서 중국 고대 철학가들의 사유의 심오함과 지혜의 정밀함을 반영하고 있다.

제5절 심성철학의 합류

당대(唐代) 중엽 이래 중국의 봉건사회는 후기로 접어들면서 변모하기 시작하였다. 오대(五代)에서 근대에 이르는 일천여 년의 역사를 종합해 볼 때 통치계층이 강력히 제창한 것은 유학이었고, 불교와 도교는 때로는 육성하기도 하고 때로는 제한하기도 하였다. 유·불·도 삼교를 긴 세월에 걸쳐 비교하고 깊이 있게 사유한 결과 그들은 이학(理學)을 사회정통의 주도적인 의식형태로 확정하였다. 이학가(理學家)들은 불교의 심성이론을 수용하고 불교를 유가에 끌어들여 심성의 탐구와 수양의 측면에서 더욱 강하게 자기반성을 하였다. 그리고 그들은 일종의 새로운 형태의 이상적인 인격을 주체적으로 세우는 데 주의를 기울임으로써 삼강오륜의 사회질서를 유지하는 데 부응하였다.

오대(五代)는 중국불교가 번성하던 시기에서 쇠퇴하는 시기로 접어들었던 전환기였고, 그 후로부터 근대에 이르기까지는 불교가 계속 유지되는 시기이다.

주·객관적인 조건이 변화함에 따라 불교의 종풍(宗風)과 학풍(學風)에도 역사적인 변화가 일어나게 되었다. 불교 내부적으로는 번잡하던 문장이 간결하고 쉽게 바뀌고, 의리와 수행을 병행하다가 수행에 치중하게 되고, 분열과 논쟁에서 융합과 조화 쪽으로 전환되었다.

불교 외부와의 관계에서는 한층 더 의식적으로 유·도교와 전면적인 융합을 하였다. 이러한 학풍 속에서 불교이론의 관심은 날이 갈수록 심성(心性) 문제를 설명하는 데에 집중되었고 그 결과 유·도교와 합일하는 심성론으로 귀결되었다. 불교학자는 이른바 '본심에 어둡지 않다[不昧本心]'는 공동 사상의 기초 위에 유·도·불 '삼가일도(三家一道)'의 이론, 유·도교가 불교와 합일된 심성론, 삼교합일론을 추론해 내어 극도로 고양함으로써 유·도교가 합류된 불교의 도덕정신경계론을 확립하였다. 이것이 오대(五代) 이래 불교철학사상의 중심 논제가 되었다.

오대(五代) 이래의 비교적 중요한 불교철학사상은 다음과 같다.

(1) 문자선(文字禪)과 간화선(看話禪)

송대의 선종사상에서 중요한 발전은 문자선과 간화선의 출현이다. 선교일치(禪敎一致)사상과 문인(文人)과 학사(學士)의 영향 아래 송대의 선사는 문자에서 선의 의미[禪意]를 추구하는 방법을 찾는다. 선사들은 대개 문자를 사용하여 선의 의미를 해설하려고 하면서도 언어를 깨뜨리는[破語] 가운데서 진의(眞意)를 단도직입적으로 순수하게 표현하는 것은 피하려고 하였다. 그래서 이른바 '빙 둘러서 선을 말하는' 방법을 창출하였다. 말하자면 문자와 언어로써 할 수 있는 모든 기교를 다하여 선법을 해설하는 것을 문자선이라고 한다.

간화선이란 조사의 어록 중의 어떤 어구를 '화두(話頭)'로 삼아 궁구함으로써 진리를 해석하는 것이다. 이것은 문자선이 단지 문자 속에서 이해를 구하는 방법을 교정하고 저절로 발생하는 깨달음에 치중하는 비이성주의적인 방법이다. 당시에는 간화선을 반대하고 고요히 앉아 마음을 보고[靜坐觀心], 마음의 해탈을 구하여야 한다고 주장한 묵조선(默照禪)도 있었다.

(2) 두 종류의 '관심(觀心)'법문의 대립

송대의 천태종은 산가파(山家派)와 산외파(山外派)로 나누어졌다. 둘로 나누어진 것은 '관심(觀心)' 문제에 대한 이해의 차이가 중요한 원인이었다.

산외파는 화엄종의 영향을 받아 사물의 실상이 진심(眞心)이며, 실상을 관조하는 것이 관심이고 진관심(眞觀心)이지만, 실상을 떠난 관심은 망관심(妄觀心)으로서 잘못된 것이라고 여겼다.

산가파에 의하면 관심은 보고자 하는 도리를 마음에 집중하여 보는 것이고, 관심은 또한 무명망심(無明妄心)을 대상으로 하여 불교의 묘리(妙理)를 관조해야 한다는 망심관(妄心觀)을 주장하였다.

두 파가 글로써 싸운 필전(筆戰)은 파란만장하며 그칠 줄을 몰랐다. 나중에 산가파의 영향이 산외파를 초월하여 천태종의 정종이 되었다.

(3) 삼교동심설(三敎同心說)

유·도·불 삼교 합일설의 유행은 그 뿌리가 깊어 여러 가지 다른 견해를 형성하였다. 대략 당대(唐代) 이전에는 대부분 각자의 기능적 관점에서, 유가는 치세(治世), 도가는 치신(治身), 불가는 치심(治心)으로 이론을 세우거나, 이상적인 인격을 배양하는 측면에서 성성(成聖)·성선(成仙)·성불(成佛)이 서로 통할 수 있다는 이론을 세웠다.

당대(唐代) 이래로 유·도·불 삼가는 각자 새로운 이론을 만들기 위해 심성학설을 점점 더 많이 교류하고 융합하였다. 송·명대의 불교학자는 『주역(周易)』·『노자(老子)』·『장자(莊子)』 삼현(三玄)과의 융합을 중시하였을 뿐 아니라 심성문제를 언급한 『중용(中庸)』·『대학(大學)』 등 '사서(四書)'와의 소통에도 특별히 주의를 기울였다. 그들은 진일보하여 동일한 마음의 기초 위에서 유·도·불 삼교(三敎)를 통일시켜 나갔는데, 진가(眞可, 1543~1603)는 다음과 같이 말한다.

> 유교를 배우면 공자의 마음을 얻을 수 있고, 불교를 배우면 석가의 마음을 얻을 수 있으며, 도교를 배우면 노자의 마음을 얻을 수 있다. ……유교다, 불교다, 도가다 하는 것은 모두 이름일 뿐 실재적인 것이 아니다. 실재적인 것은 마음이다. 마음은 유교에 능하고 불가에

능하며 도가에 능하기 때문이다. ……이를 알면 비로소 삼가일도라고
말할 수 있다. 그러므로 다른 것이 있다면 그것은 이름이 다른 것이
지 마음이 다른 것이 아니다.57)

위에서 말하는 것은 유·도·불 삼가의 다른 점은 명칭이고, 같
은 점은 마음[心] 곧 본심(本心)이라는 것이다. 마음은 유·불·도
삼가가 이상을 성취하는 공동근거이며 삼가는 모두 '본심에 어둡지
말 것[不昧本心]'을 종지로 삼고, '본심을 바로 가리키는 것[直指
本心]'을 도(道)로 삼고 있다. 이렇게 볼 때 이른바 삼교합일(三敎
合一)의 '일(一)'은 '본심(本心)'을 가리키는 것임을 알 수 있다. 삼
교를 최종적으로 본심 하나에 귀결시킨 것은 근본적으로 삼교를
확실하게 조화한 것이고 삼교의 실질적인 차이를 없앤 것이다.

(4) 유식신론(唯識新論)

산실되었던 일부 유식학 전적을 세간에서 다시 볼 수 있게 되고,
불교를 자연과학에 견강부회하는 사조의 영향으로 근대유식학은
부흥기를 맞았으며 또한 그 시대 불교학자와 연구자의 탐구와 논
쟁의 초점이 되었다. 구양점(歐陽漸)은 대승을 유종유식(有宗唯識)
과 법상유식(法相唯識)으로 구별하여 장태염(章太炎)으로부터는
호평을 받았으나 태허법사(太虛法師)로부터는 비평만 받았다. 장태
염이 지어 스스로 '일자천금(一字千金)'이라고 여긴 『제물론석(齊

---

57) 『장송여퇴(長松茹退)』, 『자백노인집(紫柏老人集)』 권9, 전당허령허중간본(錢塘許靈虛
重刊本), 1878, p.31, "學儒而能得孔氏之心, 學佛而能得釋氏之心, 學老而能得老氏
之心, ……且儒也·釋也·老也, 皆名焉而也, 非實也. 實也者, 心也. 心也者, 所以能
儒能佛能老者也. ……知此乃可與言三家一道也. 而有不同者, 名也, 非心也."

物論釋)』은 유식으로써 제물(齊物)을 해석하고 제물로써 유식을 밝힌 것으로 웅십력(熊十力)으로부터 비판을 받았다. 웅십력은 유가를 불교에 끌어들인 '신유식론(新唯識論)'을 제시하였으나 이 역시 구양점 등의 비판을 받아야 했다. 태허법사 역시 웅십력과는 다른 '신유식론'을 만들어 유식학과 현대과학이론을 조화시키려고 하였다. 재미있는 것은 담사동(譚嗣同)이 의외로 유가의 경전인 『대학(大學)』을 '유식지종(唯識之宗)'이라고 판정하고, 유식학의 팔식(八識)과 『대학』의 치지(致知)·성의(誠意)·수신(修身)·정심(正心) 등을 억지로 융합하여 유·불교를 소통시키는 전형적인 설명을 하고 있다는 것이다.

소결론

위에서 서술한 것을 종합하여 볼 때 우리는 중국불교철학사상이 역사적으로 변천한 과정에서 아래와 같은 몇 가지를 유추할 수 있다.

(1) 중국불교철학사상은 역사적으로 형성·융성·쇠퇴 세 단계를 거치며 변화하였다. 하나의 넓고 큰 철학체계는 저조기에서 고조기를 지나 다시 퇴조기를 거치는 보편적인 발전과정을 나타낸다. 이는 종교철학이 고대 중국의 중앙집권적인 봉건대제국을 거치며 우여곡절을 겪은 과정을 반영하고 있다.

(2) 중국불교철학사상의 역사적 변천은 깊고 다원적인 내재적 원인에 의하여 결정되었다. 그중 가장 중요한 것은 중국의 문화환경과 가치관이 중국불교철학사상의 구조원칙·발전방향·민족적 풍모와 시대적인 특색을 결정했다는 것이다. 중국불교철학사상은 의심할 바 없이 중국불교학자가 인도불교의 기본정신을 오랜 시간에

걸쳐 소화하여 제대로 파악한 이후에 이룩한 거대한 창조물이다. 그러므로 외래의 불교를 초월할 수 있었던 것은 철학사상을 재구축하여 중국화된 종교철학이론을 창조해 내었기 때문이며, 그 내구력은 중국역사의 수요에 있었고 그 근원은 중국사회의 토양에 있었다.

(3) 중국불교철학사상의 주된 사조와 참정신은 인생 최고의 가치와 이상을 성취하는 것에 있다. 인도불교철학의 기조는 일체를 공으로 규정하고 개인의 생명까지도 포함된 존재의 객관성과 진실성을 부정하는 것이다. 인도불교철학의 이런 사상과 중국 고유의 철학기조, 존재의 객관성과 진실성을 인정하는 것은 그 취지가 판이하다. 천태·화엄과 선의 여러 종파 대사들은 의식적으로 중국 고유의 사유방식을 수용하고 원용한 사상방법을 운용하여 이상세계와 현실세계를 통일시켜, 이상은 현실 가운데 존재함을 강조하고, 현실로 돌아가 현실 속에서 이상을 실현할 것을 주장한다. 또한 현실에 서서 대립을 해소하고 현실을 초월하여 이상을 성취할 것을 주장한다. 이것이 바로 중국불교철학사상이 발전해 온 발자취이다.

(4) 인생의 최고 이상 경계를 성취하는 관건은 주체세계를 인식하고 다시 다듬어 완벽하게 하는 데 있으며, 또 사람의 마음과 마음의 본질(본성)을 인식하여 개조하고 제고하는 데 있다고 생각하였다. 심성론은 날이 갈수록 중국불교철학사상의 핵심이 되었다. 중국불교사상에서 전개된 논쟁의 중대한 이론적 문제는 대체로 인과응보의 변론, 신멸신불멸의 논쟁, 불성문제의 논쟁, 진심설과 망심설의 대치, 성선설과 성악설의 대립이다. 끝으로 중국불교의 심성설은 이러한 이론을 통일하여 불가의 마음과 유·도가의 마음은

동일한 본심이라는 심성합일론임을 주장하여 삼교는 심성이론에 있어서 본심은 일치된다는 관점을 나타낸다. 이들은 기본적으로 심성문제를 둘러싸고 전개된 것이다.

(5) 중국불교의 심성론은 마음의 본성(자성)을 설명한 이론이다. 그 핵심은 마음의 본성은 청정한가 더러운가 하는 심리적이고 생리적인 문제를 논하는 것이 아니고 성불의 가능성과 깨달음을 얻는 인간 마음의 이론적 근거를 설명하는 것이다. 따라서 천태·화엄·선의 여러 종파는 모두 '관심(觀心)'·'견성(見性)'을 중시하여, 진심을 관찰하고 혹은 망심을 관찰하여 본심을 밝혀 본성을 회복할 것을 주장한다. 설령 법문은 일치되지 않을지라도 그들 사이에 관통하고 있는 공통점은 대다수가 직접적인 깨달음, 즉 직각적(直覺的)인 방법을 취하고 있다는 것이다. 풍부한 이성적 지혜에 의한 직각적인 사유는 중국불교가 심성론의 기초 위에 구축한 주체의 이상적 가치세계에 대한 기본적인 사유방식이라고 할 수 있다.

제3장 중국불교철학의 사상적 체계

중국불교철학의 체계를 고찰해 보면 내용이 풍부하고 복잡하며, 특정 사상의 공능과 작용이 유기적인 구조체로 나타난다. 또한 인도불교사상 체계와 구별될 뿐 아니라 중국의 유가·도가 사상체계와도 구별되는 자신만의 특수한 구조와 독특한 사상체계를 가지고 있음을 알 수 있다. 여기서 우리들은 중국불교철학체계의 기본적인 사상요소, 단계적인 구조, 사상의 핵심, 다중적인 관계, 공능, 작용 등의 여러 문제에 대하여 간략히 설명하려고 한다.

제1절 중국불교철학체계 사상의 근본 요소

중국불교철학에서 중심이 되는 문제는 인생 해탈론이다. 이것은 생명방식에 관한 것을 파악하는 학설이다. 인생문제는 주위 환경과 관련되어 있기 때문에 이를 해결하기 위하여 중국불교철학은 우주 문제에 관하여 논한다. 인생과 우주에 관한 인식방식의 문제는 개인이 어떻게 실천하여 해탈에 도달할 것인가 하는 방식의 문제이기도 하다. 따라서 중국불교철학체계는 대체로 인생론철학·우주론철학·실천론철학 세 가지 측면에서 고찰하여 설명할 수 있다. 이세 가지 측면에도 각각 풍부한 사상적 요소가 포함되어 있다.

1. 인생론 철학

중국불교학자들은 그들의 저작에서 인생법칙·영혼과 육체의 관계·인간의 본성과 인간의 이상적 경계 등에 대하여 체계적인 설명을 하고 있다. 이것은 인도불교의 인생철학에 비해 엄청나게 발전한 것이며, 이런 새로운 사상은 내용이 매우 풍부하다. 그 요점을 정리하면 다음과 같다.

1) 인과응보론

그 주요 내용은 인생의 운명은 자신의 사상과 행위의 결과로서 받아 마땅한 과보라고 설명하는 것이다. 자신이 선과 악을 지어 자신이 고통과 즐거움을 받는 것이므로 스스로 자신의 사상과 행위의 결과에 대하여 책임을 지는 것이다.

금생의 빈부와 수명의 길고 짧음은 전생의 사상과 행위의 결과이다. 금생의 사상과 행위는 또한 내생의 운명을 결정짓는다. 이는 불교가 세계의 존재와 생명의 기본이론을 설명할 때 사용하는 것으로서 인생의 운명을 지배하는 하나의 철칙이다. 불교의 인과응보이론의 영향은 굉장히 커서 중국불교신도의 마음에 강한 충격을 주었을 뿐 아니라 불교 밖의 인사들로부터 제일 먼저 의심을 받았고, 심지어 반대까지 불러일으켰다.

동진 후기의 사상계는 바로 이 문제에 대하여 격렬한 변론을 펼쳤다. 혜원 등은 중요한 논문을 저술하여 개인의 사상과 행위는 그 어떤 것도 반드시 그에 상응하는 결과를 야기한다는 사실을 널리 알렸다. 즉 과거·현재·미래 삼세에는 인과전화(因果轉化)의 법칙이 존재한다는 것이다. 나중에는 재가의 지식인이었던 거사(居士)들 역시 불법(佛法)을 보호하기 위하여 인과응보론을 논증하는 수많은 논문을 저술하였다. 어떤 불교학자는 감응설(感應說)을 제시하기도 하였는데, 현상에 감응하는 것이 바로 인과응보가 구현된 것이라고 여겼다. 근현대에 이르러서는 양계초(梁啓超)도 문장을 지어 불교의 업보이론을 강조하고, 그것을 인생행위의 기본 준칙으로 확정하기도 하였다.

2) 신불멸론

형신의 관계, 즉 육체와 정신의 관계는 중국불교학자가 중점적으로 설명한 또 하나의 중대한 철학적 문제이다. 불교의 신불멸론이란 '육체는 다함이 있어도 정신은 없어지지 않는다[形盡神不滅].'는 영원불멸한 정신·혼령의 존재에 관한 이론으로서 인과응보설의 이론적인 기초가 된다. 불교의 이 이론은 유가학자의 반대에 부딪혀 쌍방의 논전(論戰)을 불러일으켰다.

초기불교는 신멸론적(神滅論的) 사상요소를 지니고 있어서 영혼의 영원불멸설을 반대하였고, 이런 관점을 지지하는 불교학자 역시 신불멸론의 관점을 반대하였다. 이런 이유들로 말미암아 불교 내부에서 또다시 논쟁이 발생하였으나 결국 신불멸론 주장이 우세하였다.

중국불교학자는 처음에는 영혼과 원기를 서로 결합하여, 땔감은 타서 없어져도 불은 없어지지 않는다는 신멸화불멸(薪滅火不滅)의 땔감과 불의 비유를 들고 있다. 또는 '불의 이치'가 불의 본질이며, 불이 아직 생기기 전에도 이미 '불의 이치'는 존재하고 있었다는 '이선화후(理先火後)'설로써 신불멸을 논증하기도 하였다. 그 후에 다시 불성 또는 법신과 결합하고 방향을 바꾸어 신명(神明)·신식(神識)·묘신(妙神)이 불성이라 하였다. 정신[神]은 여전히 불(佛)의 법신 위에 체현된다고 제시함으로써 불멸의 정신을 성불의 내재적인 본성과 외재적인 초월형태로 삼거나 신불멸론을 심성론으로 전화하여 신불멸의 학설을 심화시켰다.

3) 심성학설

중국불교철학 저작에서 가장 많이 그리고 가장 집중적으로 설명되고 있는 과제는 바로 심성론이다. 따라서 심성문제는 중국불교 인생철학의 핵심이 되어 있다.

불교는 인생의 해탈을 추구하며 마음의 전변(轉變)과 초월이 마지막 귀결점이다. 그래서 마음의 작용을 가장 중시하는 것이다. '마음'은 물질[色]과 대비되는 인간의 정신이나 의식을 가리킨다.

중국불교학자의 마음에 대한 관점은 대체로 세 가지로 요약된다. 진심(眞心)과 망심(妄心)과 진망화합심(眞妄和合心)이 그 셋이다. 대다수의 불교학자는 '모든 법은 하나의 마음으로 귀결된다[法歸於

一心].'고 생각하고 있으며, 일부 불교학자는 심지어 진심(眞心)을 인류와 만물의 본원으로 보기도 하였다. 송대 이래의 불교학자는 마음을 유·도·불 삼교합일의 이론적 기초로 여겨 삼교동심설(三敎同心說)을 내놓기도 하였다.

'성(性)'이란 인간의 본성, 본질을 의미한다. 중국불교학자는 마음과 성을 동등하게 보아 마음을 성이라고 생각하기도 하였고, 마음과 성을 구분하기도 하였다. 그리고 통상적으로는 심성을 하나의 개념으로 여겨 마음의 본성을 지칭하기도 하였다.

중국불교학자는 마음에 대한 관점과 상응하여, 성에 대해서도 역시 선[淨, 覺]·악[染, 迷]·선악혼재(善惡相混)라는 세 가지 기본적 관점을 가지고 있었다. 그러나 대부분의 학자는 인간의 본성은 선하다고 주장하였는데, 그것을 소위 불성이라고 하였다. 불성 문제는 중국불교심성론의 핵심적 주제라고 할 수 있다. 그들은 무엇을 불성이라 하는지, 불성은 선천적인 것인지, 후천적인 것인지, 불성과 정욕·망념의 관계 등에 대하여 각종 견해를 발표하고 인간의 본성에 대한 인식을 매우 풍부하게 하였다. 중국불교는 또 정념과 인식이 없는[無情識] 풀·나무·기와·돌에도 불성이 있는가라는 문제에 대해 오랫동안 논쟁을 펼쳐 왔는데, 이는 중국불교철학이 나름대로 나아갈 어떤 특별한 방향을 나타내는 것이다.

4) 이상적인 인격

불교신도의 최고 이상은 수행을 통하여 불과(佛果)를 성취하는 것이다. 불(佛)은 불교의 이상적인 인격이다. 중국불교철학에서 추구하는 이상적인 인격은 인도불교에서 주장하는 것과 공통점도 있지만 현저하게 차이 나는 부분도 있다. 초기의 중국불교는 불(佛)을 중국 고대의 성군이나 현명한 제왕 또는 성인으로 보기도 했고 법술이 무궁무진한 장생불사의 신선으로도 보았다. 훗날 정토종에서는 사람이 죽은 다음에는 성불하여 서방극락세계로 간다고 제창하였다.

천태종에서는 '마음 · 부처 · 중생'은 차별이 없다고 널리 설명하였고, 선종은 더욱더 전향적으로 '마음이 곧 부처'라고 주장하였다. 이것은 현실생활을 버리고 피안의 불국세계로 들어가는 성불의 노선을 변화하여, 성불을 자아 심성 · 심리 · 정신의 내재적인 전환이라고 설명하였다. 피안의 세계를 자기의 마음속으로 옮겨 옴으로써 외재적인 초월에서 내재적인 초월로 변화하게 하였다.

5) 최고의 경지

이상적인 인격과 밀접한 관계가 있는 것은 진정한 해탈의 경지, 불과(佛果)의 최고 경지에 관한 문제이다.

중국불교학자들은 각기 특색 있게 불의 경지를 설명하기도 하였다. 예컨대 어떤 불교학자는 장자 「소요유(逍遙游)」의 설명을 통하여 자기가 추구하는 정신적 자유의 이상경지를 표현하고 있다. 또 천태종 사람들은 '일념삼천(一念三千)'으로써 우주만유를 총체적으로 파악하여 깨달음의 경지로 삼으려 했다. 이는 중국 전통의 총체적인 사유방식이 중국불교철학자들에게 깊은 영향을 끼쳤음을 반영하는 것이며, 중국불교철학자들의 넓은 시야를 보여 주는 것이다. 그리고 화엄종은 흥미진진하게도 현상과 본체, 현상과 현상의 상자상존(相資相存)·상즉상입(相卽相入)·원융무애의 경지를 불(佛)의 깨달음의 경지라고 하여 전형적인 원융철학과 경계철학을 구성하여 참신하고 독특한 철학적 의의를 지니고 있다.

2. 우주론 철학

중국불교학자는 우주만물이 어떻게 생성되었으며, 만물이 어떻게 생멸변화(生滅變化)하며, 우주의 구조는 어떠하며, 우주현상을 어떻게 인식할 수 있으며, 만물의 본체는 없어지는 것인지, 마지막 본체는 있는 것인지, 본체와 현상과의 관계는 어떠한지 등의 문제에 대하여 풍부하고 깊이 있고 창조적인 내용을 설명하고 있다.

1) 우주구조론

중국불교학자는 인도불교경전의 설법에 의거하여 우주의 생성순서를 체계적으로 설명하고 우주구조의 도식을 설명하여 사람들이 우주의 구조를 인식하는 데 독특한 시각을 제공하였다. 그들은 또한 우주만법의 생기·안주·변화·파멸의 과정을 보여 줌으로써 독특한 시간관도 제시하였다.

2) 우주현상론

중국불교학자는 사물과 현상에 대하여 고찰하고, 분석하고, 설명하는 것을 중시하여 일련의 독특한 관점을 제시하고 있다. 중요한 것으로는 다음과 같은 것이 있다.

(1) 부진공론(不眞空論)

승조(僧肇)가 저술한 전문적인 논문으로서 만물은 인연이 화합하여 생긴 것이므로 자성이 없고 단지 이름(가명)만 있고 진실하지 않으므로 공(空)이라고 설명하고 있다. 이 논설은 이후 중국불교계에 보편적으로 수용되어 매우 큰 영향을 끼쳤다.

(2) 제법즉실상설(諸法卽實相說)

천태종은 제법과 실상은 상즉불리(相卽不離)라고 하여 현상이 곧 진리가 존재하는 곳이고, 진리는 현상을 떠날 수 없다고 하였다.

(3) 삼자성설(三自性說)과 삼류경설(三類境說)

이는 법상유식종의 학설로서 삼자성설은 제법의 세 가지 존재형태에 관한 이론이고, 삼류경설은 인식대상을 성질별로 세 종류로 분류한 것이다.

(4) 사사무애론(事事無碍論)

화엄종은 사물과 사물, 현상과 현상 사이는 원융하고, 모순이 없으며, 피차(彼此)가 서로 원인이 되고 결과가 되며, 상호의존하고, 서로가 서로에게 스며들어 있다고 하였다.

3) 우주 본체론

중국불교철학은 우주만물의 본원과 본체에 대한 탐구와 논술도 중시하여 풍부한 본체론 학설을 형성하였다. 중요한 것으로는 다음과 같은 것이 있다.

(1) 기본원설(氣本原說)

이는 기(氣)를 우주의 본원으로 보는 학설이다.

(2) 도체설(道體說)

이 학설은 도가의 도를 본원으로 삼고 있다.

(3) 본무설(本無說)

우주만유는 무(無)가 근본이 되며, 무(無)는 유(有) 이전에 존재
하며, 유는 무로 귀결된다고 여겼다.

(4) 법성실재론(法性實在論)

동진시대의 혜원(慧遠)은 법성은 실재하는 것이라고 보았는데,
그의 관점은 구마라집(鳩摩羅什)의 비평을 받았다.

(5) 이본체설(理本體說)

보편적 원리 또는 최고의 진리를 일부 중국불교학자들은 본체로
보고, 이불설(理佛說)·이구설(理具說)·이사무애설(理事無碍說)·
이사불이설(二事不二說)과 같은 많은 논설들을 내놓았다.

(6) 심본원설(心本原說)

중국불교학자는 마음의 유무(有無)와 염정(染淨)에 대하여 오랫
동안 논쟁을 펼쳤다. 그러나 『대승기신론』의 '일심이문(一心二門)'
학설이 유행한 이후로 중국불교의 중요한 종파였던 천태종은 심본
설(心本說)을 견지하였고, 화엄종은 진심본원설(眞心本原說)을 제창
하였으며, 선종은 자심본원설(自心本原說)을 위주로 하였다. 심본원
설은 날이 갈수록 중국불교 심성본체론의 기조를 이루게 되었다.

3. 실천론 철학

중국불교신도의 수행과 실천은 인도불교의 계(戒)·정(定)·혜(慧) 삼학의 기초 위에 중국사회의 구체적인 정황과 결합하여 발전하고 형성되었으며, 인도불교와는 다른 특수한 가풍과 격식을 가지게 되었다.

1) 윤리관

중국불교가 계학(戒學)의 실천에서 중요시한 것은 윤리학 문제이다. 윤리의 목표와 이상, 준칙과 덕목, 이론의 메커니즘과 철학적인 기초, 불교윤리와 유교윤리의 관계 등을 언급하고 있다. 중국불교학자는 불교의 계율과 이상적인 정신의 경지를 유가의 도덕규범과 이상적인 인격의 경지와 서로 비교하고 부합시켜 끊임없이 양자의 일치성을 강조하고 있다. 송대 이래로 불교는 유가의 윤리도덕관념 중에서 특히 충효관념과 융합하는 문제를 중시하여 중국불교의 윤리도덕에 중국적인 색채를 충분히 드러내고 있다.

2) 수선론(修禪論)·직관론·언어관

정학(定學)은 불교수행에 있어서 중요한 부분으로서 중국불교신도들은 선정(禪定)의 사상과 방법을 항상 존중하고 받들어 행해 왔다. 더욱이 선종은 인도불교사상과 중국문화전통을 종합하여, 정(定)을 중시하는 인도선(禪)을 정혜일체(定慧一體)의 중국 선(禪)

으로 전환시키는 등 하나의 특유한 선법(禪法)과 선풍(禪風)을 창
조하였다.

철학적인 시각에서 볼 때 중국불교가 선정(禪定) 실천에서 중시
하는 것은 증오론(證悟論)이다. 이것은 불교 반야지혜의 깨달음을
직접 관조하는 방법을 활용하여 진리와 결합하는 것을 말하며, 깨
달음의 주체와 대상 · 근거와 내용 · 방식과 방법 · 직관과 언어 등
에 대한 일련의 문제를 언급하고 있어서 풍부한 인식론적 사상을
포함하고 있다.

3) 진리관

불교 혜학(慧學)의 실천에 내포되어 있는 내용은 아주 풍부한데
여기에는 진리에 대한 추구도 포함되어 있다. 진리를 인식하는 문
제에 대하여 중국불교학자가 가장 많이 논쟁하고 설명한 것은 진
리의 단계성과 한계성 그리고 진리의 상대성과 절대성에 대한 문
제이다.

동진 이래로 구마라집과 그의 제자 승조(僧肇)와 축도생(竺道生)
이 진리 문제를 탐구하고 토론하는 것을 중시하였고, 남북조시대의
삼론계(三論系)와 성론계(成論系)도 진리문제를 두고 논쟁을 펼쳤
으며, 수 · 당시대의 천태 · 삼론 · 법상유식 · 화엄종도 진리문제를
설명하는 등 독특한 중국불교의 진리관을 형성하였다.

제2절 중국불교철학체계의 다중적 연계

위에서 설명한 중국불교철학의 기본적인 사상요소들이 서로 밀접한 관계를 맺으며 중국불교철학의 체계를 구성하고 있다. 중국불교철학의 내재적인 구조체계도 외부의 사상문화, 즉 유교·도교와 서로 연계하여 서로가 서로에게 영향을 주었다. 이와 같이 중국의 불교철학체계는 내외부적으로 다양하게 서로 연계하여 상호 작용함으로써 중국불교철학사상이 발전하고 변화하는 데 직접적인 영향을 끼쳤다.

1. 단계와 핵심

중국불교철학체계에 있어서 내·외부의 연계방식을 논하기 전에 우리는 먼저 중국불교철학의 총체적 구조체계 속에서 각 부문의 등급과 지위를 고찰하고자 한다. 중국불교철학에서 인생론·우주론·실천론의 3대 부문은 불교학자의 저작 속에서 종종 혼연일체가 되어 있는 모습으로 나타나지만, 그 논리들이 서로 교섭하며 발전해 온 시간적인 순서를 볼 때, 대체로 인생론이 먼저이고 그다음이 우주론이고 실천론이 마지막 맥락으로 발전하였다.

불교학자는 인생문제를 탐구하기 위하여 우주문제를 언급하고, 그 후에 인식원리와 안정된 사유와 수행방식을 형성하였다. 이는 인생철학이 중국불교철학체계의 출발점임을 말하는 것이며, 또한 구조체계 속에서는 기초단계에 속한다고 말할 수 있다. 인생철학은 중국불교철학체계의 출발점이면서 중요한 중심이기도 하다. 중국불교철학의 저술 중 수위를 점유하고 있는 것이 인생문제를 논한 저술이며, 그 내용 역시 가장 많고 가장 풍부하다. 이것이 바로 인생철학이 중국불교철학의 구조체계 속에서 중심적 지위를 점유하고 있음을 말해 주는 것이다.

중국불교의 인생철학에 내포되어 있는 근본적인 내용은 인생의 가치관에 대한 것이다. 중국불교철학사상의 주조는 인생 최고의 이상적인 경지를 추구하여 성취하는 것이다. 가치관은 중국불교 인생철학사상에서 핵심적인 관념으로 주도적인 위치를 차지하고 있기 때문이다.

중국불교의 주류는 인생의 최고 이상 경지를 성취하기 위해서는 인간의 본성을 인식하여 개조하거나 제고하여 본성으로 돌아가는 것이 가장 근본적인 과정이라고 생각하는 것이다.

남북조 이래로 갈수록 불교학자들은 심성문제를 중심으로 연구하고, 설명하고, 논쟁을 펼쳤으며 그 결과 각종 심성학설이 계속 등장하였다. 심성에 입각하고, 인간의 마음에서 출발하여 이상적인 인격을 성취하고, 최고경지의 근거·가능성·절차·방법에 대한 설명을 하는 것이 중국불교 가치관의 핵심이면서 전반적인 중국불교철학의 주요 내용이 되어 있다. 심성론은 중국불교의 인생가치관에서 핵심적인 부분이 되어 있다. 심성학설을 장악하는 것이 중국불교철학체계의 일환을 장악하는 것이며, 심성학설을 이해하는 것이 바로 중국불교철학체계의 내재적 본질을 이해하는 것이기도 하다.

2. 내부의 연계

　중국불교의 철학체계는 다양한 학자와 학파와 종파의 다양한 학설과 관념과 명제를 포섭하고, 끊임없이 변천하는 과정 속에서 각각의 발전단계를 형성하고 있다. 각기 다른 단계의 불교철학사상은 옛것을 계승하고 새로운 것을 창조하는 관계를 가지고 같으면서도 다른 색깔을 나타내고 있다. 중국불교철학사상은 하나의 방대하고 복잡한 체계로 되어 있다. 내부의 여러 가지 사상적인 요소는 상호 연계하기도 하고 상호 제약하기도 하는 유기체로서 다원성이 공존하고 다양성이 통일되기도 하는 모순적인 종합체이다.

　중국불교철학체계가 내부적으로 연계되어 있는 방식 중 중요한 것으로는 상호 포용·상호배척·상리(相離)·상즉(相卽, 不相離) 네 가지 형식이 있다. 그중에서 상호 포용과 상즉의 관계가 많고, 상호 배척과 상리의 관계는 적다.

1) 상호 포용의 관계

　중국불교철학의 가장 전형적인 이상 경지론은 정토종의 서방극락세계설과 선종의 즉심즉불(卽心卽佛)설이다. 이 두 주장은 분명 대립적이지만 또 서로가 서로를 포용하는 관계이기도 하다.

　중국의 후기 불교학자는 선정합일(禪淨合一)을 제창하여 양자의 상호 포용성을 표명하였다. 또 본무론(本無論)과 성공론(性空論)도 두 종류의 각기 다른 본체론이다. 전자는 하나의 '무(無)'를 우주만유의 본체라고 주장하고, 후자는 우주만유와 그 본질은 모두 공성

(空性)이라고 강조하며, 현상을 타파한 후 여전히 실재하는 본체에 대한 본체론이지만, 양자는 우주만유의 객관적인 진실성을 부정한다는 전제에 대해서는 서로를 다시 포용하고 있다. 지계(持戒)와 염불과 선수행 등 불교의 각기 다른 실천방식에 관해서는 비록 각 종파가 제창하고 중시하는 것이 다르기는 하지만 그 사이에 존재하는 상호 포용성은 말하지 않아도 자명하다.

2) 상즉의 관계

중국불교철학사상의 요소 사이에는 피차 종속되어 서로 돕고 보완하는 불상리(不相離)의 관계가 보편적으로 형성되어 있다. 예를 들어 인과응보론과 신불멸론은 중국불교학자의 관점에 의하면, 영혼불멸은 인과응보론의 이론적 전제와 근거가 되고, 인과응보와 삼세윤회는 신불멸의 실제적인 표현이자 증명이 되어 양자는 내재적으로 연계되어 있다. 또 다른 예로서 불성론(佛性論)과 불과론(佛果論)도 논리적인 필연으로 연계되어 있어서, 불성론이 없다면 불과론은 그 근거를 상실하게 되며, 불과론이 없다면 불성론은 그 목표를 잃어버리게 된다. 또 다른 예로 언교(言敎)와 직관의 관계를 들 수 있다. 중국불교철학사상의 발전사적 측면에서 보면 언교와 직관은 확실히 불가분의 관계에 있다. 언교를 떠나서는 직관의 능력을 이루기 어렵고, 직관을 떠나서는 언교를 하더라도 성불을 체득하여 깨닫기 어렵다. 비록 일부 불교학자들이 양자를 한 차례 대립시킨 경우도 있었지만, 훗날 갈수록 많은 불교학자들이 양자의 통일을 주장하였으며, 그것은 결코 우연한 일이 아니었다.

3) 배척의 관계

중국불교학자는 통상적으로 인간과 세계의 본원을 '일심(一心)'에 귀결시키고 있다. 그러나 일심의 심이 내포하고 있는 것과 성질에 대해서는 학설이 일정하지 않다. 어떤 학설은 주관적 마음, 즉 아뢰야식이라 하고, 어떤 학설은 객관적 마음, 즉 여래장 또는 자성청정심이라고 한다. 각자 자신의 학설을 고집하고 있어서 서로 포용하기 어렵다. 서로 비교하여 보면 훗날에 아뢰야식설은 소리 없이 자취를 감추었고, 여래장설은 오랫동안 성행하며 쇠퇴하지 않았다. 이는 양자가 서로 포용하지 못함을 드러낸 것이다. 또 한 예를 들자면 천태종 내부에서 진심설(眞心說)과 망심설(妄心說)은 장기간에 걸쳐 끊임없이 논쟁한 적이 있다. 다른 종파 사이에서 성선설과 성악설에 대하여 오랫동안 대립을 한 것도 서로 포용하기 어려울 만큼 이론적으로 일치하지 못한 경우이다. 이렇게 상호 배척하는 사상적인 요소가 공존하였기 때문에 중국의 불교철학체계는 모순이 존재하는 번잡한 성격으로 구성되었다. 어떤 불교학자는 위에서 설명한 사상의 모순을 조화하려고 애썼으나 모두 이론상으로 철저한 설명을 해 내지 못하였다.

4) 상리(相離)의 관계

중국의 불교 종파 가운데서 어떤 종파는, 일부 사람들은 성불할 수 없다고 주장하지만 대부분의 종파는 사람들은 누구나 성불할 수 있다고 주장하였다. 이 두 가지의 서로 다른 관점은 비록 절대적인 배척은 하지 않아도 사실상 분리된 상태에 놓여 있다.

선종은 한때 조사도 질책하고 불도 욕할 것[呵祖罵佛]을 주장하였다. 이는 대다수 종파가 조사를 존경하고 불을 받드는 것[尊祖奉佛]과 확연히 다른 것으로서 서로 별리(別離)된 관계이다. 선종이 '경도 떠나고 도도 배반한다[離經叛道].'는 것은 사실 인도불교의 성질과 분명히 다른 경향으로 변모한 것을 보여 주는 것이다. 선종은 인도불교와 비교하여 중국불교를 구별할 수 있는 전형적인 대표가 되었는데, 이 역시 결코 우연이 아니다.

중국불교철학사상 요소들 사이의 상용(相容)과 상즉(相卽)의 관계는 불교철학의 내용을 풍부하고 해박하게 하였을 뿐 아니라 불교철학체계의 보수성과 안정성도 강화시켰다. 그리고 중국불교철학사상 요소들 사이의 배척과 상리(相離)의 관계는 불교철학에 개방성과 다원성을 더해 주었다.

강조하고 싶은 점은 바로 불교철학체계 내부의 모순과 대립, 불일치와 투쟁은 가장 직접적으로 가장 강력하게 그 자신의 사상적 발전을 촉진시켰고, 그 결과 철학체계의 내용이 끊임없이 개척되고 심화되었다는 것이다. 이는 일부 중국불교철학사가 증명하고 있는 바이기도 하다.

3. 외부와의 연계

중국의 불교철학체계는 고립되어 독존적인 것도 아니며 폐쇄되어 단절적인 것도 아니어서, 유가 · 도가 등의 다른 철학체계와 상호 충돌하고 융합하기도 하고 서로 교류하면서 영향을 주기도 하며 많은 외부사상들과 연계를 형성하였다. 이러한 연계는 상호 통하거나 거리를 두거나, 상호 포용하거나 배척하거나, 상호 보충하거나 거부하는 관계로 표출되었다. 그러한 연계 중 주요한 것으로는 상통·상보·배척 세 가지 유형이 있다.

1) 상호 통하거나 거리를 두는 관계

불교는 가정을 버리고 현세를 부정한다. 그래서 국가와 가정문제에 있어서 유가는 불가가 군주와 부모를 부정하고 불효불충하다고 생각했다. 이것은 유가가 인륜관계를 중시하여 충효도덕을 제창한 것과 상호 거리를 두는 관계 나아가서는 상호 배척하는 관계에 있는 것이다. 그러나 중국불교학자가 점진적으로 인도불교의 도덕관념을 이용하고 개조하여, 부모를 존경하고 효도하며[孝敬父母], 군주에게 충성을 다할 것[效忠君主]을 주장하는 쪽으로 변화시킴으로써 유가의 윤리도덕과 서로 소통하게 된다.

불교와 도가가 상통하는 부분은 매우 많다. 예컨대, '허무를 본으로 삼는다[以虛無爲本].'는 도가의 관념과 불교의 공관(空觀)은 서로 부합하고 관통할 수 있다. 도가는 현실정치를 규탄하고 유가와 묵가의 도덕과 공리(功利)관념을 비평한다. 이러한 비판의식은 불교의 출세간철학과 상통하는 것이기도 하다.

2) 상호 포용하고 배척하는 관계

인생의 가치관과 생사관(生死觀) 문제에 있어서 불교는 유가·도가와 선명한 대립을 하고 있다. 불교는 인생은 괴로운 것이라고 하고, 유가는 인생은 "스스로 즐거워하고 그 즐거움에 대하여 희열을 느끼고", "자신의 명운을 알고 만족해야 한다."고 주장한다. 괴로움과 즐거움은 서로 용납할 수 없는 인생의 가치판단이다. 또한 불교는 삶을 중시하지 않고 죽음을 중시하며 윤회전생 관념을 선양한다. 도교는 인생을 소중히 여기고 양생(養生)에 치중하여 장생불사와 신선이 될 것을 주장한다. 유가는 죽음을 중시하지 않고 삶을 중시하여 내세는 말하지 않고 현세를 말한다. 이러한 점에서 불교는 유가ㆍ도교와 또 한 가지 측면에서 사상적으로 중대한 대립을 하고 있다. 그러나 불교의 성불과 도교의 성선(成仙)이라는 이상경지는 또다시 서로 포용할 수 있는 점이 있다. 불교의 천태종은 성선(成仙)을 성불의 선행단계로 주장하여 도교의 신선(神仙)을 불국세계 속에 넣고 있다.

3) 상호 보완 관계와 상호 거부 관계

불교와 도교는 종교로서 비교적 상호 보완성[互補性]이 많은 관계이다.

먼저 종교적 실천방식에 있어서 도교는 불교의 수행형식을 수용하였고, 불교 역시 도교의 양생수련의 경험을 받아들여 양 교의 종교적 실천활동은 유사한 부분 내지는 서로 같은 부분이 상당히 많다. 둘째, 신령세계에서는 불교ㆍ도교의 신령은 종종 네 속에 내가 있고 내 속에 네가 있는 식으로 상호 보완하며 공존하는 화목한 관계를 유지하고 있다. 셋째, 사상적 측면에서 불교는 유가ㆍ도가와 상호 보완하는 관계이다. 이는 심성학설에서 집중적으로 나타나고 있다. 불교는 '일체 중생은 모두 불성을 지니고 있다[一切衆生悉有佛性].' '밝은 마음이 본성을 본다[明心見性].'고 제창하며 해박하고 풍부한 심성이론체계를 가지고 있다. 유가 역시 심성수행을 강조하여 '하늘의 이치에 머물고 인간의 욕심을 제거하라[存天理, 去人慾].'고 강력히 주장하고 있다.

당대 이후 도교 역시 차츰 '마음을 닦는[修心]' 길을 걷게 되어 '성과 명을 함께 수행할 것[性命雙修]'을 주장하였으며, 일부 교파는 심지어 신선이 되는 것을 언급조차 하지 않고 도덕성명지학(道德性命之學)을 집중적으로 제창하고 있다.

유·불·도 삼가는 심성문제에 대해서 서로를 수용하고 서로에게 스며들어 거의 일치하는 심성학설을 형성하였다. 유가는 또 불교의 선정(禪定)방법을 학습하여 '주정(主靜)', '주경(主敬)'의 심성수행방법을 개조하고 발전시켰다. 그러나 유가학자는 불교의 영혼불멸과 인과응보와 귀신세계 등의 중요한 사상에 대해서는 강력하게 반대하였고, 유가·불가는 이러한 철학사상에 있어서는 근본적으로 대립하고 오랜 세월에 걸쳐 서로 배척하였다.

중국불교철학체계와 외부와의 연관관계는 복잡하게 뒤섞여 있는 점이 오히려 중국불교철학사상의 발전과 변화에 많은 영향을 주고 촉진시키기도 하였다. 서로 통하고, 서로 포용하고, 서로 보완하는 관계는 한편으로는 중국사상사에서 중국불교철학사상의 지위를 공고하게 하고 안정되게 하였으나, 다른 한편으로는 유·도가의 사상적인 형식이 중국불교철학사상이 발전해 나가는 궤도를 제약하기도 하였다. 서로 거리를 두고, 배척하고, 서로 거부하는 관계는 일면으로는 불교가 자신의 사상과 입장을 강화하여 자신의 독특한 종교적인 색채를 유지하게 하였지만, 다른 일면으로는 윤리와 도덕 개념에 있어서 서로 배척함으로써 불교가 중국에서 생존하고 발전 하는 데 도움이 되지 못하였다. 서로 거리를 두거나, 배척하거나, 서로 거부하는 이러한 관계로 말미암아 불교는 주류적 위치에 있 는 유가·도가 사상과 영합하지 않을 수 없었고 날이 갈수록 점점 더 중국화되었다.

제3절 중국불교철학체계의 내외작용

중국불교철학의 작용은 내부작용과 외부작용 두 부분으로 나눌 수 있다. 내부작용이란 중국불교와 중국불교문화체계 전반에 걸친 중국불교철학체계의 작용을 의미한다. 외부작용이란 중국사회와 그 사상과 문화에 대한 중국불교철학체계의 작용을 가리킨다. 중국불 교철학체계의 내외작용과 내외연관을 연구하는 것은 서로 밀접한 관계가 있고, 이것은 중국불교철학체계와 그 발전법칙을 탐구하는 기본문제이며 중요한 절차이다.

1. 내부작용

중국불교철학체계는 중국불교와 그 문화체계에 대하여 다방면에 걸친 거대한 작용을 하였다. 아래와 같이 네 가지 면에서 간략히 설명하겠다.

(1) 중국불교문화체계의 핵심

중국불교철학체계는 불교학자의 최고 지혜가 응집되어 있고 불교 최고의 이론적인 사유를 구현하고 있다. 이는 중국불교의 신앙관념을 결정하고, 불교의 수행실천을 지도하고, 불교문화와 예술 등을 창조하는 데 영향을 주었다. 또한 전체 불교사상의 기초로서 중국불교문화체계의 핵심이 되어 중국불교문화체계 가운데서 특수하고 중요한 지위를 점유하고 있다.

(2) 중국불교의 신앙관념 결정

중국불교의 인과응보론, 신불멸론, 심성론 등의 철학사상은 중국불교의 신앙관념에 진정한 내적 사상기초를 결정하였다.

사성(四聖: 佛, 菩薩, 聲聞, 緣覺)·육범(六凡: 天, 人, 阿修羅, 畜生, 餓鬼, 地獄)의 우주생명 구조설, 육도(六道, 六凡)윤회와 범인에서 성인(聖人)이 되는 설, 불국토[이상세계]와 지옥[고난세계] 양극대립 등의 기본 신앙학설의 유행, 그리고 불, 보살, 성문, 연각을 포함한 나한에 대한 공경과 숭배, 그리고 아귀와 지옥에 대한 공포와 두려움 등과 같은 신앙의 유포는 그 속에 포함되어 있는 풍부한 불교철학사상과 분리될 수 없다.

(3) 중국불교의 수행실천 지도

중국불교의 수행실천도 변화와 각 종파마다 다른 수행실천도는 모두 불교철학사상이 작용한 결과이다.

중국불교는 점차 군주에게 충성하고 부모에게 효도를 다할 것을 제창하였다. 이는 인도불교가 중국에 전래된 이래 종교적 실천에 있어서 중대한 변혁을 한 것이다. 이러한 변혁은 유가도덕철학의 강력한 제약 아래서 불교도덕철학이 변화한 결과이다. 또 정토종이 염불을 중시하고 선종이 스스로 깨달을 것[自悟]을 제창한 것은 종교의 수행실천에서 엄청난 차이가 있는 것이다. 정토종은 아미타불에 의지하여 외부의 도움으로써 사후 서방극락세계에 들어가는 철학을 숭상한다. 이에 상응하여 정토종은 수행에 있어서 법문 염불을 견지하고, 일심으로 염불하면 자기 앞에 아미타불이 나타나 영접을 하게 되어 불국정토에 태어나 영생을 누릴 것을 기약한다. 이와는 달리 선종은 '밝은 마음이 본성을 본다[明心見性].'는 심성론 철학을 숭상하고, '마음이 곧 부처임[卽心卽佛].'을 강조하여 종교를 실천함에 있어서 외부의 도움을 구하지 않고, 자아의 본성을 찾고, 자아의 깨달음에 전념할 것을 주장한다. 자아의 깨달음을 얻기 위하여 선종은 다양한 교학방법과 수행방법을 채택하였다. 벽관(壁觀)·무념(無念)·봉(棒)·할(喝) 등의 방법은 불교의 수행내용을 대단히 풍부하게 하였다. 중국불교는 보편적으로 수행 속에서 관조(觀照)의 작용도 중시하고 있다. 관조는 사물의 본성이 공하고 적멸함[本性空寂]을 관찰하거나 자아의 본성이 청정함[本性淸淨]을 관찰하는 것이다. 이는 공론(空論)과 심성론(心性論)의 가르침 아래 직관적인 깨달음을 체득하는 활동이다.

(4) 중국불교문학과 예술 창작에의 영향

중국의 불교문학과 예술은 중국불교철학사상을 형상화(形象化)하여 표현한 것으로 심오한 철학사상을 포함하고 있다. 문학의 경우 중국불교학자의 시가(詩歌)는 반야사상의 영향을 받았을 뿐만 아니라 당대(唐代) 이후에는 선종사상에도 깊은 영향을 입어 당시(唐詩)에 특유의 선(禪)적인 정취를 주입하기도 하였는데, 이는 중국시가사(詩歌史)에 있어서 매우 저명한 한 페이지를 이루고 있다. 또한 중국불교의 돈오설(頓悟說), 묘오설(妙悟說), 경지설(境地說) 등은 불교문학의 이론과 창작에 미친 영향이 매우 깊다. 예술에서 인과응보 사상은 중국불교회화(繪畵)의 주제가 되었으며, 신령숭배는 불교조소(雕塑)의 중요한 내용이 되었고 불교음악의 기조를 구성하고 있다. 또한 사원의 전각건축은 불교의 이상경지가 인간세상에서 현실로서 구체화된 형식이다.

2. 외부작용

중국불교철학체계의 외부작용은 매우 광범위하여, 중국의 다른 철학형태, 문화영역 나아가 사회정치에까지 다양하게 작용하였다. 아래에서는 중국불교철학이 중국의 다른 철학사상에 대하여 작용한 점을 중심으로 약술하고 기타 방면의 작용에 대해서도 언급하겠다.

(1) 기타 철학사상 발전의 촉진

한위(漢魏) 이래로 중국불교철학은 한편으로는 유가・도가 철학으로부터 깊은 영향을 받고, 다른 한편으로는 유가・도가 철학사상의 발전에 강력한 영향을 주었다.

위진(魏晋)시대에 현학이 유행하자 중국불교의 반야학은 현학에 의지하여 발전하였다. 동진 후기에 이르러 승조(僧肇)로 대표되는 반야학자들은 불교의 반야학설과 도가학설을 서로 결합하며 『부진공론(不眞空論)』 등의 철학 저작을 통하여 유도 아니고 무도 아니고[非有非無], 유이기도 하고 무이기도 하며[亦有亦無], 유무를 통일하고[有無統一], 양변에 떨어져서도 안 되고, 어느 한쪽에 편중되거나 기울어져도 안 된다는 세계관을 설명하였다. 이는 과거 중국불교의 반야학파에 대한 비판을 총괄한 것일 뿐 아니라, 위진의 현학에 대한 비판들도 총괄적으로 제시함으로써 위진의 현학을 새로운 단계로 나아가게 하였다. 동시에 중국불교에서 반야학의 유행은 중국 고유의 철학이 추상적인 사변으로 나아가게 하는 데 엄청난 촉진작용을 하였다.

수・당시대의 중국불교철학은 심성론에 중심을 두고 있었다. 일부 중요 종파는 여러 가지 다른 시각에서 인간의 내재적인 본성을 설명하여 거대한 철학사조를 형성하였다. 이러한 사조는 직접적으로 유가의 종지에 변화를 촉진시켰으며 아울러 유가・도가 철학이 자기반성을 하도록 이끌었다. 바로 이러한 배경 아래 송명이학이 시대적 흐름을 타고 발생하게 되었다. 중국철학 발전사에서 이학은 하나의 중대한 전환과정의 철학이다. 그 전환과정에서 이학은 불교로부터 매우 깊은 영향을 받았다. 이러한 영향은 문제의 계발, 철학이념, 명제의 수용, 사유방식 등 여러 방면에 걸쳐 구체적으로 나타난다. 예건대 심성론에서는 불교의 '아는 것이 마음의 본체이다[知爲心體].' '지각이 곧 성이다[知覺是性].' '중도가 불성이다[中道佛性].'라는 개념이 직접적으로 이학과 심학(心學)의 취지를 확립하도록 이끌었다. 본체론에서는 불교철학의 이사관계설(理事關係說)과 '삼계는 오직 마음에 있다[三界唯心].'는 견해가 직접적으로 이학의 세계관을 구성하도록 촉진시켰다. 사유방법에서 이학가들은 체용(體用)의 범주를 중시함으로써 본체와 현상의 관계를 탐구하고 토론하였다. 수행방법에서는 이학가들은 '주경(主敬)', '주정(主靜)'의 방법을 실천하였다. 이 역시 모두 중국불교철학과 떼어 놓을 수 없는 것들이다.

(2) 사회의 신비심리 형성

사회심리는 사회구성원들에게 보편적으로 존재하는 일종의 인식, 정서, 감정이다. 불교가 중국의 사회심리에 가장 큰 영향을 준 것은 인과응보와 귀신개념이다. 불교가 이에 대하여 오랫동안 선전하고, 시간이 흐름에 따라 이러한 관념은 일종의 보편적인 사회 신비심리로 일반화되었다. 앞에서 언급한 바와 같이 인과응보는 사회와 인생을 지배하는 신비주의적 철칙으로 인식되었다. 이러한 사상은 사회 각계각층에서 강렬한 반향을 일으켜 사람들의 마음속에 완고한 운명관념을 형성하였고 또한 사람들의 처세에 중요한 원칙이 되었다. 불교가 선전한 귀신개념과 불국토와 지옥이라는 두 극단적

인 구조를 가진 모습 역시 사람들의 심리를 강하게 뒤흔들었다. 불
경을 외우고 재식(齋食)[58]을 하며 신과 불의 보우하심을 구하고 재
난이 사라지고 장수를 갈구하며 죽은 뒤 극락세계에 도달하여 고
난과 번뇌에서 해탈하고자 하는 것 등은 세속적인 문화계층민의
보편적인 심리구조를 형성하였고, 사람들의 가치방향까지도 심각하
게 지배하였다.

(3) 다양한 사회정치적 작용

불교의 인과응보와 업보윤회 곧 "착한 일은 받들어 행하고 나쁜
일은 하지 말라, 모든 것은 공(空)하니 집착하지 말라, 지금 있는
그대로가 모두 다 진실이니 원융무애하라."는 등의 철학사상은 오
랫동안 도덕실천의 규범이 되었고, 봉건적인 통치를 유지, 보호하
고, 사회질서를 안정시키는 역할을 다해 왔다. 이 역시 불교철학이
중국사회에 작용한 중요 측면이다. 동시에 사회대변혁의 시대에도
일부 선진적인 인물은 불교철학사상에서 많은 자양분을 섭취하여
개량과 개혁을 위한 사상적인 무기로 삼아 여러 가지 일들을 처리
하였다.

이 방면의 전형적인 예로 강유위(康有爲), 담사동(譚嗣同), 양계
초(梁啓超), 장태염(章太炎) 등 근대 개혁가들을 들 수 있다. 이들
은 불교의 중생평등의 교의와 상락아정(常樂我淨)의 열반경지를
이상사회의 목표로 삼았다. 사람들의 용감한 정신이 또한 불교의

---

58) 재라는 것은 정오를 지나서 식사를 하지 않는 제약. 정오 이전에 한 번 식사하는 것이
   불제자의 정식식사임. 당시의 자이나교 등으로부터 전수받은 것으로 이것이 전해져 불
   사법요 때에 식사를 공양하는 것을 재식이라고 부르게 되었음(역자 주).

자비와 구세, 자기를 돌보지 않고 타인을 구제하는 사상을 격려하여 투쟁의지를 고무시켰다. 이 모든 것이 불교철학사상의 복잡성을 반영하는 것이며, 여러 가지 다른 역사적 조건 아래서 복잡하게 사회작용을 했음을 반영하는 것이다.

제2편 인 생 론

| 들어가는 말

인도불교가 중국에 전래된 이후 맨 먼저 중국 지식계의 관심을 집중시킨 것은 인과응보설이다. 이러한 외래학설에 대하여 찬성하고 신봉한 사람들도 있었지만, 회의하고 반대한 사람들도 있어서 한때 사상적으로 엄청난 파란을 불러일으켰다.

유가·도가 사상으로부터 깊은 영향을 받은 중국인들의 입장에서 볼 때 불교의 인과응보설은 의심할 나위 없는 일종의 새로운 인생관, 세계관, 가치관이었으며 특수한 생명철학이었고 일종의 초월적인 인생철학이었다. 그 내용으로는 인생의 운명과 운명을 지배하는 법칙, 도덕수행과 생명의 전화(轉化), 생명의 과거, 연속과 미래, 범부와 '삼도(三途)'(지옥, 아귀, 축생), 범부와 '사성(四聖)'(성문, 연각, 보살, 불)의 문제에 대해 언급하였다. 또한 인본론(人本論), 인과론(因果論), 선악관, 생사관, 내세관, 천신관 등 풍부한 사상을 포함하고 있어서 일종의 새로운 인생철학과 인생의 법칙을 형성한다.

불교에서는 인과응보론을 인생의 운명을 지배하는 결코 저항할 수 없는 법칙으로 보고 있으며, 중생의 응보에는 두 가지 다른 방향과 결과가 있음을 강조한다. 선을 행하여 상향(上向)하는 응보와 죄를 지어 하향(下向)하는 응보가 그것이다. 이는 인과응보의 법칙이 중생 자신의 생명형태를 위로 상승시키거나 아래로 추락시키는 경계가 뚜렷한 상반된 변화를 초래하게 된다는 것이다.

인과응보가 가져온 사상적 충격에 대해 중국불교학자들이 가장 관심을 기울인 이론적인 문제들 가운데 첫째는 인과응보가 인생의 운명을 지배하는 보편적인 법칙임을 어떻게 증명할 것인가, 둘째는 인간의 사후에 인과응보를 계승하는 주체를 어떻게 설명할 것인가, 셋째는 이상적인 성불의 경지와 성불의 근거, 그리고 성불의 과정을 어떻게 설명할 것인가 하는 것이었다.

위에서 서술한 중국불교학자들의 이론적 관심은 불교가 중국에 전래된 이후에 전개된 중국사상계의 논쟁과 분리시켜 생각할 수 없다.

먼저 중국에 불교가 전래된 이후 특히 동진·남북조시대에는 인과응보론이 인생의 운명을 지배하는 보편적인 원칙인가 하는 문제에 대하여 가장 논쟁이 치열했다. 그 결과 인과응보론은 철학적으로 가장 풍부한 의미를 지닌 이론이 되었다. 당시에 불교에 대하여 어느 정도 신앙심을 가지고 있던 사대부들을 포함한 일부 사람들은 악한 자가 부귀영화를 누리고, 선한 자가 오히려 곤란을 겪고 있는 현상에 반감을 가지고 과보론(果報論)에 대하여 의문을 제기하였다. 일부 불교학자들은 이런 현상에 대하여 여러 가지 이론적인 설명을 하게 되었다.

둘째, 일반적으로 볼 때 인과응보론은 과보가 전화(轉化)될 때 계승하는 주체가 문제시되었다. 그 주체를 중국불교학자는 불멸의 정신 또는 영원한 영혼이라고 여겼다. 그런데 인도의 초기불교와 반야학자 및 중국의 유학자는 사후에 정신과 형체는 모두 멸한다고 주장하였다. 그래서 신멸(神滅)과 신불멸(神不滅)에 대해서 오랫동안 논전(論戰)이 벌어졌고, 남북조시대 말기에 이르러서야 비로소 논단에서 사라졌다.

셋째, 불교의 이론적인 추론에 따르면 중생의 인과응보를 계승하는 주체와 성불하는 주체는 서로 통한다. 불교를 신봉하는 최고의 목표와 최고의 이상은 결국 성불이기 때문에 신멸과 신불멸을 논쟁하는 가운데 성불의 주체와 근거에 대한 문제도 갈수록 중국불교학자들의 조명을 받으면서 초보적이긴 하지만 탐구와 논쟁의 대상이 되었다.

이 밖에도 고대 중국에서는 '마음[心]'은 사유 기관으로서 사상과 감정을 주재하는 정신적인 작용을 하기 때문에 마음과 정신은 상통하는 면이 있다고 인식되었다. 그래서 중국의 불교학자들은 불멸하는 정신을 미래 성불의 주체로 보았고, 이러한 관점은 점차 수행이론과 결합되어 정신과 영혼의 문제를 탐구하고 토론하던 것에서 중생성불의 근거 곧 마음의 본성과 불성에 대한 탐구로 전환되었다. 이것이 불교이론의 초점을 성불의 근거, 가능성, 경로와 경지로 변화시켰다. 이러한 변화는 남북조시대에 시작되어 수·당의 불교 창종(創宗)시기에는 심성 혹은 불성이 불교이론이 탐구하고 논쟁하고 설명하는 중심문제의 하나가 되었다.

본 편에서는 위에서 설명한 중국불교학자가 논술하고 탐구한 인생철학의 핵심문제를 근거로 5장으로 편성하여 인과응보론과 신불멸론 및 인생이상론을 중점적으로 논술하겠다. 그중 인생의 이상(理想) 부분은 심성론과 수행실천론에 포함시켜야 되겠지만 심성론과 실천론의 내용이 워낙 풍부하기 때문에 특별히 따로 두 편을 만들어 집중적으로 설명하겠다. 그리고 인생의 이상론 부분은 중국불교학자들이 성불론에 대하여 가지고 있는 기본관념에 주안점을 두고 논술하겠다.

본 편의 제4장에서는 중국의 인과응보론에 대하여 논하겠다. 우리는 중국·인도불교사상의 문화적인 교섭에 초점을 맞추어 인과응보론이 내포하고 있는 철학적인 내용을 제시하려고 한다. 전체 장(章)은 중국 고유의 응보관념과 인도불교의 인과응보론을 비교함으로써 중국불교의 인과응보론이 중국의 분명설(分命說), 천명론(天命論), 신화(神話), 전설(傳說), 태산숭배(泰山崇拜)는 물론 유가의 윤리도덕사상과 심성학설로부터 영향을 받았을 뿐 아니라 동시에 중국 고유의 응보관념 내지 종교관념이 발생하는 데에 중대한 충격을 주었음을 밝히려고 한다. 또한 중국불교의 인과응보론은 중국민족의 사상적인 색채를 지니고 있는 독특한 학설로서 비록 인도불교의 인과응보학설을 계승하고 있기는 하지만 엄연히 구별되는 학설임을 지적하려고 한다. 그리고 우리는 불교의 인과응보론은 중생의 생명에 관한 자연법칙과 '선은 행하고 악은 제거하라.'는 도덕법칙이 결합된 일종의 사회행위 준칙으로서 불교신도에 의하여 광범위하게 수용되었고 중국 고대의 유가·도가 이외의 별도의 인생이론으로 성립되어 유가·도가 사상을 보완하는 작용을 발휘하였음을 강조하려고 한다.

본 편의 제5장에서는 중국의 고유문화에 중점을 두고 출발하여 동진·남북조시대 중국불교의 신불멸학설을 총괄하려고 한다. 불교는 '신멸인가', '신불멸인가' 하며 사람들이 곤혹스러워하는 중대한 철학문제에 대하여 일단 각각의 주장을 제시할 것이다. 그 후에 중국사상사에서 신멸과 신불멸에 대한 논쟁을 체계적으로 회고하고,

중국불교학자가 논술한 '신(神)'의 개념에 내재되어 있는 여러 가지 의미도 제시하고 중국불교의 신불멸론에 대한 논증도 분석할 것이다. 또 본 장에서 중국불교의 신불멸론과 중국 고유사상문화의 관계에 대해서도 설명할 것이다. 중국불교는 중국 고유의 영혼과 귀신관념을 최대한 수용함으로써 신멸사상을 제지하고 도교의 형불멸설(形不滅說)을 비판하였으며 그와 동시에 자신의 이론을 정립함에 있어서는 점차 신불멸론 쪽에서 심성론 쪽으로 궤도를 수정하여 중심을 옮겨 갔다고 생각한다.

본 편의 인생이상론 부분에서는 주로 열반·불·정토 세 가지 개념을 중심으로 전개할 것이며, 이를 위하여 우리는 세 개의 장(제6, 7, 8장)을 만들어 각각에 대하여 논술할 것이다.

먼저 인도불교의 열반에 관한 학설과 불신론(佛身論) 및 정토설을 간략하게 소개하고, 계속해서 위의 세 가지 학설이 중국에 전래된 이후에 중국의 고유사상과 문화가 강력하게 제약하고 영향을 주는 상황하에서 그 내용과 주안점이 심각하게 변화하고 중대한 발전을 하게 된 부분에 대하여 중점적으로 연구하고 토론할 것이다.

'열반'이라는 관념이 변천하고 발전한 측면에서 보면 한·위·진(漢魏晋)시대의 중국불교학자는 황노의 '무위(無爲)'관념과 중국 고유의 신불멸(神不滅)관념 등에 치중하여 열반관념을 설명하였다. 남북조시대에는 열반학설과 심성학설을 결합하는 쪽으로 전향하였으며 수·당시대에 이르러서는 열반불성인 자성학설(自性學說)을 최대한 고양하였고, 심지어 자신의 마음을 해탈하는 것이 바로 열반이라는 관념에까지 이르게 되었음을 설명할 것이다.

중국불교학자는 '불(佛)'이 내포하고 있는 뜻에 대한 해석을 매우 중시하였다. 이러한 해석은 대략 다음과 같은 세 가지 단계를 거쳤다.

한위(漢魏)시대에는 유가·도가와 관련된 관념을 중심으로 '불(佛)'과 비교하여 부합시켰다. 남북조와 수·당시대에는 불교원전에 논술된 것으로 다시 돌아가 '불'의 함의에 대하여 소박하게 말하고 있다. 당 중엽 이후에는 선종에서 날이 갈수록 '자아의 심성'으로써 중생과 불 사이에 존재하는 한계와 거리를 소통시키고 축소시켜 '마음이 곧 불[卽心卽佛]'이라는 것이 선문(禪門)의 공통된 인식이 되었다. 중생의 주체적인 본성은 청정하여 본질적으로는 불과 동등하다는 설법도 선문에서 점점 정형화되었다. 중국불교는 불의 의미를 전환하고 확장함으로써 중국화된 불교의 색채를 선명하게 보여 주고 있다.

중국불교학자는 정토관념에 대한 주장도 매우 중시하였다. 우리는 중국불교의 정토관념 종류와 전형을 중점적으로 분석하여 다음을 지적할 것이다. 가장 먼저 성행한 것은 미륵정토신앙(彌勒淨土信仰)이고 그 후 미타정토신앙(彌陀淨土信仰)과 미륵정토신앙 사이에 논쟁이 발생하여 미타정토신앙이 미륵정토신앙의 지위를 빼앗아 대신함으로써 점차 주류신앙으로 자리 잡았다. 미타신앙은 천태·선 등의 종파와 결합하여 대략 당나라 중엽 이후로는 '마음이 청정하면 나라가 청정하고[心淨則國土淨]', '정토는 곧 일심(一心)을 표현한 것'이라고 고양하였다. 그리하여 유심정토관념은 갈수록 성행하게 되었고 이후 중국불교의 기본신앙이 되었다.

근대에 이르러서는 인간정토사상(人間淨土思想)이 더욱 만연하게 되었고 현대 중국에서도 인간불교가 추구하는 이상이 주도적 관념이 되어 현실적으로 중대한 의의를 지니고 있다.

제4장 중국불교의 인과응보론

　인과응보론은 불교에서 일체 세계의 관계를 설명하는 기본이론으로서 세상의 일체 사물은 모두 인과관계의 지배를 받는다고 설명한다. 즉 사람들의 선악행위는 반드시 그 사람의 운명에 영향을 주게 된다는 것으로서 선인(善因)은 반드시 선과(善果)를 낳고, 악인(惡因)은 반드시 악과(惡果)를 얻게 되어 선악행위에 상응하는 대가를 돌려받는다는 것이다. 이로 말미암아 인간은 과거·현재·미래 삼세에 걸쳐 윤회를 하게 되며 전생세계와 현생세계 그리고 사후세계에서 계속 생활하게 되는 것이다. 사실상 이것은 도덕과 생명의 관계이론으로서 행위로부터 자아의 운명과 미래생명의 변화를 강조하는 이론이다.

　불교의 창시자 석가모니가 인과응보론을 제시한 목적은 인생은 무엇으로 생사유전(生死流轉)을 하는가를 해석하기 위해서였고, 미혹에 집착한 중생들이 해탈을 얻도록 해 주기 위한 것이었다. 이를 위하여 석가모니가 주로 설명한 것은 십이인연설(十二因緣說)이다. 『불설연기경(佛說緣起經)』에서는 다음과 같이 말하고 있다.

"무엇을 연기라고 하는가? 처음에 이것이 있기 때문에 저것이 있고, 이것이 생겼기 때문에 저것이 생긴다. 이른바 무명을 연하여 행이 있고, 행을 연하여 식이 있고, 식을 연하여 명색이 있고, 명색을 연하여 육처가 있고, 육처를 연하여 촉이 있고, 촉을 연하여 수가 있고, 수를 연하여 애가 있고, 애를 연하여 취가 있고, 취를 연하여 유가 있고, 유를 연하여 생이 있고, 생을 연하여 노사가 있다. 그로 인하여 시름, 탄식, 고통, 근심과 걱정이 일어나니 이를 순수한 큰 괴로움의 덩어리라 한다. 이것이 연기라고 부르는 처음의 의미이다."[59]

여기서 '무명(無明)'은 우매하고 무지함, '행(行)'은 의지에 의한 활동, '식(識)'은 심식(心識) 또는 정신활동을 의미한다. '명색(名色)'은 정신과 형체를 지칭하며, '육처(六處)'는 안(眼), 이(耳), 비(鼻), 설(舌), 신(身), 의(意)를 뜻한다. '촉(觸)'은 촉각, '수(受)'는 감수(感受), '애(愛)'는 애욕과 탐욕, '취(取)'는 집착, '유(有)'는 사상과 행위, '생(生)'은 내세의 출생을 의미한다. 중생은 위의 12가지로 구성된 인과가 끊임없이 계속되는 쳇바퀴 속에서 "태어나서 늙고 죽어 다시 태어나면서 끝없이 윤회하여" 생사윤회가 그치지 않는 고해에 처해 있다. 중생은 마땅히 나고 죽는 괴로움의 과보를 생성하는 원인을 소멸함으로써 죽음에서 벗어나고, 고통을 제거하여 자재(自在)를 획득하도록 하여야 한다.

불교가 중국에 전래된 이후 인과응보론은 후한시대에서 남북조시대에 이르기까지 중국사상계에서 중심화제가 되었고 중국불교의 핵심이론이 되었다. 중국불교학자는 관련된 역대의 논쟁에 근거하여 중국 고유의 사상과 문화를 결합하고 인과응보와 생사윤회에

---

59) 『大正藏』 2, p.547b. "云何名緣起 初謂依此有故彼有, 此生故彼生. 所謂無明緣行, 行緣識, 識緣名色, 名色緣六處, 六處緣觸, 觸緣受, 受緣愛, 愛緣取, 取緣有, 有緣生, 生緣老死. 起愁嘆苦憂惱, 是名爲純大苦蘊集. 如是名爲緣起初義."

대하여 새롭게 논증하고 설명함으로써 중국불교 인과응보론의 특색을 드러내었다.

제1절 세상을 놀라게 한 새로운 유형의 인생철학

앞에서 말한 바와 같이 불교가 처음 중국에 전래되었을 당시 중국인에게 심리적으로 가장 큰 충격을 주고, 심령적으로 가장 강렬한 경이로움을 불러일으킨 것이 바로 인과응보학설이다. "왕공대인께서 생사응보의 끝을 보시고 매우 놀라 망연자실하지 않을 수 없었다."[60]고 전해 내려온다.

인간은 생명의 기쁨을 누리기도 하지만 또한 죽음의 고통과도 마주하고 있다. 죽음, 그것은 사람에게 있어서 주어진 두려움이고 또한 초월하기 어려운 귀결점이기도 하다. "천고의 어려움이란 오로지 죽음뿐이다." 죽음의 관문은 모든 사람에게 준엄한 시련이다. 죽음의 공포에 직면한 일부의 사대부들은 여러 가지 "'내생의 계획'을 세우며, "죽음의 길로 갈 때 어찌 불교의 이치를 최우선으로 하지 않겠는가?"[61]라고 하였다. 이것은 이들이 마음속에 간직하고 있던 유가·도가 사상에서 전환하여 불교의 인과응보론을 인정하고 동화하였음을 말하는 것이다.

불교의 인과응보론이 중국인에게는 참신하고, 신비한 인생이론이

---

60) 『後漢記』 권10, p.5, "王公大人觀死生報應之際, 莫不瞿然自失."

61) 혜원(慧遠), 『여은사유유민등서(與隱士劉遺民等書)』, 석준 등 編, 『中國佛敎思想資料選編』 제1권, p.118, "沈冥之趣, 豈得不以佛理爲先."

었다. 이 새로운 유형의 인생철학은 인간의 도덕관·생명관·생사관·운명관·내세관을 언급하고, 인간의 현세에 대한 관심과 최후에 대한 관심을 나타내고, 이론적인 측면에서는 인과법칙·자연법칙·도덕법칙을 통일하여 중국 고유의 유가·도가·묵가 등 인생철학이론 이외에 별도의 이론을 형성하였다. 이 새로운 형태의 인생철학은 중국인에게 인생의 운명과 가치와 의의에 대하여 고찰할 때 인간의 행위와 활동에 관하여 일종의 새로운 시각과 새로운 방식을 제공하면서 독특한 격을 지닌 인생과 사회의 기본준칙이 되었다.

중국문화사에 있어서 인과응보는 외국에서 처음으로 전래되어 광범위하고 거대한 반향을 일으킨 종교인생이론이라고 할 수 있다.

1. '진실한 이치[實理]'와 '근본요강[根要]'

중국의 불교도가 보기에 인과응보론은 불교의 '진실한 이치[實理]'이며 '근본요강[根要]'이다. 동진시대 왕밀(王謐)은 다음과 같이 말했다.

> 무릇 신묘한 도리로 불교를 세운 것을 말로써 표현하기는 참으로 어렵다. 신령스럽고 기이한 것으로써 뜻을 크게 세우고 응보로써 보여주었다. 이것이 가장 영향력 있는 진실한 이치이며 불교의 근본요강이다. 지금 만약 삼세를 일러 허망하다고 한다면 죄와 복은 두려움이 될 것이며, 석가께서 밝힌 것이 위태롭게 되어 장차 의지할 곳이 없어질 것이다.62)

'삼세(三世)'란 전세·현세·내세를 말하고 '죄복(罪福)'은 응보를 의미한다. '실리(實理)'는 진실한 이치를 의미하고 '근요(根要)'는 근본요강을 뜻한다. 위 글은 인과응보학설을 제거하는 것은 불교의 진실한 이치와 근본요강을 배제하는 것이라는 것이다. 근대의 양계초(梁啓超) 역시 "불교가 말하는 '업(業)'과 '보(報)'는 우주간의 유일한 진리"라고 말하였고, "바로 이런 점에서 나도 진심으로 불교를 믿는데 7천 권의 『대장경(大藏經)』역시 이 도리를 설명하는 것일 뿐이다."라고 강조하고 있다.63) 불교의 근본이론과 종지로서 인과응보론은 사람들의 정신과 영혼까지 언급함으로써 사람들을 강하게 위협하고 선명하게 인도하는 작용을 하였다. 신앙적인 측면에서 사회의 상층에서부터 하층에 이르기까지 인과응보론이 미친 거대한 영향력은 사실 그 어떤 불교이론과도 비교할 수 없다.

역사의 기록에 의하면 동진시대의 혜원(慧遠, 334~416)은 제자 유유민(劉遺民), 주속지(周續之) 등 123명을 인솔하여 강서성 여산(廬山) 기슭 반야운대정사(般若雲臺精舍)의 아미타불상 앞에서 재를 올리고 서방정토에 왕생하기를 바라는 서원을 하였다. 유유민(劉遺民)이 지은 서원문에 다음과 같은 말이 있다.

> 무릇 인연에 따라 변하는 이치가 분명하다면 삼세에 걸쳐 전해진다는 사실이 드러날 것입니다. 감응한 대로 옮겨진다는 계산법에 부합한다면 선악의 과보는 틀림이 없을 것입니다. 합장하고 숨어 있는 이

---

62) 왕밀(王謐), 『답환태위(答桓太尉)』, 『홍명집(弘明集)』권12 사부총간영인본(四部叢刊影印本), "夫神道設教, 誠難以言辯, 意以爲大設靈奇, 示以報應, 此最影響之實理, 佛教之根要. 今若謂三世爲虛誕, 罪福爲畏懼, 則釋迦之所明, 殆將無寄矣."

63) 『여양령한등서(與梁令嫻等書)』, 『양계초연보장편(梁啓超年譜長編)』, (上海: 上海人民出版社, 1983), p.1046.

치를 미루어 보건대 무상한 시기가 절박하게 다가왔음을 깨닫고, 세
가지 과보(果報)의 모습이 닥쳐올 것을 살펴보니, 험한 세계에서 빠
져나오기 어려움을 알았습니다. 여기 있는 동지들과 현인들은 그 때
문에 저녁과 밤까지도 부지런히 우러러 제도할 것을 생각합니다.[64]

위의 글은 혜원(慧遠)과 그의 제자들이 내심 죽음에 대한 공포와
두려움과 생사초월에 대한 동경으로 충만해 있음을 나타낸 것이다.
당나라 후기의 백거이(白居易) 역시 내세에 대한 계획을 수립하
는 것을 중시하였다. 그는『답객문(答客問)』이란 시에서 "나는 불
교만 공부했지 선(仙)은 배우지 않았네. 그대가 이 말을 거짓이라
생각할까 두렵다네. 바다와 산은 내 돌아갈 곳 아니고 돌아간다면
마땅히 도솔천이 되리라."[65]고 하였다. 그는 또 사람들에게 정토세
계에 왕생하고 미륵정토업을 행할 것을 권하기도 하였다. 이것은
불교 인과응보론의 경건성과 성실성을 신봉하여 사후에 정토에 태
어나기를 염원하는 열정을 반영하고 있는 것이다.

2. 질의와 도전

인과응보론은 대단히 복잡한 문제이다. 일정한 범위와 조건 아래
서 분명히 선인(善因)은 선과(善果)를 얻고 악인(惡因)은 악과(惡
果)를 얻는 현상이 존재한다. 현실생활 속에서 남을 돕는 것이 바

---

64)『석혜원전(釋慧遠傳)』,『고승전(高僧傳)』권6, (『大正藏』50, pp.358c∼359a), "夫緣化
之理既明, 則三世之傳顯矣; 遷感之數既符, 則善惡之報必矣. 推交臂之潛淪, 悟無常
之期切; 審三報之相催, 知險趣之難拔, 此其同志諸賢, 所以夕惕宵勤, 仰思佽濟者也."
65)『전당시(全唐詩)』제14책, (北京: 中華書局, 1960), p.5234, "吾學空門非學仙, 恐君此
說是虛傳. 海山不是吾歸處, 歸卽應歸率天."

로 자신을 돕는 것이고, 타인을 해치는 것이 바로 자신을 해치는 것이 되는 이것이 바로 인과관계를 반영하는 것이다. 그렇지만 이것이 인생의 보편적인 규율이 될 수 있을까? 바로 이 점에 대하여 다른 견해가 있다. 불교가 중국에 전래되기 이전에도 "선을 행하면 복을 받고, 도리에 어긋나면 화를 입는다."는 응보관념이 유행한 적이 있다. 그러나 이에 대해서도 역시 일부 학자들은 의문을 표하였다. 예를 들자면 전한시대의 사마천(司馬遷)은 백이(伯夷)와 숙제(叔齊)가 굶주려 죽은 것과 안회(顔回)가 요절한 사례를 들고『사기(史記)』권61『백이열전(伯夷列傳)』에서 다음과 같이 묻고 있다.

> 혹자는 "하늘의 도리는 사사로움이 없고 항상 선한 사람과 함께 한다."고 말하였다. 예를 들어 백이와 숙제는 선량한 사람인가, 아닌가? 어진 일[仁]을 쌓고 고결하게 행동하였으나 이와 같이 굶어 죽었도다! ……회(안회) 역시 재산이 없고 거친 음식도 싫어하지 않았으나 요절하고 말았도다. 하늘이 선한 사람에게 보답하고 베푼다면 어찌 그럴 수 있겠는가?66)

사마천은 도덕과 수명의 관계에 있어서 하늘이 선행에는 상을 주고, 악행에는 벌을 내린다는 설법에 대하여 질문을 하고 있다. 그는 선량한 사람일지라도 반드시 원만한 결과를 얻는 것은 아니며, 사회의 발전 역시 결코 인간의 도덕관념을 기준으로 이루어지고 있지 않다는 것을 지적하고 있다.

불교의 인과응보설이 널리 유포됨으로써 사상계에서는 더욱 많

---

66)『사기(史記)』제7책, (北京: 中華書局, 1959), pp.2124~2125, "或曰: '天道無親, 常與善人.' 若伯夷, 叔齊, 可謂善人者非邪? 積仁潔行如此而餓死! ……回(顔回)也屢空, 糟糠不厭, 而卒蚤夭, 天之報施善人, 其何如哉?"

은 관심을 불러일으켰으며 유가학자들로부터는 회의와 반대와 비판을 초래하였다.

남조(南朝)시기 양(梁)나라의 승우(僧祐, 445~518)는 후한에서 양나라 시대에 이르기까지 불교를 찬성하거나 반대하는 논저들을 모아 『홍명집(弘明集)』을 편찬하였다. 그는 이 책의 「후서(後序)」에서 불교를 반대하는 입장을 여섯 가지 문제로 총괄하여 제시하였다. 그 첫 번째는 "경설이 황당무계하고 너무 커서 그 뜻을 알수 없다는 것에 대한 의심"이다. 두 번째는 "사람이 죽으면 정신도 사라져 삼세라는 것은 존재하지 않는다는 것에 대한 의심"이다.[67] 첫 번째 문제는 불경의 의리를 총체적으로 의심하는 것이며, 두 번째 문제는 불교의 신불멸론과 인과응보설을 집중적으로 의심하는 것이다.

역사 기록에 의하면 동진 이래 하승천(何承天), 범진(范縝), 유준(劉峻), 한유(韓愈), 이고(李翱), 구양수(歐陽修), 정호(程顥), 정이(程頤), 주희(朱熹) 등이 선후를 다투며 문장들을 저술하여 인과응보론을 비평하였다.

불교를 믿었던 소수의 학자들 가령 대규(戴逵, 安公), 혜주(慧珠), 양도(楊度, 1875~1931) 같은 사람들마저 인과응보설을 의심하거나 심지어 부정하는 태도마저 보였다. 그들이 인과응보설을 의심하고 반대했던 주요 논점들을 종합하면 다음과 같다.

(1) 사람은 기(氣)로써 구성되어 기가 모이면 살고 기가 흩어지면 죽는다. 사람이 죽으면 기가 흩어져 위로 올라가거나 아래로

---

67) 석준 등 편찬, 『중국불교사상자료선편』 제1권, pp.292~293, "第一是'疑經說迂誕 大而無征', 第二是'疑人死神滅 無有三世'."

가라앉을 뿐인데, 어디에 천궁이 있고 어디에 지옥이 있다고 하겠는가?[68]

(2) "다섯 종의 감정과 여섯 종의 애욕은 인간의 마음에 항상 있는 것이다." 애욕과 감정은 일종의 자연현상이다. 만약 욕망에 미혹되었다고 하여 응보를 받게 된다면 인간의 자연적인 욕구는 어떻게 실현될 수 있겠는가? 인간은 누구나 자신의 생명을 중시하고 생에 애착을 지닌다. 감정에 미혹되어 막힌 사람에게는 마땅히 도리로써 깨우쳐 주어야지, 응보라는 벌을 주는 것으로써 징계해서는 안 된다.[69]

(3) 모든 것은 자연의 조화이다. "태어난 것에는 반드시 죽음이 있다. 육신이 죽으면 정신도 흩어진다. 마치 봄에 돋아난 나뭇잎이 가을에 떨어지는 것처럼 사계절이 순환하는 것과 같은데 다시 형체를 받으려고 애착할 것인가?"[70] "하늘은 둥글고 땅은 네모나고, 새들에겐 깃털이 있고, 물고기엔 비늘이 있고, 명은 길고 짧은 것으로 나누어지고, 몸에는 영예와 모욕의 이름이 붙고, 자연의 조화가 아닌 것이 없는데 어찌 전생의 업이 할 수 있는 것이겠는가?"[71]

(4) 자연조화설과 서로 밀접하게 관련되어 있는 것 중 첫째는 운명은 결정되어 있다는 이론[命定論]이다. "수명이 길고 짧거나 빈

---

68) 석언종(釋彦琮), 『통극론병서(通極論幷序)』, 『광홍명집(廣弘明集)』 권4, 사부총간영인본(四部叢刊影印本) 참조.

69) 혜원(慧遠), 『명보응론병문(明報應論幷問)』 참조, 석준 등 편찬, 『중국불교사상자료선편』 제1권, p.89.

70) 하승천(何承天), 『달성론(達性論)』, 『홍명집』 권4, 사부총간영인본, "至於生必有死, 形斃神散, 猶春榮秋落, 四時代換, 愛有於更受形哉?"

71) 『통극론병서(通極論幷序)』, 『광홍명집』 권4 "……首足之方圓, 翔潛之鱗羽, 命分修短, 身名寵辱, 莫非自然之造化, 詎是宿業之能爲?"

궁하고 영달하는 것은 저절로 결정되어 나누어져 있는 것이며, 선을 쌓고 악을 쌓는다는 이야기는 대개 권고하는 가르침에 지나지 않는다."72) 둘째는 우연설(偶然說)이다. "선악과 화복을 혹 만난다 하더라도 이는 때마침 조우한 것일 뿐 저승사자의 진실한 영험이 아니다."73) 또한 범진(范縝)에 의하면 인생은 흡사 나무 위의 꽃처럼 바람이 불면 꽃은 떨어져 어떤 것은 크고 넓은 집으로 날아들고, 어떤 것은 초가집 측간에 떨어지듯이 순전히 우연에 속한다. "귀천은 되돌아오거나 단절되는 경우가 있지만 인과는 도대체 어디에 있다는 말인가?"74)

(5) 살생(殺生)은 악보(惡報)를 받지 않는다. 맹수는 사람을 해치고, 독충은 사물을 상하게 하므로, 여름에 벌레를 없애고, 가을에 사냥을 하는 것은 천도에 부합하는 것이다. 자연계의 제비는 벌레를 잡아먹지만 응보를 받지 않는다. 돼지와 소와 양을 잡아 고기를 제물로 쓰거나 손님을 접대하는 것도 아주 자연스런 일들이다. 불교에서 살생하면 반드시 악보(惡報)를 받는다고 하는 것은 이치에 어두운 것으로 일종의 편견이다.75)

(6) 불교를 믿어도 좋은 과보를 얻지 못한다. 『구당서(舊唐書)』

---

72) 대안공(戴安公), 『여원법사서(與遠法師書)』, 『광홍명집』 권18, 사부총간영인본, "修短窮達, 自有定分, 積善積惡之談, 蓋是勸敎之言耳."

73) 대안공(戴安公), 『답주거사난석의론(答周居士難釋疑論)』, 『광홍명집』 권18, "善惡禍福, 惑有一見, 斯自遇與事會, 非冥司之眞驗也."

74) 『범진전(范縝傳)』, 『양서(梁書)』 권48, 제3책(北京: 中華書局, 1973), p.665, "貴賤雖復殊途, 因果竟在何處?" 덧붙여, 범진의 우연론(偶然論)은, 고관(高官)은 반드시 착한 사람이라는 관념을 반대한 점에서는 적극적인 의의가 있다. 그러나 그것이 인과관계를 취소하고 인생의 객관적인 규율을 부정한다는 점에서는 숙명론(宿命論)과도 쉽게 통한다.

75) 하승천(何承天), 『보응문(報應問)』, 『광홍명집(廣弘明集)』 권18 참조; 석언종(釋彦琮), 『통극론병서(通極論幷序)』 『광홍명집』 권4에서도 같은 견해가 보인다.

의 작자 유구(劉昀) 등이 불교에 아첨을 많이 했던 당 의종(懿宗) 시기를 평하여 다음과 같이 말한 것에서 알 수 있다. "부처의 사리가 궁전의 정문으로 들어왔으나 천자의 영구차는 이미 푸른 들판에 눈물을 뿌렸다. 이는 응보가 반드시 있는 것이 아님을 증명하는 것이 아니겠는가!"76) 이것은 의종이 승려들과 가까이 지내며 부처의 사리를 맞이한 사건을 비난하고 또한 의종이 불(佛)을 추앙하는 도중에 사망한 것을 빗대어 인과응보론을 부정하는 결론을 내리고 있는 것이다.

(7) 역사적으로 공인된 일부의 선인(善人)은 뜻밖에도 일찍 죽는 신세가 되거나 재앙을 만났고, 일부 악인(惡人)은 오히려 천수를 다하고 복을 누렸으니 인과응보설은 검증을 얻지 못하였다. 구양수는 "부처가 선량한 사람에게 베풀어 준다는 것은 검증되지 않은 사실이 아닌 일이다."77)라고 하였다.

(8) 근대의 양도(楊度)78)는 스스로 불교를 배우는 순서와 그 원인과 결과를 설명할 때, "궁극적으로 영혼은 있는가 없는가?" 하는 문제에 대해 특별한 관심을 보이고, "이 일은 반드시 명백하게 해결되어야 한다."고 강조하였다. 영혼문제에 대하여 그는 마땅히 다방면에 걸쳐 연구해야 하며, 특히 영혼의 윤회문제에 대해서는 중점적으로 탐구하고 토론되어야 한다고 하면서 다음과 같이 말했다.

---

76) 『의종본기(懿宗本記)』, 『구당서(舊唐書)』 권19a, 제3책(北京: 中華書局, 1975), p.685, "佛骨才入於應門, 龍輀已泣於蒼野, 報應無必, 斯其驗歟!"

77) 장상영(張商英), 『호법론(護法論)』, 『호법유교심인문(護法遺敎心印門)』, 천녕사각경처(天寧寺刻經處), 1915, p.6, "佛者善施無驗不實之事."

78) 양도(楊度)의 호는 호선사(虎禪師)이며 호남성 상담(湘潭) 사람이다. 젊은 시절 입헌군주제를 주장하였으며, 원세개(元世凱)가 황제 복위에 실패하자 불문에 은둔하며 불교에 몰두하였다. 그는 선종을 신봉하여, '무아종(無我宗)'이라는 새로운 불교를 제창하였고, 만년에는 진보적인 사업 쪽으로 전향하였다.

(가) 도대체 영혼은 있는가, 없는가? 세상 사람들은 모두 죽음을 경험해 본 적이 없으니, 누가 확실한 대답을 할 수 있는가? 지금 죽은 자로부터는 이야기를 들을 수 없고, 살아 있는 사람 중에서 대표가 말한다면 그것을 어찌 믿을 수 있겠는가? (나) 영혼이 있다면, 그것은 윤회전생을 하는가? 세상에는 전생을 기억하고 다시 태어났음을 증명할 수 있는 사람도 없다. (다) 만약 윤회가 있다면, 이것은 틀림없이 사물의 이치가 본래 그러한 것이어서 누구도 피할 수 없는 것이다. 부처와 보살이 무슨 능력이 있어서 유독 사물의 이치를 어길 수 있는지 묻고 싶다. 만약 그것이 가능하다면, 무엇을 그 근거로 댈 수 있는가? 이치에도 통하지 않을 뿐 아니라 그 일은 증명도 되지 않는다. (라) 영혼이 윤회전생하는 일은 결국 동물과 동일한가 아니면 오로지 인간에게만 있는 일인가? 동일하다고 하거나 인간에게만 있는 일이라고 한다면, 그 이유는 어디에 있으며 그 증거는 또 어디에 있는가?

(마) 영혼은 정토나 지옥에 갈 수 있다고 하는데, 만약 그곳이 있다면 어디에 있는가? 그곳에 간 사람은 누구인가?
과학의 눈으로써 이 다섯 가지 질문을 보면 모두 잠꼬대와 같다. 귀신에 관한 이론도 마찬가지이다. 옛날 종교가들이 어리석은 백성들에게 가르침을 펼 때, 생전에 선을 행하고 악을 없애야만 죽은 후에 복을 얻고 화를 면한다고 속인 것이다. 이는 대단한 속임수로서 비록 인류가 멸종되는 날에 이를지라도 죽은 자가 말을 하는 경우는 결코 없을 것이니 영원히 대조하여 증명할 수 없고, 또 그와 반대로 뒤집어서 증명할 수도 없다. 그리하여 많은 사람을 미혹하게 하며 수천 년에 걸쳐서 대종교가 된 것이다.79)

양도는 근대 과학의 영향을 받아 실증을 중시하고 영혼윤회설의 이론에 대해 다섯 가지의 질문을 제시함으로써 영혼윤회설이 불법과 부합되지 않음을 지적하였다.

이상에서 중국학자들은 다음의 네 가지 측면에서 인과응보설을

---

79) 『신불교논답매광희(新佛敎論答梅光羲)』, 『양도집(楊度集)』 p.718, (長沙: 湖南人民 出版社, 1986).

반대하고 있음을 알 수 있다. 첫째, 인간 육체의 구조, 정욕의 자연적 욕구, 정신의 육체에 대한 의존관계에서 인과응보설을 부정하고 있다. 둘째, 인생의 장수와 요절, 현명함과 우매함, 길흉과 화복, 실패와 성공 등 각기 다른 운명은 모두 자연적인 조화와 자연적인 운명에 의하여 정해졌거나 우연하게 결정된 것이다. 셋째, 살생하면 악보(惡報)를 받는다는 설과 자연현상은 부합하지 않을 뿐만 아니라, 인류의 생활과 이익에도 어긋나고 상식적인 도리와도 맞지 않는다. 넷째, 응보설은 일부 역사적인 인물의 덕행과 운명의 관계를 해석해 내지 못한다. 윤회설은 증거를 제시하고 증명하는 법이 없고 실제 근거로 내세울 만한 것이 없다.

동진(東晉) 이래로 인과응보설에 대한 도전에 대응하고 불교의 '진실한 이치'와 '근본요강'을 유지하고 보호하기 위하여, 중국의 불교학자는 줄곧 인과응보를 비평하는 관점과 대비해 가면서 중국 고유의 응보관념을 수용하여 결합함으로써 중국적 특색이 있는 인과응보학설을 수립하였다. 동진시대의 혜원(慧遠) 등은 인과응보설에 대해 의심을 품고 있던 대규(戴逵)와 여러 차례 논전을 펼치기도 하였다.

남조시대의 종병(宗炳)과 안연지(顔延之)는 영혼불멸설과 인과응보설을 옹호하기 위하여 반대의견을 견지했던 하승천(何承天)과 논쟁을 주고받았다. 불교도들은 심지어 '의경(疑經)'을 찬술하면서까지 인과응보사상을 선전하기도 하였다. 예컨대 북위시대에 저술된 『묘호보차경(妙好寶車經)』[80]은 중국의 태산(泰山)신앙과 불교

---

80) 『보차경(寶車經)』, 『묘호보차보살경(妙好寶車菩薩經)』이라고도 한다. 『大正藏』 85에 수록되어 있다.

의 지옥응보관념을 결합한 사상을 담고 있다.

수·당 이래의 서동경(徐同卿), 영유(靈裕), 양상선(陽尚善), 도세(道世), 언종(彦琮), 이사정(李師政, 正), 유밀(劉謐), 주굉(袾宏), 송렴(宋濂), 진가(眞可), 덕청(德淸), 양계초(梁啓超) 등도 역시 인과응보와 관련된 논저를 계속해서 저술하고 설명하였다. 이와 동시에 일부 승려들은 감응전(感應傳)·영험전(靈驗傳)과 같은 저작을 저술하는 데에 열중하였다. 또 일부 문인들은 불교소설을 창작하여 응보설을 선전하였다. 안지추(顔之推)가 경전과 역사서를 인용하여 『원혼기(冤魂記)』를 지어 응보를 증명함으로써 객관적으로 인과응보의 관념이 널리 유포되도록 촉진한 것이 여기에 속한다.

제2절 응보설의 새로운 논증

중국불교학자의 인과응보론에 관한 논술은 인과응보는 있는가, 인과응보는 왜 있는가, 인과응보를 누가 이어받는가, 인과응보는 어떠한 형태로 받는가와 같은 문제를 중점적으로 설명하고 있다. 이는 곧 인과응보의 유무문제에 대하여 변증법적인 증명을 하는 동시에 인과응보의 근원, 주체, 성질, 방식 등 일련의 근본문제에 대하여 최대한 논증하고 있는 것이다.

1. 응보의 근원

당나라 초에 시인이며 승려였던 왕범지(王梵志)는 다음과 같은
시를 지었다.

> 세상에는 해와 달이 아주 밝아서
> 중생을 환하게 비춰 줍니다.
> 귀한 자는 마차를 타고 가지만
> 천한 자는 어깨에 메고 갑니다.
> 부자는 전생에 덕을 심었지만
> 빈자는 아끼고 탐내고 살았습니다.
> 빈부에는 특별한 구별이 있어
> 업보가 자신의 상대를 맞이한 것입니다.
> 듣기에 공덕을 많이 쌓으면
> 자신에게 영예가 따른답니다.
> 지혜로운 자는 천상으로 가고,
> 어리석은 자는 깊은 구렁텅이에 빠진답니다.[81]

이 시는 통속적인 언어의 대비를 이용하여 인간세상의 빈부의
불균형과 귀천에 차별이 있는 사회현상을 묘사함으로써 불교의 인
과응보사상을 설명하고 있다. 시는 빈부귀천이 '업보', 인간이 스스
로 지은 '업'의 결과임을 강조하고, 아울러 '부자'와 '가난한 자',
'지혜로운 자'와 '어리석은 자'는 내세에서 각기 다른 과보를 받게
된다는 것을 설명하고 있다.

'업'은 고대 인도에서 유행한 개념으로서 불교가 이를 계승하여

---

81) 『왕범지시교집(王梵志詩校輯)』 권2, (北京: 中華書局, 1983), p.48, "世間日月明, 皎
皎照衆生. 貴者乘車馬, 賤者膊擔行. 富者前身種, 貧者慳貪生. 貧富有殊別, 業報自
相迎. 聞强造功德, 吃着自身榮. 智者天上去, 愚者入深坑."

불교철학체계의 중요한 범주로 만든 것이다. 업은 '만들다'라는 뜻으로 중생의 심신활동을 지칭한다. 이러한 활동과 인과관계가 상호결합하여 각각 다른 결과가 생기며 역량(力量)을 형성한다. 불교에서는 이 역량을 '업력'이라고 하며 이것은 일종의 잠재적인 기능으로서 미래의 생명을 창조하는 동력이 된다.

업은 여러 종류로 분류된다. 일반적으로 형태에 따라 나누면 신업(身業: 육체적 활동), 구업(口業: 言語를 말하며 語業이라고도 한다), 의업(意業: 마음속으로 어떤 일을 하고자 하는 意念, 意志)이 있다. 성질에 따라 나누면 선업(善業)과 악업(惡業)과 무기업(無記業) 세 종류가 있다. 선과 악 두 업은 각기 다른 과보를 불러오고, 선하지도 악하지도 않는[非善非惡] 무기업은 과보를 불러오지 않는다. 업은 인류가 위로 향하여 노력하거나 아래로 향하여 추락하는 근거가 된다. 왕범지(王梵之)는 현실생활 속의 부귀와 빈천은 각기 다른 업으로 인하여 얻은 각기 다른 업보라고 보고 있다.

불교에서 총체적으로 볼 때 인류는 아직 생사해탈을 얻지 못한 생명의 한 종류로서, 인류가 자아를 초월하고, 인생을 초월하고, 생사를 초월하고, 전환하여 성불할 때 비로소 번뇌와 고통에서 벗어나 영원한 행복과 자유를 실현할 수 있다고 생각한다. 그래서 중국 불교는 인과응보의 과정 중에서 인생의 고통이 형성되는 원인에 대한 논술을 특별히 중시한다.

동진시대 혜원(慧遠)은 이에 대하여 매우 중요한 논술을 하고 있다. 그는 『명보응론(明報應論)』에서 다음과 같이 말했다.

인연에 감응하고 변화하여 생긴 것 중 어찌 그 도로 말미암지 않은 것이 있겠는가? 무명은 미혹의 연못이고 탐애는 근심의 집이다. 두 가지 이치는 함께 작용하는 것으로서 어둠은 신의 작용이며 길하고 흉하고 후회하고 인색한 것은 이들이 작용한 것일 뿐이다. 무명이 그 밝음을 가리기 때문에 감정과 생각이 바깥 사물에 머물게 되고, 탐애가 그 본성에 흐르기 때문에 사대가 결합하여 형상을 만든다. 형상이 만들어지면 너와 내가 생기게 되고, 감정이 머무르게 되면 선악이 주가 된다. 너와 내가 있으면 자기 몸이 있게 되고 그 몸을 잊지 못하며 선악이 주가 되면 그 생에 연연하여 생이 끊어지지 않는다. 그런데 단잠을 자며 꿈을 꾸니, 미혹은 어둠과 같고 오랫동안 의심을 품으니 존재하는 것은 집착뿐이다. 그러므로 잃고 얻는 것이 그대로 옮겨 가서 화와 복이 그것을 이어받는다. 악을 쌓으면 하늘의 재앙이 저절로 내려오고 죄를 지으면 지옥이 이를 벌한다. 이것은 필연적인 운명으로서 의심을 용납하지 않는 것이다.[82]

여기서 '무명(無明)'은 어리석고 무지함을, '탐애(貪愛)'는 애욕에 연연하는 것을 말한다. 이 단락은 무명과 탐애는 인생의 번뇌와 미혹과 재앙의 원인이라는 것을 말하고 있다.

인간은 불법(佛法)에 대하여 어리석고 무지하여 정확한 인식을 할 수 없고 인식을 하더라도 정확하지 않다. 그래서 자신의 사상과 감정이 외계사물에 집착을 함으로써 외계사물에 대하여 탐애와 미혹으로 인한 연민이 발생하게 된다. 그리하여 선악에 대한 과보의 주체가 된다. 따라서 인간의 생명에 대한 탐욕과 연민으로 말미암아 생명은 끊임없이 윤회유전을 되풀이한다.

탐애는 인간의 본성을 방황하게 만들고 나아가 지(地), 수(水),

---

82) 석준 등 편찬, 『中國佛教思想資料選編』 제1권, p.90, "夫因緣之所感, 變化之所生, 豈不由其道哉? 無明爲惑網之淵, 貪愛爲衆累之府, 二理俱游, 冥爲神用, 吉凶悔吝, 唯此之功. 無明掩其照, 故情想凝滯於外物; 貪愛流其性, 故四大結而成形. 形結則彼我有封, 情滯則善惡有主. 有封於彼我, 則私其身而身不忘; 有主於善惡, 則戀其生而生不絶. 於是甘寢大夢, 昏於同迷; 抱疑長夜, 所存唯著. 是故失得相推, 禍福相襲, 惡積而天殃自至, 罪成則地獄斯罰, 此乃必然之數, 無所容疑矣."

화(火), 풍(風) '사대(四大)'와 결합하여 인간의 형체가 만들어진다. 인간은 형체를 가짐으로써 나와 남이라는 경계가 생기고, 자기 자신을 특별히 편애하게 되어 자신을 초월하는 해탈을 할 수 없게 된다. 선악의 과보에는 주체가 있고, 인간은 생명에 대하여 탐애와 연민을 가지고 있어서 생명이 끊임없이 이어지게 된다. 인간은 마치 꿈속에 있는 것처럼 몽롱하고 혼미하여 긴 세월 동안 끝없이 미혹으로 말미암아 탐애하고 집착한다. 이와 같이 인간의 득(得)과 실(失)은 화(禍)와 복(福)으로 그대로 옮겨 가서 악을 쌓으면 재앙이 있고 죄를 지으면 지옥에 가서 벌을 받게 되는 것이다. 이것은 필연적인 운명으로 의심의 여지가 없는 것이다.

무명과 탐애는 모두 인생의 고난과 마땅한 과보를 받는 근원이 된다. 양자를 비교해 보면 무명이 보다 더 중요한 근원이다. 불교에서 무명이란 어리석고 무지한 것으로서, 이것은 허망한 환상의 세계를 실재하고 있는 것[實有]으로 집착하게 하여 여러 가지 허망한 분별을 발생하게 한다. 이런 전도(顚倒)된 인식으로 말미암아 인간은 강렬한 탐애와 연민과 욕망을 낳고 여러 가지 고통에 빠지게 된다. 그러므로 인생에서 고통의 가장 근본적인 원인은 무명, 즉 어리석음이다. 그리고 인간의 삶이 고통에서 빠져나와 해탈하기 위해서 가장 관건이 되는 것은 바로 무명과 어리석음을 제거하고 불교의 이론을 배우고 익혀서 불교의 지혜를 증대시키는 것이다. 왕범지(王梵志)가 시에서 "지혜로운 자는 천상으로 가고, 어리석은 자는 깊은 구렁텅이에 빠진다[智者天上去, 愚者入深坑]."고 한 것은 바로 지혜와 어리석음을 구별한 것으로서 인생이 고난에서 해탈할 수 있는가 없는가 하는 지표이다.

불교에서 말하는 지혜와 어리석음은 인식에 있어서 옳고 그름[是非]과 바르고 그릇됨[正邪]을 가리키는 것이다. 이것은 도덕상의 선악과 분리될 수 없는 것으로서 양자는 통일을 이루고 있다. 이른바 지혜는 일체 사물의 옳고 그름[是非]과 참과 거짓[眞假]을 밝게 통찰할 수 있고, 또 취하고 버릴 것[取捨]을 정확하게 하고, 번뇌를 끊어 없애고, 고통을 해소할 수 있는 능력을 말한다. 어리석음은 그와 정반대이다. 진정으로 지혜로운 자는 반드시 선을 받들어 행하지만 어리석은 자는 꼭 나쁜 일만 한다. 불교의 인과응보에서 선인선과(善因善果)는 좋은 원인은 반드시 좋은 과보를 발생한다는 것을 말한다. 악인악과(惡因惡果)는, 나쁜 원인은 반드시 나쁜 과보를 낳는 것을 말한다. 그래서 인과응보는 선악업보(善惡業報)라고도 불린다.

동진(東晉)시대의 치초(郗超)는 『봉법요(奉法要)』에서 "오계는 인간에게 모두 갖추어져 있다. 십선을 갖추면 천당에서 태어나고, 십선의 반대가 되는 것을 십악이라고 하는데, 십악을 범하면 지옥으로 들어간다."[83] 또 "그가 악으로써 오더라도, 나는 선으로써 응대한다."[84] "인간의 선이란 착한 마음에서 생겨나고 인간의 악이란 분한 생각에서 일어나는 것이다."[85] 따라서 '십선(十善)'을 행하고, "악이 닥쳐오더라도 선으로써 응대할 것"을 강조하고 있다. '십선(十善)'과 '십악(十惡)'은 서로 대비를 이루고 있다. '십악(十惡)'이

83) 석준 등 편찬,『중국불교사상자료선편』제1권, p.18, "全五戒則人相備, 具十善則生天堂. ……反十善者, 謂之十惡, 十惡畢犯, 則入地獄."

84) 석준 등 편찬,『중국불교사상자료선편』제1권, p.20, "彼以惡來, 我以善應."

85) 석준 등 편찬,『중국불교사상자료선편』제1권, p.19, "說人之善, 善心便生; 說人之惡, 偏起忿意."

란 (1) 살생(殺生), (2) 투도(偸盜), (3) 사음(邪淫), (4) 망어(妄語), (5) 양설, 곧 이간질하는 파괴적인 말[破語], (6) 악구(惡口), 나쁜 말[惡語] 또는 욕설, (7) 기어(綺語), 남을 속이는 더러운 말, (8) 탐욕(貪慾), (9) 진에(瞋恚), (10) 사견(邪見)을 가리킨다. 이상의 십악(十惡)에서 벗어나는 것이 십선(十善)이다. 십악과 십선을 순서에 따라 말하자면 (1)에서 (3)은 신업(身業)에 속하고, (4)에서 (7)은 구업(口業)에 속하며, 마지막 세 가지는 의업(意業)에 속한다. 이를 '신삼(身三), 구사(口四), 의삼(意三)'으로 통칭하기도 한다. 내용에 따라 본다면 십악과 십선은 대인관계에 대한 것, 동물을 대하는 태도 그리고 개인의 욕망과 잘못된 견해의 배제 등을 중점적으로 말하고 있어서 기본적으로 도덕수양의 문제로 볼 수 있다.

불교의 인과응보론은 도덕성의 높고 낮음이 인간의 지위와 운명과 미래를 결정하는 근본요소라고 보고 있다. 선업과 악업은 과보의 근원으로서 선을 행하고 악을 행하는 것이 하나는 위를 향하여 차츰 해탈을 구해 가고, 다른 하나는 아래를 향하여 더욱 고통의 심연으로 빠져들게 된다는 것을 알 수 있다. 이것이 바로 인과응보가 지닌 두 종류의 근원이자 두 종류의 결과이며 두 가지 방향이다.

2. 응보의 방식

인과응보는 어떻게 실현되는가? 그 방식은 어떠한가? 이는 인과응보설의 근본적인 문제이다.

중국에 원래 있었던 응보관념은 대부분 인간 자신의 한평생에

국한되어 있었다. 고대의 삼명설(三命說)을 보면 첫째, 명을 받고 [受命, 수명의 길고 짧음], 둘째, 명과 만나고[遭命, 선을 행하였으나 불행한 응보를 만나는 것], 셋째, 명에 따르는 것[隨命, 선과 악에 따라 과보를 받는 것]인데, 이 모두는 현세를 두고 말하는 것이다. 그리고 속어(俗語)에서 말하는 "선에는 선한 보답이 있고, 악에는 악한 과보가 있다. 응보가 없는 것이 아니라 아직 때가 되지 않았을 뿐이니 일단 때가 되면 곧바로 과보가 있을 것이다."[86]라는 것도 한평생의 인과론과 비슷하다. 이와 달리 불교는 삼세의 인과를 말한다. 인과응보는 생명 형태가 끊임없는 윤회전생의 과정 속에서 구현된다는 사실을 강조한다. 혜원은 일찍이 전문적인 저서 『삼보론(三報論)』을 지어 응보에는 세 종류의 방식과 유형이 있음을 간명하게 말하였다.

> 경의 설명에 의하면 업에는 세 가지 과보가 있다. 첫째는 현보이고 둘째는 생보이며 셋째는 후보이다. 현보란 선악이 이 몸에서 시작되어 이 몸이 과보를 받는 것이며, 생보란 다음 생에 과보를 받는 것이며, 후보란 이생, 삼생이 지나거나 백생, 천생이 지난 후에 비로소 그 과보를 받는 것을 말한다.[87]

여기서 '경설(經說)'이란 『아비담심론(阿毘曇心論)』 권1에서 말한 "업은 현재법의 과보가 되기도 하고, 다음에 생보나 후보를 받는 것도 마찬가지다. 나머지는 정해져 있지 않다고 말한다."[88]는

---

86) 善有善報, 惡有惡報, 不是不報, 時辰未到, 時辰一到, 馬上就報.

87) 석준 등 편찬, 『중국불교사상자료선편』 제1권, p.87, "經說業有三報: 一曰現報, 二曰 生報, 三曰後報. 現報者, 善惡始於此身, 卽此身受. 生報者, 來生便受. 後報者, 或經 二生三生, 百生千生, 然後乃受."

88) 『大正藏』 28, p.814b, "若業現法報, 次受於生報, 後報亦復然, 余說不定."

것을 말한다. 혜원(慧遠)은 현보(現報)는 현세에서 지은 행위가 바로 현세 속에서 과보를 불러 내생을 기다리지 않는다고 한다. 생보(生報)란 업력의 인연이 현보만큼 강하지는 않지만 약한 것도 아니어서 금생에 지은 선악의 업이 내생에서 선악의 과보를 받는 것이다. 후보(後報)는 업력이 연약하고 때때로 좋지 않은 일을 짓고 또 때때로 참회하지만 응보를 받기 전에는 업의 인은 사라지지 않으므로 연을 만나면 바로 과보를 받는 것이다. 즉 과거의 무량한 생을 살면서 지었던 선악의 업이 금생에 선악의 과보를 받기도 하고 혹은 미래에 무량한 생을 살면서 선악의 과보를 받기도 하는 것이다. 이것이 업을 과보를 받는 시간 차에 근거하여 세 종류로 분류한 것이다. 인간에게는 세 가지 업이 있고, 업에는 세 가지 과보가 있으며, 생에는 과거·현재·미래 삼세가 있다. 생명의 흐름은 과거를 잇고 미래를 열면서 쉬지 않고 변화하며, 과거와 현재와 미래의 삼세를 관통한다. 가난하고 부유하고 귀하고 천한 것·강하고 약하고 괴롭고 즐거운 것·아름답고 추하고 수명이 길고 짧은 것·인간으로 태어나고 짐승으로 태어나는 것·상류계층이 되지 못한 것 등 모두가 과거 업인의 과보이다. 중생의 현실생활은 전생에 지은 업의 결과이다. 또한 중생의 현재의 사상과 행위는 다시 새로운 업력을 남겨서 생을 마감할 때 새로운 생명으로 유전하게 되는 동력이 된다.

　혜원은 응보를 이어받는 주체의 각도에서 응보에는 선후와 완급이 있다고 설명한다.

　　응보를 받는 주인은 없으나 반드시 마음에서 연유하는 것이다. 마음은 하는 일이 정해져 있지 않고 사물에서 느낀 대로 대응하므로 빠르고 늦음이 있기 마련이라 응보에는 선후가 있는 것이다.[89]

이 글은 인간이 마음으로 과보를 받으며 마음은 고정되어 있지 않고 마음은 느낌을 받는 대로 사물에 반응하기 때문에, 감응에는 완급의 구분이 있고 응보에도 선후의 차별이 있다고 하는 것이다. 이것이 바로 "정으로 인하여 과보에 이르고 느낌에 따라 응보를 낳는다."[90]고 하는 것이다. 혜원은 응보의 작용에 있어서 '느낌[感]'의 작용을 매우 중시하였다. 이것은 아마도 『주역(周易)』의 "느낌을 근본으로 삼는다[以感爲体]."[91]고 하는 것과 관계가 있는 것 같다.

혜원은 어떻게 응보에 경중(輕重)이 있을 수 있는가라는 문제에 대해서도 설명하고 있다. 그는 응보를 "비록 선후가 다르기는 하여도 모두 만나는 것에 따라 응대한다. 응대하는 것에는 강약이 있으므로 경중도 다른 것이다."[92]라고 한다. 즉 인간이 받는 응보는 모두 사람을 만나 발생하는 일종의 응대이다. 응대에는 강한 것도 있고 약한 것도 있듯이 인간이 받게 되는 응보에도 역시 경중의 차별이 있다.

그렇다면 현실생활 속에서 어진 사람[仁者]이 장수하지 못하고,

---

89) 『삼보론(三報論)』, 석준 등 편찬, 『중국불교사상자료선편』 제1권, p.87, "受之無主, 必由於心; 心無定司, 感事而應; 應有遲速, 故報有先後."

90) 『명보응론(明報應論)』, 석준 등 편찬, 『중국불교사상자료선편』 제1권, p.89, "원래 '혹(惑)'으로 되어 있었던 것을 감(感)"으로 바로잡았다. "因情致報, 乘感生應."

91) 『세설신어』 권2, 『제자집성(諸子集成)』(八), p.62, "은형주(殷荊州)가 원공(遠公)에게 다음과 같이 물어본 적이 있다. '『역(易)』은 무엇을 근본[本]으로 합니까?' 답하여 이르길: '『역(易)』은 느낌[感]을 근본으로 삼는다.' 은이 다시 묻기를 '동산(銅山)의 서쪽이 무너지면, 영추(靈錘)의 동쪽이 응대하는 것이 곧 『역(易)』입니까?' 원공은 웃을 뿐 대답하지 않았다."

92) 『삼보론(三報論)』, 석준 등 편찬, 『중국불교사상자료선편』 제1권, p.87, "先後雖異, 咸隨所遇而爲對; 對有强弱, 故輕重不同."

부자(富者)가 어질지 않고, 나쁜 사람[惡人]은 풍족하게 입고 먹고 부귀영화를 누리고, 착한 사람은 가난과 근심 걱정으로 죽을 지경인 현상은 어떻게 해석할 것인가? 혜원은 특별히 '삼보(三報)' 이론으로써 이를 설명하고 있다.

> 이른바 착한 일을 하여도 경사스러운 일이 없고 악한 일을 하여도 재앙이 없다고 한다. 그래서 천지신명에게 유감을 가지고 자신이 불행을 만난 것을 슬퍼하며, 착한 사람에게 하늘의 재앙이 내리는 것을 개탄한다. 그러면서 유교의 경전에는 으뜸이 될 만한 도가 전해져 있지 않다고 말하는 사람들이 있다. 또 나아가 큰 도가 작은 성공에 가려진다고 하였고, 바른말이 마치 잘 유혹하는 말처럼 여겨진다고 하였으나, 마음에 응하여 참된 것을 구하면 절대로 지극한 이치에는 이런 일이 벌어지는 경우는 없다. 그 원인을 찾아보면 세상의 가르침이라는 것은 일생에 한정되어 있어서 그 밖의 것은 분명하지 않다. 그밖의 것이 분명하지 않기 때문에 본래 보고 듣는 범위 내에서 이치를 찾는 것으로 끝난다. 이것이 중국의 선왕이 백성의 마음에 다가가서 그런 부분을 이해시키려고 눈으로 보고, 귀로 듣는 것을 관건(한계)으로 삼았던 것이다. 예를 들어 이제 내도와 외도를 합하여 가르침을 펴려고 한다면 이치가 하나가 되어 반드시 같다는 것을 알게 된다. 여러 가지 다른 가르침이 있다고 해서 현혹되지 않고 그것들이 다르다고 해서 놀라지 않는다.[93]

이 글이 말하는 요지는 다음과 같다. 착한 일을 많이 하여도 악이 모이고, 나쁜 일을 많이 하여도 기쁜 일이 생긴다. 착한 사람이 화를 입고, 악한 사람이 복을 받는다. 이렇게 받는 것은 전생에서

---

93) 『삼보론』, 석준 등 편찬, 『중국불교사상자료선편』 제1권, p.88, "謂積善之無慶, 積惡之無殃, 感神明而悲所遇, 慨天殃之於善人, 咸謂名教之書, 無宗於上, 遂使大道翳於小成, 以正言爲善誘, 應心求實, 必至理之無此. 原其所由, 由世典以一生爲限, 不明其外. 其外未明, 故尋理者自畢於視聽之內, 此先王卽民心而通其分, 以耳目爲關鍵(界限)者也. 如今合內外之道, 以求弘教之情, 則知理會之必同, 不惑衆涂而駭其異."

한 행위의 응보이며, 금생의 행위로 받게 되는 응보는 아직 나타나지 않는다. 세속의 전적(典籍)들은 단지 금생에 대해서만 말하고, 오로지 눈으로 보고 귀로 듣는 것만을 인식하는 한계가 있다. 금생 이외의 것과 눈과 귀로 인식하는 것 이외의 사리에 대해서는 분명하게 알지 못하므로 금생에 지은 업으로 장차 내생에 받게 될 응보의 도리는 밝히지 못한다. 반드시 불교경전과 세속의 전적 및 내도와 외도를 모두 결합하여 전체를 통틀어 관찰해 보아야 비로소 파악할 수 있다.

이와 같이 혜원은 인간의 현실생활에서 발생되는 여러 가지 화복을 전세의 업인(業因)으로 귀결시키고 있다. 또한 현세 생활의 사상과 행위를 내생의 운명과 결합함으로써, 치초(郗超)가 "과거의 여러 인연으로 돌아가고 내세를 미루어 생각한다[歸諸宿緣, 推之來世]."[94]고 한 말과 같이 이론적으로 일세(一世) 인과론의 곤경에서 벗어나고 있다.

이론적 사유의 측면에서 볼 때 삼세과보설의 가장 중요한 점은 생보와 후보의 관념과 그에 상응하는 내세 관념을 제시한 것이다. 내생관 혹은 내세관은 인과응보 이론은 물론 전반적인 불교이론에서도 중요한 의의를 가지고 있다.

첫째, 일세인과론의 이론적인 어려움을 극복하였다. 현실생활 속에서 착한 사람이 화를 입고 악한 사람이 복을 받는 현상은 중국의 조명론(遭命論)을 인용하여 설명할 수 있다. 또 일세인과론은 멸불정책을 시행한 당 무종(唐武宗)은 재위기간이 단지 6년이었고 33세에 죽었지만, 불교를 숭배한 양 무제(梁武帝)는 재위 기간이 무

---

94) 치초(郗超), 『봉법요(奉法要)』, 석준 등 편찬, 『중국불교사상자료선편』 제1권, p.20.

려 48년이나 되었고 86세까지 살았다는 등의 현상을 통해 해석하였으나[95] 이론적인 논증은 결핍되어 있었다. 그런데 삼세인과론은 현실생활에서 설명하기 어려운 여러 모순되는 응보현상을 원만하게 설명하고 있다.

둘째, 삼세인과론은 내세에 주안점을 둠으로써 사람들이 행복을 내세에 기탁하도록 인도하였다. 불교 내부에서도 남조시대 송나라 사람 혜림(慧琳) 같은 승려는 특별히 『백흑론(白黑論)』을 지어, "만약 내생에 대하여 욕망을 가지지 않는다면 무엇으로써 미래 생의 삶을 헤아릴 수 있겠는가. 세상의 물정이란 갑자기 다가오는 것이 아니라 차츰차츰 쌓아 가며 그것을 유혹한다."[96]라고 하는 등 내생설에 대해서 좋지 않은 평을 한 것도 많다. 유가학자들은 불교의 '내생의 변화'라고 하는 설법에 대하여 사실에 대한 증거가 없다고 맹렬하게 비판하였다. 단지 내생설은 금생이 전생에 지은 업의 결과라고 하는 지극히 단순한 숙명론적 요소를 지닌 이론적인 결함에서 벗어나게 하였고, 또한 인간의 내재적 요구와 기대를 만족시키기도 하였다. 고난과 고통의 금생을 지낸 후 내생에서 행복을 누릴 수 있고, 짧은 금생을 지낸 다음 죽은 후에 영원한 생명을 얻을 수 있다는 이러한 내생설은 많은 불교신도로부터 인정을 받았다. 신도들이 악을 버리고 선을 따르게 하는 것 등을 자율적이면서도 엄격하게 추진함으로써 중국불교의 중요한 이론적 지주가 되었다.

---

95) 유밀(劉謐), 『삼교평심론(三敎平心論)』 권상, 『大正藏』 52, p.785c.

96) 『천축가비려국전(天竺迦毘黎國傳)』, 『송서(宋書)』 제8책, (北京: 中華書局, 1974), p.2390, "若不示以來生之慾, 何以權其當生之滯. 物情不能頓至, 故積漸以誘之."

셋째, 고대 중국인은 생명이 영원하고 항상할 것을 기원하였고, 생명이 소멸하여 없어지는 것을 피하고 늙지 않는 것을 숭배하는 사상을 가지고 있었다. 이는 개인의 장생불사에 대한 염원을 표현하는 것이고, 자손만대에 걸친 영원한 번영을 기원하는 것을 표현하는 것이다. 즉 생명이 끊어지지 않고 면면히 이어지길 갈망한 것이다. 불교의 인과응보 이론은 원인으로 말미암아 결과가 생기고, 앞일은 뒷일을 일깨울 수 있으며, 모든 앞일은 모든 뒷일에 영향을 준다는 것을 강조하였다. 그리고 인생을 과거 · 현재 · 미래의 삼세로 귀결시켜 왕복순환하는 체계 속에 융합시켰다. 이러한 생명의식과 중국 고유문화의 역동적인 관념은 서로 잘 부합하여 불교의 인과응보설이 장기간에 걸쳐 유포될 수 있게 한 중요한 원인이 되었다.

3. 응보의 주체

이상에서 이미 논술한 바와 같이 중국불교학자는 인과응보의 근원은 인간이 선악의 업을 짓는 것에 있다고 보았고, 인과응보의 방식에는 현보 · 생보 · 후보 삼보 사상이 있다고 보았다. 지금부터한 걸음 더 나아가 논술하고자 하는 것은 결국 누가 인과응보를 결정하고, 누가 인과응보를 이어받으며, 특히 인간의 사후에 생전의 응보를 받는 주체는 무엇인가 하는 것이다. 이것은 불교이론 전체에 영향을 미치는 큰 문제의 하나이다.

이 문제에 관하여 중국불교학자는 줄곧 행위자 개인 특히 개인의 '마음'을 강조해 왔다. 즉 심리활동 또는 정신활동이 인과응보의 결정적인 요인이라는 것이다. 불교의 신(身), 구(口), 의(意) 삼업(三業) 중에서 특히 '의(意)', 즉 '마음'의 작용을 결정적으로 중시하였다.

동진시대의 치초(郗超)는 『반니원경(般泥洹經)』의 설명을 인용하여 다음과 같이 말하고 있다.

> 경에 이르기를 "마음이 하늘을 만들고, 마음이 사람을 만들며, 마음이 지옥을 만들고, 마음이 축생을 만들며 나아가 도를 얻는 것도 또한 마음이다."라고 하였다. 무릇 마음을 일으켜 무엇을 할 생각을 하면 생각 하나하나가 모두 과보를 받게 된다. 비록 그 일이 형상화되지 않았더라도 어둠 속에 잠복되어 있게 된다. ……죄와 복은 6도(道)를 형성하며 그로 말미암지 않는 것은 없다. 길흉과 후회와 원망은 잠깐 동안에 결정된다. 그러므로 도를 행하는 사람은 혼자 있어도 항상 마음을 삼간다.97)

이것은 심리적인 활동과 내심의 생각을 강조하는 것으로서 설령 행위나 사실이 이루어지지 않았다 하더라도 각기 다른 응보의 근거를 구성한다는 것을 설명하고 있다. 이것이 바로 응보를 결정하는 것이다. 불교를 믿고 도를 행하는 사람은 특히 홀로 있을 때에도 도리에 어긋나는 일을 삼간다. 이 '신독(慎獨)'이라는 말은 『예기(禮記)』 「중용(中庸)」에 있는 것으로서 이것은 유가의 수양방법과 결합하여 불교도덕의 이성적인 수행을 강조하고 있는 것이다.

'모든 것은 오직 마음에서 연유한다[萬法唯心].'는 불교의 관념

---

97) 『봉법요(奉法要)』, 석준 등 편찬, 『중국불교사상자료선편』 제1권, p.18, "經云: '心作天, 心作人, 心作地獄, 心作畜生, 乃至得道者, 亦心也' 凡慮發乎心, 皆念念受報. 雖事未及形, 而幽對冥构…… 罪福形道, 靡不由之, 吉凶悔吝, 定於俄頃. 是以行道之人, 每愼獨於心."

이 널리 유행함에 따라 불교 내부에서 다음과 같은 정황이 나타났다.

> 그릇된 생각을 가진 자들은 이른바 '마음이 없으면 원인도 과보도 없기 때문에 업이 있을까 걱정을 하지 않고 오직 마음이 있음을 근심한다. 업이 있어도 마음이 없다면 저승사자일지라도 나를 어떻게 하겠는가?'라고 말한다. 마음대로 업을 짓고 다시 돌이켜 보아도 두려움이 없다.98)

이 글은 명나라 말엽 4대 명승 중의 한 사람인 주굉(袾宏, 1535~1615)이 불교 내부에서 업과 마음을 나누는 것에 대하여 비평한 것이다. 그는 업이 있으면 마음도 있는 것이고, 업을 지은 후에 강제로 마음을 무(無)로 돌아가게 하여도 여전히 마음은 있다고 강조하였다. 주굉이 선종의 방법을 비평하고 있음을 알 수 있다. 그러나 이러한 방법은 돈오설(頓悟說)을 받들어 행하는 선사들 사이에서는 여전히 계속하여 유행하였다.

근대에 이르러 스스로 호선사(虎禪師)라고 칭했던 양도(楊度)는 "마음속에도 일이 없고 일 속에도 마음이 없다. 모든 것은 인연을 따른다는 것이 분명한 이치이다. 고금의 부처들도 이와 같지 않음이 없었다."99) 또한 "마음을 떠나 부처를 말하는 것은 옳지 않다. 생사와 영혼도 마음이 관여하는 것이다! 이 마음을 놓아 버리면 윤회도 끝난다."100)라고 하여, 자기의 마음을 놓아 버리고 일념으로

---

98) 주굉(袾宏), 『果報一』, 『운서법휘·죽창수필(雲栖法彙·竹窓隨筆)』, 금릉각경처본(金陵刻經處本), 1899, "錯會者, 謂無心則無因無果, 故不患有業, 唯患有心, 有業無心, 閻老子其奈我何? 遂安意造業, 無復顧忌."

99) 『윤회게서(輪回偈序)』, 『양도집(楊度集)』, p.672, "心中無事, 事中無心, 一切隨緣, 卽爲了義. 古今諸佛, 無不如是."

100) 『윤회게서(輪回偈序)』, 『양도집(楊度集)』, p.672, "離心說佛, 無有是處; 生死靈魂, 管他做甚! 放下此心, 輪回立盡."

공(空)할 수 있으면, 과보와 윤회를 초탈하여 곧바로 성불할 수 있음을 강조하였다. 이러한 설법도 실제로는 마음이 인과응보에 있어서 결정적인 작용을 한다는 것을 강조하는 것이다.

중국 고유의 인과응보 사상은 이른바 "하늘의 도리는 선에는 복을 내리고 삿된 것에는 화를 내린다."101)는 '천도관(天道觀)'의 기초 위에 세워진 것이다. "오로지 상제만 일정하지 않은데, 착한 일을 하면 많은 상을 내리고 나쁜 일을 하면 많은 재앙을 내린다."102)고 하였다. 여기서 '하늘의 도리' 혹은 '상제'는 인간의 일을 주재(主宰)하고 인간세상의 선하고 삿된 것에 대한 화복을 결정한다. 『주역(周易)』의 「곤(坤)」 「문언(文言)」에서는 "선을 쌓은 집안에는 반드시 경사가 있을 것이요. 선하지 않은 일을 쌓은 집안에는 반드시 재앙이 있을 것이다."103)라고 하여, 자신이 행한 일은 장차 자신과 가정과 가족에게 응보를 가져다주고 후대의 자손에게도 화(禍)와 복(福)을 가져다주는 근거가 된다고 하였다. 일찍이 도교에는 이러한 사상이 발달되어 있어서 '승부(承負)'설을 제시하였다. '승부(承負)'에서 "승의 의미는 선대(先代)에 대하여 말하는 것이고, 부의 의미는 후대(後代)에 대하여 말하는 것이다. 승이란 선대가 마땅히 천심(天心)을 이어 행위해야 하지만 작은 과오가 있게 되고 스스로 과오를 알지 못하여 그것이 쌓이고 쌓여 과오는 갈수록 많아진다. 지금의 후대는 무고하게도 선대가 저지른 과오의 죄과를 받게 되는 것이다. 이렇듯 죄과로써 재난을 받기 때문에 선대

---

101) 『尙書』・『湯誥』, "天道福善禍淫."

102) 『尙書』・『伊訓』, 惟上帝不常, 作善降之百祥, 作不善降之百殃.

103) 『周易・坤積・文言』, "積善之家, 必有餘慶; 積不善之家, 必有餘殃."

를 승이라 하고 후대를 부라고 하는 것이다. 부에 있어서 연속되는 재난은 결코 한 사람의 과오에 연유하는 것이 아니며 끊임없이 이어져 온 것임을 지칭한다. 선대의 재난으로 후대가 곤란함을 겪으며 서로 책임을 지는 것을 일러 부라고 하니, 부는 선대의 과오를 후대가 책임지는 것을 의미하는 것이다."104)

여기서 '후생(後生)'이란 후대 다시 말해서 자손을 의미한다. 앞사람이 선악(善惡)을 지으면 본인은 물론이고 그 후손까지 책임을 부담해야 하고 응보를 받아야 한다는 것이다.

치초(郗超)는 『봉법요(奉法要)』에서 이러한 관점을 비평하였다. 그는 『니원경(泥洹經)』을 인용하여 "아버지가 착하지 않은 일을 하여도 아들이 대신 받지 아니하며, 아들이 착하지 않은 일을 하여도 아버지 역시 대신 받지 않는다. 착한 일을 하면 자신이 복을 얻고 악한 일을 하면 자신이 재앙을 받는다."105)고 하였다. 개인의 착하고 악한 행위는 자신의 행복과 재앙의 응보를 결정하므로 인간은 마땅히 자신의 행위에 대한 책임을 져야 한다는 것을 강조하고 있다.

근대의 양계초(梁啓超)는 『여지생사관(余之生死觀)』에서 "개인의 업은 개인이 그 과보를 받고, 한 집안의 업은 그 집안 전체가 과보를 받으며, 한 종족과 한 국가와 나아가 한 세계의 업은 그 종

---

104) 『태평경·해사책서결(太平經·解師策書訣)』, 『태평경합교(太平經合校)』 2판, (北京: 中華書局, 1979) p.70, "承者爲前, 負者爲後; 承者, 乃謂先人本承天心而行, 小小失之, 不自知, 用日積久, 相聚爲多, 今後生人反無辜蒙其過謫, 連傳被其災, 故前爲承, 後爲負也. 負者, 流災亦不由一人之治, 比連不平, 前後更相負, 故名之爲負, 負者, 乃先人負於後生者也."

105) 석준 등 편찬, 『중국불교사상자료선편』 제1권, p.19, "父作不善, 子不代受; 子作不善, 父亦不受. 善自獲福, 惡自受殃."

족과 그 나라와 그 세계 전체가 그 과보를 받는다. 이렇게 볼 때 가족의 경사와 불행을 말하는 것이 어찌 불설과 다르거나 위배된다고 하겠는가?"106)라고 하였다. 이 이론은 개인과 집단으로 나누어 각자가 지은 업은 각자가 과보를 받고, 집단이 지은 업은 집단이 그 과보를 받는다는 것을 강조하는 것이다. 이렇게 중국과 인도 불교의 응보관념은 조화를 이루기 시작하였다.

인간은 금세를 살면서는 자신이 과보를 받는다. 그렇다면 인간의 사후에는 누가 있어 과보를 이어받게 되는가? 중국의 불교학자는 인간의 사후인 내세에도 여전히 존재하는 정신, 즉 영혼이 응보를 계승하는 주체라고 설명한다.

동진시대 치초(郗超)는 다음과 같이 말한다.

> 식(識)이란 아주 오랜 시간이 지나 마음속에서 싹이 트는 종자와 같다. (싹에서) 맛이 나더라도 그 유래는 뿌리에 있다. 숨어서 털끝처럼 아주 작게 시작해도 결국에는 깊은 못과 큰 산을 이루게 된다. 그러므로 학자는 배우는 데 힘쓰고 신중해야 한다.107)

'식(識)'이란 오랫동안 없어지지 않고 마음속에 숨어 있는 영혼이다. 이것이 인과응보를 이어받는 주체이다. 그래서 치초는 심식(心識)의 도덕적인 수양을 특별히 강조하고 있는 것이다.

---

106) 『음빙실문집지십칠(飮冰室文集之十七)』, 『음빙실합집(飮冰室合集)』(2), (北京: 中華書局, 1989) p.7, "個人之羯磨, 則個人食其報; 一家之羯磨, 則全家食其報; 一族一國乃至一世界之羯磨, 則全族全國全世界食其報, 由此言之, 則言家族之餘慶餘殃者, 於佛說豈有違異乎?"

107) 『봉법요(奉法要)』, 석준 등 편찬, 『중국불교사상자료선편』 제1권, p.18, "識者, 經歷累劫, 猶萌之於懷. 雖昧其所由, 而滯於根. 潛結始自毫厘, 終成淵岳, 是以學者務愼所習."

북제시대의 안지추(顔之推)는 문장을 지어 육체는 죽어 없어져도 정신은 존재한다는 것을 긍정하면서 전해 오던 이야기를 인용하여 이를 증명하고 있다.

> 육체는 비록 죽어도 정신은 여전히 존재한다. 인간이 세상에 살고 있을 때 후신을 바라보면 마치 연속되지 않는 것 같지만, 죽은 후에 그 앞의 몸과 비교해 보면 늙었을 때나 젊었을 때나 아침이나 저녁이나 다 같을 따름이다. 세상에는 혼신이 있어서 꿈속의 생각으로 나타나기도 하고, 여자아이로 내려오기도 하고 혹은 처자식으로 감응하기도 한다. 음식을 찾아 구하거나, 복과 보살핌을 바라는 경우도 적지 않다. 금생이 가난하고 천하고 질병으로 고통스럽더라도 전생에 공덕을 닦지 않았음을 원망하거나 탓하려고 하지 마라.108)

안지추는 또 천안(天眼)과 신통력이 다 있어야 인간의 전생과 금생과 후생이 하나라는 것을 볼 수 있다고 하며, "범부는 가려지고 막혀 있어서 미래를 볼 수 없기 때문에 전생과 금생이 하나가 아니라고 말한다. 만약 천안이 있어서 시시각각으로 생멸하여 끊임없이 계속되는 것을 자세히 볼 수 있다면 어찌 두려워하지 않으랴."109) 라고 하였다. 이것은 인간의 정신과 사후의 영혼을 응보를 이어받는 주체로 삼고 있는 것이다. 육체와 정신의 관계에 대한 문제는 사실 중국불교의 인과응보론 내지 교의의 이론적인 핵심문제를 이루고 있다. 다음 장에서 집중적으로 상세하게 논술하겠다.

---

108)『안씨가훈·귀심편(顔氏家訓·歸心編)』,『제자집성』(八), p.31, "形體雖死, 精神猶存. 人生在世, 望於後身, 似不連屬, 及其歿後, 則與前身猶老少朝夕耳. 世有魂神, 亦現夢想, 或降僮妾, 或感妻孥, 求索飲食, 征須福佑, 亦爲不少矣. 今人貪賤疾苦, 莫不怨尤前世不修功德."

109)『안씨가훈·귀심편(顔氏家訓·歸心編)』,『제자집성』(八), p.31, "凡夫蒙蔽, 不見未來, 故言彼生與今非一體爾. 若有天眼, 鑑其念念隨滅, 生生不斷, 豈可不怖畏耶?"

4. 응보의 성질

인과응보론의 내용과 관련하여 중국불교학자가 비교적 많이 견지했던 인도불교에 대한 구체적인 주장은 인과응보의 성질에 대한 것이다. 중국불교학자는 중국 고유의 '자연(自然)', '기수(氣數)', '분명(分命)', '천명(天命)'이라는 관념과 결합시켜 중국의 문화사상적인 색채가 매우 농후한 설명을 만들어 내었다.

혜원(慧遠)은 인과응보가 '자연적인 상벌'임을 강조하고 인과응보설을 인생의 자연적인 규율로 삼고 다음과 같이 말했다.

> 마음은 선과 악의 방식을 통하여 자신의 특징을 표현하며 죄와 복이라는 응보의 결과로써 자신의 작용을 드러내 놓는 것이다. 본래 심정에 감응하면 응보는 저절로 오는 것인데 어찌 숨어서 시키는 자가 있겠는가? 그 잃어버린 도를 다스리려고 하는 데서 연유하는 것이다. 그러므로 죄와 복의 응보는 오직 그것이 감응한 것일 뿐이다. 감응한 그대로이기 때문에 이를 일러 '저절로 그렇다.'고 하는 것이다. '저절로 그렇다.'는 것은 곧 나의 그림자이고 나의 메아리일 뿐이다.110)

혜원은 형상이 있으면 그림자가 있고 소리가 있으면 메아리가 있는 것처럼, 사람의 마음속에 선악의 인(因)이 있으면 반드시 받게 되는 화복(禍福)의 과(果)가 있다고 생각하였다. 인간이 착하고 덕스러운 행위와 나쁜 행위를 하고 나면 마음의 느낌으로 말미암아 틀림없이 화복(禍福)의 응보를 불러들이게 된다. 느낌이 있으면

---

110) 『명보응론병문(明報應論幷問)』, 석준 등 편찬, 『중국불교사상자료선편』 제1권, p.90, "故心以善惡爲形聲, 報以罪福爲影響. 本以情感而應自來, 豈有幽司? 由御失其道也. 然則罪福之應, 唯其所感, 感之而然, 故謂之自然. 自然者, 卽我之影響耳."

반드시 반응이 있는 이것을 일러 응보라고 한다. 혜원은 이것을 자연적인 것으로서 별도의 주재자가 있거나 외부에서 응보를 관장하는 것이 아니라고 설명하였다. 이렇게 된 이상 인간도 자신의 행위가 만든 응보를 회피할 수 없다고 혜원은 보았다.

양계초 역시 다음과 같이 말한 적이 있다. "무릇 자신이 지은 적이 있는 '업(業)'은 그것이 선이든 악이든 결국 자기가 모든 '보(報)'를 받게 된다. 한 근(斤)의 업은 한 근의 과보를 받고 한 양(兩)의 업은 한 양의 과보를 받는다. 추호도 피할 수 없으며 선과 악을 상쇄하는 것도 허용하지 않는다."111)

중국의 불교학자는 또 인과응보가 인간의 '원기에 따른 운명'임을 선양하였다. 혜원은 인과응보를 '의심을 용납하지 않는' '필연적인 운명'으로 파악했다. 그는 "[인간이 길흉화복에] 굴복할 수밖에 없다는 인연관계는 옛날에 정하여졌다. 저승에 운명을 고하고 드러나지 않는 모습으로 돌고 도는 윤회를 한다. 그 때문에 화와 복의 원기가 육도에 교대로 나아가게 한다. 선악의 과보는 서로 뒤섞여 짝 지어 가는 것이다."112)라고 하였다.

고대 중국인에게는 인생의 화복은 태어날 때 하늘로부터 받은 원기가 다르기 때문에 생긴 결과라고 생각하는 일종의 설법이 있었다. 혜원 역시 특별히 '화복의 원기'에 대해서 말하고 있다. 그는 화복 그 자체는 원기이며, 화복의 원기는 육도 윤회 속에서 서로 교대하면서 대신하고 물러나는 자연적인 성질과 모습을 가지고 인

---

111) 『여양령한등서(與梁令嫻等書)』, 『양계초연보장편(梁啓超年譜長編)』, p.1046.

112) 『삼보론(三報論)』, 석준 등 편찬, 『중국불교사상자료선편』 제1권, p.88, "倚伏之契, 定於在昔, 冥府告命, 潛相回換. 故令禍福之氣, 交謝於六府; 善惡之報, 舛互而兩行."

생의 화복과 응보를 부여한다고 생각하였다.

남조 송대에 불교를 신봉했던 문인인 안연지(顔延之)는 "무릇 원기의 운명 속에서 대상을 감응하지 않는 것은 없다. 베풀고 돌려 받는 도리는 필연의 징표이다."[113]라고 하여 '원기의 운명'과 '응 보'를 더욱 직접적으로 소통시켰다.

고대 중국에서는 '분명(分命)'론도 유행하였다. 동진시대의 대규 (戴逵)는 바로 이 분명론을 무기로 삼아 인과응보론과 서로 형평을 이루었다. 분명(分命)은 이른바 사람들의 "빈궁과 영달, 선과 악, 어리석음과 지혜, 장수와 요절 등으로 운명을 나누는 것으로서, 운 명을 나누는 것은 죽은 후 맨 먼저 하늘이 결정한다."[114]는 것이다. 운명을 나누는 것은 선천적으로 결정된 숙명이다. 숙명론과 불교의 인과응보론에서 말하는 과거세에 지은 업이 내세에 응보를 받는다 는 사상은 서로 통한다. 그래서 중국불교학자들은 이것을 불교의 인과응보설의 체계 속에 넣게 되었다.

혜원은 "빈궁과 영달의 운명을 나누는 것은 상식으로 헤아릴 수 있는 것이 아니다. 그러나 불교의 큰 가르침에 의지해야 검정(檢 定)되는 것과 같다."[115]고 하였다. 인생에 있어서 빈궁하게 살거나 영달하며 살도록 운명이 나누어지는 것은 일반적인 지혜로는 도저 히 추측할 수 없다. 오직 불교의 교의에 의지하여야 비로소 검정이 된다는 것이다. 혜원은 분명론과 인과응보론 간의 모순을 요령 있

---

113) 『석달성론(釋達性論)』, 『홍명집』 권4, 『大正藏』 52, p.22b, "凡氣數之內, 無不感對, 施報之道, 必然之符."

114) 대규(戴逵), 『답주거사난석의론(答周居士難釋疑論)』, 『광홍명집(廣弘明集)』 권18, 『大 正藏』 52, p.223c, "窮達, 善惡, 愚智, 壽夭, 無非分命. 分命玄定於冥初."

115) 『답대처사서(答戴處士書)』, 석준 등 편찬, 『중국불교사상자료선편』 제1권, p.120, "分命窮達, 非常智所測, 然依傍大宗, 似有定檢."

게 조화시켰으며, 이와 함께 분명론을 인과응보론의 하나의 내용으로 만들었다.

불교의 인과응보론과 중국의 천명론(天命論)은 서로 다르며 심지어 대립적인 양상을 보이기도 한다. 앞서 기술한 바와 같이 한대(漢代) 이래 불교학자는 하늘의 명령으로 사람들에게 화복이 내린다는 견해에 대해서는 많은 비평을 하였다. 그러나 원대(元代) 이후부터는 일부의 불교학자들이 전향하여 응보론과 천명론의 일치성을 강조하였다. 가령 원대의 유밀(劉謐)은 『삼교평심론(三敎平心論)』에서 "할 수 없는 일을 하는 것이 천이며, 다스릴 수 없는 것을 다스리는 것이 명령이다. 유가는 하늘의 명령을 말하고 불가는 정해진 업을 말하는데, 대부분이 피할 수 없는 운명이다."[116]라고 하였다. 이것은 하늘의 명령과 정해진 업을 모두 필연적이고 절대적인 것으로 파악하고 있으나, 불교의 응보론이 강조하는 업을 짓는 주체성과 자율성, 천명론의 차이성은 간과하고 있다.

명나라 말엽의 4대 대사 중의 한 사람인 진가(眞可, 1543~1603)는 더욱 명확하게 설명하고 있다.

『홍범』을 읽고 나서 기자가 성인임을 알았다. ……기자는 오복과 육극을 말했다. 하늘을 경외하고 백성을 사랑하는 사람은 하늘이 오복으로써 그에 마땅한 대우를 하고, 그 반대일 경우에는 육극으로써 응대한다고 한다. 보복의 이치와 인과의 법칙은 붓다가 동방으로 오시기 전 중국에서도 이것으로써 천하를 통치하려는 자가 있었음을 알 수 있다. 중국에서는 엄격하게 시행되지 않았을 뿐이다. 지금 인과를 이야기하고 보복을 제창하는 것은 붓다가 미혹되고 어리석은 자들을

---

116) 『大正藏』 52, p.790c, "莫之爲而爲者天, 莫之致而致者命. 儒言天命, 佛言定業, 盖不可逃之數也."

고무하기 위한 방편이지 어찌 군자가 말하는 것이라 하겠는가?[117]

불교의 인과응보설에 대한 사람들의 비평을 완화하기 위하여 불교학자들은 갈수록 유가의 천명론을 긍정하고 또 그것을 불교의 인과응보론과 같은 길로 끌어들였다.

제3절 윤회설의 새로운 설명

불교의 윤회설은 인과응보론의 기초 위에 형성되어 있는 생명의 유전(流轉) 변화에 관한 학설이다. 중생은 미혹한 업(業)의 인(因)으로 말미암아 생사유전을 불러온다. 이것은 수레바퀴가 회전하는 것처럼 영원히 그치지 않으므로 끝이 없다. 불교는 생사윤회에 빠지는 것은 고통이고 생사윤회를 초월하여야만 비로소 최종적으로 '해탈(解脫)'을 얻을 수 있다고 강조한다. 윤회설은 불교 인과응보론의 중요한 내용이며 해탈론의 필수적인 전제조건이다.

중국의 불교학자는 중국 고유의 관념 가운데서 서로 관련 있는 것과 결합시키는 데에 중점을 두고, 육도윤회의 여러 가지 형태, 윤회와 주체, 윤회와 심성도덕의 관계에도 중점을 두면서, 동시에 유가학자들이 생사윤회설을 여러모로 비난하는 것에 대응하기도 하였다.

---

117) 『법어·장송여퇴(法語·長松茹退)』,『자백노인집(紫柏老人集)』권9, p.25, "吾讀『洪範』, 乃知箕子聖人也. ……箕謂五福1) 六極,1) 唯敬天愛民者, 天以五福應之, 反是則以六極應之. 由是而觀, 則報復之理, 因果之條, 釋氏未東之日, 而中國有欲治天下者, 未始不嚴於此也. 今謂因果之談, 報復之唱, 乃釋氏鼓惑愚者之技, 豈君子所當道哉?"

1. 육도윤회(六道輪回)와 혼의 태산 귀의[魂歸泰山]

그대는 보지 못하오? 범처럼 건강하던 동쪽 집의 부인이 뱃속에 품
은 아기를 낳을 날을 헤아리며, 어젯밤에도 혼자 힘으로 문간에 기대
어 서 있더니, 오늘 아침에 명이 다하여 황토로 돌아간 것을. 또 보
지 못하오? 용처럼 용맹하던 서쪽 집의 아들이 저녁에 실컷 먹고 깊
은 잠에 들었다가 놀던 영혼이 일단 가고 나니 돌아눕지도 못하고
오경에 명이 다하여 염하는 노인에게 맡겨지는 것을. 눈앞의 사람도
오히려 이럴진대 멀리 타향에 있는 사람을 어찌 말할 수 있으리오!
친구를 자주 찾지도 않았지만 해가 가고 달이 바뀌고 보니 많은 이
가 죽었구려. ……어제 거리에서 말 달리던 사람이 오늘 아침 관 속
에서 시체가 된 것을 보는 것과 같구려. ……지옥같이 괴로운 마음이
실로 슬프구려!118)

　이것은 명나라 말엽 불교의 4대가 가운데 한 사람인 주굉(袾宏)
이 출가하기 전에 부인에게 이별을 고하면서 쓴 이별가이다. 이 글
은 불교의 생사윤회 관념이 바로 주굉이 출가하여 불교를 신봉하
도록 자극하였고, 생사유전을 초탈하여 죽지 않고 영원히 사는 궁
극적인 이상을 실현하게 만든 것이다.

　윤회는 원래 옛 인도 브라만교의 중요한 교의(敎義) 중의 하나이
다. 인도의 네 가지 종성(種姓)119)은 생사가 계속하여 반복되는 윤

---

118) 주굉(袾宏), 『출가별실입탕(出家別室入湯)』, 『운서법휘·산방잡록 권2·시가부(雲
　　栖法彙·山房雜錄券二·詩歌附)』, 금릉각경처본(金陵刻經處本), 1899, "君不見,
　　東家婦, 健如虎, 腹孕常將年月數, 昨宵猶自倚門閭, 今朝命已歸黃土. 又不見, 西
　　家子, 猛如龍, 黃昏飽飯睡正濃, 游魂一去不腹返, 五更命已屬閻翁. 目前人, 尙如
　　此, 遠地他方那可指! 閑將親友細推尋, 年去月來多少死. ……昨日街斗猶走馬, 今
　　朝棺里已眼尸. ……地獄心酸實可哀."

119) 네 가지 종성은 인도에서 사람을 브라만, 크샤트리아, 바이샤, 수드라 네 등급으로 분
　　류한 것으로서, 고대 인도사회에서는 직업이 세습되었고, 같은 종성 내에서만 혼인할
　　수 있고 서로 다른 등급 간의 교류는 허용되지 않았다.

회전생(輪回轉生) 속에서 세세생생토록 영원히 세습되어 변하지 않는다는 것이다.

불교는 바로 이 관념을 수용하여 개선하고 발전시켜 중생이 업보를 받기 전에는 모두가 평등하다는 주장을 한다. 즉 자신이 행한 선행과 악행이 내세의 전생(轉生)을 결정한다는 것이다. 해탈을 하기 전에는 중생 각자가 지은 업의 선악에 의해 가게 되는 미래의 세상에 5도(五道, 五趣) 혹은 6도(六道, 六趣)가 있다는 설이 있다. 초기에는 6도 또는 5도로 설명하다가 나중에는 6도만 설명하였다. 6도란,

(1) 지옥(地獄): 지하의 감옥이다. 괴로운 과보를 받는 가장 무거운 고난의 깊은 연못으로 '팔열(八熱)지옥', '팔한(八寒)지옥', '무간(無間)지옥' 등 명칭이 있다.

(2) 아귀(餓鬼): 일종의 외롭고 가난하고 천하고 타락한 귀신이다. 사방을 떠돌아다니며 먹을 것을 구해도 얻지 못하여 참기 어려울 정도로 기아와 갈증이 심하며 고통이 그치지 않는다.

(3) 축생(畜生, 傍生): 인간 이외의 일체의 동물, 즉 가금류와 짐승, 물고기, 벌레, 소, 양, 돼지, 말 등이다. 대부분 자연환경의 지배를 받거나 인간의 생활에 종속되어 있다. 동물 사이에는 약육강식과 상호간의 살육이 존재하며 인간도 그들을 부리거나 채찍으로 때리거나 도살하기도 한다.

(4) 아수라(阿修羅, 修羅): 바다 속에 살며 일종의 큰 힘을 지닌 귀신으로서 신통한 위력을 지니고 있으나, 덕을 행하지 않고 특히 질투심이 강하다.

(5) 인간[人]: 인류 중생을 말한다. 괴로움과 즐거움이 반반이거

나 고통이 많고 기쁨은 적다. 육도(六道)의 영고성쇠의 중추이며, 선을 수행하면 천도에 태어나게 되고, 살인·도둑질·사음 등의 악업을 지으면 축생·아귀·지옥의 삼악도(三惡道)에 떨어진다. 그러나 인간은 지혜가 풍부하여 괴로움을 알고 도 닦기가 쉬워서 평범한 사람이 성인으로 변한다.

(6) 천(天): 하늘 세상의 중생을 의미한다. 모두 3계 28천이 있다. 인간세상으로부터 위로 6천에는 남녀의 정욕이 있기 때문에 '욕계천(欲界天)'이라고 한다. 욕계(欲界) 위의 18천(十八天)은 남녀의 정욕이 없고 색상(色相)만으로도 장엄하기 때문에 '색계천(色界天)'이라고 한다. 색계 위의 4중의 하늘은 색신의 형상이 없고 오직 정신적인 심식(心識)만 있기 때문에 '무색계천(無色界天)'이라고 한다. 천계 내부에 비록 구별이 있기는 하지만 모두 즐거움을 누리는 것을 중시한다. 항상 지극한 쾌락을 향유하나 결코 생사를 초탈한 것은 아니기 때문에, 악한 일을 하게 되면 다시 악도(惡道)에 떨어지기도 한다.

위에서 설명한 육도(六道) 중에서 인도불교의 어떤 부파는 아수라도를 삭제하고 오도(五道)만을 말하기도 한다. 육도 중 앞의 삼도를 삼악도(三惡道)라고 하고 뒤의 삼도를 삼선도(三善道)라고 한다. 육도의 모든 생명존재를 통칭하여 중생이라고 한다. 중생은 다하지 못한 업으로 말미암아 육도에 머물면서 생사윤회가 끊임없이 계속되는 고통을 받는데, 이를 육도윤회(六道輪回)라고 한다. 육도는 모두 생사윤회의 고통에 처해 있기 때문에 불교는 육도 중생이 모두 하나의 큰 지옥 속에 있다고 말한다.

신앙적인 관념에서 볼 때 불교가 전래되기 이전에 중국에는 이

미 천상(天上)과 인간세상[人間]과 지하(地下) 세 가지 다른 공간
적 관념이 형성되어 있었다.

천상은 상제(上帝, 天帝)가 거주하는 곳으로서 '제소(帝所)'라고
하였다. 상제는 천상에서 최고의 신으로서 많은 신들을 거느리고
있다. 일련의 권위 있는 조상신들도 제소에 와서 머물고 있다.

지하는 귀신이 거주하는 저승세계[陰間]를 말한다. 사람이 죽으
면 귀신으로 변한다. 귀신은 용모와 성정(性情)이 살아 있을 때와
같고, 은혜에 보답하고 원한에 대한 복수도 할 수 있어서 살아 있
는 사람에게 복이나 화를 준다. 『초사(楚辭)』 「초혼(招魂)」에서
"혼이여 돌아오소서, 그대는 여기 상천에는 없구려[魂兮歸來, 君無
上天些]." "혼이여 돌아오소서, 그대는 여기 아래 유도에도 없구려
[魂兮歸來, 君無下此幽都些]."라고 한다. 여기에서 '유도(幽都)'는
지하세계를 일컫는다. 혼은 하늘로 올라갈 수도 있고 땅속으로 들
어갈 수도 있다.

1972년 장사(長沙)의 마왕퇴(馬王堆) 한묘(漢墓) 1호와 3호에서
모두 비단그림[帛畵]이 출토되었다. 1호에서 출토된 비단그림의 윗
부분은 천상의 세계, 중간 부분은 인간세계, 아랫부분은 지하세계
세 부분으로 나누어져 구성되어 있다. 그림은 묘지 주인인 대후리
창(軑侯利蒼) 부인의 '영혼이 하늘로 올라가는' 상황을 묘사하고
있다.[120) 인간세상과 견주어 볼 때 천상세계는 천당이며, 지하세계
는 저승[陰間]이다(인간세상은 이승[陽間]이라고 한다).

---

120) 『장사마왕퇴1호한묘(長沙馬王堆一號漢墓)』 上集(北京: 文物出版社, 1973) 참조. 또
한 『좌담장사마왕퇴1호한묘(座談長沙馬王堆一號漢墓)』 『고고(考古)』, 1972(9); "마
왕퇴1호한묘의 비단그림에는 결코 '상아가 달 속으로 달아난 이야기'가 없다(馬王堆
一號漢墓帛畵幷無'嫦娥奔月')." 『고고(考古)』 1979(3)에 게재된 것도 참조.

중국의 세 종류 세계설과 불교의 육도윤회설 중 천(天)·인(人)·아귀와 지옥의 의미가 결코 같지는 않지만 서로 통하는 점도 있다. 중국인이 육도윤회설에 대해 가장 공포와 두려움을 느끼는 것은 지옥도이다. "살아 있는 사람이 죽고 나면 저승에서 그 정신을 거두어들여 정리한다. 평생 동안 지은 죄와 복을 가름하여 죄를 지은 쪽에 자리하는 사람은 형벌을 주는데 지옥은 모두 무섭고 험악하다."121) "좁은 전각과 넓은 회랑에 모두 지옥의 모습이 그려져 있는데 익숙하지 않은 사람들이 보면 털이 곤두서고 놀라지 않는 사람이 없다."122) 불교에서 사람들은 죽으면 지옥에 들어간다는 이야기와 사찰에 그려진 지옥의 풍경은 사람들로 하여금 머리카락이 곤두서게 하고 마음을 무섭고 두렵게 한다.

불교를 선양하는 일부의 소설 역시 지옥의 고통을 알리고 있다. 예를 들어 『명상기(冥祥記)』에는 진(晋)나라 사람 조태(趙泰)가 중년에 심장병으로 돌연사한 뒤 십 일 후에 소생하여 지옥에 다녀온 경험을 말한 것이 기재되어 있다. "지옥의 여러 곳을 가 보니 가시나무 회초리와 독약으로 사람을 죽이거나, 침으로 혓바닥을 꿰뚫어 온몸에 유혈이 낭자하였다. 벌거벗은 채 맨발로 무리 지어 돌아다니고, 서로 한데 묶여 걸어가는데 빨리 안 간다고 큰 몽둥이로 뒤에서 후려치고 있었다. 쇠로 된 침상과 동으로 된 기둥을 불로 달구고, 사람들을 강제로 몰아넣어 그 위에 눕게 하자 불에 데고 굽

---

121) 두목(杜牧), 『항주신조남정자기(杭州新造南亭子記)』, 『전당문(全唐文)』 권753, 제8책, 중화서국영인본(中華書局影印本) p.7809, "生人旣死, 陰府收其精神, 校平生行事罪福之. 坐罪者刑, 獄皆怪險."

122) 두목(杜牧), 『항주신조남정자기(杭州新造南亭子記)』, 『전당문(全唐文)』 권753, 제8책, 중화서국영인본(中華書局影印本) p.7809,, "夾殿宏廊, 悉圖其狀, 人未熟見者, 莫不毛立神骇."

힌 사람들은 다시 환생할 생각만 하고 있었다. 혹은 불이 활활 타고 있는 화로와 거대한 솥에서 죄인을 굽거나 삶고 있었다. 죄인들은 몸이 부수어지고 목이 떨어졌으며 물이 끓는 대로 뒤집히고 있었다. 귀신들은 팔짱을 끼고 한쪽에 기대어 서 있었다. 대략 삼사백 명 정도 되는 사람들이 한쪽에 서서 솥에 들어갈 차례를 기다리며 서로 부둥켜안고 슬피 울고 있었다."[123] 불교의 지옥설은 불교가 중국인의 신앙에 영향을 끼친 가장 중요한 관념의 하나가 되었다.

중국은 진한(秦漢) 이래 사람이 죽으면 그 영혼은 태산(泰山)으로 돌아간다는 말이 있었고, 한(漢)나라와 위(魏)나라 연간에는 태산이 귀신을 다스린다는 설이 성행하였다. 중국인들이 불교신앙을 쉽게 수용하도록 하기 위하여 중국의 불교학자는 중국의 태산숭배와 불교의 지옥응보를 결합시키기 시작하였다.

의경(疑經)인 『불설묘호보차경(佛說妙好寶車經)』 같은 경에서는 "장차 나는 어디로 갈 것인가? 동쪽의 태산으로 보내지리라."라고 하였다.[124] 물론 여기서의 태산(太山)은 태산(泰山)이다. 중국의 오악(五岳) 중에서 동악(東岳)이며, 전설에 의하면 전문적으로 초혼(招魂)을 관장하는 태산부군(太山府君)이 거주하는 곳이다. 불교는 태산부군설의 이야기를 비밀리에 정탐하여, 태산부군을 중생의 선악 행위를 기록하는 일을 전문적으로 담당하는 염라대왕의 서기관으로 만들었다. 그래서 태산은 중국인이 지옥응보를 이어받는 장소

---

123) 『조태(趙泰)』, 『태평광기(太平廣記)』 권377, 제8책, (北京: 中華書局, 1961), pp.2996~2997, "所至諸獄, 楚毒各殊. 或針貫其舌, 流血竟體. 或被頭露髮, 裸形徒跣, 相牽而行, 有持大杖, 從後催促. 鐵床銅柱, 燒之洞然, 驅迫此人, 抱臥其上, 赴卽焦爛, 尋復還生. 或炎爐巨鍋, 焚煮罪人, 身首碎墜, 隨沸翻轉, 有鬼持叉, 倚於其側. 有三四百人, 立於一面, 次當入鍋, 相抱悲泣."

124) 『大正藏』 85, p.1334b, "將我何所至, 送至東太山."

가 되었고 불교도들이 신봉하는 신령스러운 산이 되었다.

육도윤회 속에서 고통을 받고 있는 중생들을 어떻게 구제할 것인가? 중국불교는 육관음(六觀音)과 육지장(六地藏)을 믿으면 그들이 고통과 고난에서 중생을 구제할 수 있다고 말한다.

천태종의 창시자인 지의(智顗, 538~597)는 『마하지관(摩訶止觀)』 권2상에서 대비(大悲), 대자(大慈), 사자무외(師子無畏), 대광보조(大光普照), 천인장부(天人丈夫)와 대범심원(大梵深遠)의 육존관세음보살은 순서대로 지옥(地獄), 아귀(餓鬼), 축생(畜生), 아수라(阿修羅), 인(人)과 천(天)이 성도(聖道)로 나아가는 데 장애가 되는 것을 분별하여 제거할 수 있다고 지적하였다.[125]

육지장(六地藏)은 대정지비(大定智悲), 대덕청정(大德淸淨), 대광명(大光明), 청정무구(淸淨無垢), 대청정(大淸淨)과 대견고(大堅固)의 육존지장보살(六尊地藏菩薩)이다. 역시 순서대로 지옥, 아귀, 축생, 아수라, 인, 천의 육도 중생을 분별하여 교화하고 인도한다. 중국불교는 육관음(六觀音)과 육지장(六地藏)을 육도 중생을 교화시킬 수 있는 신주(神主)로서 매우 적극적으로 받들고 있다. 이는 또한 중국불교에서 관음보살과 지장보살을 믿는 열풍을 불러일으켰고, 관음보살과 지장보살에 대한 신앙이 석가모니불에 대한 신앙을 초월하는 하나의 중요한 원인이 되었다.

---

125) 『大正藏』 46, p.15b.

2. 십계호구(十界互具)와 각각윤회(刻刻輪回)

중국불교학자들은 또한 전통사상 중에서 총체적 사유와 변증법적 사유를 운용하여 『법화경(法華經)』의 십법계(十法界)의 모든 중생은 모두 성불할 수 있다는 사상과 결합시켜 '십계호구설(十界互具說)'을 제창함으로써 중생의 생사해탈을 위한 독창적인 방법을 만들어 냈다.

육도에서 '범부(凡夫)'라고 불리는 자는 '미혹'의 세계에 있으며, 이미 생사해탈을 획득하여 '성자(聖者)'라고 불리는 사람은 깨달음의 세계에 있다. 불교는 범부에서 성인(聖人)으로, 미혹에서 깨달음으로 들어가는 것이 중생이 최고의 가치와 이상을 실현하는 근본적인 과정이라고 생각한다.

지의(智顗)의 『마하지관(摩訶止觀)』 권5상에 의하면 미혹과 깨달음의 세계에는 모두 열 가지 종류가 있다. 미혹의 세계는 여섯 종류 곧 육도를 말하며, 깨달음의 세계는 모두 네 종류로 성문(聲聞)·연각(緣覺)·보살(菩薩)·불(佛) 사성(四聖)을 말한다. 성문은 붓다의 설법을 듣고 깨달음을 증명하는 자이고, 연각은 인연을 관찰하여 깨달은 자이며, 보살은 성불의 가능성을 지닌 모든 중생을 제도하기 위하여 수행하는 자이며, 불은 스스로 깨달아 타인도 깨닫게 할 수 있는 깨달음의 행이 두루 원만한 자를 말한다. 육범(六凡)과 사성(四聖)을 합하여 십계라고 부른다.

지의(智顗)는 지옥계로부터 불계에 이르기까지 십계 중의 어떤 계도 모두 십계를 갖추고, 나머지 서로 다른 경계를 모두 구비하고 있다고 생각하였다. 예를 들면 지옥은 아귀에서 불(佛)에 이르는 각각의 계를 구비하고 있고, 불계 역시 지옥에서부터 보살에 이르는 각각의 계를 갖추고 있다. 한마음[一心]은 십계의 인과(因果)를 만들 수 있고 또 십계를 두루 갖추고 있다.126) 이러한 이론은 중생들의 주체적인 심성활동의 다양성과 통일성을 강조하고, 불계에서부터 지옥계에 이르는 십계는 중생의 한마음에 의해 만들진 것이므로 차별이 없다는 것을 강조한다. 곧 주체적인 정신이 심층적으로 활동하는 가운데 십계 고유의 경계가 극복되고, 세속세계와 신성(神聖)세계 사이에 견고한 다리를 놓아 중생을 위한 주관세계로 전환한다. 나아가서는 범부를 초월하여 성인이 되도록 하게 하는 중요한 이론적 근거가 된다.

명나라 말엽의 주굉(袾宏)은 『육도호구(六道互具)』를 지어 "육도 가운데 다시 육도가 있다."고 생각하였다. 이 문장에서 그는 사람을 예를 들어 설명하고 있다.

> 사람에게 있어서 천(天)이란 국왕과 대신들이다. 사람에게 있어서 인(人)이란 의식이 풍족하여 세상살이가 편안한 소신들과 평민들 부류이다. 사람에게 있어서 아수라는 감옥의 관리, 백정, 명을 절단하는 자들이다. 사람에게 있어서 축생이란 힘든 노역에 종사하며 언제나 채찍을 맞는 사람들이다. 사람에게 있어서 아귀란 가난하고 궁색한 걸인들로서 배고픔과 추위로 울부짖는 자들이다. 사람에게 있어서 지옥이란 몸을 베어 죽이는 형벌을 받는 자들을 말한다.127)

---

126) 『大正藏』 46, p.54a에 상세히 보임.

127) 『운서법휘(雲栖法彙)·죽창수필(竹窓隨筆)』, "有人而天者, 諸國王大臣之類是也. 有人而人者, 諸小臣及平民衣食饒足, 處世安然之類是也. 有人而修羅者, 諸獄吏, 屠兒, 劊子之類是也. 有人而畜生者, 諸負重力役, 恒受鞭撻之類是也. 有人而餓鬼者, 諸貪窮乞人, 啼飢號寒之類是也. 有人而地獄者, 諸刑戮剮割之類是也."

주광은 이를 두고 "각각 그 마음에 따라 과보를 감응하는 것이 같지 않으며", 이것은 사람이 전생에 계율을 지키고 복을 지은 것이 다르기 때문이라고 생각하였다. 그러나 객관적으로 볼 때 이러한 현상이 존재했던 것은 봉건사회의 불평등 의식과 복잡하게 얽혀 있기 때문이다.

일부의 학자는 불교의 '자신이 짓고 자신이 받는다[自業自得].' '지은 대로 받는다[隨作隨受].'는 사상에 근거하여 각각윤회설(刻刻輪回說)을 제시하였다. 이는 십계호구설과 구별이 되면서도 몇 가지 공통점을 지니고 있다. 양계초(梁啓超)는 다음과 같이 말했다.

> 선과 악은 상쇄를 불허한다. ……악업은 그 과보를 다 받은 연후에 비로소 선업이 계산된다. 만약 지금 선업의 과보를 향유하고 있는데 악업을 짓게 되면 선보(善報)는 끝이 나고 또한 악업(惡業)을 계산해야 한다. ……일찍이 악업을 지은 적이 있다면 참회를 하였다고 해서 소멸되는 것이 아니라 과보를 다 받은 후에 비로소 소멸된다. ……그(佛)가 말한 육도윤회론 등등은 일반 천민을 위해서 설법한 것이다. 유형(有形)의 천당과 지옥은 사실 우리들이 시시각각으로 윤회 속에 있음을 의미하는 말들이다. 일생 동안 몇 차례의 천당과 지옥을 겪게 되는지 알 수 없다.[128]

위의 글이 말하는 것은 선에는 선의 과보가 있고, 악에는 악의 과보가 있으며, 선악업의 과보는 결코 상호간에 상쇄되어 소멸하지 않는다는 것이다. 악업을 지으면 반드시 악보를 받고 참회하였다고

---

128) 『여양령한등서(與梁令嫻等書)』, 『양계초년보장편(梁啓超年譜長編)』, p.1046, "善和惡是不准抵消的. ……惡業受完了報, 才算善業的賬, 若使正在亨善業的報的時候, 又做紫惡業, 善報受完了, 又算惡業的賬. ……曾經造過的惡業, 并不因忏悔而滅, 是要尋報完了才滅. ……他(佛) 說的六道輪回等等, 不過爲一般淺人說法, 設紫有形的天堂地獄, 其實我們刻刻 在輪回中, 一生不知道要經過多少天堂地獄."

해서 그 악에 대한 과보가 사라지지 않는다. 선업을 짓고 난 후에 악업을 짓게 되면 먼저 선업에 대한 과보를 받고 다시 악업에 대한 악보를 받게 된다. 종합해서 말한다면 일반사람들이 흔히 선업을 짓고 나서 악업을 지으면 때가 되어 천당에 올라갔다가, 때가 되면 지옥으로 떨어져 육도 속에서 끊임없이 윤회를 거듭한다고 한다. 각각윤회설(刻刻輪回說)은 윤회응보설을 객관적으로 현실화하여 인생에서 심리적으로 다양한 체험을 하게 되는 것을 말한다. 한편으로는 인간이 현실생활 속에서 수시로 과보를 받는 것을 강조함으로써 내세에 응보를 받는다는 관념을 희석시키는 데에 일정한 의의가 있고, 다른 한편으로는 정신적 고뇌가 지옥이고 정신적 쾌락은 천당이라고 생각하여 선업을 많이 짓도록 강조하는 것이다. '마음의 청정'을 유지하면 현실생활 속에서 열반의 경계에 도달할 수 있으므로 불교의 최고 가치와 이상을 심성수양의 경계로 귀결시키고 있다.

3. 윤회와 지계(持戒), 윤회와 심념(心念)

불교학자가 인과응보론의 근원을 논술할 때 사실상 그것은 이미 육도윤회론의 근원을 서술한 것이다. 주목할 점은 중국의 불교학자는 계를 지켰는가 지키지 않았는가, 십악(十惡)을 범했는가 범하지 않았는가를 특히 중시하면서 육도윤회의 근원을 설명하고 있고 마음 곧 주체적인 심리활동을, 윤회를 주도하는 결정적인 요소로 삼고 있다는 점이다.

불교에서는 혹업(惑業)의 인(因)으로 말미암아 중생이 육도의 생사윤회를 불러오는 것이라고 생각한다. 혹업의 인이란 괴로움의 원인을 의미하며 구체적으로는 탐욕[貪]과 성냄[瞋]과 어리석음[痴]을 가리킨다. 여기서 탐욕(貪慾)은 갈애와 쾌락에 탐착하는 오욕(五慾)을 말한다. 오욕(五慾)은 색(色), 성(聲), 향(香), 미(味), 촉(觸) 오경(五境)에 대해서 일으키는 다섯 가지의 정욕(情欲)을 말한다. 성냄은 중생에 대한 일종의 원한의 심리이고 증오하는 활동이다. 어리석음은 사리에 밝지 못하여 우주와 인생의 진실을 이해하지 못하는 것이다. 탐(貪) · 진(瞋) · 치(痴)는 '삼독(三毒)'이라고도 한다. 중생에게 해독을 끼치고 오랫동안 고통을 받으며 생사에서 벗어나지 못하게 하는 세 가지 근본 요소이다. 이 셋은 중생이 육도 가운데서 끝없이 유전하는 괴로움을 받도록 결정하는 근원이기도 하다. 불교는 탐 · 진 · 치를 소멸하는 것만이 고통의 원인을 제거하여 해탈을 얻을 수 있다고 한다. 이것은 사람의 욕망과 감정 그리고 인식 세 방면에서 인생 고통의 근원을 탐구한 것으로서, 오로지 오욕을 소멸하여 지혜를 증대시키는 것만이 생사윤회를 초월하여 해탈하는 길임을 강조한 것이다.

중국의 불교학자는 윤회의 인과관계에 대하여 구체적인 설명을 하고 있다. 치초(郗超)는 『봉법요(奉法要)』에서 다음과 같이 말한다.

> 삼계[129]에는 오도가 있다. 첫째는 하늘이라고 하고, 둘째는 사람, 셋째는 축생, 넷째는 아귀, 다섯째는 지옥이라고 한다. 오계(五戒)가 완전하면 인간의 상을 구비하게 되고, 십선을 갖추면 천당에 태어난다.

---

129) 중생이 거주하는 욕계(欲界), 색계(色界), 무색계(無色界)를 말한다.

하나의 계만 완전하여도 역시 인간이 될 수 있다. 인간은 고귀함과 비천함, 장수와 요절이 같지 않다. 계로 말미암아 모두 그 많고 적음이 있는 것이다. 십선의 반대를 십악이라고 한다. 십악을 모두 범하면 바로 지옥으로 떨어간다. 흉악한 강도는 충성스럽게 간하는 말을 받아들이지 않고 악독한 마음이 안에서 들끓고, 사사로움을 드러내어 속이기만 하면 축생으로 떨어지거나 뱀으로 태어난다. 이익만을 좇아 인색하고 탐내거나 평소에 받은 고통이 부족하면 아귀에 떨어진다. 그 죄의 실수가 가볍고 적어도 음탕하거나 사사로움이 많고 정이 공정하지 않으면 모두 귀신으로 떨어진다. 비록 미미한 복을 받는다고 하여도 고통을 면하기는 어렵다.[130]

이것은 천·인·축생·아귀·지옥 오도(五道)가 만들어지는 원인을 구체적으로 설명한 것이다. 여기에서 치초(郗超)는 지계의 여부, 지계의 많고 적음, 선과 악을 행한 것이 미래의 오도를 구별 짓고, 인간이 전생에 오계를 지킨 것과 계를 많이 지키고 적게 지킨 것으로 존귀(尊貴)·비천(卑賤)·장수(長壽)·요절(夭折)의 차별이 결정된다고 보았다. 이것은 인간의 운명과 불교의 계율, 즉 종교의 도덕적인 실천을 긴밀하게 연계시킴으로써 사람들이 불교를 믿고 계율을 준수하도록 권하고 인도하기 위한 근거를 제공하였다.

중국의 불교학자는 계율의 실천에서 중생이 윤회하는 원인을 제시한 것 이외에, 마음의 주체적인 작용을 갈수록 강조하면서 마음의 사유활동과 그 마음의 본원적인 의의로부터 중생윤회의 근원을

---

130) 석준 등 편찬, 『중국불교사상자료선편』 제1권, pp.17~18, "三界 之內, 凡有五道. 一曰天, 二曰人, 三曰畜生, 四曰餓鬼, 五曰地獄. 全五戒則人相備, 具十善則生天堂. 全一戒者, 則亦得爲人. 人有高卑, 或壽夭不同, 皆由戒有多少. 反十善者, 謂之十惡, 十惡畢犯, 則入地獄. 抵突强粱, 不受忠諫, 乃毒心內省, 徇私欺紿, 則或墮畜生, 或生蛇虺, 慳貪專利, 常苦不足, 則墮餓鬼. 其罪差輕少, 而多陰私, 情不公亮, 皆墮鬼神. 雖受微福, 不免苦痛."

설명하기도 하였다.

치초(郗超)와 같은 초기의 중국불교학자는 마음이 육도윤회를 만든다는 불교의 사상에 근거하여, "무릇 일어나는 마음을 잘 살펴보면 생각마다 모두 과보를 받는다."[131]는 것을 강조하고 있다.

후기 중국의 불교학자는 한 걸음 더 나아가 마음에서 생각이 일어나는 것은 인간이 다른 종류로 윤회하게 되는 것이라고 생각하였다. 예를 들면 "한마음이 일어나기 전에는 범인과 성인 모두 구분할 수 없지만 ……한마음이 일어나고 나면 성인과 범인이 분명하게 판단된다. 무릇 생각이 일어나는 그곳이 바로 자신이 들어가서 처하게 되는 경계임을 알아야 한다."[132] 또한 "일체의 성인과 범인은 선과 악으로 꾸며지나 모두 한마음이 만들어 낸 것이다. 그러나 이 한마음은 별개의 것이 아니라 우리들의 일상생활에 나타나 분별하여 명백히 아는 그 마음이다."[133] 여기에서 말하는 마음은 바로 사유작용과 인식작용을 가리킨다. 사람의 마음에서 일어나는 한 생각의 선과 악이 생사의 유전방향을 직접 결정하는 것이다.

윤회에 있어서 마음이 결정적인 작용을 한다는 것을 극단적으로 중시함으로써 두 가지 결과가 야기되었다. 첫째, 불교는 수행과정에서 행위의 동기가 순수하고 올바른 도덕의식을 가지고 수양하는 것을 중시하게 되었다. 둘째, 마음은 사유하고 인식하고 분별하는

---

131) 『봉법요(奉法要)』, 석준 등 편찬, 『중국불교사상자료선편』 제1권, p.18, "凡慮發乎心, 皆念念受報."

132) 『법어시법등(法語・示法燈)』, 『자백노인집(紫柏老人集)』 권4, p.10, 전당허령허중간본(錢塘許靈虛重刊本), 1878, "一心未生, 凡聖皆不可得, ……一心旣生, 則聖凡判然, ……凡念頭起處, 當知自己所入所墮之界."

133) 『법어(法語)・시서청지(示徐淸之)』, 『감산노인몽유집(憨山老人夢游集)』 권10, 강북각경처본(江北刻經處本), 1879. "一切聖凡, 善惡因果, 依正莊嚴, 皆有一心之所造. 然此一心非別, 乃吾人日用現前, 分別了知之心也."

작용을 일으키지 않으므로 윤회하는 일이 있을 수 없다고 여겼다. 양도(楊度)는 게송을 지어 말했다.

> 전게: 마음에 마음을 거듭하고 또, 마음에 마음을 거듭하여, 한마음
> 이 덧없이 만 바퀴를 도네. 돌 때마다 생기고 멸하는 것 같지
> 만 멸하지도 않고 생기지도 않네.
> 후게: 앞도 없고 뒤도 없고, 가는 것도 없고 오는 것도 없네. 본래 생
> 멸하는 마음이 없는데 언제부터 윤회가 있었단 말인가.[134]

이것은 체용일체(體用一體)의 관념을 사용하여 마음을 체(體)와 용(用) 두 방면으로 나눈 것이다. 마음을 용(用)의 면에서 보면 마치 생멸하는 마음의 모습[心相]이 있는 것 같아 윤회가 있다. 마음을 체(體)의 면에서 보면, 본래 생멸하는 마음이란 없으므로 마음이 없다면 곧 윤회가 없다. 마음의 본체(本體), 즉 체성(體性)은 공하여 없으며 생멸도 없고 윤회도 없다. 그러므로 앞에서 인용한 바와 같이 양도(楊度)는 "이 마음을 놓아 버리면 윤회도 없어진다."고 생각했던 것이다. 이것은 실제로 주관적인 심체(心體)를 공하고 적멸하게 하는 것이 윤회의 경계에서 벗어나는 것이라고 본 것이다.

4. 유가의 윤회설에 대한 반대대응

불교가 중국에 전래된 이래 유가학자들은 줄곧 윤회설을 포함한 불교의 인과응보설에 대해 부정적인 태도를 견지해 왔다. 그들이

---

134) 『윤회게서(輪回偈序)』, 『양도집(楊度集)』 p.672, "前偈: 心心復心心, 一心幻萬輪. 輪
輪似生滅, 非滅亦非生. 後偈: 無前亦無後, 無去亦無來. 本無生滅心, 何自有輪回."

윤회설에 반대하는 직접적인 주요 논점은 다음과 같다.

(1) 인간과 기타 동물을 '모두 중생이다.'라고 보는 학설을 비판한다.

진(晋)·송(宋) 연간에 하승천(何承天)은 유가의 '하늘과 땅의 생명 중에서 인간이 가장 귀하다[天地之性人爲貴].'는 관점에 근거하여 『달성론(達性論)』에서 다음과 같이 지적하고 있다. "인간은 천지가 아니고는 생기지 못하며, 천지는 인간이 아니고는 신령스럽지 못하다."135) 인간은 만물의 영장이며, 인간과 천지는 "서로가 서로를 구하면서 이루어진다." 인간은 널리 자연물을 이용하여 이를 가공하고 제작함으로써 인류의 생활을 위해 일할 수 있으나 다른 동물들은 이와 다르다. 또 '인간은 인의로써 선다[人以仁義立].' 인간은 다른 동물들에게는 결여되어 있는 인의(仁義)의 도덕을 갖추고 있다고 말한다. 이 때문에 그는 인간이 우주적인 지위에 있다고 주장하고, 인간이 "어찌 온갖 날짐승과 물고기와 기어 다니는 벌레와 같은 중생이 될 수 있단 말인가? [安得與夫飛沈蠕蠕幷爲衆生哉?]"라고 지적한다. 비심현연(飛沈蠕蠕)이란 금수와 물고기와 벌레와 같은 종을 지칭한다. 인간과 금수·물고기·벌레류를 결코 '중생'이라는 이름으로 함께 부를 수 없음을 분명하게 말하고 있는 것이다. 인간은 다른 동물들과 함께 '중생'으로 불릴 수 없는 동시에 다른 동물로 환생하는 것도 불가능하다. 그는 "살아 있는 것은 반드시 죽는다. ……어떻게 다시 형체를 받을 수 있겠는가? [生必有死, ……奚有於更受形哉?]"라고 말한다. 하승천은 인간의 숭고한 지위에 관하여 유가가 가지고 있는 가치를 지키면서 '중생'설을

---

135) 『홍명집(弘明集)』 권4. "人非天地不生, 天地非人不靈."

배격하고, 아울러 우주만물의 자연법칙에 근거하여 '윤회'설을 부정하였다.

(2) 윤회환생의 '귀신'론을 반대한다.

송대의 이학자[理學家]인 장재(張載)는 말했다. "불교는 귀신을 밝히면서, 이른바 식(識)이 있어서 죽은 후에 다시 태어나는 순환을 하고 그 고통에서 벗어나야 된다고 말한다면, 과연 귀신을 말할 수 있는가? 인생을 허망한 것으로 여기면서 인간을 안다고 할 수 있겠는가?"136) 장재는 『기본론(氣本論)』에서 귀신이라는 것은 기(氣)운동 변화의 형태이며, 기가 모여 드러나면서 물체[物]를 이룬 것을 신(神), 기가 분산되어 드러나지 않고 숨어 있는 것을 귀(鬼)라고 보았다. 다시 말해서 주로 양기가 펼쳐진 것을 신(神), 주로 음기가 강한 것을 귀(鬼)라고 한다. 이것은 귀신이 지닌 인격신의 성질을 부정하는 것이면서 또한 귀신영혼의 영원한 존재를 부정하는 것이기도 하다. 그는 이에 근거하여 불교가 인생을 괴로운 운명으로 파악하고, 괴로움을 막기 위하여 사후에 귀신으로 윤회전생하는 것을 힘껏 피하고자 하지만, 이는 귀신에 대해서도 잘 모를 뿐 아니라 사람에 대해서도 알지 못하는 것이라고 비판하였다.

(3) 윤회설은 '두려움[怖]'과 '유인[誘]'의 기교라고 질책한다.

유가는 이렇게 말한다. "선을 좇음으로써 천당을 구하는 것이 어찌 의를 행하여 도를 따르는 것과 같겠는가? 지옥을 두려워하여 몸을 경계한다면 누가 곧은 마음으로 도리를 따라 주겠는가?"137) 즉

---

136) 『정몽・건칭(正蒙・乾稱), 『장재집(張載集)』, (北京: 中華書局, 1978) p.64, "浮屠明鬼, 謂有識之死受生循環, 逸壓苦求免, 可謂之鬼乎? 以人生爲妄[見], 可謂知人乎?"

137) 혜림(慧琳), 『백흑론(白黑論)』, 『천축가비려인전(天竺迦毘黎因傳), 『송서(宋書)』 제8책, p.2390, "且要天堂以就善, 曷若服義而蹈道, 懼地獄以救身, 孰與從理以端心."

불교의 천당과 지옥에 대한 교설은 유가의 의리와 도덕을 실천하는 것만 못하여 "가까이는 욕정이 그치지 아니하고, 멀리는 이익이 또 흥성하여, ……영원토록 이익을 다투는 풍속을 만들었다."138)고 생각한다. 또한 "불경은 의심스럽고 거짓으로 남을 현혹하는 점이 많아서 크지만 취할 수 없다. 지옥으로써 겁이 많은 자를 두렵게 하여 마음을 얼어붙게 하고, 천당으로써 어리석은 자를 유인하여 허망한 것을 바라게 하였다."139)

정호(程顥) 역시 "불학은 생사로써 사람을 단지 두렵게 할 뿐이다."140)라고 하였다. 이런 것은 모두 지옥과 천당설이 겁이 많은 사람을 위협하고 어리석은 사람을 유혹하여, 전자는 무서움과 두려움에 떨게 하고 후자는 허황한 희망을 품도록 한다고 질책한다.

(4) 윤회설은 '복을 사고 죄를 파는[買福賣罪]' 식의 교역을 고무한다고 비난한다.

당대 말엽의 문학가 두목(杜牧)은 관리들이 공인 · 상인과 일반 백성의 재물을 교묘히 갈취한 자신의 죄를 스스로 잘 알고 있기 때문에 "불교를 받들어 구제되기를 바라며", 서로 앞 다투어 재물을 보시하고 절을 짓고 불상을 빚어, "죄가 있으면 죄를 멸하고 복이 없으면 복이 오기를" 간절히 기원한다. 이것은 일종의 '복을 사고 죄를 파는'141) 식의 교역 행위라고 지적하였다.

---

138) 혜림(慧琳), 『백흑론(白黑論)』, 『천축가비려인전(天竺迦毘黎因傳), 『송서(宋書)』 제8책, p.2390,, "近慾未彌, 遠利又興, ……永開利競之俗."

139) 도안(道安), 『이교론 · 교지통국십일(二敎論 · 敎指通局十一)』, 『광홍명집(廣弘明集)』 권8, "佛經怪誕, 大而無征, 怖以地獄, 則使怯者寒心; 誘以天堂, 則令愚者虛企."

140) 『하남정씨유서권제일(河南程氏遺書卷第一)』, 『이정집(二程集)』, (北京: 中華書局, 1981) p.3, "佛學只是以生死恐動人."

141) 『항주신조남정자기(杭州新造南亭子記)』, 『전당문(全唐文)』, 권753, 제8책, p.7810.

주희(朱熹) 역시 불교는 "생사윤회가 있다고 말함으로써 죄의 고통에 빠지지 않을 수 있다고 말한다. 그렇다면 세상의 품팔이 노예나 밥 짓는 노비나 얼굴에 죄명을 새기는 묵형이나 머리를 깎는 곤형의 도적도 엉금엉금 기어서 돌아갈 것이다."[142]고 말하고 있다.

불교는 유가학자의 윤회설에 대한 도전에 대응하였다. 불교는 윤회가 중생의 행위에 의하여 필연적으로 초래되는 생명의 바뀜[轉化]이고 도덕과 자연이 상호 결합된 법칙임을 강조한다.

중국불교학자는 '그대의 창으로써 그대의 방패를 공격한다[以子之矛攻子之盾].'는 방법을 응용한다. 즉 유가 등의 전적(典籍) 중에서 관계있는 기록을 중점적으로 인용함으로써 생사윤회가 확연히 존재한다는 것을 논증하는 것이다. 예컨대 원대의 유밀(劉謐)은 『삼교평심론(三敎平心論)』을 지었는데, 이 책에서 그는 아래의 두 단락에서 장재(張載)와 정호(程顥)의 반윤회설에 대하여 전문적인 대응을 하고 있다.

『남사(南史)』의 기록에 의하면 양 무제는 애꾸눈의 승려가 향로를 손에 쥐고 궁궐에 들어와 왕궁에 의탁하여 살기를 원하는 꿈을 꾸었다. 꿈에서 깨어나니 후궁이 아들 역을 낳았다. 역은 어릴 적 눈병을 앓았는데 치료를 하여도 효험이 없었고 결국 한쪽 눈이 멀게 되었다. 이가 바로 원제이다. 『명신언행록(名臣言行錄)』에 의하면 범조우가

---

142) 유밀(劉謐), 『삼교평심론(三敎平心論)』 권상, 『大正藏』 52, p.787a, "以其有生死輪回之說, 而自謂可以不淪於罪苦也, 則世之傭奴爨婢, 黥髡盜賊, 亦匍匐而歸之."
*역자 주: 주자가 말한 '포복이귀지(匍匐而歸之)'는 『장자(莊子)』「추수(秋水)」의 "너만 어찌 수릉의 젊은이가 한단에 가서 걸음걸이를 배운 이야기를 모르고 있는가? 그는 한단의 걸음걸이도 제대로 배우지 못하고 또한 옛날 걷는 방법도 잊어버려 기어서 돌아갔다.[且子獨不聞夫壽陵餘子之學行於邯鄲與? 未得國能, 又失其故行矣, 直匍匐而歸耳.]"에서 나타난다. 제대로 배우지 못해 본래의 기능마저 상실하고 결국 엉금엉금 기어서 돌아갔다는 뜻으로 우리에게는 한단지보(邯鄲之步)로 잘 알려져 있다.

태어나려고 할 무렵 그의 어머니 꿈에 건장한 남자가 옆에 서서 "나는 한나라의 장군 등우이다."라고 하였다. 깨어나 아들을 낳았는데, 그 이름을 조우라 하였으며, 품행이 순박하고 인정이 많아 그의 자를 순부라고 하였다. 이것으로 유가의 서적을 통해서도 윤회설이 있음을 증명할 수 있다. ……『수사(隋史)』 개황(開皇) 연간의 기재에 의하면, 대부승 조문창이 죽은 뒤에 부활하면서 말하기를 "어둠 속에서 주무제가 벌을 받고 있는 것을 보았다. 주 무제는 나에게 '집으로 돌아가면 경이 나를 위해 수나라 황제에게 말해 주시오. 나는 불법을 멸하려 했던 죄가 깊어 공덕을 지어야 지옥에서 벗어날 수 있습니다.'"고 하였다. 문창이 이 일을 아뢰자 문제는 천하에 칙령을 내려 모든 승려는 주 무제를 위하여 『금강경』을 독송하라고 하였다.

『명신언행록』에는 왕형공의 아들 방이 착하지 못하여 형공이 도리에 벗어나고 도를 상하게 한 일 모두가 아들 방의 탓이었다고 기록되어 있다. 방이 죽은 후에 형공은 불법에 귀의하여 방이 철제 형틀을 메고 문 옆에 서 있는 것을 보았다. 이에 그는 거주하던 반산을 버리고 종산사로 옮겨 그 아들 방의 명복을 빌었다고 기록되어 있다. 이것으로 유가의 서적에도 본래 지옥설이 있었음이 증명되는 것이다. 그러므로 석씨의 지옥설이 없다고 하는 것은 그 얼마나 생각이 미치지 못하는 일인가?[143]

지옥설은 전에도 있었던 말이다. 죽음에 이르러 축생으로 변하는 것은 유가에서 그 실마리가 하나만 보이는 것이 아니다. 우왕의 아버지 곤이 노란 곰으로 변한 것이라든지, 팽생이 돼지로 변한 것이 『좌전(左傳)』에 기록되어 있으며, 임금이 용이 된 것을 칭찬하는 내용이 『사기(史記)』에 나와 있고, 조왕은 자기 뜻에 따라 개가 되었다는 내용이 『전한서(前漢書)』에 있다. 이러한 말들은 중국에 불교가 전래되기

---

143) 『大正藏』 52, p.791bc, "『南史』載, 梁武帝夢眇目僧執手爐入宮內, 欲托生王宮, 覺而後宮生子繹. 幼卽病目, 醫療不效, 竟眇一目, 是爲元帝. 『名臣言行錄』載, 范祖禹將生, 其母夢一偉丈夫立於側曰: '我漢將軍鄧禹也.' 覺而産兒, 遂名祖禹, 以鄧禹內行淳備, 遂字之曰淳夫. 以是證之, 則儒家之書, 因有輪回之說矣. ……『隋史』載, 開皇中, 大府丞趙文昌死而復活, 云: '於冥間見周武帝受罪. 帝謂文昌曰: 旣還家, 卿爲吾向隋皇帝說, 吾滅佛法罪重, 爲營功德, 俾出地獄.' 文昌奏其事, 文帝遂敕天下僧尼爲周武帝誦『金剛經』. 『名臣言行錄』載, 王荊公子名雱, 所爲不善, 凡荊公悖理傷道之事, 皆出於雱. 及雱死後, 荊公倣佛見雱荷鐵枷立於門側. 於是舍所居之牛山爲鐘山寺, 爲其追冥福. 以是證之, 則儒家之書, 固有地獄之說矣. 乃謂釋氏地獄之說爲無有, 何其未及思也."

이전에 유가의 서적에 기록되어 있는 것이며 석씨가 만들어 낸 것이
아니다.144)

유밀이 인용하여 증명한 사례의 대부분은 꿈과 전설과 관계있는
것이다. 그는 이것들에 근거하여 유가에도 일찍이 지옥축생윤회설이
있었음을 증명하고 있지만, 유가학자들이 이에 동의할 수 없는 것은
당연하다. 그러나 이러한 관련 기록들은 불교의 윤회설을 논증하는
데 확실히 도움이 되었다. 따라서 불교학자들은 유교 · 불교 조화론
을 구축하는 소재로 이들을 빈번하게 이용하였다. 유가는 불교의 윤
회설을 반대하지만, 불교학자는 최선을 다하여 유 · 불의 대립사상
을 소통시키려고 노력하였다. 한편으로, 이것은 중국불교와 고유의
관념이 충돌에서 융합 쪽으로 변모하면서 사상이 발전해 가는 궤적
을 반영하는 것으로서 중국불교사상의 발전추세를 나타내는 것이다.

제4절 중국불교 인과응보론의 특색

위에서 우리는 중국불교 인과응보론의 내용에 대하여 설명하였
다. 이제 우리는 한 걸음 더 나아가 불교 인과응보론의 철학적인
내용과 사회적인 공능을 분석하고 아울러 중국불교 인과응보론의
기본적인 특색을 제시하고자 한다.

---

144) 『大正藏』 52, p.794a, "地獄之說, 前旣言之矣, 至於死而變爲畜生, 見於儒家之所紀
者非一. 鯀爲黃能, 彭生爲豕, 載於『左傳』; 襃君爲龍, 載於『史記』; 趙王如意爲犬,
載於『前漢書』, 是中國未有佛教之前, 記載於儒書者如此, 非釋氏創爲此說也."

1. 인과응보론의 철학적 내용

이론적 사유의 측면에서 인과응보론이 함유하고 있는 철학적인 내용은 지극히 풍부하고 또 대단히 중요하다. 중요한 것으로 아래의 네 가지를 들 수 있다.

(1) 인생 본원론(本原論)

불교의 인과응보론은 인간은 삶과 죽음으로부터 자유롭지 못하고, 무상하고, 고통스럽고, 그 고통의 원인은 인간의 무명과 탐욕에 있고 인간 자신의 사상과 행위에 있다고 생각한다. 즉 인간의 사상과 행위는 자신의 운명을 결정하는 근원이라는 것이다. 이것이 인간과 인생과 인류에 대한 불교의 기본 관점이다.

인과응보론은 인간의 모든 것은 상제가 주재하는 것도 아니고, 하늘이 명하여 안배하는 것도 아니고, 어디까지나 인간 자신의 사상과 행위에 의해 결정되는 것이라고 강조한다. 인간은 스스로 짓고 스스로 받기 때문에 자신이 자신의 운명을 지배하며 자신이 자신의 행위에 대한 책임을 져야 한다. 이런 원칙에 의거하여 인간의 주체적인 지위를 확립하였고 신조론(神造論)과 천명론(天命論)을 배척하였다.

이와 관련하여 불교는 "수없이 많은 종류가 있지만 오로지 인간이 가장 신령하다."145)고 생각한다. 육도 중에서 천신[天]은 향락만

---

145) 진가(眞可), 『법어(法語)‧면마대지(勉馬大之)』, 『자백노인집(紫柏老人集)』 권4, p.20, "萬類紛紜, 唯人最靈."

을 찾는다. 아수라(阿修羅)는 성질이 좋지 못하다. 축생(畜生)은 너무나 어리석다. 아귀(餓鬼)와 지옥(地獄)은 죄악이 지나치게 깊고 무겁다. 오직 인간만이 가장 풍부한 지혜와 영성을 지니고 있어서 충분히 수행하여 성불할 수 있으며 마지막에는 윤회의 고통에서 벗어난다. 또한 인간은 육도 중생이 상승하고 하강하는 데 있어서도 중요한 관건이다. 사실상 육도윤회설은 인간을 중심으로 올라가고 내려가는 학설이다.

(2) 인과론(因果論)

불교 인과응보론은 일종의 인과(因果)이론으로 도덕인과론이라고도 할 수 있다. 불교 인과응보론의 중심 내용은 주체적인 사상·행위와 생명이 다시 만들어지는 관계에 관한 문제를 설명한 것으로서, 생명이 유전하며 변화하는 긴 흐름 속에서 도덕의 작용을 강조하고, 나쁜 원인은 나쁜 과보를 낳고, 좋은 원인은 좋은 과보를 낳아 도덕이 자아의 미래생명을 만드는 데 결정적인 요인이 된다는 것이다. 이는 이론상으로 생명의 자연법칙과 행위의 도덕법칙을 통일시켜 인과응보를 인류사회를 지배하는 철칙으로 자리매김한 것으로서, 불교의 계율과 같은 도덕규범을 인간 행위의 기본 준칙으로 확정한 것이다.

(3) 생사관(生死觀)

불교의 인과응보론은 생명의 철학과 죽음의 철학을 포함하고 있는 일종의 생사관이다. 인류는 자신의 생명존재를 중시할 뿐만 아니라 자신의 죽음과 안식에 대한 관심도 크다. 따라서 삶과 죽음은 인류의 현실적 관심과 종말적 관심이 관련된 큰 문제라고 생각한다.

불교의 인과응보론은 인간은 태어나면 반드시 죽게 되어 있다는 사실을 강조한다. 죽은 뒤에는 생전의 행위에 근거하여 다른 생명의 형태로 바뀌고, 이와 같이 끊임없이 윤회유전하면서 상승과 하강이라는 두 가지 서로 반대되는 방향으로 환생한다. 이것은 불교가 일종의 특수한 생사관을 가지고 생명의 유한성과 무한성, 죽음의 종말성과 비종말성, 생사전화(生死轉化)의 필연성과 주체적 선택의 자유성 같은 중대한 철학 문제에 답하는 이론적 사유로서 중요한 가치를 지니는 것이다.

(4) 내세관(來世觀)

불교의 인과응보론은 삼세(三世)윤회를 선양한다. 그 사상의 중심에는 사람들이 경건하고 정성스럽게 선행하고 수도할 것을 권고하는 것과, 전생의 죄업을 속죄함으로써 내생의 부귀와 행운을 기원하는 것이 있다. 즉 사람들이 행복에 대한 갈망을 내세에 맡기려면 미래의 행복을 위하여 마땅히 커다란 노력을 해야 한다는 것이다. 이것은 인간의 희망과 이상을 사후의 세계에 둠으로써 인간의 생명에 대한 근심과 우려를 '해소'하기 위한 절묘한 역할을 한다.

2. 인과응보론의 사회적 기능

실제 작용하는 측면에서 고찰하면 인과응보론의 사회적 기능은 복잡하고 다중적이다. 그 사회적 기능은 크게 세 가지로 나누어 볼 수 있다.

(1) 심리적 평형(平衡)

인간은 보편적으로 삶을 불안해하고 근심하므로 안심입명(安心立命)할 장소를 찾으려고 한다. 불교의 인과응보론은 인간의 지위를 육도 중에서 중상(中上)의 위치로 정하였다. 이것은 한편으로는 악을 짓게 되면 앞으로 더욱 낮은 단계로 떨어지고, 다른 한편으로는 상승되어 더 높은 단계로 도달가능한 규범을 제공한다. 따라서 인간은 현실생활 속에서 상승할 수도 있고 하강할 수도 있는 특정한 위치를 갖는다. 불교는 지옥과 불국토를 선명하게 대비시켜 운용함으로써 인간에게 거대한 협박과 훌륭한 교도를 하고 있으며, 사람들로 하여금 뚜렷하게 구별되는 두 종류의 상반된 노선과 앞으로 나아갈 바를 확실하게 인식하도록 한다. 이 때문에 인간에게는 두 종류의 다른 심리가 형성된다. 미래에 대한 공포와 미래에 대한 희망이 그것이다. 이 두 종류의 심리가 공존하고 서로 제약함으로써 사람들의 불안심리는 위로받으며, 산란한 정서는 크게 완화되고, 또한 불교신앙이 사람들의 심리적인 수요와 생활방식 및 최종 귀의처가 될 수 있도록 한다.

(2) 도덕적 지향

불교의 인과응보설은 선은 선한 과보를 받고, 악은 악한 과보를 받는 것이기에 내세의 운명은 금세(今世)의 선악의 행위로 결정된다는 것을 강조한다.

생사(生死)라는 큰일에 대한 절실한 이해는 사람들이 악을 제거하고 선을 따르도록 인도한다. 이렇게 하여 "탐욕스런 벼슬아치들이 수탈하는 것을 점점 없애고, 하는 일 없이 녹을 받는 관리는 스스로 검소하고 공손하게 한다."146)

인과응보설은 본체인 '마음'이 응보과정 중에 하는 작용을 중시하고, 행위에 대한 동기의 순수성을 중시한다. 이는 유가의 혼자 있어도 삼가는 '신독(愼獨)'의 관념과 상통하여 개인의 도덕적인 수양을 촉진시켰다. 따라서 불교의 선악에 대한 독특한 도덕규범은 다시 독특한 사회적 반응을 발생시켰다.

(3) 사회적 안정

불교의 인과응보설은 인생에서 고난을 만드는 복잡한 사회적인 원인을 전부 주체적인 자신에게로 귀결시킨다. 즉 전생에 지은 업의 응보로 귀결시키고 있다. 인과응보설은 사람들의 행복을 내생에 맡기게 하고, 내세의 행복을 위하여 불교를 믿고 수도할 것을 요구한다. 또한 인과응보설은 사람들로 하여금 불교의 도덕규범 곧 악을 버리고 선을 행하며, 자비와 평등을 실현하고, 스스로 깨달아

---

146) 『돈황사본왕범지시집원서(敦煌寫本王梵志詩集原序)』, 『왕범지시교집(王梵志詩校輯)』, "貪婪之吏, 稍息侵漁; 尸祿之官, 自當廉謹."

남도 깨닫게 할 것 등을 지키면서 수행하게 한다. 이는 객관적으로 현실생활의 합리성과 사회평등의 필연성을 승인하는 것이며, 고통을 조성하는 사회적 원인을 시야(視野) 밖에서 찾지 않게 함으로써 현실사회의 질서와 구조를 안정시키는 특수한 기능을 발휘하였다.

중국의 불교학자는 바로 이러한 사회적 기능을 매우 중시하여 다음과 같은 점들을 지적하였다. "서방의 성인[佛]이 인과응보의 윤회설을 펼친 적이 있는데, 폭력배에게 이를 듣게 하였더니 목 줄기가 붉어지고 등에 땀을 흘리며 멈칫하고 물러나며 주눅이 드는 것이었다. 하찮은 이들이 감히 실천하게 할 수는 없어도 부족한 백성을 다스리고 교화하는 데 어찌 도움이 되지 않겠는가?"[147] "만약 천하의 사람들로 하여금 일이 크든 작든 상관없이 인과가 있다는 것을 이유로 삼는다면, 모두 감히 자신의 마음을 속이지 못할 것이고, 중생이 마음에 간직하고 있는 생각을 잘 보호할 것이다. 만약 침략하거나 쟁탈하는 경향이 없다면 이 어찌 형벌 없이도 세상을 지극히 잘 다스리는 것이 아니리오!"[148]

역사적으로 사회의 안정에 도움을 주고, 세상을 다스리는 데 이익이 되는 관점에서 본다면 불교의 인과응보설은 확실히 커다란 사회적 기능을 가진다.

---

147) 송렴(宋濂), 『중각호법론제사(重刻護法論題辭)』, 『호법유교심인문·호법론(護法遺教心印門·護法論)』, p.2, "西方聖人歷陳因果輪回之說, 使暴强聞之, 赤頸汗背, 逡巡畏縮, 雖螻蟻不敢踐履, 豈不有補治化之不足?"

148) 장상영(張商英), 『호법론(護法論)』, 『호법유교심인문(護法遺教心印門)』, p.32, "若使天下之人, 事無大小, 以有因果之故, 皆不敢自欺其心, 善護衆生之念, 若無侵凌爭奪之風, 則豈不刑措而爲極治之世乎!"

3. 중국불교 인과응보론의 사상적 특색

중국불교 인과응보론의 사상적 특색은 두 가지 측면에서 비교해 보면 비교적 잘 드러난다. 하나는 중국 고유의 응보관념과 비교하는 것이고, 다른 하나는 인도불교의 인과응보설과 서로 비교하는 것으로 후자의 경우가 보다 더 중요하다고 하겠다.

(1) 중국불교의 인과응보설과 중국 고유의 응보관념은 다음의 세 가지 점에서 다르다.

첫째, '하늘'이 주재하는 중국 고유의 응보관념과는 달리 중국불교는 인간의 '마음', 인간의 사상과 의식, 감정과 욕망의 측면에서 응보설을 수립하고 있다. 다시 말해서 마땅한 과보로서 주어지는 상벌은 천신(天神)이나 천명(天命)에 연유하는 것이 아니고, 인간 자신의 사상과 활동에 기인하는 것이라고 생각한다. 이는 외부의 힘을 배제하고 내적인 요인을 강조함으로써 인과응보설을 내인론(內因論)의 기초 위에 수립하고 있다.

둘째, 위의 것과 관련하여 중국불교의 인과응보설은 업을 지은 자 자신을 과보를 받는 주체로 규정하여, 자신이 업을 짓고 자신이 과보를 받는다는 것을 강조한다. 유ㆍ도가의 전적(典籍)에서 말하는 것처럼 자손이 과보를 이어받는 것이 아니다. 이 점은 원인을 만드는 것과 그 과보를 받는 것을 분리하는 것에 반대하는 것으로서, 과보를 받는 주체의 문제에 있어서 가족을 본위로 하는 것도 배제하고 타인이 과보를 받는 것도 배제하였다.

셋째, 중국 고유의 응보관념은 업을 짓고 과보를 받는 것을 분리하여 자기가 원인을 만들어도 다른 사람이 그 과보를 받을 수 있다는 것이다. 이는 사실상 일세(一世) 응보설이라고 할 수 있다.

불교는 이와 달리 세간에서 가르치는 "과거의 일은 버리라고 말하고 미래의 일은 간략하게 말하라. 일생의 일을 다 했으면 삼세를 논하지 말라."149)라는 것을 비평한다. 중생에게는 과거와 현재와 미래가 있어, 중생은 자신이 지은 업에 근거하여 끊임없이 육도 가운데서 생사의 윤회를 거듭한다고 생각한다. 이론적 사유의 측면에서 말할 때 삼세설(三世說)은 인과응보론에 보다 '원만(圓滿)'한 시간적 개념을 제공하여 '원만'하게 응보 문제를 설명했고, 일부 학자들이 유가의 학설을 선양하는 과정에서 이러한 삼세 인과사상을 포함시킨 것은 인정해야 한다.

예를 들면 수(隋)나라 시대의 서동경(徐同卿)은 『통명론(通命論)』을 지어, "유교에도 역시 삼세인과의 이치가 있다. 다만 글과 말이 은밀하고 그 이치가 미약하여 선현이 논변을 세우지 않았기 때문이다. 내가 이제 경전과 사서[經史]의 본문을 바로잡아 보니 운명이 회통하고 인과로 귀결되었다. 유가의 종지를 발현하고 불교의 선양을 도우려 하고 보니 모두 한 방향을 향하여 나아갔다."150)

세 가지 측면에서 살펴본 불교의 인과응보론은 중국 고유의 응보관념 내지는 종교관념과 커다란 충돌을 했다.

(2) 중국불교의 인과응보론은 인도불교의 인과응보론과 여섯 부분에서 중요한 차이를 드러낸다.

---

149) 도안(道安), 『이교론・교지통국십일(二敎論・敎指通局十一)』, 석준 등 편찬, 『중국불교사상자료선편』 제1권 p.358, "談遣過去, 辯略未來; 事盡一生, 未論三世."

150) 『대당내전록(大唐內典錄)』 권5, 『大正藏』 55, p.279b, "以爲儒敎亦有三世因果之義, 但以文言隱密, 理致幽微, 先賢由來未所辯立. 卿今備引經史正文, 會通運命, 歸於因果. 意欲發顯儒敎旨宗, 助佛宣揚, 導達群品, 咸奔一趣."

첫째, 분명(分命)설과 상호 융합하고 있다. 고대 중국학자는 인생의 길흉화복, 수명의 길고 짧음, 부귀(富貴) 등의 문제에 어떻게 대처할 것인가를 매우 중시하였다. 공자는 '지명(知命)'을 주장하였고, 묵자는 '비명(非命)'을 내세워 인생을 운명에 맡기는 것에 반대했다. 맹자는 '입명(立命)'을 제시하여 마땅히 자신의 본분(本分)을 다하도록 노력해야 한다고 보았고, 장자(『莊子』「인간세(人間世)」)는 '안명(安命)'을 강조하여 "그 어찌할 수 없는 것을 알았을 때 운명이라고 편안히 생각하는 것이 덕의 지극함이다[知其不可奈何而安之若命, 德之至也]."라고 하였다. 이 밖에도 '분명(分命)'설이 있다. 분명설은 일종의 숙명론으로서 금생의 운명은 선천적으로 결정되는 것이라고 강조한다.

불교의 인과응보설은 인간의 금생은 전생에 지은 업의 응보라고 생각한다. 중국의 각종 운명론 중에서 분명설은 인과응보설과 서로 통하는 점이 가장 많다. 분명설은 금생의 운명을 결정하는 것은 선천적인 자성(資性, 陰陽)의 품기(禀氣, 精粗), 즉 '자연(自然)'의 '기수(氣數)'라고 지적하지만, 불교의 인과응보설은 응보의 근거는 전생의 업이며 주체적 자아의 사상과 행위를 중시한다.

중국의 불교학자는 이러한 양자의 차이를 희석시키고 있다. 즉 분명설을 불교 인과응보설의 체계 안으로 끌어들임으로써 부분적으로 인도불교의 인과응보설의 성질을 변화시켰다.

둘째, 천명론(天命論)과 상호 관통하고 있다. 불교의 인과응보설과 천명론은 대립적이다. 중국의 초기불교학자 역시 천명론을 부정하고, 응보를 주재하는 것은 중생 스스로가 지은 것임을 강조함으로써 중국 고유의 응보관념과 서로 구별하였다. 그러나 원대(元代)

이래로 일부의 불교학자들은 여기서 전환하여 유가의 천명과 불교의 정업(定業)의 일치를 강조함으로써 불교의 인과응보설에 대한 비평을 완화시켰다. 따라서 인도불교의 인과응보설의 특질은 진일보된 변화의 양상을 띠게 되었다.

셋째, 신화나 전설과 상호 부합한다. 중국 고대의 전적(典籍) 중에는 종종 정령이 모태에 들어간다든지, 인간이 축생으로 변한다든지, 죽은 뒤 다시 부활하는 것 등이 기록되어 있다. 중국불교학자는 이를 매우 중시하고, 이를 인용하여 인과응보와 생사윤회의 증거로 삼아 인과응보론의 신뢰성을 강화시키면서 인과응보론의 영향을 넓혀 나갔다.

넷째, 고향숭배와 서로 합일을 이룬다. 앞서 언급한 바와 같이 중국불교는 태산숭배와 지옥응보가 합하여 하나를 이루었고, 태산을 귀부(鬼府)나 지옥으로 간주하고 있다. 이는 업보윤회와 중국의 고향숭배가 상호 합일된 것을 뚜렷하게 나타내는 것이다.

다섯째, 유가의 윤리도덕사상과 상호 조화를 이룬다. 중국의 불교학자는 거의 예외 없이 모두 인과응보론과 유가의 전적(典籍) 중의 응보관념이 상통하고, 봉건사회의 통치와 교화에도 도움이 되었다고 강조한다. 유가의 윤리도덕사상과 서로 조화하고 협력함으로써 불교의 인과응보론은 중국화의 색채가 점점 더해졌다.

여섯째, 유가의 심성론과 서로 호응한다. 중국의 불교학자는 인도불교사상을 계승하고 발전시키는 것에서 한 걸음 더 나아가 인과응보 가운데서 마음의 작용을 강조하였다. 한마음에 육도(六道)가 갖추어져 있고, 한마음이 업을 짓는 대로 과보도 따라 받으며, 시시각각 윤회하고 마음이 없으면 윤회도 없다고 인식하였다. 중국 전통사상을 주도한 유가는 줄곧 심성(心性)의 작용과 수양을 중시하여 당대(唐代) 이래로 심성론은 다시 유학의 주제가 되었다. 중국불교는 유학사상의 변천에 부합하여 더욱 두드러지게 심성론을 교의의 중심(重心)으로 삼았고 아울러 심성론으로써 인과응보론을 설명하였다.

종합하자면 중국불교의 인과응보설은 중국 고유의 응보관념과 연계하면서 인도불교의 인과응보설도 계승하였다. 그러면서도 중국 고유의 응보관념과는 구별이 되며, 인도불교의 인과응보설과도 사뭇 다른 자신의 사상적인 특색을 가지고 있는 응보학설이다.

제5장 중국불교의 신불멸론(神不滅論)

중국불교학자는 인과응보학설에 대한 논의를 진행하는 동시에 업보윤회와 범인에서 성인으로 전환하는 주체의 문제에 대해서도 연구하고 토론하였다. 그들은 중국 고유의 영혼불멸 관념에 근거하여 신불멸론을 설명하였다. 이 이론은 정신과 형체, 영혼과 육체, 삶과 죽음, 금생과 내세, 사람과 귀신 등 일련의 철학 문제와도 연관되며 중국불교 인과응보설의 사상적 기초이고 중국불학의 핵심 명제이다. 신불멸론은 인도불교의 무아론과 서로 모순이 될 뿐만 아니라 중국 고유의 신멸론과도 충돌을 일으키는 등 불교 내외에서 불일치와 분쟁을 야기하였다. 중국불교학자는 신멸과 신불멸의 논쟁을 하는 가운데 신불멸에 관한 풍부한 의미를 충분히 설명함으로써 중국불교철학사상의 주요한 내용을 매우 풍부하고 특색 있게 만들었다.

제1절 사람을 곤혹스럽게 한 중대한 철학적 문제

불교는 신멸론인가 아니면 신불멸론인가? 무신론인가 아니면 유신론인가? 이 두 문제에 대하여 인도불교 내부와 학계에서는 줄곧 다른 견해가 있었다. 전자의 '신(神)'은 정신을 지칭하며, 후자의 '신(神)은 신령(神靈)을 의미한다. 이 두 문제는 긴밀하게 내재적으로 연계되어 있으며, 전자는 후자의 이론적 전제와 논리적 근거가 되기 때문에 보다 중요한 철학적 의미가 포함되어 있다. 중국불교의 이 두 문제에 대한 다른 관점 특히 전자에 대한 관점을 간략하게 서술하는 것은 중국역사에 있어서 신멸과 신불멸 논쟁 및 중국불교의 신불멸론을 이해하는 데 의의가 있다고 생각한다.

1. 두 문제에 대한 대립된 견해

신멸론인가 아니면 신불멸론인가 하는 문제에 대한 인도불교 특히 초기불교의 관점은 정신불멸, 즉 영혼의 존재를 부정하는 것이다. 이는 신멸론이라고 말할 수 있다. 이러한 관점의 구체적인 이유는 초기불교가 당시 유행하던 영혼불멸설에 반대하며 개인의 정신적 본체인 '신아(神我)'의 상주독존설(常住獨存說)과 투쟁하는 가운데 형성되었기 때문이다. 초기불교에서 인간은 오온(五蘊)의 화합으로 생기며 한 개인의 항상성(恒常性)과 자재성(自在性)을 부정하고 생사와 연결되는 실체적 존재는 결코 없으며 형체를 초월한 정신의 또 다른 형체인 '나' 역시 없다고 생각한다. 이를 '인무아(人無我)' 또는 '인공(人空)'이라고 한다. '인무아'는 인간의 정신과 영혼의 불멸에 반대하는 독특한 설명이다.

위에서 설명한 관점과 다른 견해는 불교가 새로운 형태로 다시바뀐 영혼의 존재를 긍정한다는 것이다. 초기불교의 십이연기설 중의 '식(識)'은 모태에 탁태할 때의 심식(心識)이자 정신의 활동이며 윤회응보의 주체이다. '행을 조건으로 하는 식[行緣識]'에서 '행(行)'은 잠재적인 의지활동이며, '행을 조건으로 하는 식'이란 잠재된 의지활동으로부터 생겨나 분별작용을 하는 식(識)을 나타낸다. '식을 조건으로 하는 명색[識緣名色]'의 '명(名)'은 마음, 정신을 말하고 '색(色)'은 물질, 육체를 지칭한다. '명색(名色)'이란 모태속에서의 정신과 형체를 의미하는 것으로 '식을 조건으로 하는 명색'은 식에서 생명이 있는 개체가 형성되는 것을 나타낸다. 나중에 부파불교의 한 부파인 설일체유부(說一切有部)는 윤회응보의 주체 문제에 대하여 진일보한 해석을 하여 '중유(中有)', '중음(中陰)', '중온(中蘊)'이라는 개념을 제시한다. 여기서 '유(有)'는 생존을 의미하며, '중유'는 전생의 죽는 순간[死有]에서부터 다음 세상에서 생명을 받는 찰나[生有] 사이의 과도기에 받는 몸을 가리키는 것으로, 이는 사실상 새로운 형태로 바뀐 영혼을 말하는 것이다. 그러나 대중부(大衆部)와 설출세부(說出世部) 등은 '중유'의 존재를 인정하지 않는다. 나중에 대승불교는 다시 '중유'는 유무(有無)가 정해지지 않은 양쪽 모두 가능한 설이라고 주장한다. '중유'의 유무 문제에 있어서 부파불교의 독자부(犢子部)와 정량부(正量部)와 경량부(輕量部)에서는 '보특가라(補特伽羅)'의 실유(實有)를 인정한다. '보특가라'는 범어 뿌드갈라(pudgala)의 음역으로서 '삭취취(數取趣)'로 의역된다. 그 의미는 여러 차례 오취(五趣, 五道)를 왕복하는 윤회자, 윤회전생의 주체이자 자아의 존재를 뜻한다. 뒷날 대승불교의 유가행파(瑜伽行派)는 한 걸음 더 나아가 유정(有情)한 중생의 근본식인 '아뢰야식(阿賴耶識, alaya-vijñāna)'은 윤회전생할 때의 집지식(執持識)으로서 중생에게서 미혹을 거두어 깨달음을 열어 주고, 범부에서 성불로 곧바로 이르게 하는 생명을 주재하는 인과응보의 주체로 생각하였다. 이러한 주체는 불멸의 영혼으로 인식되었고 따라서 불교는 신불멸론을 긍정하게 된 것이다. 신불멸론은 불교 유신론(有神論)의 이론적 근거가 된다.

불교가 유신론인가 무신론인가 하는 문제에 관해서도 두 가지 관점이 있다.

불교가 무신론이라고 생각하는 이유는 불교는 결코 절대적인 신을 믿지 않기 때문이다. 석가모니 본인도 당시의 브라만교의 범천(梵天)이 우주만물을 창조하고 일체를 주재한다는 설법에 반대하고, 세상만물의 창조주와 최고 주재자가 존재한다는 것을 부정하였다.

초기불교는 석가모니를 조물주도 구세주도 전능한 절대적인 신도 아닌 깨달은 이[覺者], 존경받는 스승[尊師], 교주(教主)라고 생각하였다. 석가모니 역시 제자나 신도가 그를 맹목적으로 숭배하는 것을 바란 적이 없었다. 그는 유언으로 "법에 의지하고 사람에 의지하지 말라."고 제자들에게 당부하고, 불교의 신앙은 '법(法)'으로써 할 것, 다시 말해 교의(教義)에 귀의할 것을 강조하였다.

불교가 유신론이라고 생각하는 근거는 초기불교에서 인도신화 속의 여러 신들을 용납하고 있다는 것이다. 이러한 신들은 비록 절대적인 지위를 차지하지 못하고 생멸하는 중생의 일부로 자리매김되어 있지만 결국은 인류보다 높은 자리를 차지하는 천신(天神)이다. 또 석가모니가 비록 유언으로 법에 의지하고 사람에 의지하지 말라고 하였으나 석가모니는 불(佛)·법(法)·승(僧) 삼보의 하나로 귀의의 대상이고 신도들의 예배를 받는다. 부파불교 시대에 불교신도들은 석가모니의 인격과 공덕을 추모하여 '영원한 석존'과 '구원불(久遠佛)'의 관념을 형성하기도 하였고, 어떤 부파는 '인간을 초월한 불타 또는 자연을 초월한 불타'의 견해를 제시하여 석가모니를 신성한 인격신으로 간주하였다. 이는 믿음의 대상인 본존이 도대체 법(法)인가 아니면 불(佛)인가 하는 중대한 논쟁을 야기하였다.

이후 대승불교는 더 나아가 아미타불의 원력에 의지하여 그의 힘으로 구원을 얻을 것을 강조하였다. 또 초기불교 시대에 석가모니라는 하나의 불(佛)에만 국한되어 있던 것에서 나아가 시방삼세에 무량하고 무수한 여러 불(佛)이 있음을 제시하였고, 불(佛)을 전지전능한 최고의 인격신이자 신격화된 구세주로 받듦으로써 불교를 전형적인 유신론 종교로 만들었다.

이상으로 인도불교의 신멸론과 신불멸론, 무신론과 유신론이라는 두 가지 대립된 견해와 그 논거에 관하여 간략하게 서술하였다. 이 두 가지 문제의 서로 다른 견해에 대하여 중국의 불교학자들은 큰 관심을 가졌고, 이와 관련된 중국의 고유관념들과 이론적으로 결합해 나갔다.

2. 중국불교의 일반적 반응

중국에 불교가 전래된 초기에 중국인들은 불교의 인과응보와 성불을 위한 수행이론은 신이 있음을 인정하는 것이며, 논리적으로 인간이 죽으면 정신은 불멸하고 불(佛)은 신령한 것임을 긍정하는 것으로 보았다. 원굉(袁宏)은 『후한기(後漢記)』에서 다음과 같이 말한다.

> 또한 사람이 죽으면 정신은 멸하지 아니하고 되돌아가 형체를 받게 된다. 살아 있을 때 행한 선과 악은 모두 응보를 받는다. 그러므로 선을 행하고 도를 닦는 것을 귀하게 여겨 정신을 연마한다면 무위에 이르러 부처가 되는 것이다.151)

신명(神明)이 과보를 받고 도를 닦아 부처가 된다는 것은 한대(漢代) 이래 중국인들이 인식한 불교의 요의이다. 초기불교에서 말하는 인과응보의 주체는 십이인연 가운데 '식(識)'을 가리키는데, 중국인들은 그것을 '신(神)'이라고 여겼다. 이 '신(神)'은 정신과 영혼을 의미하며, '식'이라고 하는 심식활동의 본래 의미와는 구별되는 것이다. 그러나 중국인들은 이들을 뒤섞어 동일개념으로 만들어 버렸다. 불교가 중국에 전래된 초기에 중국인들은 신불멸론을 불교 이론의 핵심사상으로 인식한 것이다.

이상의 관점과 관련하여 중국인들은 불(佛)을 신으로 보았다. 예를 들어 『후한서』「초왕영전(楚王英傳)」에 의하면 "초 왕은 황제

---

151) 『후한기(後漢記)』 권10, p.5, "又以爲人死精神不滅, 隨復受形. 生時所行善惡, 皆有報應. 故所貴行善修道, 以煉精神而不已, 以至無爲, 而得爲佛也."

와 노자의 심오한 뜻을 외우고 있었고, 부도의 사당을 숭상하여 삼
월이면 깨끗이 재계하고 신에게 서원하였다."152)고 한다. '부도(浮
屠)'는 부처를 의미한다. 후한(後漢) 초기의 상층 사회에서는 부처
와 황제와 노자는 똑같은 숭배의 대상이었으며 청결하고 엄숙하게
제사 지내며 그들에게 복을 기원하였다. 나중에 한 환제(漢桓帝)도
"꽃으로 만든 일산을 만들어 부처와 노자에게 제사 지내고", "신의
말씀을 들으며"153) 부처를 천신으로 여기고 제사를 지냈다.

　그러나 불교가 신불멸론과 유신론이라는 관점은 비평을 받은 적
도 있다. 후진(後秦)시대의 저명한 불경 번역가이며 반야학자인 구
마라집(鳩摩羅什)은 "아라한은 수명을 주관하고", "보살은 일 겁의
수명을 주관하고도 남음이 있다."고 하는 생명주관설에 대하여 불
교 교리[佛理]와 상호 모순되는 허망한 말이라고 지적하고 있다.
근대에 이르러 장태염(章太炎)도 「무신론(無神論)」, 「건립종교론
(建立宗教論)」, 「인무아론(人無我論)」 등 여러 논문을 발표하여
불교는 무신론임을 공언하였다. 양도(楊度) 역시 "영혼을 깨닫는다
고 말하는 것은 외도이지 불법이 아니다."154)라고 하였으며, 양수
명(梁漱溟)도 "불법은 명확한 무신론"155)이라고 밝히고 있다.

　'불교는 신불멸을 말하는 것인가? 불교는 신령의 숭배를 주장하

---

152) 「초왕영전(楚王英傳)」, 『후한서(後漢書)』 권42, 제3책(北京: 中華書局, 1965)
　　　p.1428, "楚王誦黃, 老之微言, 尙浮屠之仁祠, 潔齋三月, 與神爲誓."

153) 『효환제기(孝桓帝記)』, 『후한서(後漢書)』 권7, 제1책, (北京: 中華書局, 1965),
　　　p.320.

154) 「신불교논답매광희(新佛敎論答梅光羲)」, 『양도집(楊度集)』, p.718, "悟靈魂說爲外
　　　道, 而非不法."

155) 양수명(梁漱溟), 『인도철학개론(印度哲學槪論)』(上海: 商務印書館, 1919), p.115,
　　　"佛法爲明確之無神論."

는 것인가?' 등의 문제를 둘러싸고 중국에서는 오랫동안 대립하며
논쟁하여 왔다.

3. 의견이 갈라진 중요한 원인

　불교철학의 발전사적 관점에서 볼 때 위에서 언급한 의견의 불
일치와 논쟁은 불교 내부에서 이론적 발전 논리와 역사적 변천에
그 중대한 원인이 있다.

　초기불교는 이론적으로 당시에 유행하던 단(斷)·상(常)의 이견
(二見)에 반대하고 연기론을 제시하여 무상(無常)·무아(無我)와
인과응보설을 선양하였다. 단(斷)·상(常)의 이견에서 '견(見)'은
견해나 관점을 의미한다. '단견(斷見)'은 사람과 사물의 주재자인
'나'는 죽어 없어진 후에 단절되어 버리므로 결코 '나'는 인과응보
의 지배를 받지 않는다고 생각하는 것이다. '상견(常見)'은 사람과
사물의 내재적인 주재자로서의 '나'는 상주(常住)하여 단절되지 않
고 영원불변하며 인간의 영혼은 불멸한다고 생각하는 것이다.

　초기불교는 이 두 견해 모두 반대하였다. 그러나 형식 논리의 범
위에 있어서 단절되지 않는 것은 곧 영원한 것이며, 영원하지 않는
것은 단절되는 것[非斷卽常, 非常卽斷]이므로 단견(斷見)을 부정
하면 영혼불멸론을 초래할 수 있다. '무아(無我)'를 주장하면 생사
윤회의 주체가 그 행방을 잃어버리게 된다. '무상(無常)'을 긍정하
면 영원한 열반의 경지에 대한 의혹이 쉽게 생기게 된다. 이러한
이론상의 모순과 어려운 상황 때문에 후대의 관점이 갈라지게 되

었고, 또한 불교의 응보 주체에 대해서도 서로 다른 논평과 설명을 한다. 그리고 후에 부파불교와 대승불교의 응보 주체에 관한 상이한 관점 때문에 사람들은 불교는 신멸인가 아니면 신불멸인가 하는 문제에 대하여 더욱 대립하게 되었다.

불교의 이론적 구조로 볼 때 신불멸론은 인과응보설에 논리적 사유가 필요하여 요청된 것이며, 중국불교학자의 신불멸론은 불교의 인과응보 주체설에 관한 중대한 발전이라고 생각한다.

제2절 신멸과 신불멸의 논쟁

사람이 죽으면 정신도 그에 따라 소멸하는 것인가? 아니면 계속해서 존재하는 것인가? 다시 말해 '신멸(神滅)'인가, '신불멸(神不滅)'인가 하는 문제는 선진(先秦) 이래 중국철학에서 끊임없이 연구하고 논쟁해 온 중요한 논제이다.

중국에 불교가 전래된 이후 중국의 불교학자는 불교의 인과응보론, 성불론, 불성론, 법신론 등의 사상적 결합을 중시하며 신불멸론을 설명하고 있다.

후한시대에는 중국불교의 신불멸론 학설이 사람들의 주목을 끌기 시작하였으나 유가학자들은 여기에 회의를 품었다. 동진 후기에 혜원(慧遠)은 사람들의 질의에 답하기 위하여 『형진신불멸(形盡神不滅)』이라는 전문서적을 내놓았다. 남조의 송나라 초기에는 신불멸론을 격렬하게 반대하는 의견이 출현하여 유·불 양가가 서로 비난하며 논쟁을 벌였다. 제양(齊梁)시대에 이르러서는 신멸과 신불멸의 논쟁이 더욱 격렬해져서 최고조에 달하였으며, 중국불교사상사와 중국철학사에 있어서 중요한 한 장을 기록하고 있다. 양대(梁代) 이후에는 신멸과 신불멸에 대한 논쟁은 퇴조하기 시작하였고 이후의 불교사상사에서는 별로 중요하지 않은 위치를 차지하게 되었다.

1. 논쟁의 전개

신불멸과 인과응보는 한대(漢代) 불교의 주요 학설이다. 중국 초기불교 사상의 상황을 설명하고 있는 중요한 저작인 모자(牟子)의 『이혹론(理惑論)』은 당시 사람들이 불교의 신불멸과 인과응보를 비난한 데 대해 모자가 회답한 것을 기록하고 있다. 이 글에서 "공자는 '사람도 섬기지 못하는데 어찌 귀신을 섬기겠는가? 삶도 알지 못하는데 어찌 죽음을 알겠는가?'라고 물었다. 이것은 성인의 법도이다. 지금 불가에서 함부로 생사에 관한 일과 귀신이 하는 일을 말하는데, 이것은 위태로울뿐더러 성인의 말씀도 아니다."156)고 하였다. 또 "불도는 사람이 죽으면 다시 태어난다고 하지만, 나는 이 말이 뜻하는 바를 믿을 수 없다."고 의구심을 제기한 데 대해 모자는 다음과 같이 대답한다. "혼신(魂神)은 절대로 없어지지 않는다. 몸만 저절로 썩어 없어질 뿐이다. 비유하면 몸은 오곡의 뿌리와 줄

---

156) 석준 등 편찬, 『중국불교사상자료선편』 제1권, p.7, "問曰: 孔子云: '未能事人, 焉能事鬼? 未知生, 焉知死?' 此聖人之所紀也. 今佛家輒說生死之事, 鬼神之務, 此殆非聖哲之語也."

기와 같고, 혼신은 오곡의 씨앗과 같다. 뿌리와 줄기는 생겨나면
반드시 죽지만 어찌 씨앗에 끝이 있어 없어지는 일이 있겠는가. 도
를 얻어도 몸은 없어지고 만다."157) 여기서 질문자는 유가의 입장
에 서서 불교의 생사윤회설을 비난하고 있고, 모자는 이에 대해 사
람이 죽으면 신체는 부패되어 없어지지만 혼신(魂神)은 없어지지
않는다는 답을 하고 있다. 이는 현존하는 중국불교 저작 중에서 최
초로 신불멸설, 즉 몸은 없어져도 정신은 존재한다는 주장을 제기
한 것으로 알려지고 있다.

2. 논쟁의 격화

동진 후기에 신불멸론 사상이 널리 유행함에 따라 정신과 육체의
관계에 대한 논란의 바람이 다시 일었다. 손성(孫盛, 字는 安國)은
나함(羅含, 字는 君章)에게 보낸 편지에서, "육체가 분산되고 나면
지식도 그와 마찬가지로 없어진다."158)고 하였다. 손성은 지식, 즉
정신은 형질과 마찬가지로 모두 분산되어 다른 물질로 변한다고 생
각하고 사람의 정신이 '갱생'한다는 관점에 반대한 것이다. 이에 대
해 나함은 『답손안국서(答孫安國書)』159)를 지어 답하고 있다. 그는
「갱생론(更生論)」에서 "지금의 생이 곧 과거의 생이다."160)라고 하

---

157) 석준 등 편찬, 『중국불교사상자료선편』 제1권, p.7, "問曰: 佛道言人死當復更生, 仆
不信此言之審也." 牟子答曰: "魂神固不滅矣, 但身自朽爛耳. 身譬如五穀之根葉,
魂神如五穀之種實. 根葉生必當死, 種實豈有終亡, 得道身滅耳."

158) 『여나군장서(與羅君章書)』, 『홍명집(弘明集)』 권5, 사부총간영인본(四部叢刊影印
本). "形旣粉散, 知亦如之."

159) 『홍명집』 권5.

여 만물은 끊임없이 '갱생'하며, 천지의 변화는 무궁하고 만물은 반드시 '갱생'을 되풀이한다고 보았다. 단지 천지에 끝이 있을 때만 비로소 만물은 갱생하지 않는다고 생각하였다. 유천(庾闡)은 그가 밝힌 것들을 모아 『신불갱수형론(神不更受形論)』을 지었으나 유실되었다. 유천은 가의(賈誼)에 대한 조문에서 "무릇 마음은 죽어 없어지는 것이 아니고 지혜는 반드시 육체에 존재하며, 육체는 정신에 의탁하여 왕성하기 때문에 온전하게 살아 있을 수 있는 것이다."161)라고 하였다. 유천은 정신이 다시 형체를 받아 살 수 있다는 것에 반대하고 신멸론을 주장하였던 것이다. 승려였던 축승부(竺僧敷)는 '다른 학문을 하는 무리'의 '심신유형(心神有形)'설에 대해 반론을 제기하기 위하여 『신무형론(神無形論)』을 지어 육체에는 다함이 있다고 하며 정신의 무형을 증명하고 있다. 그는 이 글에서 육체가 있는 것은 수명[數]을 지니고 있고 수명이 있으면 다함이 있는데 정신은 끝이 없는 것이므로 형체가 없는 것이라고 주장하였다.162) 또한 정선지(鄭善之, 字는 道子)는 『신불멸론(神不滅論)』을 저술하여 육체와 정신은 평행하지만 양자가 같은 것은 아니라고 생각하였다. 육체와 정신이 다르다고 하는 것은 육체는 그 시작과 끝이 있으나 정신은 시작도 끝도 없음을 지적한 것이다. 그는 이 글에서 새로운 논증도 제시하고 있는데 "무릇 불은 땔감으로 인하여 있다. 땔감이 없으면 불도 없다. 땔감은 비록 불을 생성하는 원인이긴 하지만 그렇다고 불의 근본은 아니다. 불은 본래 자

---

160) 『홍명집』 권5, "今生之生, 爲卽昔生."

161) 「유천전(庾闡傳)」, 『진서(晋書)』 권92, 제8책, (北京: 中華書局, 1974), p.2386, "夫心非死滅, 智必存形, 形托神王, 故能全生."

162) 『축승부전(竺僧敷傳)』, 『고승전(高僧傳)』 권5, 『大正藏』 50, p.355b.

유롭게 땔감을 원인으로 이용할 따름이다. 땔감을 갖춘 이후라야 불이 생기는 것이라면 사람이 부싯돌로 불을 일으키기 이전에는 불의 이치가 없었다는 말인가? 불은 본래 지극한 양기이며 양기는 불의 극치이다. 그러므로 땔감은 불이 의지하는 것이지 그 근본은 아니다. 정신과 육체가 서로 의지하는 것도 마찬가지다."163) 이것은 불의 이치, 즉 불이 불로 되는 원리가 비로소 불의 근본이며, 불이 존재하지 않은 그 이전에도 불의 이치는 있었다는 관점에서 신불멸론을 논증하고 설명한 것이다.

혜원(慧遠)이 지은 『사문불경왕자론(沙門不敬王者論)』의 제5편 「형진신불멸(形盡神不滅)」은 동진 후기의 신불멸론을 설명하는 가장 대표적인 저작일 뿐 아니라 중국불교사에 있어서도 매우 중요한 신불멸론에 관한 저작이다. 이 논문은 당시의 신멸과 신불멸에 대한 논쟁의 산물이다. 혜원은 "정신은 육체에 머무른다. 이는 마치 불이 나무에 있는 것과 같다. 나무가 있으면 존재하지만 나무가 사라지면 소멸된다. 육체를 떠나면 정신은 분산되어 의지할 곳이 없어지고, 나무가 썩으면 불이 꺼져 의지할 곳이 사라진다."164)는 논란에 견주어 두 방면에서 답변을 제시하고 있다.

첫째는 정신과 육체의 구별을 강조하여, 정신은 물질이 아니며, 일반적인 감정이나 지식도 아니며, "지극히 정밀하고 신령한 것이다." 왜냐하면 '지극히 정밀하다'는 것은 '최상의 지혜'를 지닌 사

---

163) 『홍명집(弘明集)』 권5, "夫火因薪則有火, 無薪則無火. 薪雖所以生火, 而非火之本. 火本自在, 因薪爲用耳. 若待薪然後有火, 則燧人之前, 其無火理乎? 火本至陽, 陽爲火極, 故薪是火所寄, 非其本也. 神形相資, 亦猶此矣."

164) 석준 등 편찬, 『중국불교사상자료선편』 제1권, p.85, "神之處形, 猶火之在木, 其生必存, 其毀必滅. 形離則神散而罔寄, 木朽則火寂而靡托."

람이며, 그것의 형체적인 상태도 확정할 수 없고, 그것의 그윽한 이치를 끝까지 추구하기 때문이다. 신령하다고 하는 까닭은 "그윽한 곳으로 나아가고자 힘쓰고", "물체는 변하여도 사라지지 않고", "수명이 다하여도 무궁하기"165) 때문이다.

둘째는 '그윽한 곳으로 나아가는 것'과 '다른 형태로 바뀌는 것'의 관념을 활용하여 땔감과 불의 비유를 해석하였다. "불이 땔감에 옮겨지는 것은 마치 정신이 육체에 전해지는 것과 같고, 불이 다른 땔감으로 옮겨지는 것은 흡사 정신이 다른 육체에 전해지는 것과 같다."166) 정신은 몰래 전이하는 묘한 기능을 지니고 있으므로 육체가 끝남에 따라 멸하는 것이 아니라 다른 육체에 전해져서 사라지지 않는 것이다.

남조 송나라 초기에 여러 학자들은 신멸과 신불멸 문제를 둘러싸고 서신과 논저로써 상호 공격하고 논쟁하는 일이 빈번하였다. 때로 '흑의화상(黑衣和尚)'으로 불리기도 하였던 승려 혜림(慧琳)은 송나라 초대 황제 원가(元嘉) 10년(기원 433년) 전후로 『백흑론(白黑論)』(『균선론(均善論)』, 『균성론(均聖論)』이라고도 칭함)이라는 글을 지었는데, 이는 신멸과 신불멸 논쟁을 불러일으킨 도화선이 되었다. 이 논문은 백학(白學, 儒)과 흑학(黑學, 佛)을 설정하여 양자의 우열(優劣)과 동이(異同)를 비교하여 논하고 있다. 즉 유·불의 학설은 각기 장점을 지니고 있어 '똑같이 훌륭하고', 유·불의 창시자는 '똑같이 성인'이라고 하였다. 그리고 불교는 유명(幽

---

165) 석준 등 편찬, 『중국불교사상자료선편』 제1권, p.85, "數盡而不窮".
166) 석준 등 편찬, 『중국불교사상자료선편』 제1권, p.86, "火之傳於薪, 猶神之傳於形; 火之傳異薪, 猶神之傳異形."

冥)과 내생을 말하고 있는데 이는 결코 '검증되지 않았으며', "내생을 선전하는 것은 불교 본래의 진상이 아니며 부득이한 것이었다."167)고 하여 사실상 신불멸론을 부정하였다. 이 이론이 일단 발표되자 불교계는 발칵 뒤집혔고 많은 승려들이 이를 배척하였다. 그러나 혜림은 송 문제(宋文帝)의 총애를 받고 있었기 때문에 그의 논문은 다시 형양내사(衡陽內史) 하승천(何承天)으로부터 격찬을 받게 되고 하승천은 논문을 논평하여 혜원(慧遠)의 충실한 제자였던 종병(宗炳)에게 보냈다.

　종병은 『난백흑론(難白黑論)』, 『명불론(明佛論)』(『신불멸론(神不滅論)』이라고도 함), 『답하형양서(答何衡陽書)』(1, 2)를 지어 혜림의 관점에 반대하면서 하승천과 논박을 주고받았다. 종병의 핵심 논지는 신불멸론이다. 그는 사람이 성불할 수 있는 까닭은 불멸의 정신을 지니고 있기 때문이라고 강조한다. 육체와 정신은 서로 달라 형질은 아주 조잡하여도 정신은 실로 오묘하며, 양자의 귀결점은 달라서 형체는 다함이 있어도 정신은 사라지지 않는다는 것이다. 신불멸에는 두 가지의 뜻이 포함되어 있다. 하나는 생사 윤회하는 정신과 식(識)의 불멸이고, 다른 하나는 성불한 법신의 정신과 식의 상주(常住), 즉 불성(佛性)은 영원히 존재한다는 것이다. 인간이 윤회하는 도중에 만약 점진적으로 정욕과 번뇌를 단절하고 제거할 수 있다면, 윤회하는 정신과 식은 법신의 정신과 식으로 돌아갈 수 있다. 일단 법신의 정신과 식만 있을 때 인간은 바로 성불을 한 것이다.

　하승천은 『답종거사서(答宗居士書)』, 『달성론(達性論)』, 『보응문

---

167) 『천축가비려전(天竺迦毗黎傳)』, 『宋書』 권97, 제8책, p.2391.

(報應問)』등을 지어 신불멸설에 반대하고 있다. 그는 "형체와 정신이 서로 의지가 되는 것을 땔감과 불에 비유하였다. 땔감이 시원찮으면 불이 약하고, 땔감이 다하면 불은 꺼진다. 아무리 불이 오묘하다 하더라도 어찌 (땔감이 없이) 홀로 전해질 수 있겠는가?"168)라고 생각하여, "태어나면 반드시 죽게 된다. 육체가 없어지면 정신도 사라진다."169)고 한다. 이는 자연현상으로서 죽은 후에 정신은 분산되고 소멸되어 다른 형체로 옮겨질 수 없는 것임을 강조한 것이다.

안연지(安延之) 또한 『석하형양서(釋何衡陽書)』, 『중답하형양(重答何衡陽)』을 지어 하승천의 『달성론(達性論)』을 논박하고 있다. 그는 "정신이 존재하고 사라지는 이치는 고목과 풀뿌리가 갑자기 변하여 사라지는 것과 다르다."170)고 한다. 그는 인간은 초목과 달리 죽은 후에 '정신과 영혼이 반드시 존재하여' 다시 '육체를 받는다'고 생각하고 신불멸설을 긍정하고 있다. 하승천(何承天)은 『답안광록(答顔光祿)』을 써서 이에 대해 논박하고 있다. 또 유소부(劉少府)도 『답하형양서(答何衡陽書)』를 지어 하승천의 『보응문(報應問)』에 대한 논쟁을 전개하고 있다.171) 이 밖에 임성(任城)의 팽승(彭丞)이 『무삼세론(無三世論)』을 짓자 승함법사(僧含法師)는 특별히 『신불멸론(神不滅論)』을 저술하여 이에 필적하고 있다.172)

---

168) 『석균선난(釋均善難)』(『답종거사서(答宗居士書)』, 『홍명집(弘明集)』 권3, 사부총간 영인본(四部叢刊影印本)), "形神相資, 古人譬以薪火, 薪弊火微, 薪盡火滅, 雖有其妙, 豈能獨傳?"

169) 『달성론(達性論)』, 『홍명집(弘明集)』 권4, "生必有死, 形斃神散."

170) 『석하형양달성론(釋何衡陽達性論)』, 『홍명집(弘明集)』 권4, "神理存沒, 儻異於枯荄變謝."

171) 『광홍명집(廣弘明集)』 권18.

172) 『석승함전(釋僧含傳)』, 『고승전(高僧傳)』 권7 『大正藏』 50, p.370b.

이상에서 진나라 말 송나라 초의 정신의 존멸에 대한 논쟁을 살펴보았다. 이때 이미 학계에 무성한 논쟁이 벌어져 장관을 이루고 있었음을 충분히 알 수 있다.

3. 논쟁의 고조

제양(齊梁)시대의 범진(范縝, 子眞)은 『후한서(後漢書)』의 작자인 선배 범엽(范曄)의 무신론(無神論) 전통을 계승하여, 불교의 신불멸론자들과 함께 두 차례 공개적인 대논전을 펼쳐 신멸과 신불멸의 논쟁은 그 절정에 달한다.

제1차 논쟁은 남조시기 제나라의 경릉왕(竟陵王) 소자량(蕭子良)이 재상을 맡고 있을 당시에 고승과 귀빈들을 불러 모아 불교를 선양하였는데, 이때 범진은 "부처는 없다."고 강조하고 인과응보문제에 대해서도 소자량과 첨예하게 대립하며 논쟁을 벌였다. 이 논쟁이 끝난 후 범진은 숙고를 통하여 『신멸론(神滅論)』이라는 이론을 제시하였다.173) 이 논문이 나오자 조야(朝野)가 떠들썩하였다. 소자량은 승려들을 소집하여 반격하였고, 일부 독실한 불교신자들은 많은 글을 써서 논박하였다. 예컨대 범진의 인척이었던 소침(蕭琛)의 『난신멸론(難神滅論)』, 조사문(曹思文)의 『난신멸의(難神滅義)』, 심약(沈約)의 『신불멸의(神不滅義)』, 『난범진신멸의(難范縝神滅義)』 등이 그것이다. 『신멸론(神滅論)』의 발표는 확실히 한 시대를 격동하게 하였고 한바탕 대논전을 일으켰음을 알 수 있다.

---

173) 『범진전(范縝傳)』, 『양서(梁書)』 권48, 제3책, p.665, "退論其理, 著 『神滅論』".

제2차 신멸·신불멸의 대규모 논전은 보다 더 격렬하였다. 양 무제(梁武帝)는 즉위 후에 친히 『칙답신하신멸론(勅答臣下神滅論)』을 써서 범진의 이론은 '경전에 위배되고, 부모를 배반한' 것이라고 비평하였다. 양 무제는 또한 대승정(大僧正)이던 법운(法雲)을 통하여 왕족과 귀족 및 조정대신 62명을 동원하여 모두 75편의 문장을 발표하게 하였다. 하나같이 양 무제의 비평을 찬양하도록 함으로써 범진의 이론을 반박하였다. 그러나 범진은 처음부터 끝까지 이에 굴하지 않고 도리어 『답조사인(答曹舍人)』과 『답조사문난신멸론(答曹思文難神滅論)』을 지어 대응하였다. 이렇게 신멸과 신불멸의 논쟁은 새로운 장을 형성하였다.

범진이 신불멸론을 반대한 주요 논점은 그가 『신멸론(神滅論)』에서 제시한 '형질신용(形質神用)'이라는 명제이다. 그는 "육체는 정신의 질이고, 정신은 육체의 용이다. 그래서 육체를 그 질이라 부르고, 정신을 그 용이라 하는 것이다. 육체와 정신은 서로 다른 것이 아니다."174) 여기서 '질(質)'은 형질, 실체를 뜻하고, '용(用)'은 작용 또는 공능을 뜻하며 파생 또는 종속의 의미를 포함하고 있다. 범진은 '질(質)'과 '용(用)'의 범주로서 인간의 육체와 정신은 두 개의 서로 독립된 것이 아니라 분리될 수 없는 통일된 두 측면이라고 설명한다. 또한 인간의 육체와 정신은 두 개의 서로 다른 것이 기계적으로 병합되거나 간단하게 조합된 것 또는 상호 병립된 것이 아니다. 정신은 육체에 종속되어 있고 육체는 정신에 의지하여 생존하는 실체이며 정신은 육체의 작용이라고 본다. 육체와 정신의 관계는 마

---

174) 『범진전(范縝傳)』, 『양서(梁書)』 권48, 제3책, pp.665~666, "形者神之質, 神者形之用, 是則形稱其質, 神言其用, 形之與神, 不得相異也."

치 칼(칼날, 실체)과 베는 작용(예리함, 작용)의 관계와 같아서 "예리함을 포기하면 칼이 아니고 칼을 버리면 예리함은 없다."175) 따라서 인간의 육체가 죽어 없어지면 인간의 정신도 반드시 그에 따라 소멸한다. 정신은 절대로 육체를 떠나 독립적으로 존재할 수 없으므로 정신은 멸하는 것이지 멸하지 않는 것이 아니다.

당시 범진의 신멸론에 반대하는 문장 곧 양 무제의 신하가 『신멸론(神滅論)』에 답하여 지은 문장은 대부분 참신한 의미가 결여되어 있다. 단지 양 무제 자신이 신불멸의 뜻을 세우기 위하여 저술한 『입신명성불의기(立神明成佛義記)』만 매우 풍부한 이론적인 색채를 띠고 있다. 그 글을 보면 다음과 같다.

신명의 근원은 끊임이 없다는 것을 핵심으로 하며 정신은 반드시 신묘한 결과로 귀결된다. ……무릇 마음은 모든 작용의 근본이며, 근본은 하나이지만 작용은 여러 가지로 다르게 나타난다. 각기 다른 작용은 저절로 일어났다 사라지곤 하지만, 그래도 하나인 근본은 변하지 않는다. ……무명의 체(體)에는 발생도 있고 소멸도 있다. 그 생멸은 마음의 서로 다른 작용일 뿐 무명심의 근본이 고쳐지는 것은 아니다. ……그 작용으로써 근본이 끊어지는 것은 아니기 때문에 성불의 이치는 그대로 밝은 것이다.176)

'신명(神明)'은 불성을 가리키며 '마음'이라고도 한다. '정신'은 일체의 심리현상을 의미하며 '식(識)'이라고도 한다. 위 글의 요지는 다음과 같다. 신명의 본성은 부단하고 상주하는 것으로서 이것

---

175) 『범진전(范縝傳)』, 『양서(梁書)』 권48, 제3책, p.666, 범진의 원문에는 '刀' 자가 '刃'으로 되어 있다.

176) 『홍명집(弘明集)』 권9, 사부총간영인본(四部叢刊影印本), "源神明以不斷爲精, 精神必歸妙果. ……夫心爲本, 本一而用殊, 殊用自有興廢, 一本之性不移. ……而無明體上有生有滅, 生滅是其異用, 無明心義不改. ……以其用本不斷, 故成佛之理皎然."

이 정신으로 하여금 반드시 묘과인 불과를 얻게 한다. 신명은 인간의 신체 내에 존재하면서 어리석음과 미혹함을 모두 갖추고 있으므로 이를 '무명신명(無明神明)'이라고 한다. 신명에는 근본[體]도 있고 작용[用]도 있으며, 신명은 '무명(無明, 惑)'으로 변하기도 하고, 생멸하는 '현상[用]'으로 나타나기도 한다. 그러나 그것의 본체나 본성은 옮겨 가거나 끊어지지 않기 때문에 오로지 수행을 통하여 '무명(無明)'을 '명(明)'으로 변화시킴으로써 성불할 수 있다. 다시 말해서 신명(神明), 즉 마음의 본체 또는 본성이 성불의 근거가 된다는 것이다. 이것은 현학의 체용관념(體用觀念)을 이용하여 중국의 전통적 영혼관념과 불교의 불성론을 결합시켜 생사윤회의 주체가 득도하여 성불하는 근거를 논증한 것이다.

이 밖에 조사문(曹思文)은 그가 저술한 『난신멸론(難神滅論)』과 『중난신멸론(重難神滅論)』에서 범진의 "육체와 정신은 상즉한다."는 명제를 힐난하면서 "육체가 곧 정신은 아니며, 정신이 곧 육체인 것도 아니다. 이들은 서로 합하여 작용하기는 하지만, 어디까지나 합한 것이지 상즉하는 것은 아니다. 살아 있으면 서로 합하여 작용을 하고, 죽으면 육체는 남고 정신은 떠난 것이다."177)고 한다. 조사문은 육체와 정신은 양자가 서로 결합하여 작용하는 것이므로 육체와 정신을 상즉하는 일체(一體)로 보는 것은 정확한 것이 아니라고 보았다. 소침(蕭琛)과 심약(沈約)이 저술한 『난신멸론(難不滅論)』 역시 범진의 "형체와 정신은 상즉한다." "형체와 정신은 서로 다르지 않다."는 명제를 중시하고 토론하였다. 범진의 '상즉'에 관

---

177) 조사문(曹思文), 『난신멸론(難神滅論)』, 『홍명집(弘明集)』 권9, "形非即神也, 神非即形也, 是合而爲用者也, 而合非即矣. 生則合而爲用, 死則形留而神逝也."

한 설명은 충분히 정확하지는 않다. 그가 칼과 예리함으로써 '형신상즉(形神相卽)'을 비유한 것은 서로 비교하여 추론한 것에 불과하여 단지 개연적인 결론만을 얻을 수 있을 뿐 필연적인 결론을 얻을 수는 없다. 범진의 형과 신에 대한 구분 역시 명확하지 않으며, 그가 논한 형체와 지각, 사유와의 관계, 범인과 성인을 구분한 관점 또한 정확하지 않다. 범진은 『답조사인(答曹舍人)』에서 조사문(曹思文)의 형과 신이 결합하여 작용을 하게 된다는 관점을 긍정하고 있을 뿐만 아니라 또한 '공거상자(蛩駏相資)'를 비유로 제시하기도 하였다. '공거(蛩駏)'란 서로 의존하여 생존하는 두 종류의 다른 동물로서 이 양자는 결코 서로 분리될 수 없다고 전해 온다. 범진은 이것으로써 신불멸을 증명하려고 하였으나 그 결과는 자신의 형질신용(形質神用)의 관점에 위배되고 괴리되는 반대현상을 초래하여 형신양본(形神兩本) 이론의 결함을 남기게 되었다.

범진의 『신멸론(神滅論)』은 불교의 신불멸론에 대한 거대한 도전이었으며, 그의 형질신용(形質神用)의 관점은 불교의 신불멸론이라는 기본이론을 동요시켰다고 말할 수 있다. 그러나 그 역시 완벽하게 불교의 신불멸론을 반박하여 압도하지는 못하였다. 이것은 한편으로는 범진의 이론 자체에 완전하지 못한 부분이 있었기 때문이기도 하지만, 범진이 일련의 불교 신불멸론과 상관있는 이론명제 예를 들면, 인간의 생명 초월에 대한 욕구, 정신활동의 본질과 현상과의 관계, 인간의 성불 근거와 가능성 등의 문제에 이르지 못하였기 때문이었다. 보다 중요한 다른 한 측면은 많은 중국의 불교학자들은 불교의 업보윤회설은 불멸의 신의 존재를 꼭 미리 설정할 필요가 없다고 생각하고 있었다는 것이다. 여기에 중국불교학자들의 '무아(無我, 空)'사상에 대한 인식이 갈수록 심화됨에 따라 신불멸 사상 역시 점점 불성사상(佛性思想)과 융합하게 된다. 남북조시대 중엽 무렵에는 유가행파(瑜伽行派)의 교의가 전래되어 유식이론(唯識理論)으로써 업보윤회설을 설명하였다. 이와 같이 한바탕 대논전을 겪은 후인 남북조 말엽 무렵에는 불교이론에 대한 논쟁의 중심은 육체와 정신의 관계에서부터 심성과 불성, 마음과 부처, 본성과 부처의 관계에 대한 문제로 전환되었다.

제3절 '신(神)'의 의미와 신불멸의 논증

1. '신(神)'의 여러 의미

중국불교가 신불멸에 대해 논증한 것을 설명하기 위해서 신불멸론의 '신(神)'의 의미에 대하여 먼저 설명하고자 한다. 중국불교에서 말하는 '신'의 의미와 동일하거나 유사하거나 상통하는 명사와 관념으로는 정신(精神), 신명(神明), 신식(神識), 식신(識神), 정령(精靈), 혼신(魂神), 식령(識靈), 혼령(魂靈), 영혼(靈魂), 진신(眞神), 진신성(眞神性), 신령(神靈) 등이 있다. 그런데 우리가 이 글에서 논하려고 하는 것은 숭배대상인 영혼, 즉 인격화된 신을 제외한 중국불교의 '신'의 의미로서 중요한 의미로는 아래 몇 가지 의미가 있다.

(1) 정신(精神)

중국불교가 말하는 정신이란 일반적으로 모든 심리현상을 가리킨다. 정신의 첫째 기능은 식별작용, 즉 사물을 구별하는 인식작용으로서 도리를 깊이 이해하는 깨달음을 가리킨다. 둘째는 '정신은 정의 근본이 된다[神爲情之根].'[178]고 하였듯이 정신은 정의 근본이면서 식(識)이 의지하는 곳이기도 하다. 정은 청정한 것과 혼탁한 것[淸濁]으로 구별되고, 식은 정밀한 것과 거친 것[精粗]으로 구별된다. 정과 식[情識]은 사라져도 정신은 소멸되지 않는다. 이 밖에도 중국불교가 말하는 '정신'은 대부분 인간의 내부에서 인간을 주재하는 '개체정신'을 가리키며, 때로는 우주만물의 본체인 '우주정신'을 가리키기도 한다.

(2) 영혼(靈魂)

영혼은 인간의 사후에 불멸하는 정신을 의미하며, 인간의 신체 속에 존재하다가 인간의 사후에 신체를 떠나는 비물질적인 존재를 말한다. 이른바 "사람은 죽어도 정신은 사라지지 않고 다시 형체를 받는다."[179] "정령은 일어나고 멸하며, 원인과 과보는 서로를 찾는다."[180]는 것은 영혼을 생사윤회와 인과응보의 본체로 보는 것이다.

양계초(梁啓超)는 "인간은 죽어도 죽지 않고 존재하는 것이 있

---

178) 『사문불경왕자론 · 형진신불멸론(沙門不敬王者論 · 形盡神不滅論)』, 석준 등 편찬, 『중국불교사상자료선편』 제1권, p.86.

179) 『후한기(後漢記)』 권10, p.5, "人死精神不滅, 隨復受形."

180) 『서역전론(西域傳論)』, 『후한서(後漢書)』 권88, 제5책(北京: 中華書局, 1965), p.2932, "精靈起滅, 因報相尋."

다."고 하며 이를 긍정한다. 그는 '죽지 않는 것'을 영혼이라고 하지 않고 정신이라고 하면서, 이러한 정신은 인과응보의 과정 중에 존재하는 것이라고 한다.[181] 물론 양계초가 말하는 정신은 영혼의 별칭이기도 하다.

(3) 불성(佛性)

원효(元曉)는 『반야종요(般若宗要)』에서 다음과 같이 말하고 있다. "스승께서 말씀하시길 네 번째로 마음에는 신령하고 허망하지 않는 성품이 있는데, 이러한 마음의 신령스러움이 이미 몸 안에 존재하고 있어서 (인간은) 나무나 돌과 같은 무정물과는 다른 것이다. 이 때문에 (인간은) 큰 깨달음의 과보를 성취할 수 있다. 그래서 마음의 신령스러움이 (깨달음을 성취하는) 정인(正因)의 본체가 된다고 말하는 것이다. ……이것이 양무소[소연(蕭衍)을 지칭함] 천자의 뜻이다."[182]

양 무제는 목석과 다른 '신령하고 허망하지 않은 성품'을 인간이 불과(佛果)를 이루는 근원으로 여겼다. 이러한 마음의 '신령하고 허망하지 않은 성품'이 바로 불성(佛性)이다. 양 무제는 『입신명성불의기(立神明成佛義記)』를 지어, '신명(神明)'을 세워 신불멸론과 불성론의 두 학설이 합류함을 밝히고 있다.

양 무제와 동시대의 인물인 심약(沈約) 역시 『불지불이중생지의(佛知不異衆生知義)』를 써서 "범부가 아는 것과 부처가 아는 것은

---

181) 이상 양계초의 진술은 『여지생사관(余之生死觀)』, 『음빙실문집지십칠(飮氷室文集之十七)』 『음빙실문집(飮氷室文集)』(2) 참조.
182) 『광홍명집(廣弘明集)』 권22, 四部叢刊影印本.

다르지 않다." "중생에게 있어서 불성은 중생의 지성 속에 실재하여 항상 전해지는 것"[183]이라고 생각하였다. 중생의 지성이 곧 불성이라는 것이다.

명대(明代)의 진가(眞可)는 진일보하여 어떤 사람들은 "단지 평소에 늘 사용하는 밝은 영들의 식신(識神)이 문득 불성이 된다고 알고 있다. 특별하게 견성을 알지는 못하는 자에게는 식신(識神)이 곧 불성이다. 그리고 아직 견성하지 못한 자에게는 불성이 곧 식신이다. 이렇게 볼 때 식신과 불성은 다른 것이 아니다. 만약 견성하지 못하였다면 식신은 식신이고 불성은 불성이다. 결코 함부로 이야기할 수 없는 것이다."[184]라고 하였다. 그는 식신이 불성이긴 하지만 견성 후에야 식신이 비로소 불성이 된다는 조건이 붙는다고 주장하였다.

(4) 법신(法身)

인도불교에서 말하는 법신은 불법(佛法)을 이루고 있는 신체, 정신적 의미의 신체를 말한다. 중국의 불교학자는 '수명에 머무르는 신명[神明住壽]'을 법신과 관련된 의미로 생각하였다. 그들은 오랫동안 '수명에 머무르는 신명'에서 신(神)을 관건으로 삼았고, '신(神)'은 '수명에 머물며', 신명이 세상에서 살아가는 동안 도(道)를

---

183) 『大正藏』 38, p.249ab, "凡夫之知與佛之知不異", "衆生之爲佛性, 實在其知性常傳也."

184) 『법어(法語)』, 『자백노인집(紫柏老人集)』 권1, 전당허령허중간본(錢塘許靈虛重刊本), 1978. p.15, "但知日用昭昭靈靈之識神便爲佛性, 殊不知唯見性者, 識神卽佛性也, 而未見性者, 佛性卽識神也. 卽此觀之, 識神與佛性, 固非兩物. 若未見性, 則識神是識神 佛性是佛性, 斷不可儱侗而混說也."

이루며, 도를 이룬 후 신명이 머무르는 수명의 시간은 더욱더 길어
진다고 보았다.[185]

혜원(慧遠)도 구마라집(鳩摩羅什)에게 보살이 일 겁 이상 살 수
있는지를 묻는 편지를 보낸 적이 있다. 구마라집은 "만약 일 겁 이
상 살 수 있다고 한다면, 그것은 있을 수 없는 말이며 그런 말을
전하는 것은 허망한 짓이다[若言住壽一怯有餘者, 無有此說, 傳之
者妄]."라고 회답하였다. 혜원 등 승려는 불교의 '식신성공(識神性
空)' 학설을 이해한 이후에 비로소 수명을 가지는 신명의 설법과
법신의 이론이 서로 모순이 된다는 것을 분명히 알게 되었다. 또한
혜원의 법신에 대한 이해도 원래의 의미에서 벗어나 있다.

인도의 대승불교는 붓다가 입적한 이후에도 여전히 법신은 존재
하며, 법신은 붓다가 말한 정법(正法)을 말하는 것이라고 생각한다.

중국의 불교학자는 종종 '법신'을 불법 전부를 획득한 신격의 화
신으로 보고 있다. 혜원은 "만약 정(情)으로써 생명을 이어 나가지
않으면 생명은 사멸될 수 있을 것이다. 만약 생으로써 그 신명을
이어 나가지 않으면 신명이 아득해질 수 있고 아득해진 신명이 경
계를 끊는 것을 일러 니원(열반)이라고 한다."[186]라고 하였다. 여기
서 '아득한 신[冥神]'은 일종의 지극하고 형태가 없는 신비한 경계
에 처해 있는 신을 말하며, 이렇게 신이 독자적으로 존재하는 것을

---

185) 『안반수의경서(安般守意經序)』(『大正藏』 55, p.43b)에서 강승회(康僧會)는 극히 높
은 선정(禪定)의 경지에 도달하면 "천지에서 수명에 머무르는 것을 제어할 수 있다."
고 하였다. 또 『양지입경서(陽持入經書)』(『大正藏』 55, pp.44~45a)에서 도안(道安)
은 "세 가지 번뇌를 없애어 수명을 주관하고 도를 이룬다."라고 하였다.

186) 『사문불경왕자론·구종불순화(沙門不敬王者論·求宗不順化)』, 석준 등 편찬, 『중
국불교사상자료선편』 제1권, p.83, "不以情累其生, 則生可滅; 不以生累其神, 則神
可冥. 冥神絶境, 故謂之泥洹."

법신이라고 한다.

혜원의 제자였던 종병(宗炳)은 더욱 명확하게 법신이 곧 신(神)이라는 관념을 제시하였다. 그는 "형태는 없으나 신이 존재한다는 것은 법신이 상주한다는 것을 말한다."[187] "태어남이 없으면 몸이 없고, 몸은 없어도 신(神)이 있다는 것은 법신을 말하는 것이다."[188] 사람은 수행과 득도를 통하여 몸도 형태도 없어지는데, 독자적으로 존재하는 신(神)이 곧 법신이며, 법신은 이 신을 체현하여 담고 있는 것이다. 진가(眞可)는 사람들에게 "삼세 동안 한 몸으로 있다는 것이 있을 수 있는 일인가?"를 묻고 스스로 대답하였다. "있을 수 있는 일이다. 틀림없이 몸 하나로 삼세에 걸쳐 있을 수 있다. 한 사람이 길을 갈 때 길은 천 리가 있어도 가는 사람은 오직 한 사람뿐인 것과 같다. 길이 천 리라고 사람도 천 명이 있다고 한다면 그것은 어리석고 미련한 말이다. 그러나 그 몸은 사람의 신체처럼 생사가 모이고 흩어지는 그런 것이 아니라 바로 법신이다. 무릇 법신은 천고의 세월이 한순간이고 만겁이 순식간이므로 어찌 비단 삼세만 한 몸이라고 하겠는가?"[189] 그 뜻은 법신은 인간의 신체와 비교했을 때 신명이라고 할 수 있으며, 법신은 삼세, 천고 내지 만겁 속에 존재하는 영원한 것이라는 의미이다.

중국의 불교학자는 생사윤회와 성불의 주체라는 두 가지 측면에

---

187) 『답하형양난석백흑론(答何衡陽難釋白黑論)』, 『홍명집(弘明集)』 권3, 사부총간영인본(四部叢刊影印本), "無形而神存, 法身常住之謂也."

188) 『명불론(明佛論)』, 『홍명집(弘明集)』 권2, 사부총간영인본(四部叢刊影印本), "無生則無身, 無身而有神, 法身之謂也."

189) 『법어(法語)・의정필록(義井筆錄)』, 『자백논인집(紫柏老人集)』 권9, p.39, "有. 良以身一而世三. 如人行路, 路有千里, 而行惟一人. 謂路千里, 而人亦有千, 此愚痴之說也. 然此身非形骸生死聚散之身也, 乃法身也. 夫法身者, 千古一瞬, 萬劫一息, 豈但三世一身而已乎?"

서 '신'의 의미를 해석하고 있다. 이러한 의미는 상호 구별되기도 하고 교차되기도 하며, 인간의 육체와 정신의 관계, 인간의 심리적 본질과 현상, 심성의 본체와 작용, 도덕적 선과 악 등의 중대한 문제에까지 이르고 있다. 이러한 문제의 전개가 중국불교철학사상의 중요한 내용을 구성하고 있다.

2. 신불멸의 체계적 논증

위에서 말한 '신'의 의미를 볼 때 중국불교의 신불멸론은 정신(영혼)불멸, 본유불성, 법신상주 등의 의미를 지니고 있다. 이 세 가지 내용 중에서 정신불멸이 가장 관건이 되는 항목이고, 나머지 두 항목은 바로 이 항목에서 파생된 것이다. 이와 같이 형신의 관계에 대한 문제는 중국불교의 신불멸 이론을 논증하는 데 중점을 두고 있다.

중국의 불교학자가 신불멸을 논증하는 근거는 아래의 여섯 가지로 귀결된다.

(1) 형체와 정신은 근본이 다르다

정선지(鄭鮮之)는 『신불멸론(神不滅論)』에서 "정신과 육체가 서로 의지하지 않는다고 하는 것은 그 근본이 다름을 밝히는 것이다."[190]라고 하였다. 여기서 육체와 정신의 근본이 다르다고 하는

---

190) 『홍명집(弘明集)』 권5, "所謂神形不相資, 明其異本耳."

것은 육체와 정신은 근원이 다르며, 두 종류의 다른 본원, 즉 실체가 있다는 뜻이다. 정선지는 다음과 같이 말하고 있다.

> 형체란 오장육부와 사지칠규가 서로 더불어 하나가 되어 태어난 것이다. 태어날 때 신체의 각 부위는 그 기능이 천차만별이어서 몸의 한쪽에 병이 생기거나 눈과 귀에 서로 흠이 있어도 그 생명을 빼앗아 가지는 못한다. 하나의 육체 안에서도 이와 같으므로 오히려 정신의 체는 여러 가지 형체를 신령스럽게 비추고 오묘하게 다스린다. 육체와 기가 함께 움직이고 정신과 묘각이 함께 흐르니, 비록 움직임과 고요함이 서로 도움을 주고받을지라도 정교함과 조잡함은 서로 근원이 다르니 어찌 각자의 근본이 없이 서로 원인이 되어 작용하겠는가?[191]

이것은 인간의 육체가 오장육부 등으로 구성되고, 각 부분은 각기 다른 기능을 가지고 있으므로 어떤 한 부분이 병들어도 인간의 생명에는 영향을 주지 않는다는 것을 말한다. 육체의 각 부분이 인간의 생명에 대해서조차 이럴진대 육체를 통솔하는 영묘한 정신은 생명에 대하여 더욱 그러할 것이다. 육체와 기가 함께 변화를 일으키고 정신과 영묘한 깨달음의 성품이 함께 유전하지만 양자는 각자의 본원을 가지고 있고 이들은 각기 실체가 다른 것이다.

종병(宗炳)도 『명불론(明佛論)』에서 "정신은 만물을 영묘하게 하는 것을 말한다. 만약 정신이 육체에 의지하여 만들어지고 육체를 따라 소멸한다면 육체를 근본으로 삼는 것이다. 그러면 어찌 영묘하다고 말할 수 있겠는가? 정신은 사방에 도달하여 그 흐름에 끝

---

191) 『홍명집(弘明集)』 권5, "夫形也, 五臟六腑, 四肢七竅, 相與爲一, 故所以爲生. 當受其生, 則五常殊受, 是以肢體偏病, 耳目互缺, 無奪其爲生. 一形之內, 其猶如玆, 況神體靈照, 妙統衆形. 形與氣息俱運, 神與妙覺同流, 雖動靜相資, 而精粗異源, 豈非各有其本, 相因爲用者邪?"

이 없으므로 위로는 하늘까지 미치고 아래로는 땅에 기반을 둔다."[192] "정신이란 만물을 영묘하게 하는 것을 말한다[神也者, 妙萬物而爲言矣]."라는 말은 『주역대전(周易大傳)』「설괘(說卦)」에 나오는데, 그 뜻은 '정신'이란 미묘하게 변화시킨다는 것을 말한다. 종병은 이를 수용하고 원래의 의미를 확대하여, 비록 '정신'이 만물을 영묘하게 변화시키기는 하지만 그것은 육체로부터 조성되거나 육체에 영향을 주는 것도 아니고 육체가 죽으면 따라서 소멸되는 것도 아니라고 생각하였다.

혜원(慧遠)도 '정신'과 '육체'의 관계에 대하여 다음과 같이 말하였다. "탐애가 그 성품에 흐르기 때문에 사대가 결합하여 육체를 이루는 것이다."[193] "사대의 결합은 주인이 감응한 것이다." 여기서 '사대(四大)'란 지(知)·수(水)·화(火)·풍(風) 사대 요소를 가리키며, '주인'은 '정신'을 말한다. 이것은 '정신'과 '육체'가 두 개의 근본을 이루고 있지만, '정신'의 감응이 없으면 '사대'는 인간의 육체를 이룰 수 없기에 육체와 정신을 서로 비교할 때 '정신'이 더 중요하다는 것을 말하는 것이다.

(2) 육체와 정신은 우연한 결합이다

위에서 진술한 육체와 정신은 근본이 다르다고 하는 심신 평행의 이원론(二元論)과 관련하여, 중국의 불교학자는 '육체'와 '정신'

---

192) 『홍명집(弘明集)』 권2, "神也者, 妙萬物而爲言矣. 若資形以造, 隨形以滅, 則以形爲本, 何妙以言乎? 夫精神四達, 幷流無極, 上際於天, 下盤於地."

193) 『명보응론(明報應論)』, 석준 등 편찬, 『중국불교사상자료선편』 제1권, p.90, "貪愛流其性, 故四大結而成形."

은 우연히 자연스럽게 결합한 것이라고 한다. "정신이 형질과 함께 하는 것은 저절로 우연히 그런 것이다. 우연히 분리되기도 하고 결합하기도 하며 죽고 사는 변화를 한다. 형질은 모이기도 하고 흩어지기도 하고 가기도 하고 돌아오기도 하는 세력이다."194) 즉 '정신'과 '형질[質]'은 기묘하게 결합한 것이어서 이 둘은 결합하기도 하고 분리되기도 한다. 사람이 산다는 것은 '육체'와 '정신'이 서로 결합한 것이며, 사람이 죽는다는 것은 곧 '육체'와 '정신'이 분리된 것이다. 육체는 죽어도 정신은 결코 단멸되지 아니한다. 조사문(曹思文)이 범진의 『신멸론(神滅論)』에 반대한 중요한 이론적인 관점도 형신은 상즉한다[形神相卽]는 것에 대항하여 형신은 상호 결합한다는 것[形神相合]이었다. 이것은 정신과 육체 둘을 상즉하는 하나로 볼 수 없고, 양자는 다만 서로 결합하여 작용을 하는 것일 뿐이라는 생각이다. 육체와 정신의 우연한 결합 또는 상호 결합은 신불멸론의 또 하나의 이론적 지주(支柱)가 되었다.

(3) 형체는 조잡하고 정신은 영묘하다

혜원의 『사문불경왕자론』 「형진신불멸」에 정신에 대한 정의가 나온다.

> 정신이란 무엇인가? 지극히 정밀하여 신령스러운 것을 말한다. 지극히 정밀하다는 것은 그려서 걸어 둔 그림과 같은 것이 아니어서 성인께서도 현묘한 것이라고 말할 뿐이다. 아무리 뛰어난 지혜를 가진

---

194) 나함(羅含), 『갱생론(更生論)』, 『홍명집(弘明集)』 권5, "神之與質, 自然之偶也. 偶有離合, 死生之變也. 質有聚散, 往復之勢也."

분이라도 그것의 구체적인 상태를 무어라고 명확하게 정할 수 없어서 그 현묘한 이치를 끝까지 궁구할 수 없다. ……정신이라는 것은 어디에도 두루 원만하게 감응하지만 주인이 없고(원문 중의 '생(生)'은 '주(主)'가 되어야 한다) 오묘하기 그지없어 이름을 붙일 수 없으며, 만물에 감응하여 행동하고 임시로 붙은 사물의 이름에 따라 행동한다. 만물에 감응하지만 (정신은) 사물이 아니므로 만물이 변하여도 (정신은) 멸하지 않는다. 즉 사물에 임시로 붙은 이름은 이름이라고 할 수 없기 때문에 사물의 이름이 다하더라도 (정신은) 끝이 없는 것이다.195)

이 글에서 말하고자 하는 것은 다음과 같다. '정신'이란 정밀함과 밝음[精明]의 극치를 이루어 대단히 정밀하고 신령스럽다. 그것은 어떤 구체적인 형상을 지니고 있지 않아서 구체적인 사물의 모양처럼 형상으로 표현할 수 없다. 그래서 성인은 단지 '정신'이란 신묘한 것이라고 말했을 뿐이다. 설령 최상의 지혜를 지닌 사람이라 할지라도 명확하게 정신의 구체적인 정황을 말하거나 그것의 정밀하고 미묘한 점을 끝까지 다 표현하지 못한다. '정신'의 움직임과 변화는 무궁하여 만물에 감응하지만 그 자신의 주체는 결코 없다. 미묘함이 극에 달하지만 무어라 이름을 붙일 수 없다. 그것은 바깥의 사물에 감응하여 자신의 움직임을 드러낸다. 예를 들자면 '사대(四大)' 등 '언어, 수량으로 표현되는 여러 가지 이름'에 의지하여 움직이는 것이다. 그것은 바깥의 사물에 감응하지만 그 자체는 사물이 아니다. '여러 가지 이름'을 빌리지만 그 자체가 '여러 가지 이름'인 것은 아니다. 정신은 주인도 없고 이름도 없으며

---

195) 석준 등 편찬, 『중국불교사상자료선편』 제1권, p.85, "神者何耶? 精極而爲靈者也. 精極則非卦象之所圖, 故聖人以妙物而爲言, 雖有上智, 猶不能定其體狀, 窮其幽致. ……神也者, 圓應無生, 妙盡無名, 感物而動, 假數而行. 感物而非物, 故物化而不滅; 假數而非數, 故數盡而不窮."

사물도 아니며 붙인 이름 그것도 아니고 멸하는 것도 아니고 무궁한 것도 아니다. 혜원은 육체는 거칠지만 '정신'은 물질(氣, 形體와 같은 것)과 다른 정령(精靈, 精神)으로 지극히 미묘한 것이라고 강조한다. 양자는 본질이 달라서 '육체'는 단멸하지만 '정신'은 멸하지 않는다고 한다.

심약(沈約)은 『신불멸론(神不滅論)』에서 "정신은 신묘하지만 육체는 거칠다(세밀하지 못하다)고 비교하여 말한다. 육체를 양육하면 죽지 않는데 하물며 정신을 수양하면 어찌 다함이 있겠는가?"196)라고 하였다. 도교에서는 인간은 육체를 양육하면 장생불사할 수 있다고 생각한다. 심약(沈約)은 설사 거친 육체일지라도 수양하고 수련하면 죽지 않을 수 있다고 하는데 신묘한 정신을 수양하고 수련하면 어찌 영원한 경지에 도달하지 않을 수 있겠는가를 묻는 것이다.

(4) 육체는 고요하고 정신은 바쁘다

소침(蕭琛)은 범진(范縝)의 『신멸론(神滅論)』을 반박하기 위하여 하나의 논거를 제시하고 있다.

> 나는 이제 꿈에 근거하여 형체와 정신이 함께하는 것이 아니라는 사실을 증명하고자 한다. 사람이 잠을 잘 때 그 육체는 아무것도 모르는 물체가 된다. 그러나 꿈에 나타나는 것이 있다. 그것은 정신이 돌아다니며 접촉하는 것들이다. 정신은 고립된 것이 아니고 반드시 육체에 의지한다. 이는 마치 사람이 반드시 노지가 아닌 방에 거처하는 것과 같다. ……대체로 사람은 꿈속에서 아득히 멀고 텅 빈 경지에 오르기도 하고 머나먼 만 리에 이르기도 한다. 만약 정신이 간 것이

---

196) 『광홍명집(廣弘明集)』 권22, "神妙形粗, 較然有辯. 養形可至不朽, 養神安得有窮?"

아니라면 육체가 움직인 것일까? 육체가 가지 않았고 정신 또한 떠난 것이 아니라면 어찌 이런 일이 있을 수 있을까? ……이것으로 육체는 가만히 있고 정신이 분주하게 움직인다는 것을 분명히 알 수 있다.197)

꿈속의 세계에 대한 미혹은 원시인에게 영혼불멸의 관념을 싹트게 한 하나의 중요한 원인이다. 예컨대 사람은 꿈속의 세계에서 이미 죽은 가까운 사람과 만나기도 하는데, 고대인들에게 이것은 확실히 해석하기 어려운 문제였다.

심침(沈琛)도 꿈속에서 육체는 고요하고 정신은 바쁘다는 현상을 근거로 육체와 정신은 분리되고 육체는 없어져도 정신은 멸하지 않는다는 것을 논증하였다.

(5) 정신의 근본은 단절되지 않는다

종병(宗炳)은 『명불론(明佛論)』에서 다음과 같이 말한다.

모든 생명체의 정신은 궁극적으로는 한결같지만 인연에 따라 이리저리 옮겨 가고 흘러가서 거칠거나 미묘한 식이 생긴다. 그렇다고 해서 그 근본이 없어지는 것은 아니다. 지금 비록 순 임금이 고에게서 태어났지만 순 임금의 정신도 반드시 고에게서 생겨난 것이라고는 할 수 없다. 그러므로 상균의 정신도 순에 의해 길러진 것이 아니다. 낳아서 기르기 이전에 원래 거칠고 신묘한 것이 있었다. 태어나기 이전에 이미 근본이 서 있었고 죽은 후에도 없어지지 않는다는 것을 알 수 있다. 또한 없어지지 않는다는 사실은 동일하지만(여기에서 '不'

197) 『난신멸론병서(難神滅論幷序)』, 『홍명집(弘明集)』 권9, "予今據夢以驗形神不得共體. 當人寢時, 其形是無知之物, 而有見焉, 此神游之所接也. 神不孤立, 必凭形器, 猶人不露處, 須有居室. ……夫人或夢上騰玄虛, 遠適萬里, 若非神行, 便是形往耶? 形旣不往, 神又不離, 復焉得如此?……此卽形靜神馳, 斷可知矣."

자는 衍文이다), 어리석은 자와 성인이 다르고, 어리석음과 성스러움, 삶과 죽음은 바꿀 수도 없고 없어지지도 않는 구별임을 알 수 있다.198)

이 글의 의미는 이렇다. 중생의 정신과 의식의 근본은 같지만 각자의 인연이 변화하여 달라졌기 때문에 정밀하고 미묘한 정신과 의식 또는 어리석고 거친 정신과 의식을 형성한다. 그러나 근본이 되는 정신과 의식은 없어지지 않는다. 고수(瞽叟)는 순 임금을 낳았고 순 임금은 다시 상균(商均)을 낳았다. 그들이 낳은 것은 형체일 뿐 정신과 의식이 아니다. 그들의 어리석음과 성스러움이 같지 않음은199) 생전에 부여받은 정신과 의식이 거칠거나 신묘한 것이 다르기 때문이다. 인간의 어리석음과 성스러움은 다르더라도 인간의 정신과 의식이 사라지지 않는다는 것은 동일하다. 앞서 서술한 '신멸과 신불멸의 논쟁'에서 양 무제 소연(蕭衍)이 『입신명성불의기(立神明成佛義記)』에서 말한 신명(神明)의 근본과 작용이라는 두 가지 측면에 대해 언급하였다. 신명의 '작용', 즉 정신 현상은 생하고 멸하는 것을 말하고, 신명의 '근본'은 본성이 어디로 옮겨 가더라도 단절되지 않는다는 것을 의미한다. 이 모든 것은 중국 현학의 체용관념(體用觀念)과 유학의 심정관념(心情觀念)을 이용하여 마음과 정신의 근본[體]과 작용[用]이라는 두 가지 측면을 분석하

---

198) 『홍명집(弘明集)』 권4, "郡生之神, 其極雖齊, 而隨緣遷流, 成粗妙之識, 而與本不滅矣. 今雖舜生於瞽, 舜之神也, 必非瞽之所生, 則商均之神, 又非舜之所育; 生育之前, 素有粗妙矣. 旣本立於未生之先, 則知不滅於旣死之後矣. 又不滅則不同, 愚聖則異, 知愚聖生死不革不滅之分也."

199) 『사기 · 오제본기(史記 · 五帝本記)』 권1(北京: 中華書局, 1959), p.32, p.44에 자세히 나와 있다. 역자 주: 순의 아버지 고수완(瞽叟頑)은 언제나 순을 죽이고자 하였고, 순 임금의 아들 상균은 그 아버지를 닮지 않았다. 이 부분은 순과 고수, 상균의 어리석음과 성스러움의 차이를 지적한 것이다.

고 나아가 '정신'의 본체나 본성은 불멸하는 것임을 강조한 것이다.

(6) 땔감과 불에 비유된다

중국 고대철학사에 있어서 적지 않은 학자들이 초와 촛불, 땔감과 불로써 육체와 정신[形神]의 관계를 비유하곤 하였다. 그런데 그들이 도출해 낸 결론은 결코 동일하지 않았다. 예컨대 환담(桓譚), 왕충(王充), 대규(戴逵) 등은 "초(또는 땔감)가 다하면 불은 꺼진다."는 비유로써 "육체가 다하면 정신도 없어진다."는 것을 논증하였다. 또한 장자(莊子)와 갈홍(葛洪) 같은 사람들은 "초(또는 땔감)가 다하여도 불은 전해진다."는 비유를 들어 "육체는 없어져도 정신은 멸하지 않는다는 것"을 증명하고 있다. 앞서 인용한 바 있는 정선지(鄭鮮之)의 『신불멸론(神不滅論)』은 체용(體用)의 관계로써 땔감과 불의 관계를 설명하였고, 나아가 "정신은 육체를 기다리지 않으며", "육체는 다하여도 정신은 멸하지 않는다."는 것을 논증하였다. 혜원(慧遠)도 땔감과 불의 비유를 들어 '형진신불멸(形盡神不滅)'을 증명하고 있다. 그는 말한다.

> 불이 땔감에 옮겨 붙는 것은 마치 정신이 육체에 전해지는 것과 같다. 마치 정신이 다른 육체에 전해지는 것과 같이 불은 다른 땔감에 옮겨진다. 앞의 땔감은 뒤의 땔감이 아니지만 장작이 다 타면 다른 장작으로 옮겨 붙는 오묘함을 알 수 있다. 앞의 육체는 뒤의 육체가 아니지만 정신은 연속되어 여러 가지 감정의 감응이 심오함을 깨닫게 된다. 어떤 사람은 일생 동안에 육체가 늙어 죽는 것을 보고 정신과 감정이 모두 상실되었다고 여긴다. 마치 하나의 땔감에서 불이 꺼지는 것을 보고 불과 나무 모두 사라졌다고 하는 것과 같다. 이것은

양생론자의 잘못된 견해를 따른 것이며 깊이 생각한 것을 따르는 것
이 아니다.200)

즉 다른 땔감에 같은 불이 옮겨지는 것은 각기 다른 육체에 동
일한 정신이 그대로 전해지는 것과 같다. 같은 불이 다른 땔감에
옮겨 가는 것이며, 이는 곧 동일한 정신이 다른 육체에 전해지는
것과 같다. 앞의 땔감은 뒤의 땔감이 아닌데 사람이 뒤의 땔감에
불을 붙여 나간 것이다. 앞의 육체도 또한 뒤의 육체가 아닌데 정
신이 계속 전해 내려가 다른 육체로 전해지는 것이다. 어떤 사람은
사람이 죽는 것을 보고 '정신'도 그것을 따라 없어졌다고 여긴다.
이는 마치 땔감이 다 타 버리자 불도 마찬가지로 다 없어졌다고 여
기는 것과 같다. 양생론자가 수련을 통하여 육체와 정신이 모두 남
아서 장생불사하기를 기대하고 신선이 되기를 기도하는 것은 '육
체'와 '정신'을 구별하지 못한 것이며, 육체는 없어져도 정신은 없
어지지 않는다는 도리를 이해하지 못한 것이다.

이 이외에도 신불멸론을 주장한 학자들은 빈번하게 유가의 전적
(典籍)과 종묘의 제사를 인용하여 자신들의 관점을 보호하였다. 예
를 들어 양 무제 소연은 범진의 『신멸론(神滅論)』을 반박하기를
"『제의(祭義)』에서 '오직 효자만이 부모에게 제사를 지낼 수 있다.'
고 하고, 『예운(禮運)』에는 '삼 일간 재계하면 반드시 제사 받는
분을 뵐 수 있다.'고 하였다. 만약 제사를 올리고도 제사를 지낸 것

---

200) 『사문불경왕자론·형진신불멸(沙門不敬王者論·形盡神不滅)』, 석준 등 편찬, 『중
국불교사상자료선편』 제1권, p.86, "火之傳於薪 猶神之傳於形; 火之傳異薪, 猶神
之傳異形. 前薪非後薪, 則知指窮之術妙; 前形非後形, 則悟情數之感深. 惑者見形
朽於一生, 便以爲神情俱喪, 猶睹火窮於一木, 謂終期都盡耳. 此由從養生之談, 非
遠尋其類者也."

이 아니라고 하고 보고도 본 것이 아니라고 한다면, 경전을 어기고 부모를 배반한 것이니 말을 하지 말아야 할 것이다."201)라고 하였다. 그러나 이것은 단지 정치 윤리적인 반박일 뿐 사상 이론적인 논증은 아니었다.

제4절 불교의 신불멸론과 중국의 고유문화사상

신멸과 신불멸의 문제는 인생의 유한성과 무한성, 죽음의 종극성(終極性), 비종극성(非終極性)과 관계있다. 이는 영혼의 소멸성과 불멸성의 문제로서 인류의 마음과 영혼, 민속과 문화에 이르기까지 오랜 기간에 걸쳐 탐색해야 할 과제이다.

중국의 문화사상사에는 줄곧 신멸과 신불멸이라는 대립된 두 주장과 전통이 존재하고 있다.

중국의 고대 사상가 예를 들자면 선진시대(先秦時代) 제자백가의 대다수는 귀신의 존재를 인정하지 않았다. 그들은 "천지에서 가장 큰 덕은 생이다[天地之大德曰生]."라고 하면서 '생을 중시하고', '생을 존중할 것'을 강조하였다. 인간의 사망과 사후 세계에 대해 함부로 말하지 않았지만, 오로지 묵자(墨子)만이 공개적으로 귀신이 있다고 말하였다. 선진시대의 신멸론 전통은 이후 계속되어 유가와 다수의 도가학자들에 의해 계승되었으며, 육체와 정신의 관

---

201) 『칙답신하신멸론(勅答臣下神滅論)』, 『홍명집(弘明集)』 권10, 사부총간영인본(四部叢刊影印本), "『祭義』云: '唯孝子爲能響親'. 『禮運』云: '三日齋, 必見所祭.' 若謂響非所響, 見非所見, 違經背親, 言語可息."

계에 대한 이론학설의 주류파가 된다. 동시에 민간과 상류의 통치 계층 속으로 귀신관념이 널리 유행되었고, 신불멸론은 일부 통치자들이 통치적인 차원에서 필요로 하였고 일반백성들의 정신적 지주가 되었다. 중국의 불교학자는 바로 이러한 문화적 배경 아래서 한편으로는 중국 고유의 영혼관념, 귀신관념, 조상숭배와 유가·도가전적 중 필요한 관념을 수용함으로써 신불멸론을 설명하고 선전하였다. 다른 한편으로는 완강하게 신멸이론을 제지하면서 아울러 도교의 형불멸설(形不滅說)도 비판하였다.

중국불교의 신불멸사상은 비록 인도불교의 12인연 중의 '식(識)' 관념 및 독자부(犢子部)의 『삼법도론(三法度論)』에 있는 '나'의 주장202) 등과 관련이 있으나 중요한 것은 중국 고유의 영혼불멸 등 사상에 연원을 두고 있다. 중국불교의 신불멸론은 중국의 불교학자가 인도불교의 인과응보론과 생사윤회설을 체득하고, 중국 고유의 '정신'관념에 근거하여 정신을 윤회와 성불의 주체라고 독특하게 설명하고 있다.

불교의 신불멸론과 중국 고유문화사상의 연원에 있어서 중요한 것은 아래의 몇 가지이다.

(1) 불교의 신불멸론과 영혼 귀신의 관념

고대 중국인들은 인간의 정신은 육체를 떠나도 존재할 수 있다고 여겼다. 이러한 정신을 '혼(魂)'이라고 하였다. 『주역대전(周易大傳)』「계사(系辭)」 상권에서 "정기는 영물이 되고 떠다니는 영혼은 변한

---

202) 여징(呂澂), 『중국불교원류약강(中國佛敎源流略講)』 제4강, 『여징불학논저선집(呂澂佛學論著選集)』(五), (제남(濟南): 제노서사(齊魯書社), 1991), pp.2536~2550.

다[精氣爲物, 游魂爲變].”고 하였는데, 정기는 신령스러운 물질 곧 정신이다. 떠다니는 영혼은 인간의 몸을 벗어나면 귀신이 된다. 인간이 죽은 후에도 영혼은 불멸하는데 이 불멸의 영혼을 귀신이라고 부른다. 『설문해자(說文解字)』는 “귀신이란 인간이 돌아간 것이 귀신이다[鬼, 人所歸爲鬼].”라고 하고, 『예기(禮記)』 「제의(祭義)」에서는 “모든 생명은 반드시 죽으며, 죽으면 반드시 흙으로 돌아가는데, 그것을 귀라고 한다[衆生必死, 死必歸土, 此之謂鬼].”고 하였다. 묵자도 “사람이 죽으면 귀신이 된다[有人死而爲鬼者].”(『墨子』「明鬼」下)고 주장하였다.

원대(元代)의 유밀(劉謐)은 『삼교평심론(三敎平心論)』 하권에서 고대의 전적을 인용하여 “죽으면 영원히 소멸되어 다시 알 수 있는 것이 없다고 하지만, 「계사(繫辭)」에서는 ‘떠다니는 영혼은 변한다.’고 하였고 『효경(孝經)』은 ‘귀신으로서 그것을 향유한다.’고 하였으며 『좌전(左傳)』에서는 ‘귀신은 먹을 것을 구하는 것 같다.’고 하였고, 장휴양은 ‘죽으면 악귀가 되어 도적을 죽일 것이다.’라고 하였다. 이것은 이미 죽은 후에도 고유하게 보고 듣고 깨달아 아는 성품이 있다.”[203]는 것이다. 이 모두가 의미하는 것은 인간의 육체는 죽은 후에도 죽지 않는 영혼인 귀신으로 여전히 존재한다는 것이다.

고대 중국에서는 사람은 혼백(魂魄)을 가지고 있다고 말하였다. 사람이 죽으면 백(魄)은 형체를 따라 소멸되지만 혼(魂)은 형체를 떠나 귀(鬼)로 변한다고 생각했다. 또 어떤 이는 사람이 죽으면 혼

---

203) 『大正藏』 52, pp.793c∼794a, “若曰: 死則永滅, 不復有知, 則『系辭』云: ‘游魂爲變’, 『孝敬』云: ‘以鬼享之’, 『左傳』云: ‘鬼猶求食’, 張睢陽云: ‘死當爲厲鬼以殺賊’, 則是旣死之後, 固有見聞覺知之性也.”

은 하늘로 돌아가 신(神)이 되고, 백은 땅으로 돌아가 귀(鬼)가 된다고 하였다. 사람이 죽으면 혼백이 함께 형체를 떠나 귀로 변한다고 말한 사람도 있다. 영혼이 살아 있는 사람의 체내에 있으면 정신이고, 사람이 죽으면 귀, 즉 귀신 또는 혼귀(魂鬼)가 된다. 귀신은 의지가 있어서 사람들에게 화복(禍福)을 줄 수 있다고 생각하였다.

중국 고대의 영혼관념과 귀신관념은 인도불교의 '식(識)', '아(我)', '아귀(餓鬼)' 등의 관념과 서로 동일하지는 않다. 그러나 중국의 불교학자는 불교가 말하는 생사윤회의 주체를 오히려 영혼불멸의 관념으로서 이해하고 있다. 그들은 또 사람이 죽으면 귀신이 된다는 중국 고대의 전설로써 불교의 생사윤회설을 논증하기도 하였다.

(2) 불교의 신불멸론과 조상 숭배

중국 고대의 조상숭배는 원시사회의 혼귀(魂鬼)숭배의 산물이다. 이는 대략 씨족공동체 사회의 모권제 시대에 생겨나 씨족의 생존을 기원하고 번영의 근본을 숭배하는 형식이다. 훗날 부권제가 확립됨에 따라 부계조상의 영혼이 씨족의 성원을 지켜 준다는 관념이 싹트기 시작하였다. 조상의 혼귀는 부족을 보호하는 신비한 역량을 지닌 것으로 여겨졌고 따라서 숭배를 받았다. 조종(祖宗)은 시조 및 조상 중에서 공덕이 있는 자에 대한 존칭이다. 조상의 공적은 영원히 기념할 만한 가치가 있고, 그 혼귀는 후대까지 영원토록 숭배의 대상이 되어야 한다고 생각하였다. 계급사회 속에서 특히 봉건종법제도(封建宗法制度) 내에서 조상숭배는 혈연이 기초가 되는 가족 내부의 단결을 유지하고, 부권통치를 공고히 하는 데 효과적인 요소가 되었다. 조상숭배의 바로 이러한 특수한 기능과 효과로 인하여 중국 고대의 통치계층은 모두 종묘제사를 특별히 중시함으로써 그 통치지위를 확고히 하였다.

중국의 불교학자 특히 통치자의 지위에 있었던 불교학자 역시 종묘제사를 매우 중시하였다. 이는 그들의 정치적인 통치에 유리했을 뿐만 아니라 신불멸론을 논증하는 데에 활용하기도 하였다.

왕염(王琰)은 범진(范縝)을 힐난하며, "범자여! 일찍이 선조의 신령이 있음을 알지 못했느뇨."204)라고 하자, 범진은 이에 맞서서 "왕자여! 조상의 신령이 있음을 알고는 있으나 죽어서 쫓아갈 수는 없다네."205)라고 날카롭게 응수하였다.

조상숭배를 둘러싼 논쟁은 매우 격렬하였다. 양 무제는 『예기(禮記)』 중의 「제의(祭義)」와 「예운(禮運)」편을 인용하여, 범진의 『신멸론(神滅論)』은 조상숭배의 풍습을 저해한다고 질책하였다. 조사문(曹思文)은 범진의 신멸론을 비평하는 두 가지 이유를 열거하였다. 그 첫째는 형체와 정신이 상즉한다[形神相卽]는 것은 사실에 맞지 않는다는 것이었고, 둘째는 종묘제사에 위배된다는 것이었다. 범진은 종묘에 제사하는 것은 단지 성인이 사람들을 교육시키기 위한 효심의 예로 제창한 것이지 결코 귀(鬼)가 있어 제례를 받는다는 것은 아니라고 생각하였다. 조사문은 범진의 '귀신이 없다는 뜻'을 강력히 반대하였다. 만약 종묘제사가 성인의 설교를 위한 방편에 지나지 않는 것이라면, 이는 하늘을 기만할 뿐 아니라 사람을

---

204) "嗚呼范子! 曾不知其先祖神靈所在."
205) "嗚呼王子! 知其祖先神靈所在, 而不能殺身以從之."

276

속이는 말밖에 되지 않는다고 생각하였다. 이로써 조상숭배는 중국 불교학자들의 신불멸론의 사상적 연원이면서 신불멸론의 직접적인 논거도 되는 것이라고 볼 수 있다.

(3) 불교의 신불멸론과 『주역대전(周易大傳)』

『주역대전(周易大傳)』은 『역경(易經)』을 해석한 것으로서 중국 사상사에 미친 영향은 대단히 넓고 깊다. 이 책에서는 여러 차례 '신(神)'이라는 용어를 사용하고 있는데, 그 뜻은 세 가지로 나누어 볼 수 있다.

첫째는 사물의 변화가 신묘하여 예측할 수 없다는 것이다. 예를 들면 「계사」상의 "음양의 변화를 헤아릴 수 없는 것을 신이라 한 다."206) 『설괘(說卦)』의 "신이라는 것은 만물을 영묘하게 하는 것을 말하는 것이다."207) 등이 모두 이런 의미이다.

둘째는 신령을 의미한다. 예를 들면 「계사」상의 "하늘은 신령스럽게 만물을 낳고, 성인은 이를 본보기로 삼는다."208) "정기는 영물이 되고, 떠도는 혼은 변한다. 그래서 귀신의 상태를 알 수 있는 것이다."209) 『설괘(說卦)』의 "숨어서 신명을 인도하여 생명이 나타난다."210) 등에서 '신'은 모두 신령의 의미가 있다.

셋째는 도리에 대한 깊이 있는 깨달음을 의미한다. 예컨대 『주역

---

206) "陰陽不測之謂神".
207) "神也者, 妙萬物而爲言者也."
208) "天生神物, 聖人則之."
209) "精氣爲物, 游魂爲變, 是故知鬼神之情狀."
210) "幽贊於神明而生蓍".

대전』「계사」상에 "(도에 대한 이해는) 신명에 도달하는 것이며 그것은 이해자 자신에게 달려 있는 것이다."211)는 것이 그 예이다.

중국의 불교학자는 첫째와 둘째 의미를 수용하여 신(神)의 성질, 기능, 특징 등을 설명하고 있다. 그 한 예로 종병(宗炳)은 다음과 같이 말한다. "『주역대전』에서는 '하나의 음과 하나의 양을 일러 도라고 하고, 음양이 헤아릴 수 없는 것을 신이라고 한다.'고 하였다. 이것은 대개 지극한 무(無)를 도라고 하는 것으로서 여기에는 음양이 뒤섞여 있다. 그러므로 하나의 음과 하나의 양이라고 하는 것이다. 도에서 내려와 정신으로 들어가는데 음양의 표면에 항상 있는 것이어서 음양의 한 쌍은 궁구할 대상이 아니다. 따라서 음양은 헤아릴 수 없다고 하는 것이다."212) 즉 음양이 나누어지지 않은 '지극한 무(無)'의 상태가 도이고, 도의 운행은 먼저 '정신'에서 출현하며, 정신은 음양보다 높은 것도 초월하기 때문에 음양은 헤아릴 수 없는 것이라고 생각한 것이다.

종양은 진일보하여, "대개 오악사독213)을 일러 신령스러움이 없다고 하는데 이와 같이 단언할 수 없다. ……정신은 사방에 도달하여 그 흐름에 끝이 없으므로 위로는 하늘까지 미치고 아래로는 땅에 기반을 둔다."214) 정신은 미치지 않는 곳이 없이 통달하고 우주

---

211) "神而明之, 存乎其人."

212) 『명불론(明佛論)』, 『홍명집(弘明集)』 권2, "今稱 '一陰一陽之謂道, 陰陽不測之謂 神'者, 蓋謂至無爲道, 陰陽兩渾, 故曰 '一陰一陽'也; 自道而降, 便入精神. 常有於 陰陽之表, 非二儀所究, 故曰 '陰陽不測' 耳."

213) 오악은 동쪽의 태산, 남쪽의 형산, 서쪽의 화산, 북쪽의 항산, 중앙의 숭산을 가리키고, 사독이란 양자강(揚子江), 황하(黃河), 회수(淮水), 제수(濟水)를 가리킨다.

214) 『명불론(明佛論)』, 『홍명집(弘明集)』 권2, "夫五岳四瀆, 謂無靈也, 則未可斷矣. ……夫精神四達, 并流無極, 上際於天, 下盤於地."

에까지 널리 미치고 존재하지 않는 곳이 없는 일종의 보편적인 우주정신이다.

(4) 불교의 신불멸론과 도가사상

혜원(慧遠)은 『사문불경왕자론』「형진신불멸」에서 이렇게 말했다.

> 장자는 「대종사(大宗師)」에서 "대자연은 살아서는 나를 수고롭게 하고 죽어서는 나를 편안하게 한다."는 현묘한 말씀을 하였다. 또한 삶은 사람의 굴레이고 죽음은 참됨으로 돌아가는 것이다. 이것은 이른바 산다는 것은 큰 근심이고 죽음은 본래로 돌아가는 것임을 아는 것이다. 『문자(文子)』는 황제의 말을 인용하여, "형체는 없어져도 정신은 변화하지 않으며, 변화하지 않는 것으로써 변하는 것을 올라타니 그 변화가 무궁하다."고 하였다. 장자도 "범인의 형상을 유지하니 그것을 기뻐한다. 사람의 형상은 천변만화하여 끝이 없다."라고 하였다. 이것은 소위 생은 한 번의 변화도 다할 수 없고 바야흐로 만물은 떠나면 다시 돌아오지 않는 것을 아는 것이다. 두 사람이 말한 것은 비록 그 실질적인 것을 궁구하지는 않았지만, 역시 일찍이 종병 선생의 곁에서 가르침을 들은 것이다.215)

혜원은 장자의 '생명은 커다란 걱정거리가 되고 형체는 의탁하는 것'이라는 관점과 『문자』의 '형체는 없어져도 정신은 변하지 않는다.'는 관점을 인용하여 불교의 신불멸론을 논증하고 있다. 이를 통

---

215) 석준 등 편찬, 『중국불교사상자료선편』 제1권, p.86, "莊子發玄音於『大宗』曰: '大塊勞我以生, 息我以死.' 又, 以生爲人羈, 死爲反眞. 此所謂知生爲大患, 以無生爲反本者也. 『文子』稱黃帝之言曰: '形有靡而神不化, 以不化乘化, 其變無窮.' 莊子亦云: '持犯人之形, 而猶喜「之」. 若人之形「者」, 萬化而未始有極「也」.' 此所謂知生不盡於一化, 方逐物而不反者也. 二子之論, 雖未究其實, 亦嘗傍宗而有聞焉." 문장 중에 인용한 『장자・대종사』의 '지(之)', '자(者)', '야(也)' 세 글자는 곽경번(郭慶藩), 『장자집석(莊子集釋)』에 근거하여 보충하였다.

해 볼 때 도가의 생사관(生死觀)과 형신관(形神觀)의 일부 관점도 중국불교 신불멸론의 중요한 사상적 연원의 하나임을 알 수 있다.

(5) 불교의 신불멸론과 고대의 기론(氣論)

중국의 고대 철학자는 기(氣)는 형태를 갖춘 일체의 사물을 구성하는 일차적인 재료이며 우주만물의 물질적인 기초라고 생각하였다. 훗날 역사의 변천에 따라 기론(氣論)과 불교의 신불멸론 사이에 복잡한 이론적인 분쟁이 발생하였다.

『관자(管子)』「내업편(內業篇)」은 '정기(精氣)'개념을 제시하면서 "정이란 것은 기의 정이라는 것이다[精也者, 氣之精者也]." "무릇 만물의 정수(씨앗)가 만물을 생겨나게 한다. 아래로는 오곡을 생기게 하고 위로는 별들을 늘어놓으며, 하늘과 땅 사이에 흐를 때 이를 일러 귀신이라 하고 가슴속에 간직되면 이를 성인(聖人)이라 한다."고 하였다. 정기(精氣)는 일종의 가장 미세한 물질로서 귀신과 정신현상 모두를 이러한 물질로 귀결시키고 있다. 『할관자(鶡冠子)』「태록편(泰錄篇)」에는 "그러므로 천지는 원기에서 만들어지며, 만물은 천지에 의지한다."[216]고 하여 원기를 천지의 본원으로 생각한다. 왕충(王充)의 『논형(論衡)』「언독편(言毒篇)」은 "만물이 생성되는 것은 모두 원기를 받은 것이다."[217]라고 하였다. 원기는 만물을 생성하는 일차적인 물질이라는 것이다. 같은 책 「논사편(論死篇)」에는 "혹자는 귀신이라 하는데 이는 음양의 이름이다. 음기

---

216) "故天地成於元氣, 萬物乘於天地."
217) "萬物之生, 皆稟元氣."

는 사물을 거역하고 돌아가므로 귀(鬼)라고 한다. 양기는 사물을 인도하여 생기게 하므로 신(神)이라고 한다. 신(神)은 되풀이되는 것[申]이다. 되풀이되는 것은 그치는 일이 없고 끝이 나더라도 다시 시작한다. 사람은 되풀이되는 신의 기[神氣]를 이용하여 태어나고, 죽으면 다시 신의 기로 돌아간다." 왕충은 귀와 신을 음과 양 이기(二氣)의 다른 이름이라고 여겨 인격화된 귀신관념을 배척하고 있다. 그러나 그의 '인간이 죽으면 신기로 되돌아가고 원기는 영원하다.'는 관념은 정신불멸을 유추하는 것으로 확대되어 한때는 불교로부터 동조를 이끌어 내기도 하였다.

삼국시대 오(吳)나라의 승려 강승회(康僧會)는 『육도집경(六度集經)』을 편역하였다. 그중 「찰미왕경(察微王經)」에서 "혼령과 원기는 서로 결합하여 없어지고 다시 시작되고 윤회전생에는 끝이 없고 생사와 화복은 가는 곳이 있음을 믿어야 한다."218)고 하였다. 즉 영혼과 원기가 상호 결합한다는 것으로써 불교의 인과응보설과 생사윤회설을 설명하고 있다. 나중에 혜원(慧遠)은 신과 형의 구별을 정리, 개정하기 위해서 선진시대 이래의 신과 형은 모두 기를 말하며 양자는 동시에 변하고 다 끝나면 함께 기로 되돌아간다는 관점을 특히 비판하였다. "논자는 신(神)에 생사가 없다는 설을 알지 못하면서 모이고 흩어져서 한 번 변화하는 것을 의심하는구나. 신의 길[神道]에는 미묘한 만물의 신령함이 있음을 생각하지 않고, 정밀하고 거친 것이 다 함께 없어진다고 하니 이 또한 슬픈 일이 아니겠는가?"라고 하였다.219) 여기서 '무방(無方)'이란 신의 위치와

---

218) 『大正藏』 3, p.51c, "魂靈與元氣相合, 終而復始, 輪轉無際, 信有生死殃福所趣."
219) 『사문불경왕자론 · 형진신불멸(沙門不敬王者論 · 形盡神不滅)』, 석준 등 편찬, 『중

거처는 정할 수 없다는 특징을 활용하여 신을 대신 지칭한 것이다. '무방생사(無方生死)'는 신에는 생사가 없다는 뜻이다. 혜원이 보기에 일부의 논자는 망령되이 기가 모이고 흩어지는 변화를 정밀한 정신[精, 神]과 거친 형체[粗, 形]가 함께 없어진다고 말하는데, 이는 신(神)에는 생사가 없고 신이 정령의 도리임을 알지 못한다는 것이다. 이것은 중국불교의 신불멸론과 기론(氣論)이 합류(合流)하였다가 분류(分流)하게 되는 사유(思惟)의 과정을 반영하고 있다.

(6) 불교의 신불멸론과 중국 고유의 인성론(人性論)과 체용관념(體用觀念)

고대의 인성론 특히 성선론(性善論)과 누구나 요순(堯舜)이 될 수 있다는 관점은 양 무제 등이 '마음에는 신령하고 망실되지 않는 성품이 있다는 점'을 제시함으로써 정신과 불성을 상통시키고 인성을 신성화(神性化)하는 작용을 하였다.

위진 현학자의 체용관념은 일종의 방법론으로서 혜원(慧遠), 정도자(鄭道子), 양 무제 등에 의해 참고가 되거나 형과 신을 연계하거나 구별하여 설명하는 데 활용되었다. 정신에 대한 설명은 체(體)가 되고, 형체에 대한 설명은 용(用)이 되었다. 또는 신(神)을 체와 용의 두 방면으로 나누고, 신의 본성은 변하지 않음을 강조함으로써 신불멸론을 논증하는 사유노선을 제공하기도 하였다.

중국불교에서 신불멸론과 대립한 것은 유가의 신멸론과 도교의

국불교사상자료선편』 제1권, p.86, "論者不尋無方生死之說, 而惑聚散於一化; 不思神道有妙物之靈, 而謂精粗同盡, 不亦悲乎?"

형불멸론이다. 중국의 불교학자가 신멸론의 관점에 대하여 적극 반대하였음은 앞서 서술한 바와 같다. 불교와 도교는 신불멸론 문제에 있어서는 일치되지만 형멸설 또는 형불멸설에 있어서는 서로 다른 입장을 보이고 있다. 이 문제에 대하여 간략하게 설명하겠다.

불교와 도교가 형체와 정신의 문제에 있어서 일치하지 않는 것은 양 교가 추구하는 인생의 최고 이상적인 경지가 다르다는 문제와 분리될 수 없다. 불교는 열반의 경지를 추구한다. 열반은 생사를 초월한 항상 청량한 적멸(寂滅)의 경지이다. 불교는 사후세계의 문제를 설명하는 데 중점을 둔다. 도교는 신선이 되는 것을 이상적인 목표로 삼고 있다. 신선이 되는 것은 육체와 정신이 분리되지 않고 함께 날아올라 신선이 되는 것이다. 도교는 인간이 어떻게 하면 죽지 않을까, 다시 말해 수양하여 신선이 되는 문제에 중점을 두고 설명한다. 인생의 최고 이상적인 경지에 대한 관점이 다르므로 양 교는 인간의 생사문제에 대한 관점에서도 대립하였다.

불교는 죽음에 주안점을 두고 도교는 삶의 설명에 중점을 두었다. 북주(北周)시대 도안(道安)이 "불법은 인간의 생이 공허하고 꿈처럼 헛된 것이므로 자신을 잊고 만물을 구제하라고 하고, 도법은 자아가 진실한 것이므로 음식을 먹고 양생하라."고 말한 것과 같다.220) 생사문제의 대립된 관점은 불교와 도교의 형신(形神)문제에서도 의견이 갈라지게 되었다. 불교는 생사를 초월하고 해탈을 구하여 얻는 것은 오로지 영혼이 형체를 떠난 이후라야 비로소 가능하다고 강조한다. 따라서 이론적으로 형체는 없어져도 정신은 없

---

220) 『이교론 · 선이열반오(二敎論 · 仙異涅槃五)』, 석준 등 편찬, 『중국불교사상자료선편』
제1권, p.351, "佛法以有生爲空幻, 故忘身以濟物; 道法以吾我爲眞實, 故服餌以養生."

어지지 않는다는 '형진신불멸'을 필연적으로 주장하게 되는 것이다. 도교는 인간의 신체는 죽지 않고 정신은 인체 안에서 영원히 거주하며 장생한다고 강조한다. 이는 이론상 육체와 정신은 모두 다 없어지지 않는다는 '형신구불멸(形神俱不滅)'을 필연적으로 주장하게 하였다.

형체와 정신에 관한 문제는 사실상 도교와 불교 양 교 이론이 갈라지는 핵심내용이다. 따라서 형체와 정신에 관한 문제는 인간의 생사와 이상경지에 관한 근본적인 이론문제로서 가장 중요한 이론적 의의를 지니고 있는 것이라고 말할 수 있다.

남조(南朝)시기 양(梁)나라의 도사(道士) 도홍경(陶弘景)은 "본질과 모양이 결합한 것은 형체와 정신을 능가하지 못한다. 형체와 정신이 결합되면 사람이 되고 만물이 된다. 만약 형체와 정신이 분리되면 영(靈)이 되고 혼(魂)이 된다. 분리되지도 않고 합쳐지지도 않는다면 불법이 받아들이는 것이 되고, 분리되기도 하고 합쳐지기도 한다면 선도가 의지하는 바가 된다."[221]고 하였다. 이것은 육체와 정신의 분리와 결합으로 영혼도 존재하고 신선도 존재한다고 함으로써 불교와 도교의 형신이론을 조화시킨 것이다. 인간의 정신은 불멸하는 것으로서 정신을 수양하고 육체를 수련하면 정신과 육체가 모두 오래 존재하여 불멸의 신선이 된다는 것이다.

육체와 정신의 문제에 있어서 불교와 도교의 차이는 이론상 동본론(同本論)과 이본론(異本論)의 대립으로 표현된다. 도교는 육체와 정신은 근본이 같고[同本], 인간은 기(氣)로 말미암아 생겨나며,

---

221) 『답조사방선불양법본상서(答朝士訪仙佛兩法本相書)』, 『화양도은거집(華陽陶隱居集)』, 『정통도장(正統道藏)』 제39책, p.31476, "凡質象所結, 不過形神. 形神合時, 則是人是物; 形神若離, 則是靈是魂. 其非離非合, 佛法所攝; 亦離亦合, 仙道所依."

그 육체와 정신은 모두 기라고 생각하여 "무릇 인간은 본래 혼돈의 기에서 생겨나는데, 기가 정을 낳고, 정이 신을 낳으며, 신이 명을 낳는다."[222]고 본다. 여기서 '정'은 정기를 가리킨다. 신명(神明, 精神)은 정기(精氣)에 의해서 생성되는 것이다. 정신은 정기에 의해서 생성되는 것이지만 역시 물질적인 것이다. 비록 물질적인 것이지만 수련하고 수양하면 유지될 수 있는 것이기도 하다. 만약 정기와 혼돈의 기, 정신과 형체가 항상 합일될 수 있게 한다면 인간은 장생할 수 있다. "인간에 있어 한 몸은 정신과 형체가 결합되어 있다. ……늘 결합되어 하나가 되면 장수할 수 있다. 항상 정신에 병이 있어 떠나고 분산된다면 정신은 몸 가운데 모이지 않고 인간의 마음을 따라 떠돌아다니게 된다. 그러므로 성인은 그것이 하나가 되도록 지킬 것을 가르치고, 마땅히 신체 안에서 정신과 육체의 통일을 지켜야 한다고 말한다. 하나가 되도록 지킬 것[守一]을 쉬지 않고 끊임없이 생각하면 정신이 저절로 돌아오며 상응하지 못할 것이 없어 온갖 병이 저절로 없어진다. 이것이 바로 장생의 징표이다."[223] 그렇다면 어떻게 "하나가 되도록 지킬 것인가?" 즉 "기를 잘 지키려면", "적어도 정기가 쇠약하지 않게 하여 육체와 정신이 서로 보호하게 하여야 상하지 않게 된다."[224] 이 말은 오로지 '기를 양생하고', '기를 지키는' 공부를 잘 수련하는 것이 육체가 쇠락

---

222) 『태평경일문(太平經佚文)』, 『태평경합교(太平經合校)』 2판, p.739, "夫人本生混沌之氣, 氣生精, 精生神, 神生明."

223) 『태평경(太平經)』 권137~153, 『태평경합교(太平經合校)』, 2판, p.716, "人有一身, 與精神常合幷也. ……常合則爲一, 可以長存也. 常患精神離散, 不聚於身中, 反令使隨人念而游行也. 故聖人敎其守一, 言當守一身也. 念而不休, 精神自來, 莫不相應, 百病自除, 此卽長生久視之符也."

224) 갈홍(葛洪), 『포박자내편·극언(抱朴子內篇·極言)』 『抱朴子內篇校釋(포박자내편교석)』(北京: 中華書局, 1980), p.222, "苟能令精氣不衰, 形神相衛, 莫能傷也."

하거나 정신이 분산되지 않게 하는 것이라고 생각하는 것이다. 정기를 인간의 신체에서 굳게 지켜 육체와 정신이 분리되지 않는다면, 인간은 영생을 얻어 신선이 될 수 있다. 불교는 형체와 정신은 근본이 다르다고 생각한다. 이 양자는 각기 다른 본원과 본질을 지니고 있다는 것이다. 인간의 육체는 지(地), 수(水), 화(火), 풍(風) 4대 요소로 구성되어 있어 생도 있고 멸도 있다. 앞에서 언급한 바와 같이 인간의 정신은 '지극히 정밀하고 신령스러운 것'이어서 물질적 현상과는 근본적으로 다르다. 정신은 형체에 의탁할 수도 있고 또 그것을 떠날 수도 있으며 영원하지 않을 수도 있고 불멸하는 것일 수도 있다. 혜원(慧遠) 등의 불교학자는 도교가 '정신'을 정기로 보는 것과 육체와 정신은 항상 결합되어 있다는 '형신상합(形神常合)'과 육체와 정신은 모두 없어지지 않는다는 '형신구불멸(形神俱不滅)' 등의 관점을 비평하였을 뿐 아니라 도교의 '양생에 관한 담론'도 반대하고 있다. 정신을 정기로 삼는 것은 도교에서 수련하여 신선이 된다는 교의 전반에 대한 이론적 전제로서 이것은 지극히 중요한 관점의 하나이다. 불교가 육체와 정신이 다르다고 구별한 것은 하나의 중요한 이론적 공헌을 한 것이다. 그러나 이로 말미암아 정신이 육체를 떠나 독립적으로 존재하고 영원불멸하는 것이라고 강조한 것은 사람들이 믿고 승복할 수 있는 깊이 있는 논증이 결여되어 있다는 점을 인정해야 할 것이다.

제6장 중국불교 열반관념의
변천과 발전

　불교는 이상주의와 정신적 초월에 관한 내용이 풍부한 종교이다. 중국불교 최고의 목표는 불교의 도덕과 선정(禪定) 등의 수행실천을 통하여 생사의 고통을 초월하고, 인생의 해탈을 얻고, 자유자재한 이상 경계를 실현하는 데 있다.

　당나라 시대의 저명한 시인이며 화가인 왕유는 『탄백발(嘆白髮)』이라는 시에서, "일생 동안 마음 상하는 일이 얼마나 많은가, 불문에 귀의하지 않으면 어디서 해소할 수 있으리오?"라고 하였다.225)

　불교의 해탈은 인생의 번뇌, 비애, 속박, 고통에서 벗어나 자재(自在)한 경지에 들어가는 데 있다. 소위 해탈은 고통으로부터 해방되어 벗어나는 것을 말하고, 자재(自在)는 곧 자각(自覺), 자득(自得), 자유(自由)를 말한다. 불교에서 해탈의 경계를 의미하는 개념으로는 열반(涅槃), 불(佛), 여래(如來), 법신(法身), 정토(淨土), 불토(佛土), 진여(眞如), 실상(實相), 자성(自性), 무위진인(無位眞

---

225)　『왕우승집(王右丞集)』 제6권, 사부총간영인본(四部叢刊影印本), "一生幾許傷心事, 不向空門何處銷?"

人) 등이 있다. 이러한 개념들이 포함하고 있는 의미 중 여래와 법신, 진여와 실상 등은 서로 교차되기도 한다. 여기에서 중점적으로 서술하고자 하는 것은 열반(涅槃)과 불(佛) 그리고 불토(佛土) 세 가지 개념이다. 해탈론의 내재적인 구조와 논리적인 발전에서 볼 때 우선 불교는 번뇌를 소멸하고 고통을 제거한 이상적인 경지를 열반으로 파악하고 있다. 석가모니가 입멸한 후 그가 펼친 교리의 항상성과 영구성을 설명하기 위하여 그의 제자들이 법신설(法身說)을 제시하였는데, 이것이 바로 불신설(佛身說)이다. 훗날 대승불교는 다불설(多佛說)을 제창하였고, 그에 상응하여 불(佛)이 거주하는 이상적인 공간을 제시하였다. 이것이 곧 정토설(淨土說)이다. 열반, 불, 정토는 가장 전형적이고 가장 집중적이고 가장 형상적으로 불교의 이상을 오묘하게 설명한 핵심적인 개념이다. 또 상관있는 기타 내용들을 모두 포괄하는 관건이 되는 개념이기도 하다. 그러므로 우리는 앞으로 열반, 불, 정토라는 순서에 입각하여 그 개념들이 중국에서 변천하고 발전해 온 과정과 그 사상적인 특징을 종합하고자 한다.

제1절 인도불교의 열반학설 약술

열반은 범어 nirvāna의 음역이며, 니왈(泥曰), 니원(泥洹)으로 음역되기도 한다. 의역하면 멸(滅), 멸도(滅度), 적멸(寂滅), 원적(圓寂)이 되는데, 고통과 번뇌와 그 원인이 되는 것을 없애 버린 경지를 가리킨다. 이 이외에 석가모니가 현세에서 도를 이루고, 사람의 몸으로 부처가 된 이후의 그 육체적인 죽음을 열반(涅槃), 반열반(般涅槃), 대반열반(大般涅槃)이라고도 한다.

인도에서는 불교가 발전함에 따라 각 교파와 경전이 열반에 대해 서로 다른 해석을 내리고 있다. 그중 가장 중요한 것으로는 부파불교(部派佛敎), 대승중관학파(大乘中觀學派), 『대반열반경(大般涅槃經)』, 대승유식학파의 열반관(涅槃觀)이다.

1. 부파불교의 두 가지 열반학설

부파불교는 일반적으로 열반을 번뇌와 고통이 소멸된 상태나 경지로 본다. 예컨대 『잡아함경(雜阿含經)』 권18에는 "열반이란 탐욕이 영원히 다 없어지고, 성냄이 영원히 다 없어지고, 어리석음이 영원히 다 없어져서, 모든 번뇌가 영원히 사라진 상태를 일러 열반이라고 한다."[226)]라고 기술되어 있다. 이때의 열반을 유여(有餘, 有餘依)열반과 무여(無餘, 無餘依)열반으로 나누고 후자를 인생의 최고 이상경지로 생각한다. 『중아함경(中阿含經)』 권40에서는 "열반이란 의지하여 머무르는 바가 없고, 다만 열반은 '멸하여' 다하니 열반이 최상의 경지이다."[227)]라고 한다.

유여열반에서는 번뇌는 끊어 없앴지만 육체는 여전히 남아 있게 된다. 이는 곧 유여열반이 이미 번뇌를 제거하고 이후의 생사윤회의

---

226) 『大正藏』 2, p.126b, "涅槃者, 貪慾永盡, 瞋恚永盡, 愚癡永盡, 一切諸煩惱永盡, 是名涅槃."
227) 『大正藏』 1, p.682b, "涅槃者, 無所依住, 但涅槃滅訖, 涅槃爲最."

인연은 소멸하였지만, 과거세의 업보가 만든 과보신(果報身), 즉 육체가 아직 남아 있어서, 이 세상을 살아가면서 다시 사유활동을 하므로 이러한 열반은 완벽한 열반이 아니라는 것이다. 그러나 무여열반의 경지에서는 번뇌와 생사의 인(因)을 소멸하였을 뿐만 아니라 번뇌와 생사의 과(果)마저도 끊었고, 또한 회신멸지((灰身滅智, 몸을 불태워 없애고 생각을 소멸하는 것)하여 죽은 후에는 육체로서 다시 존재하지 않으며, 사유도 완전히 없어지고 생사의 인과가 모두 함께 없어지므로, 모든 것이 적멸(寂滅)의 상태로 돌아가 철저한 해탈을 이룬 것을 말한다. 이것이 바로 최고의 이상경지이다.

일반적으로 석가모니가 보리수 아래서 도를 깨치고 성불한 것은 단지 유여열반의 경지에 지나지 않으며, 80세에 입멸했을 때를 비로소 진정한 무여열반의 경지에 들었다고 생각한다.

2. 중관학파의 열반과 세간(世間) 무차별론

부파불교의 각 부파는 모두 허무적멸(虛無寂滅)을 열반의 주요 내용으로 삼고 자신의 처지에 염증을 느끼며 세속을 싫어하여 세간에서 떠날 것을 제창하였지만, 열반의 실체 유무 문제에 대해서는 오히려 다른 관점을 가지고 있다.

이후 대승의 중관학파는 실상(實相)을 열반으로 제시하였는데, 실상은 공성(空性)이며, 이 공성은 나고 죽는 세간의 실상이기도 하다. 이와 같이 실상은 공성과 동일하다는 이론적 기초 위에 중관학파는 열반과 세간을 통일시키고 있다. 『중론(中論)』「관열반품

(觀涅槃品)」에서 다음과 같이 말한다.

> 열반은 세간과 조금도 차이가 없고, 세간도 역시 열반과 조금도 차이
> 가 없다. ……열반의 실제와 세간의 실제, 이 둘 사이에는 추호의 차
> 별도 없다.228)

이것은 열반의 실제와 세간의 실제, 즉 양자의 본래 면목과 상태
는 모두 공하여 털끝만 한 차별도 없다는 것이다. 다시 말해서 세
간 사물의 실상이 바로 열반의 내용이라는 것이다.

중관학파가 실상을 열반으로 여기는 것을 일컬어 '실상열반(實相
涅槃)'이라고 한다. 이러한 열반관은 일부의 부파가 열반을 실체로
여기는 관점을 부정하고, 열반의 진상(眞相) 역시 공성(空性)이어
서 집착해서는 안 된다는 것을 강조한다. 동시에 부파불교가 세간
을 떠나 별도로 열반의 경계를 추구하는 주장에 반대한다. 중관학
파는 세간을 떠나서 열반을 추구할 수 없으며, 열반과 세간을 대립
시켜서는 결코 진정한 열반의 경지에 도달할 수 없다고 생각한다.
중관학파의 관점은 불교의 인생이상론 방면에서 네 가지 변화를
일으켰다.

첫째, 수행이 추구하는 목표를 세간 사물의 실상, 즉 공성을 파
악하는 것으로 정립하였다. 다시 말해서 실상을 체득하여 깨닫고
공성을 바로 깨치는 것이 열반이며 인생의 이상경지라는 것이다.

둘째, 수행실천의 핵심을 사물의 실상에 대한 인식으로 전환하였
다. 이는 일종의 특수한 인식이고 부정성에 대한 인식으로서 언어

---

228) 『大正藏』 30, p.36a "涅槃與世間, 無有少分別, 世間與涅槃, 亦無少分別. ……涅槃
之實際, 及與世間際, 如是二際者, 無毫釐差別."

와 사유를 초월한 직관적 체득을 말한다. 이는 또한 일종의 특수한 지혜인 반야관조(般若觀照)이다.

셋째, 철저하게 전면적인 공관(空觀)을 확립하여 세간도 공(空)하고 열반의 경계도 공(空)하므로 이상 경계에 집착해서는 안 된다고 강조하였다.

넷째, 열반과 세간의 무차별론을 확립하였다. 이는 현실세계와 이상세계 간의 벽을 허물었을 뿐 아니라 인간과 불(佛)의 간격을 좁혔고 또한 불교가 세간에 접근하여 인생에 관심을 가지게 함으로써 열반이 현실생활의 내용을 지닌 인생의 이상론이 되도록 하였다.

3. 『대반열반경(大般涅槃經)』의 열반 사덕설(四德說)

『대반열반경(大般涅槃經)』은 반야공성론(般若空性論)의 기초 위에 다시 부파불교의 열반사상을 발전시켜 '상(常)·락(樂)·아(我)·정(淨)'이라는 네 가지 속성의 이상경계설을 제시하였다.

『대반열반경(大般涅槃經)』은 성문(聲聞)과 연각(緣覺)의 이승(二乘)이 얻는 열반은 대열반(大涅槃)이 아니라고 하였다. "이승이 얻는 것은 대열반이 아니다. 왜 그런가? 상·락·아·정이 없기 때문이다. 상·락·아·정을 얻은 것을 대열반이라고 한다."[229]라고 하였다. 이것은 상·락·아·정이 대열반의 특성이며, 대열반은 오

---

229) 『대열반경(大涅槃經)』권23, 『大正藏』12, p.502b, "二乘所得非大涅槃, 何以故? 無常樂我淨故, 常樂我淨乃得名爲大涅槃也."

로지 불(佛)과 보살만이 얻을 수 있다고 보는 것이다. 그래서 크고 불가사의하고 대자재(大自在)하다는 의미를 나타낸다. '상(常)'은 영원과 영구를, '락(樂)'은 안락과 행복을, '아(我)'는 자아와 자유를, '정(淨)'은 청정과 고결을 각각 의미한다.

『대반열반경(大般涅槃經)』에는 상·락·아·정에 두 종류가 있다고 되어 있다. 하나는 범부가 무상(無常)을 상(常)으로, 고(苦)를 낙(樂)으로, 무아(無我)를 아(我)로, 부정(不淨)을 정(淨)으로 생각하는 네 가지 전도된 사견(邪見)이고, 다른 하나는 제불의 상·락·아·정을 말하는데 이것을 대상(大常)·대락(大樂)·대아(大我)·대정(大淨)이라고 한다.

『대반열반경(大般涅槃經)』의 경문에 의하면, "낙에는 두 종류가 있다. 하나는 범부의 것이고, 다른 하나는 제불의 것이다. 범부의 즐거움은 무상하고 무너지기 때문에 즐거움이 없다고 하고, 제불은 항상 즐거워 변하지 않기 때문에 큰 즐거움이라고 한다."[230]라 하였다. 또 "열반의 성질은 크게 적정한 것이다. 왜 그런가? 법을 산란하게 하는 모든 것에서 멀리 벗어나 있고 크게 적정하기 때문에 대열반이라고 한다."[231]고 하였다. 그리고 "대아가 있기 때문에 대열반이라고 한다. 열반에는 '아'가 없고 크게 자재한 까닭에 대아라고 한다."[232] "몸이 만약 무상하면 청정하지 않다고 하고, 여래

---

[230] 『대반열반경(大般涅槃經)』 권23, 『大正藏』 12, p.503b, "樂有兩種: 一者凡夫, 二者諸佛. 凡夫之樂無常敗壞, 是故無樂, 諸佛常樂無有變異, 故名大樂."

[231] 『대반열반경(大般涅槃經)』 권23, 『大正藏』 12, p.503b, "涅槃之性是大寂靜, 何以故? 遠離一切慣鬧法故, 以大寂「靜」[1] 故, 名大涅槃." 여기서1)의 '정(靜)' 자는 경문의 뜻에 근거하여 첨가하였음.

[232] 『대반열반경(大般涅槃經)』 권23, 『大正藏』 12, p.502c, "有大我故, 名大涅槃. 涅槃無我, 大自在故, 名爲大我."

의 몸은 항상하기 때문에 크게 청정하다고 하고, 크게 청정하기 때문에 대열반이라고 한다."233) 이 경은 또 "열반이란 실은 존재하는 것이 아니다. 제불과 여래가 세속을 따라 열반이 있다고 말한다. ……세속을 따라 제불에게 대열반이 있다고 말하는 것"234)이라고 강조하고 있다. 이 말은 열반은 매우 순수하고 청정한 것인데, 순수하고 청정한 것은 사실 있지 않는 것으로서, 이것은 세속을 초월한 유무(有無)라는 것이다. 그런데 열반의 유무도 세속적인 관념이기 때문에 세속을 따라 있다고 말했음을 의미하는 것이다. 마찬가지로 상·락·아·정 역시 유무와 생멸(生滅)을 초월한 것이며 불가사의한 덕행과 경계이므로 세속적인 유무로 그것을 논할 수는 없다는 것이다.

4. 유식학파의 열반설(涅槃卽眞如離障說)

대승불교의 유식학파는 최고의 진리인 진여(眞如)와 관련하여 열반의 의의를 정의하고 있다. 『불지경론(佛地經論)』은 "열반은 진여의 본체에서 장애가 영원히 소멸되었음을 의미한다."235)고 한다. 『성유식론(成唯識論)』 권10에서는 "이것(대열반)의 본래 자성은 청정한데 객진번뇌가 뒤덮고 있어 진정한 성도가 생기지 못하게 한다. 그 장애를 끊어 없애면 열반이라는 이름을 얻게 된다. 이는 진여에 의지하여

---

233) 『대반열반경(大般涅槃經)』 권23, 『大正藏』 12, p.503c, "身若無常則名不淨, 如來身常故名大淨, 以大淨故名大涅槃."

234) 『대반열반경(大般涅槃經)』 권23, 『大正藏』 12, p.503c, "涅槃實非是有, 諸佛如來隨世俗故說涅槃有. ……隨世俗故說言諸佛有大涅槃."

235) 『大正藏』 26, p.312b, "涅槃卽是眞如體上障永滅義."

장애를 벗어나 만들어지는 것이므로 본체는 청정한 법계이다."236)라고 한다. 이 경문들은 모두 진여가 최고의 진리이며, 그것의 체성(體性)은 청정하며, 진여가 지닌 그 본래의 모습을 여실히 드러낸 것이 열반이라는 것이다. 그리고 진여를 드러내기 위해서는 장애를 벗어나는 공부를 통하여야 한다는 것이다. 다시 말해서, 진여를 덮어서 막고 있는 번뇌를 멸진하기 위해서는 주관적인 노력을 하여야 한다는 것이다. 장애에서 벗어나고 장애를 멸하려고 노력하는 가운데 진여가 저절로 나타나 열반의 경지에 이르게 된다는 것이다.

유식학파는 열반을 네 종류로 구분하고 있다. 본래자성청정(本來自性淸淨)열반·유여의(有餘依)열반·무여의(無餘依)열반·무주처(無住處)열반이 그것이다.237) 이 중 유여의(有餘依)열반과 무여의(無餘依)열반에 대한 의미는 부파불교가 말한 것과 별반 다른 점이 없기 때문에 여기서 따로 설명하지는 않겠다.

본래자성청정(本來自性淸淨)은 바로 위에서 설명한 진여를 말하는 것으로 진여의 본성은 청정하다는 것이다. 이것은 일체의 중생이 평등하게 공유하고 있는 것이지만, 범부의 진여 본성은 객진번뇌로 뒤덮여 있는 반면 성자는 내적으로 체득하였기에 진여의 본성이 드러나는 것이다.

무주처열반(無住處涅槃)은 '무주열반(無住涅槃)'이라고도 한다. 이것은 자신의 깨달음이 성불의 수준에 이르러 열반의 경계에 들어갈 수 있음에도 불구하고 대승보살이 유정을 이롭고 즐겁게 하

---

236) 『大正藏』 31, p.55b, "此(大涅槃)雖本來自性淸淨, 而由客障覆令不顯眞聖道生, 斷彼障故, 令其相顯名得涅槃. 此依眞如離障施設, 故體即是淸淨法界."
237) 『大正藏』 31, p.55b,

기 위하여 열반에 들지 않고 법(法)을 굳게 지키면서 널리 중생을 구제하는 것을 말한다. 지장보살의 대원을 그 예로 들 수 있다. 육도윤회(六道輪回)하고 있는 모든 중생을 반드시 다 제도한 다음에 자신은 최후로 열반의 경지에 들겠다는 것이다.

인도불교는 열반의 의미 · 분류 · 본성 · 속성에 대하여 충분히 설명하고 있으며, 열반과 번뇌 · 인간의 몸 · 실상 · 진리 · 세간 · 중생들의 여러 가지 관계까지 언급함으로써 인류의 이상적인 경지의 범위를 넓혔다. 위에서 기술한 대승의 중관학파와 『대반열반경(大般涅槃經)』과 유식학파의 학설은 모두 불교에서 말하는 인생의 이상을 실현하기 위한 새로운 과정과 새로운 세계를 여러 가지 다른 각도로 펼쳐 보인 것으로서 그 영향은 매우 심원하였다.

제2절 한(漢), 위(魏), 진(晉) 시대의 열반사상

인도불교의 열반학설은 중국에 전래된 이후에 중국 전통사상의 강력한 제약과 영향을 받은 결과 그 중요한 부분과 내용 모두에 심각한 변화가 일어났다.

한(漢), 위(魏), 진(晉) 시대의 중국의 불교학자는 열반개념에 대해 주로 황노의 '무위(無爲)'개념에 무게를 두고 비교하였다. 동진(東晉)시대 남방의 혜원(慧遠)은 신불멸개념으로써 열반의 개념을 상세하게 해석하였고, 북방의 승조(僧肇)는 반야중관학설(般若中觀學說)을 활용하여 철저히 통달하였다. 남북조시대의 열반학설은 전향하여 심성론과 결합하였으며, 수·당(隋唐)시대에 이르러서는 다시 열반불성이 바로 자성(自性)이라는 학설이 강력히 대두되었다.

한대(漢代) 이후로는 황노도가의 '무위(無爲)'사상이 매우 성행하였다. 후한시대 불경을 최초로 한역한 안세고(安世高)는 '무위'로써 열반을 해석하였다. 그는 번역서『음지입경(陰持入經)』하권에서 이렇게 말했다. "세상을 제도하고자 하는 것은 오히려 유여무위가 아직 제도되지 않았기 때문이다. 이미 무위가 극에 달하고 목숨이 다하고 나면 문득 고통이 사라지고 그 이후에는 고통이 없게 되는 것이다."[238] 여기에서 '아직 제도되지 않은 유여무위'란 유여열반(有餘涅槃)이다. 그 뜻은 육신의 존재로 말미암아 열반이 아직 불완전하고 철저하지 못하여 여전히 '세상을 제도'할 필요가 있다는 것이다. '이무위(已無爲)'란 무여열반(無餘涅槃)을 지칭하며, "이무위가 극에 달하여 ……그 이후에는 고통이 없게 된다."라는 의미는 육체가 멸진되어 생사가 없어지고 모든 고통이 철저하게 소멸된 것을 의미한다. 모자(牟子) 역시『이혹론(理惑論)』제1장에서 '무위(無爲)'를 열반으로 지칭하고 있다.

동진시대에 이르러 치초(郗超)도『봉법요(奉法要)』에서 다음과 같이 말하고 있다. "니원이라는 것은 한어로 무위라고 하며 멸도(滅度)라고도 한다."[239] 원굉(袁宏)은『후한기(後漢記)』에서 "사문(沙門)은 한어로 식심(息心)이라 한다. 대개 식이라는 것은 욕망을 제거하는 것을 의미하니, 무위로 돌아가는 것을 말한다."[240]고 하

---

238)『大正藏』15, p.176b, "欲度世, 是爲尙有餘無爲未度; 已無爲竟, 命已竟畢, 便爲苦盡, 令後無苦."

239) 석준 등 편찬,『중국불교사상자료선편』제1권, p.23, "泥洹者, 漢曰無爲, 亦曰滅度."

240)『후한기(後漢記)』권10, p.5, "沙門者, 漢言息心, 蓋息意去慾, 而歸於無爲也."

면서 역시 무위를 승려들의 인생의 이상적인 목표로 보고 있다.

도가에서 말하는 무위는 자연에 순응한다[順其自然]는 의미여서 불교에서 말하는 열반의 의미와 결코 동일하지 않다. 그러나 중국의 불교학자들은 무위를 열반으로 이해하고 비교함으로써 열반학설에 도가사상의 색채를 짙게 칠했다.

동진시대에 남방불교를 이끌었던 혜원법사(慧遠法師)는 출가 이전에 이미 중국 전통문화에 대한 사상적인 소양을 충분히 갖추고 있었기 때문에 그가 열반을 독특하게 이해한 데에는 전통적인 신령불멸관이 직접적인 영향을 끼쳤다고 본다. 『고승전(高僧傳)』 권6의 「석혜원전(釋慧遠傳)」에는 "먼저 중품의 사람에게는 열반상주에 관한 말을 하지 않고, 단지 그 수명이 긴 것만을 말한다. 혜원은 이를 탄식하여 '불은 지극하고 지극한 것은 변하지 않는다. 변하지 않는 이치에 어찌 끝이 있겠는가?'라고 말하고, 다시 『법성론』을 지어 '지극함은 변하지 않는 것을 본성으로 하며 본성을 얻는다는 것은 본체의 지극함을 으뜸으로 한다.'"241)고 하였다. 여기서 '지극(至極)'과 '극(極)'은 열반을 의미한다. '성(性)'은 법성(法性)과 본성(本性)을 말하며, '종(宗)'은 궁극적인 근본과 근원을 뜻한다. 이 글의 의미는 열반은 불변을 본성으로 삼는데, 이러한 불변의 본성에 도달하려면 반드시 궁극적인 것을 체득하는 것을 근본과 근원으로 삼아야 한다는 것이다. 다시 말해서 '근본으로 돌아가 종을 구하는 것[反本求宗]'이 필요하다는 것이다. 혜원은 『사문불경왕자론(沙門不敬王者論)』 「구종불순화(求宗不順化)」에서 다음과 같이 말한다.

---

241) 『大正藏』 50, p.360a, "先是中土未有泥洹常住之說, 但言壽命長遠而已. 遠乃嘆曰: '佛是至極, 至極卽無變, 無變之理, 豈有窮耶?' 因著 『法性論』曰: '至極以不變爲性, 得性以體極爲宗.'"

근본으로 돌아가 종을 구한다는 것은 생(生)으로써 그 정신을 얽매지 않는 것이다. 세간의 속박에서 초탈한다는 것은 정으로써 자신의 생을 얽매지 않는 것이다. 정으로써 자신의 생을 얽매지 않을 때 생을 멸할 수 있으며, 생으로써 그 정신을 얽매지 않을 때 정신이 그윽해질 수 있다. 그윽한 정신이 경계를 초월한 것을 열반이라고 한다.[242]

즉 궁극적인 본원으로 돌아간다는 것은 생명으로써 자신의 정신을 속박하지 않는 것이며, 세간의 속박을 초탈한다는 것은 애증(愛憎)의 감정으로써 자신의 생명을 속박하지 않는 것을 말한다. 이렇게 할 때 형체와 생명이 소멸될 수 있고 나아가 정신활동도 그칠 수 있다. 그러면 일종의 그윽하고 형체가 없는 알 수 없는 초월적인 상태['冥神']에 이르게 되어, 외계에 대하여 어떤 애증(愛憎)도 가지지 않게 되고, 그 어떤 것과도 대비할 수 없는 절대의 경지['絶境']인 초월의 경지에 이르게 된다. 이것이 바로 최고의 열반 경계이다. 혜원은 생명은 사라지고 정신은 그윽한 생멸신명(生滅神冥)과 육체는 사라져도 정신은 존재하는 형진신존(形盡神存)의 경계를 열반으로 이해하고 있다. 이것은 인도 초기불교가 몸도 완전히 사라지고 생각도 다 사라져서 생사가 영원히 다 없어진 것을 열반으로 이해하는 것과는 그 취지가 매우 다르다.

동진 승조(僧肇)의 『조론(肇論)』에는 「열반무명론(涅槃無名論)」이라는 글이 수록되어 있다. 일부 학자는 이것을 승조가 지은 것이 아니라고 의심하지만 지금까지도 이렇다 할 정론이 없다. 「열반무

---

242) 석준 등 편찬, 『중국불교사상자료선편』 제1권, p.83, "反本求宗者, 不以生累其神; 超落塵封者, 不以情累其生. 不以情累其生, 則生可滅; 不以生累其神, 則神可冥. 冥神絶境, 故謂之泥洹."

명론(涅槃無名論)」에는 "니왈, 니원, 열반, 이 세 명칭은 각기 다르게 나오는데 하와 초처럼[243] 다소의 차이에 지나지 않는다. 열반이라고 하는 것은 음역이다. ……진에서는 무위 또는 멸도라고도 한다. 무위란 허무와 적막을 취한 것으로서 유위보다 절묘한 것이다. 멸도란 커다란 근심이 영원히 소멸되는 것을 말하고 네 가지 근본 번뇌를 초월하여 해탈하는 것을 말한다."[244]고 되어 있다. 여기서는 삶과 죽음이 없고 마음이 고요히 가라앉은 아주 깊은 침묵과 텅 빈 허공처럼 걸림 없는 덕과 일치하는 것을 열반이라고 하였다. 열반은 생사가 없고 고요하고 텅 비어서 허공처럼 광활하며, 이름이나 말로는 절대로 표현할 수 없는 이름 없는 모습(無名相)이라고 생각하여, 그것을 일러 '열반무명(涅槃無名)'이라고 하는 것이다.

『고승전(高僧傳)』 제6권 「석승조전(釋僧肇傳)」 중에 『열반무명론(涅槃無名論)』의 '개종제일(開宗第一)' 부분이 상세히 인용되어 있다. 이 밖에도 승조가 편찬한 『주유마힐경(注維摩詰經)』의 열반사상도 「열반무명론(涅槃無名論)」과 매우 유사하며 훗날 미친 영향이 크다. 이로 미루어 볼 때 『열반무명론(涅槃無名論)』은 설사 승조(僧肇)가 저술한 것이 아니라 할지라도 그의 사상적인 관점을 포함하고 있다고 말할 수 있다.

승조(僧肇)는 불교의 불이법문(不二法門)으로 열반을 해석하고

---

243) 역자 주:『예기(禮記)』에 나오는 "夏楚二物, 收其威也"라는 글의 하(夏)와 초(楚)가 모두 회초리를 의미하는 것처럼, 열반이 비록 다른 용어로 사용되더라도 그 의미의 차이는 없다는 뜻이다.

244)『大正藏』 45, p.157bc, "泥曰, 泥洹, 涅槃, 此三名前後異出, 蓋是楚夏不同耳. 云涅槃, 音正也…… 秦言無爲, 亦名滅度. 無爲者, 取乎虛無寂寞, 妙絶於有爲. 滅度者, 言其大患永滅, 超度四流." '사류(四流)'는 '사폭류(四暴流)'라고도 하며, 폭류란 번뇌의 다른 이름이다. 사류는 욕(慾), 유(有), 견(見), 무명(無明) 네 가지 종류의 번뇌를 가리킨다.

있다. 그는 "속박되어 있는 것이 생사의 다른 이름이고, 해탈하여 다 없어진 것이 열반의 다른 명칭이다."245)라고 하였다. 여기서 '박(縛)'은 번뇌를, '해멸(解滅)'은 해탈과 번뇌의 소멸을 의미한다. 이것은 번뇌란 생사의 다른 이름이고, 번뇌를 해탈하는 것이 바로 열반이라는 말이다. 또 "사음과 분노와 어리석음을 끊은 것은 성문이다. 사음과 분노와 어리석음을 갖추고 있는 것은 범부이다. 보살[大士]이 사음과 분노와 어리석음을 바르게 관찰하면 이것이 바로 열반이므로 끊어 없애지도 않았고 가지고 있는 것도 아니다."라고 하였다. 여기서 '대사(大士)'란 보살을 통칭하는 것이다. 즉 성문은 이미 사음과 성냄과 분노와 어리석음을 끊어 없앴지만 범부는 여전히 미혹에 집착하고 있고, 보살은 이미 연기성공(緣起性空)의 진리를 깨달았을 뿐만 아니라 있으면서도 없는[卽有卽空] 경지에 도달하였다는 것이다. 승조는 사음과 분노와 어리석음이 곧 열반이고, 열반은 결코 번뇌를 벗어나서 얻을 수 있는 경지가 아니며, 열반과 번뇌는 함께 붙어 있는 것도 아니고 따로 떨어져 있는 것도 아니며, 끊어 없앤 것도 아니고 가지고 있는 것도 아닌 관계로 본다. 또 그는 "열반을 거스른 것을 '나'라고 하고, '나'를 버린 것을 열반이라 한다."246)고 하였다. 이 글이 뜻하는 것은 중생은 모두 인연이 화합하여 생겨난 것이어서 본래 자아의 실체란 존재하지 않음에도 불구하고 중생이 열반을 어기고 망령되이 '나'라고 집착을 하는데, 망령된 집착을 버린다면 이것이 바로 열반이라는 것이

---

245) 『주유마힐경(注維摩詰經)』 권8, 『大正藏』 38, p.397c, "縛然, 生死之別名; 解滅, 涅槃之異稱."

246) 『주유마힐경(注維摩詰經)』 권5, 『大正藏』 38, p.377a, "因背涅槃, 故名吾我, 以捨吾我, 故名涅槃."

다. 요컨대 승조(僧肇)는 열반은 번뇌를 떠나 있지 않고 생사를 떠나 있지도 않으며 자아를 떠나 있지도 않은 경계이며, 번뇌를 소멸하고 생사에서 해탈하여 자아를 버린 경계라고 생각하였다.

「열반무명론(涅槃無名論)」에도 이와 동일한 설명이 있다.

『정명』에 이르길 "번뇌를 떠나지 않고 열반을 얻는다." 『천녀』에 말하길, "마군의 세계에서 나오지 않고 부처의 세계로 들어간다." 그러므로 현묘한 도는 미묘한 깨달음에 있고, 미묘한 깨달음은 진여와 일치하는 데에 있다. 진여와 일치하는 것이란 유무를 같다고 보는 것이며, 같다고 보면 너와 내가 둘이 아니다. 그래서 천지와 내가 근본이 같아지고 만물과 내가 일체가 된다. 나와 같다면 다시 유무가 없고 나와 다르다면 회통되지 않는다. 그러므로 나지도 않고 존재하지도 않으며 그 사이에 도가 있는 것이다. ……그러므로 법에는 유무의 상이 없고 성인도 유무를 알지 못한다. 성인도 유무를 알지 못하므로 안으로는 무심하며, 법에는 유무의 상이 없으므로 바깥으로는 사물을 헤아리지 않는다. 바깥의 사물을 헤아리지 않고 안으로는 무심하니, 너와 내가 적멸하고 사물과 내가 그윽하게 하나가 되고, 너에게로 다가가 내가 없어지니 이를 일러 열반이라 한다.247)

이 경문의 요점은 번뇌를 떠나지 않고 마군의 세계를 떠나지 않고 열반을 얻는 것, 즉 불의 세계에 들어가는 관건은 불교의 현묘한 이치를 '오묘하게 깨닫는 것[妙悟]'에 있다는 것이다. 묘오(妙悟)는 '진리와 상즉[卽眞]'하는 것이고 진리와 상즉한다는 것은 바로 주체적인 내심의 세계에서부터 바깥에 있는 세계에까지 유무의

---

247) 『大正藏』 45, p.159bc, "『淨名』曰: '不離煩惱, 而得涅槃.' 『天女』曰: '不出魔界而入佛界.' 然則玄道在於妙悟, 妙悟在於卽眞; 卽眞卽有無齊觀, 齊觀卽彼己莫二. 所以天地與我同根, 萬物與我一體. 同我則非復有無, 異我則乖於會通. 所以不出不在, 而道存乎其間矣. ……然則, 法無有無之相, 聖無有無之知. 聖無有無之知, 則無心於內; 法無有無之相, 則無數於外. 於外無數, 於內無心, 彼此寂滅, 物我冥一, 泊爾無朕, 乃曰涅槃." 문장 중의 '박(泊)' 자는 그 본래 글자인 '파(怕)' 자로 되어 있었음.

한계를 없애는 것이다. 아울러 '유무를 가지런히 관찰'하기 때문에 나아가서는 주체와 객체의 대립을 없애 버리고, '너와 내가 둘이 아닌' 경지에 도달한다. 이것이 바로 '천지와 나의 근본이 같고, 만물과 내가 일체가 되는' 경지이다. 이러한 경지에 도달하려면 반드시 '나와 같아야' 한다. 즉 주체적인 자아가 심령적으로 오묘하게 깨닫는 것과 같아야 한다. '나와 다른', 즉 오묘하게 깨달은 자아와 서로 달라서는 안 된다. 「열반무명론(涅槃無名論)」은 주체적인 명상(冥想)과 관조(觀照)의 작용을 두드러지게 강조함으로써 주체와 천지만물이 합하여 일체가 될 것을 요구한다. 나와 천지만물이 합하여 하나가 된다는 것은 만물에 유무의 차별이 없는 상태이며, 성자란 유무를 분별하는 지견이 없는 사람을 말한다. 이와 같이 주와 객이 합일되고, 안과 밖이 다 없어져서 너와 내가 적멸하면 바로 열반의 경지에 들어간 것이다.

승조는 한 걸음 더 나아가 중생을 널리 제도하는 측면에서 열반의 불과를 얻은 후 열반에 머물러서는 안 된다고 강조한다. 그는 보살을 이렇게 설명하고 있다. "무상을 관찰하고 싫어하지 않는 자가 보살이다."[248] 보살은 "생사를 싫어하지 않고 열반을 즐기지도 않는다."[249] "보살은 생사와 열반을 같다고 보기 때문에 버리지 않을 수 있다."[250] 승조는 보살은 이미 세간의 사물이 생멸하며 변화하는 것을 알기 때문에 삶을 싫어하지도 않고 죽음을 혐오하지도 않으며, 생사와 열반은 같지도 않고 다르지도 않다고 보기 때문에

---

248) 『주유마힐경(注維摩詰經)』 권5, 『大正藏』 38, p.374c, "觀無常不厭離者, 菩薩也."
249) 『주유마힐경(注維摩詰經)』 권5, 『大正藏』 38, p.374c, "不厭生死, 不樂涅槃."
250) 『주유마힐경(注維摩詰經)』 권5, 『大正藏』 38, p.374c, "大士觀生死同涅槃, 故能不捨."

열반을 탐하지도 좋아하지도 않도록 자각할 수 있다고 생각하였다. 또 승조는 보살은 생사를 버리지도 않고, 나쁜 행위를 하지도 않으며, 열반에 머물더라도 영원히 멸도하지 않는다고 강조한다. 또 승조는 보살은 "생사에 있어도 생사가 더럽히지 못하며, 열반에 머물러도 다시 멸도하지 않는다고 한다. 이것은 중도에서 행하는 것으로서 생사에 있는 것도 아니고 열반에 머무는 것도 아니다."251)라고 한다. 이를 통해서 볼 때 승조는 '단(斷)'과 '상(常)', '생(生)'과 '사(死)'라는 관점을 버리고 중도의 입장에서 열반사상을 전개하고 있다. 승조는 대승을 실천하는 수행자는 생사에 유전하더라도 번뇌에 오염되지 않고, 열반을 얻더라도 열반의 안락에 속박되지 않는다고 본다. 열반에 들어도 생사를 버리지 않고, "생사에 있는 것도 아니고 열반에 머무는 것도 아니다." 생사를 버리지도 않고 열반에 머물지도 않아서 양변에 떨어지지 않고 중도에 부합된다는 것이다. 이와 같이 생사와 열반은 다르지 않다는 사상의 영향으로 중국불교는 생명의 정화(淨化)를 특히 중시하였다. 더러움을 버리지 않으면서 더러움을 청정함으로 바꾸고 미혹을 깨달음으로 바꿀 것을 주창한 것이다.

---

251) 『주유마힐경(注維摩詰經)』 권5, 『大正藏』 38, p.380a, "欲言在生死, 生死不能汚. 欲言住涅槃, 而復不滅度. 是以處中道而行者, 非在生死, 非住涅槃."

제3절 남북조 열반사의 학설

열반사(涅槃師)란『대반열반경(大般涅槃經)』을 연구하여 널리 알린 불교학자들이다.

동진의 법현(法顯)은 건강(建康, 지금의 남경)에서『대반열반경』의 첫 부분을 번역하였다. 이를 전후하여 담무참(曇無讖)도 북경에서 이 경전의 초·중·후 세 부분을 번역하여 남방에 전파하였다. 이 경전은 앞부분과 뒷부분의 견해가 달라서 불교학자들은 이 경전을 서로 다르게 이해하였고, 여러 가지 견해가 두각을 나타내고 여러 가지 학설이 분분하게 되자 열반학설은 일찍이 없었던 활발한 토론의 장을 형성하였다.

여러 열반학자들 중에서 축도생(竺道生, 355~434)은 이론적으로 가장 조예가 깊고 사상적으로 많은 영향을 끼쳐 '열반의 성인[涅槃聖]'으로까지 찬양받고 존경받았던 사람이었다. 그는 반야학과 열반학을 결합한 열반불성설을 중심으로 불교계에 새로운 바람을 불러일으켰고, 이후의 불교사상 발전에 커다란 영향을 끼쳤다. 궁극의 경지에 관한 축도생(竺道生)의 열반설 주요 내용은 아래의 두 가지로 요약된다.

(1) 열반과 생사는 둘이 아니다

열반은 본성(本性)의 학문이다. 축도생은 불성을 모든 중생이 선천적으로 가지고 있는 본성으로 보았다. 이러한 점에 기초를 두고,

중생과 불, 생사와 열반, 번뇌와 보리(菩提)는 다른 점은 있지만, 그 구별은 단지 중생의 견성(見性) 여부에 달려 있다고 그는 생각하였다. 중생이 불성을 보지 못하면 열반은 생사가 되고 보리는 번뇌가 되는 것이며, 중생이 불성을 보게 되면 생사는 열반이 되고 번뇌는 보리가 된다는 것이다. 중생이 불성을 가지고 있다는 의미에서 볼 때 열반과 생사는 본래 둘이 아니다. 축도생은 『주유마힐경(注維摩詰經)』에서 "무릇 대승의 깨달음은 본래 가까이 있는 생사를 버리고 멀리서 다시 깨달음을 구하는 것이 아니다."252) "모든 중생은 마침내 적멸한다. 그러므로 열반의 모습이 따로 있어서 다시 적멸하는 것이 아니다."253) 그리고 『묘법연화경소(妙法蓮華經疏)』에서도 "모든 중생은 부처가 아닌 사람이 없고 모두 열반이다."라고 하였다. 중생을 설명하는 이런 것은 모두 중생의 본성이 열반불성이며 중생이 생사를 버리고 따로 해탈을 구하는 것은 옳지 못함을 강조한 것이다. 모든 중생이 다 부처이며 모두 열반이라는 것이다.

(2) 본성을 체득하는 것이 곧 열반이다

불성은 중생의 본성이다. 만약 중생이 근본으로 돌아가 본성을 얻으면 이것이 열반이다. 축도생은 "진실로 구하려면 미혹을 돌이켜 궁극으로 돌아가라. 궁극으로 돌아가면 본성을 얻으리라."254)

---

252) 『주유마힐경(注維摩詰經)』 권7, 『大正藏』 38, p.392a, "夫大乘之悟, 本不近捨生死遠更求之也."

253) 『주유마힐경(注維摩詰經)』 권4, 『大正藏』 38, p.362b, "一切衆生竟寂滅, 卽涅槃相不復更滅."

254) 『대반열반경집해(大般涅槃經集解)』 권1, 『大正藏』 37, p.377b, "苟能涉求, 便返迷

"열반에 대한 의혹이 소멸되면 근본을 얻을 것이니 그것을 본성이라고 한다."[255]고 하였다. 여기서 '궁극으로 돌아간다는 것[歸極]'은 미혹을 제거하여 본성을 깨닫는 것을 의미한다. '궁극으로 돌아간다는 것'은 바로 '본성을 체득하는 것'이며, '본성을 체득하는 것'은 본성을 깨닫는 것으로서 불성이 드러나게 하는 것을 말한다. "성불하여 대열반을 얻는 것이 불성이다."[256] 불성을 드러나게 하는 것이 성불이고 대열반을 얻는 것이다. 또 축도생은 열반을 얻었더라도 그 열반에 집착하지 말 것을 강조한다. 그는 "이치를 관찰하여 본성을 체득하였더라도 열반에 얽매이지 말라. 열반을 귀하게 여겨 그것을 꼭 취하고자 하면 다시 열반에 얽매이게 된다. 만약 번뇌를 끊지 않는 것을 열반에 들어간 것이라고 한다면, 이것은 열반을 번뇌와 다르게 보지 않는 것이어서 얽매이지 않는 것이다."[257]라고 하였다. 이것은 반야학과 중관이론으로써 열반과 번뇌는 같지도 않고 다르지도 않다는 것을 설명한 것이다. 축도생은 만약 열반을 귀하게 생각하여 그것을 꼭 추구하려고 한다면, 열반과 번뇌를 대립된 것으로 보게 되어 결국 열반에 속박되고 새로운 번뇌의 출현을 초래하게 된다고 한다. 단지 열반과 번뇌가 서로 다르지 않다고 생각하고 번뇌를 끊지 않고 열반에 들어갈 때, 비로소 진정한 열반

歸極, 歸極得本."

255) 『대반열반경집해(大般涅槃經集解)』 권51, 『大正藏』 37, p.532b, "涅槃惑滅, 得本稱性."

256) 『대반열반경집해(大般涅槃經集解)』 권54, 『大正藏』 37, p.547c, "成佛得大涅槃, 是佛性也."

257) 『주유마힐경(注維摩詰經)』 권2, 『大正藏』 38, p.345b, "旣觀理得性, 便應縛盡泥洹, 若必以泥洹爲貴而欲取之, 卽復爲泥洹所縛. 若不斷煩惱卽是入泥洹者, 是則不見泥洹異于煩惱, 則無縛矣."

의 경계에 들어간다고 한다.

축도생은 구마라집(鳩摩羅什)의 제자로서 그는 동창인 승조(僧肇)와 함께 반야중도(般若中道)사상을 가지고 있었다. 그는 열반과 생사는 다르지 않다고 강조하였으며 이후 중국불교사상의 발전에 승조와 함께 지대한 영향을 끼쳤다.

이 밖에도 북조의 명승 도안(道安)도 『이교론(二敎論)』 12편(『광홍명집(廣弘明集)』 권8에 수록)을 지었다. 그중 「선이열반(仙異涅槃)」편에서는 성선(成仙)과 열반을 비교하여, 도교가 말하는 신선은 단지 수명을 연장하는 것에 지나지 않아서 결코 진정한 장생불노(長生不老)를 이룰 수 없지만, 불교가 말하는 열반은 영원히 머무르는 경지여서 신선이 되는 것과는 비교할 수 없을 정도로 다른 것이라고 설명한다.

제4절 수 · 당(隋唐) 불교 종파의 열반론

수 · 당시대에는 천태종(天台宗), 삼론종(三論宗) 등도 『열반경(涅槃經)』을 설명함에 따라 나날이 『열반경』의 영향은 커졌지만, 열반사의 설명은 점차 줄어들게 되었다.

수 · 당 불교의 주요 종파들은 모두 열반불성설(涅槃佛性說)을 중시하였고, 그 결과 불성사상(佛性思想)이 크게 발전되었다. 열반 경계에 대한 이론 가운데 천태종의 학설이 각 종파 중에서 가장 독창적이고 가장 전형적인 의미를 가지고 있다.

천태종은 '제법실상론(諸法實相論)'에 대한 설명을 중시하였다. 모든 사물의 있는 그대로의 모습[當體]이 바로 실상이며, 실상은 각각 다른 측면에서 의의가 있지만 적멸(寂滅)의 의미에서 말한다면 이 또한 열반이라고 생각하였다. 이 종파의 학자는 삼분법(三分法)을 즐겨 사용하여 실상론과 관계있는 각종 이론을 설명하고 있다. 즉 그들은 법신(法身)·반야(般若)·해탈(解脫) '삼덕(三德)'으로써『열반경(涅槃經)』의 열반사상을 밝히고 있다.

지의(智顗)의『금광명경현의(金光明經玄義)』와 관정(灌頂)의『대반열반경현의(大般涅槃經玄義)』는 불생불멸로써 열반을 논하고, 대열반은 법신(法身)·반야(般若)·해탈(解脫) 세 가지 덕상(德相)을 지니고 있음을 강조한다. 법신은 진여의 이치, 반야는 깨달음의 지혜, 해탈은 번뇌의 초탈을 의미한다. 이 세 가지 덕은 셋도 아니고 하나도 아니고, 종적인 것도 아니고 횡적인 것도 아닌 무한한 성질을 특징으로 하고 있다. 이것을 다시 삼보리(三菩提), 삼불성(三佛性), 삼보(三寶), 삼도(三道), 삼식(三識), 삼반야(三般若), 삼대승(三大乘), 삼신(三身), 삼열반(三涅槃)으로 배치하였다. 지의(智顗)는 "삼덕은 불생불멸하는 세 가지 열반이다."[258]라고 한 뒤 다시 나아가 이렇게 말한다.

무엇이 열반인가? 성정·원정·방편정 이 셋이 불생불멸하는 것을 열반이라고 한다. 제법의 실상은 더럽힐 수도 없고 깨끗하게 할 수도 없는 것이다. 더럽지도 않고 깨끗하지도 않고 나지도 않고 멸하지도 않는 것이어서 불생불멸하는 것을 성정열반이라고 한다. 인연을 닦아

---

258)『금광명경현의(金光明經玄義)』권상,『大正藏』39, p.2c, "三德不生不滅卽是三涅槃."

진리와 결합하여 마침내 미혹이 생겨나지도 않고 마침내 지혜가 소멸되지도 않는 불생불멸을 원정열반이라 부른다. 고요하게 항상 비추고 근기에 감응하여 생겨나지만 이 생긴 것은 생긴 것이 아니고, 인연이 다하면 사라지는 것이나 이 사라짐은 사라지는 것이 아니고 불생불멸하는 것이니 이를 방편정열반이라고 한다. 마땅히 이 세 가지 열반을 알아야 한다. 불생불멸은 항상하고, 항상하기 때문에 즐겁고, 즐겁기 때문에 나[我]라고 말하고, 나라고 하기 때문에 청정하다고 한다. 열반은 곧 상·락·아·정이어서 삼덕이 존중하는 까닭이 되는 것이다.259)

위 글에서는 불생불멸은 상주(常住)하는 것으로서 열반이라고 한다. 모든 사물은 생멸하므로 무상(無常)하지만 모든 사물의 실상혹은 본성은 불생불멸하며 상주하는 것이다. 이러한 불생불멸이 바로 열반의 상태이다. 법신·반야·해탈 '삼덕(三德)'에 상응하는세 가지 열반이 있다.

(1) 성정열반: 이는 모든 사물의 실상(본성, 본체)을 지칭하는 것으로서 더럽지도 않고 깨끗하지도 않으며 불생불멸하는 것으로 그실상이 바로 본성청정열반이다. 이것은 진여의 이체(理體)에 해당되는 것으로서 삼덕과 삼신(三身) 중 법신에 해당된다.

(2) 원정열반: 지혜의 극치는 '원(圓)'이며 망령된 미혹이 멸진된것이 '정(淨)'이다. 중생이 힘써 수행하면 미혹이 생겨나지 않고 지혜가 소멸되지 않게 된다. 미혹이 생기지 않고 지혜가 소멸되지 않으면 원정열반이 된다. 이는 삼덕 중에는 반야에 해당되고 삼신 중

---

259) 『금광명경현의(金光明經玄義)』 권상, 『大正藏』 39, p.3bc, "云何涅槃? 性淨, 圓淨, 方便淨是爲三, 不生不滅名涅槃. 諸法實相不可染不可淨, 不染卽不生, 不淨卽不滅, 不生不滅名性淨涅槃; 修因契理, 惑畢竟不生, 智畢竟不滅, 不生不滅名圓淨涅槃; 寂而常照, 機感卽生, 此生非生, 緣謝卽滅, 此滅非滅, 不生不滅, 名方便淨涅槃, 當知此三涅槃. 不生不滅卽是常, 常故名樂, 樂故名我, 我故名淨. 涅槃卽常樂我淨, 卽是三德可尊可重故."

에는 보신(報身)에 해당된다.

(3) 방편정열반: 진리의 지혜와 결합하여 고요히 중생을 관조하고, 중생에 감응한 후에 붉은 근기에 따라 몸을 빌려 은밀히 나타나 중생을 제도한다. 그런데 이 생은 생이 아니므로 기회와 인연이 다하면 근기에 응하여 나타난 화신은 사라진다. 그러나 이 소멸도 역시 소멸이 아니다. 이와 같이 불생불멸하는 것을 일러 방편정열반이라고 한다. 이는 삼덕 중에서는 해탈에 해당되고 삼신 중에서는 응신(應身)에 해당된다.

천태종의 삼덕 열반설은 체(體, 理)·상(相, 智)·용(用, 應化) 세 가지 측면에서 열반을 분류하고 단계를 제시한 것으로 이것은 열반학 이론의 중대한 발전이라고 할 수 있다.

또 천태종의 학자들은 지론사(地論師)와 섭론사(攝論師)의 성정열반과 방편정열반(천태종의 원정열반에 해당한다)설을 비판하였다. 다시 말해서 그들의 열반설은 완성되고 정리된 것이 아니라고 생각하였으며, 만약 성정·원정·방편정 세 가지 열반이 서로 상관이 없는 것이라고 여긴다면 이 역시 완전한 것이 아니라고 지적하였다.

이 밖의 다른 종파도 열반설에 관하여 언급하였다. 화엄종의 법장(法藏)과 징관(澄觀)은 '원적(圓寂)'에 치중하여 열반의 의미를 정의하였다. 공덕이 완비된 것을 '원(圓)'이라고 하고 번뇌가 멸진된 것을 '적(寂)'이라고 하였다. 또 선종의 경우에는 자기 마음[自心]의 해탈을 무엇보다 중시하였고, 자기 마음 이외에 따로 청정한 경계를 희구하는 것을 반대하였다.

혜능(慧能)은 "선지식이여, 번뇌가 곧 보리이다. 앞 찰나의 생각

이 미혹하면 범부이고 뒤 찰나에 생각을 깨치면 부처이다."260)라고
하였다. 즉 보리는 번뇌에서 생기고, 중생과 부처의 차이는 미혹과
깨달음의 한 생각의 차이라고 본 것이다. 이는 열반을 번뇌와 미혹
에서 벗어난 내재적인 자유경계라고 본 것이다.

황벽(黃蘗) 희운선사(希運禪師)는 『전법심요(傳法心要)』에서
"과거는 가지 않았고, 현재는 머무르지 않으며, 미래는 오지 않았
으니, 편안하고 단정하게 앉아서 되는 대로 두어 구애됨이 없으니
이를 일컬어 해탈이라고 한다."261)고 하였다. 여기에서 '해탈'이라
고 하는 것은 바로 열반을 의미한다. 그는 진심본성(眞心本性)은
일체의 시공(時空)을 초월할 수 있고, 자신을 유지하고 절대 변하
지 않으며, 인연에 따라 자유자재로 움직이는 것이 해탈이고 열반
경계라고 한다. 열반은 실제로는 심성본정(心性本淨)의 상태라는
것이다.

이러한 열반의 이념에서 출발하여 임제종(臨濟宗)의 의현(義玄)
은 다음과 같이 말한다. "수행자들이여, 산승이 보건대 설령 좌선
하여 앉아 보신불, 화신불의 머리를 모두 자르고 십지만심(十地滿
心)을 얻었다 할지라도 여전히 머슴과 같고, 등각과 묘각을 얻었다
할지라도 죄수와 같고, 아라한과 벽지불은 꼭 뒷간의 더러움과 같
고, 보리열반은 당나귀를 묶는 말뚝과 같다네."262) 조사를 비난하

---

260) 『남종돈교최상대승마하반야바라밀경육조혜능대사어소주대범사시법단경(南宗頓敎最
上大乘摩訶般若波羅蜜經六祖慧能大師於韶州大梵寺施法壇經)』(즉 돈황사본, 『단
경(壇經)』, 이하 『단경』으로 약칭한다.) [26], "善知識, 卽煩惱是菩提. 前念迷卽凡,
後念悟卽佛." 이 책은 돈황본 『단경』을 인용하였고, 모두 석준 등이 편찬한 『중국불
교사상자료선편』 제2권 제4책을 근거로 하였다. 이하에서는 주로 명시하지 않는다.
261) 『大正藏』 48, p.384a, "前際無去, 今際無住, 後際無來, 安然端坐, 任運不拘, 方名
解脫."
262) 『진주임제혜조선사어록(鎭州臨濟慧照禪師語錄)』, 『大正藏』 47, p.497c, "道流, 取

312

고 부처를 욕하는 이 말에서 의현은 열반을 당나귀를 묶어 놓은 말뚝에 비유하였는데, 이것은 집착을 경계하고 부정하는 데에 그 뜻이 있다. 그는 중생을 초월한 열반의 경계는 자신의 마음을 속박하는 족쇄라고 질책하고 자신의 마음을 해탈하는 것이 열반이라고 강조하였다.

수·당 이후에 중국의 불교학자는 열반설에 대하여 새로운 의견을 내놓지 않고 일반적으로 상(常)·락(樂)·아(我)·정(淨) 사덕(四德)으로써 열반을 논하고 있다.

근대에 이르러 일부 학자는 열반사덕의 성품으로써 미래의 대동사회(大同社會)를 묘사하기도 하였다. 이것으로써 열반학설이 후세 사람들이 이상사회를 설계하는 데 끼친 사상적인 영향을 가늠해 볼 수 있을 것 같다.

山僧見處, 坐斷報化佛頭, 十地滿心猶如客作兒, 等妙二覺擔枷鎖漢, 羅漢辟支猶如廁穢, 菩提涅槃如系驢橛."

제7장 중국불교의 '불'에 관한 개념의
전환과 확대

제1절 인도불교의 불신론(佛身論) 약술

　대승불교가 궁극적으로 추구하는 것은 불과(佛果)를 성취하는 일
이다. 불은 산스끄리뜨어와 빨리어의 'buddha'의 음역으로서 진리
를 깨달은 사람을 의미하며 자각(自覺)·각타(覺他)·각행원만(覺
行圓滿) 세 가지를 모두 갖춘 불교의 성자를 말한다. 대승불교는
오로지 불(佛)만이 이 세 가지를 완전하게 갖추고 있으며 보살은
자각(自覺)과 각타(覺他) 두 가지를, 성문(聲聞)과 연각(緣覺) 이승
(二乘)은 단지 자각(自覺)만을 갖추고 있고, 범부는 하나도 갖추지
못하고 있다고 생각한다.

　불신(佛身)문제에 대해서는 부파불교시대에 여러 가지 주장이 나
타났다. 대중부는 이상(理想)을 숭상하여 불신에는 번뇌가 없다고
생각하였고, 상좌부(上座部)는 전통적 입장을 견지하며 대중부의
입장에 반대하였다. 훗날 대승불교가 형성되어 보살성불설이 성행

하자 불신문제에 대해서도 깊이 있는 고찰과 설명이 진행되었는데 그 이론의 기본적 추세는 일신설(一身說)에서 다신설(多身說)에까지 걸쳐 있다. 이러한 불신론과 관련하여 불은 하나인가 여럿인가 하는 문제가 제기되어 이론적으로는 일불설(一佛說)에서 다불설(多佛說)까지 전개되었다. 이러한 문제가 이후 불교신앙이론의 중요한 내용을 구성하게 된다.

1. 일신설에서 다신설까지

불교가 부단히 변천하고 발전함에 따라 불신에 관한 학설도 차츰 변화하게 되었다. 초기불교는 일신설을 견지하였고, 부파불교는 이신설을 주장하였으며 대승불교는 삼신설(三身說)을 찬양하였다. 심지어는 사신설(四身說)도 있었다. 그중 가장 중요한 것은 대승불교의 삼신설이다.

초기불교시대에 석가모니는 그를 존경하는 성실한 신도들로부터 도사(導師)로 받들어졌고 불교 교의의 창시자로 공인되었다. 그와 일반 사람들과 다른 점은 인생을 해탈하는 도리를 깨달아 불(佛), 즉 깨달은 이[覺者]가 되었다는 것이다. 이 밖에도 그는 항상 법륜(法輪)을 굴려 불법을 선양하고 교의를 전파하였다. 석가모니는 인간이 전지전능하다는 것을 부인하고 인간의 영혼이 불멸한다는 것도 부인하였다. 따라서 석가모니 자신과 그의 제자들은 석가모니불은 오직 생신(生身, 肉身)만 있고, 생신에는 죽음이 있기 때문에 결코 영원히 존재할 수 없다고 생각하였다. 이를 불일신설(佛一身

說)이라고 한다.

석가모니가 입멸한 후에 신도들은 그를 추모하고 숭상하면서 석가모니를 평범한 사람을 초월한 교주로 인식하게 되었다. 부파불교는 더욱 명확하게 불이신설(佛二身說)을 제창하여 불은 생신뿐만 아니라 법신(法身)도 가지고 있다고 생각하였다. 단지 각 부파별로 이신(二身)의 의미에 대하여 주장하는 관점이 다를 뿐이었다.

대중부는 불신의 '무루(無漏)'설을 주장하였다. 여기에서 '루(漏)'란 번뇌를 가리킨다. 즉 석가모니의 생신은 번뇌가 없고 수명과 위력도 무한하다고 생각하였다.

설일체유부(說一切有部)는 석가모니의 생신은 번뇌의 과보로서 '유루(有漏)'라고 강조하였다. 이와 동시에 불의 특별한 지혜와 높은 공덕과 정교하고 깊은 교의는 '무루(無漏)'라고 생각하고 이를 법신(法身)이라고 하였다. 또 설일체유부는 계(戒)·정(定)·혜(慧)·해탈(解脫)·해탈지견(解脫知見) 다섯을 오분법신(五分法身)이라고 불렀다. 법신은 육안으로 볼 수 있는 법불(法佛)이 아니다. 이 법불을 불(佛)이라고 인식하고 법신을 불(佛)이 불(佛)로서의 자격을 갖추는 하나의 근거로 보았다. 이러한 설법은 매우 선명한 종교 이론적인 의미를 가지고 있다.

대승불교가 성행한 이후에는 죽은 다음의 성불이 불교신도가 추구하는 궁극적인 목표가 되었고, 그에 따라 불신론도 깊이 있게 전개된다. 『반야경(般若經)』을 비롯하여 『법화경(法華經)』, 『화엄경(華嚴經)』, 『열반경(涅槃經)』, 『유마힐경(維摩詰經)』, 『대지도론(大智度論)』, 『섭대승론(攝大乘論)』 등 중요한 대승전적(典籍)들은 모두 법신문제에 대해 설명하고 있다. 그러나 명칭과 해석에 관해서는 각기 주장하는 바가 다르고 내용 역시 매우 복잡하다. 대부분의 전적들은 부파불교의 법신과 생신이라는 이신설의 기초 위에서 생신을 응신(應身)으로 지칭하고, 법신과 응신 사이에 다시 별도로 보신(報身)을 세워 불신을 셋으로 나누고 있다. 이 가운데서 법신에 대한 별칭으로 진신(眞身), 자성신(自性身), 법성신(法性身) 등이 있다.

법신 이외의 이신(二身)은 보신(報身)과 응신(應身)이다. 다른 전적에서는 이신(二身)의 명칭을 화신(化身), 수용신(受用身), 변화신(變化身) 등으로 부르기도 한다. 이러한 명칭들은 혼용하였기 때문에 의미하는 내용도 달랐다. 특히 응신(應身)의 경우에는 어떤 불전(佛典)에서는 보신(報身)과 같은 의미로 어떤 불전에서는 화신(化身)과 동일한 것으로 보고 있다.

양택(梁澤)은 『섭대승론(攝大乘論)』 권13에서 자성신(自性身), 수용신(受用身), 변화신(變化身)을 해석하면서 이렇게 말한다.

> 여래신을 얻는 것에도 두 종류가 있다. 하나는 자성에 의해 얻은 법신이고, 다른 하나는 사람이 노력하여 얻은 응신과 화신이다. 다른 사람의 공으로 얻은 것을 드러내기 위하여 자성신을 세운 것이다. 자성신에 의지하여 복덕과 지혜 두 가지 행을 일으키면, 두 가지 행으로 얻어지는 과보가 이른바 정토청정과 대법락이다. 이 두 과보를 수용할 수 있기 때문에 수용신이라고 부른다. 그들이 수행하는 곳에서 불의 본원력과 자재력으로 말미암아 중생과 비슷한 모습으로 변하여 나타나기 때문에 변화신이라고 부른다.[263]

---

263) 『大正藏』 31, p.249c, "如來身亦有二種得: 一自性得, 是法身; 二人功得, 是應化兩身. 爲顯異人功所得故, 立自性身. 依止自性身, 起福德智慧二行. 二行所得之果, 謂淨土清淨及大法樂. 能受用二果故, 名受用身. 於他修行地中, 由佛本願自在力故, 彼識似衆生變異顯現故, 名變化身."

이것은 대승불교의 삼신설 형성과 의미 및 상호관계에 대한 중요한 설명이다. 유식학파가 완성한 비교적 정형화된 이 삼종 불신설은 대표적인 불신설이다.

유식학파는 불신의 형성과 증득은 두 가지 측면에서 비롯된다고 생각한다.

첫째는 '자성득(自性得)'이다. 이것은 본성이 지니고 있는 자연적이고 천부적인 것으로 자성신 또는 법신이라고도 한다. 둘째는 '인공득(人功得)'이다. 이것은 본성이 지니고 있는 법신에 의지하여 무량한 복덕과 지혜를 수용한 후에 정토청정과 대법락이라는 두 가지 과보를 발생시킨다.

이러한 두 종류의 과보를 향유하는 불신이 수용신(受用身)이다. 수용신은 불의 정토에서 오로지 보살만이 볼 수 있는 불신(佛身)이며 일반 범부는 볼 수 없다.

다음은 불의 원력(願力)으로 중생을 교화하기 위하여 교화할 중생의 종류에 따라 몸을 변화시켜 각종 인격신으로 나타나는 불신인 변화신이다. 예를 들면 역사상의 불타는 일반 중생들도 볼 수 있었다. 여기에서 수용신은 보신(報身)에 해당되고 변화신은 화신(化身) 또는 응신(應身)에 해당된다.

삼신 가운데 가장 중요한 것은 법신과 자성신에 관한 해석이다. 부파불교는 불이 설한 법과 불이 얻은 공덕법을 법신이라고 하였지만, 대승불교는 이러한 견해에 구속되지 않고 다른 각도에서 법신을 설명하고 있다. 대승불교는 법신은 본유의 신(身)이며 결코 후천적으로 인간에 의해 얻어지는 것이 아니라고 강조한다.

유식학파는 법신은 불의 자성의 체현(體現)이라고 생각한다. 여기에서 말하는 '자성(自性)'은 우주와 인생의 절대본체(法界, 法性)에 대한 붓다의 깨달음을 의미하는 것으로서 세속의 세계를 초월하여 전 우주에 두루 존재하는 것을 가리킨다. 이러한 지혜는 깨달은 자, 즉 불의 영원한 몸[身]이라는 것이다. 또 대승불교는 불법을 법신으로 여기는 부파불교의 사상을 계승하고 진일보하여 진여이체(眞如理體), 즉 진리와 그 체성(體性)을 법신으로 삼아 법신을 진리의 몸[身]으로 생각하였다. 진리는 상주하는 진실이고 보편적으로 평등한 것이어서 우주의 모든 사물에 있어서 일반적일 뿐만 아니라 공통적인 본질임을 강조하고 있다. 따라서 진리와 그 체성을 체현한 법신은 존재하지 않는 곳이 없으며 자연 속에 내재되어 있을 뿐 아니라 자연을 초월한 관념적인 힘이 되기도 한다. 이것은 다시 보신과 화신으로 연계된다. 보신과 화신은 모두 법신에 의지한다. 법신으로부터 파생되어 기연에 따라 감응하여 변화함으로써, 여러 인간과 천신으로 변화하여 나타난다. 이것은 법신이 일반적인 것과는 달리 신비로운 힘이 있음을 나타내는 것이다. 철학적 관점에서 고찰해 본다면 불과 삼신의 관계는 본체와 현상이라는 일종의 특수한 관계라고 할 수 있다.

자성신은 불(佛)이 지닌 지혜의 화신이고 진리의 화신으로서 육안으로는 볼 수 없는 일종의 추상적인 원리로서 본체계에 속한다. 수용신과 변화신은 가시적이고 구체적인 현상이다. 이는 원리인 자성신(自性身)을 드러내 보여 주는 것으로서 현상계에 속한다. 그런데 이 둘은 각각 다른 점이 있다. 먼저 수용신(受用身)은 자성신이 직접적이고 구체적으로 드러난 것이지만 영원한 진리의 신도 아니고 변화하는 인격의 신도 아니다. 그러나 변화신은 역사상의 붓다처럼 수용신으로 말미암아 생겨난 것이다. 다시 말해서 삼신은 자성신을 근본으로 삼아 자성신에 의해 수용신을 일으키고 수용신에 의해 변화신을 일으키는 것이다. 그러므로 삼신은 분명한 단계를 가진 불신의 구조라고 할 수 있다.

이 밖에 대승불교는 사신설(四身說)을 주장하기도 하였다. 그것들에 대한 명칭과 해석 역시 서로 다르다. 예를 들어 일부에서는 수용신을 자수용(自受用)과 타수용(他受用)으로 나누어 자성신, 변화신과 함께 사신(四身)으로 부른다. 또 보신, 응신, 화신으로 나누어 보신은 무량한 공덕을 수행하여 얻어지는 장엄신(莊嚴身)으로, 응신은 불타가 왕궁에 나타나 근기(根機)에 감응하여 드러난 몸[身]과 같은 것으로, 화신은 응신불로 말미암아 중생을 제도하기 위하여 중생에 따라 변화한 불(佛), 인간[人], 천신[天], 아귀[鬼], 축생[畜] 등의 몸으로 변하여 나타난 것으로 본다. 이 삼신은 법신과 함께 모두 사신이 된다. 사실 사신설의 의의는 결코 삼신설의 범위를 벗어나지 않는다.

이 외에도 『화엄경(華嚴經)』은 불십신설(佛十身說)을 제시하고 있다. 이것은 삼신설이나 사신설에 비해 진일보하여 전개된 것이다. 철학적 사유의 측면에서 보면 법신을 핵심으로 하는 삼신설과 사신설은 대승불교가 불신을 탐구하고 규정하기 위해서, 더 나아가서는 세계 통일의 원리를 위해서 쏟은 노력들이다. 이것은 세계만물의 본체와 통일성을 설명하기 위하여 제공된 하나의 독특한 학설이다.

2. 일불설(一佛說)에서 다불설(多佛說)까지

초기불교시대에 불은 석가모니를 지칭하는 것이었다. 이것은 역사상의 불은 오직 그 한 사람뿐이었고 다른 불이 없었기 때문이다.

부파불교시대에 대중부(大衆部)는 세계는 매우 넓고 각각의 삼천대천세계에는 모두 불이 있다고 생각하였다. 이것이 바로 '일계일불(一界一佛), 다계다불(多界多佛)'설이다. 대중부의 설법은 공간적인 다불설의 서막을 열었다. 설일체유부(說一體有部)는 대중부의 이러한 설법에 찬성하지 않고 '다계일불설(多界一佛說)'을 주장하였다.

이 밖에도 칠불설(七佛說)이 출현하였다. 과거세에 차례로 일곱 부처가 출현했다고 주장하고 나아가 과거, 현재, 미래 삼세에 모두 무수한 불이 있다고 생각하였다. 현실세계에 있어서는 과거에는 연등불(燃燈佛)이, 현재는 석가모니불이, 미래에는 또 다른 불인 미륵불(彌勒佛)이 출현할 것이라고 한다. 이는 시간적인 측면에서 다불설을 확장한 것이다. 그런데 소승불교는 두 부처가 동시에 존재할 수 없음을 강조한다. 부파불교가 '일계일불(一界一佛)' 또는 '일세일불(一世一佛)'을 주장하는 경향이었다고 한다면, 대승불교는 많은 불이 함께 존재한다고 주장한다. 과거, 현재, 미래 삼세에 억만의 불이 있다고 생각하거나, 시방세계(十方世界)에는 갠지스 강의 모래알 수만큼 많은 무량한 수의 불이 존재한다고 보았다.

일불설에서 다불설에 이르는 학설은 불교세력이 나날이 확대되어 불교학자의 시야가 끊임없이 개척된 것을 반영한 것이다. 또 불법이 시공을 초월하고 불의 힘이 온 우주에 널리 유포되기를 바라는 염원을 나타낸 것이다.

제2절 '불(佛)' 개념의 중국화된 해석

불교에서 '불'은 깨달음이 원만한 이상적인 인격, 숭고함의 상징, 장엄함의 표상이다. 따라서 성불을 추구하는 것이 중국불교신도의 가장 궁극적인 목표였다.

무엇이 불인가? 불의 특성, 본질, 기능, 형상은 어떠한 것인가? 어떻게 불의 성질과 위치를 규정할 수 있는가? 이는 불교가 중국에 전래된 이후 가장 먼저 직면한 문제이고 관심을 불러 모았던 문제이다.

중국의 불교학자들은 역대로 '불(佛)'과 '불신(佛身)'이라는 이 두 문제를 해석하고 연구하며 설명하는 것을 중시하였다. 중국불교학자들이 이 두 문제에 대해 작성한 논설들은 유교·도교 등 중국 고유문화의 영향으로 역시 중국적인 특색이 매우 농후하다.

중국불교학자의 '불'에 대한 해석은 대체로 다음과 같이 세 단계를 거친다. 한·위·진시대에는 유교·도교와 관련된 관념을 '불'과 비교하며 부합시키는 일에 중점을 두었다. 남북조 및 수·당시대에는 다시 불교 원전으로 돌아와 소박하게 '불'의 개념을 설명하였다. 당 중엽 이후에 선종은 갈수록 자아의 심성과 소통하여 중생과 '불'의 한계와 거리를 축소하려 하였다. 그래서 '즉심즉불(卽心卽佛)', '견성성불(見性成佛)' 등의 주장이 선문(禪門)에서는 하나의 상식이 되었고 주체의 본성이 청정하다는 점에서 중생은 사실상 불과 동등하다는 견해가 차츰 일반화되었다.

이와 관련하여 중국의 불교학자는 불신(佛身) 특히 법신(法身)을 정의하고 설명하는 것을 중시하였다. 처음에 그들은 법신에 대한 해석을 두고 매우 곤혹스러워하였으나, 시간이 지나면서 불교의 각 학파는 불의 법, 보, 응 삼신에 관한 다양한 해석을 정립하였다. 천태종은 삼신상즉설(三身相卽說)을 주창하였고, 화엄종은 이종십불설(二種十佛說) 또는 이종십신설(二種十身說)을 제시하였고, 선종은 자성(自性)과 관련하여 삼신의 구조를 명백히 논술하는 것에 치중하였다.

중국불교사상사에서 '불'에 관한 해석 중 가장 중국적인 색채를 지닌 전형적인 견해를 정리하면 아래와 같다.

1. 도를 체득한 자가 '불'이다

모자(牟子)는 『이혹론(理惑論)』에서 "무엇으로써 불을 올바르게 말할 수 있겠는가, 왜 불이라고 하는가?"라는 물음에 다음과 같이 답한다. "불(佛)은 도와 덕의 원조이며 신명(神明)의 근본이며 시초이다. 불(佛)이 말한 깨달음은 홀연히 변화하여 몸이 흩어져 있는 듯 없는 듯하고, 작아질 수도 있고 커질 수도 있고, 둥글 수도 있고 네모날 수도 있으며, 늙을 수도 있고 젊어질 수도 있으며, 숨을 수도 있고 나타날 수도 있고, 불 위를 걸어도 타지 않으며, 칼날을 밟아도 베이지 아니하고, 더러운 데 있어도 물들지 않고, 화(禍)를 입어도 재앙이 없고, 가려고 하면 날고, 앉으면 빛이 난다. 그래서 불(佛)이라고 부른다."264)

---

264) 석준 등 편찬, 『중국불교사상자료선편』 제1권, pp.3~4, "佛乃道德之元祖, 神明之宗

이 단락은 불에 대한 정의를 내리고 있을 뿐만 아니라 불의 형태와 기능도 묘사하고 있다. 이에 의하면 불은 도와 덕의 시조이고 신명의 위업을 구현한 깨달은 자이다. 불의 형태는 홀연하여 일정하지 않다. 모이고 흩어지고, 있기도 하고 없기도 하고, 크고 작고, 모나고 둥글고, 늙고 젊고, 숨고 나타나는 것을 마음대로 한다. 그리고 기이한 신통력을 지니고 있어서 칼과 불이 들어갈 수 없고, 더러움과 재앙도 더해질 수 없다. 이것은 당시의 황노신선가(黃老神仙家) 사상의 영향을 받은 것이 확실한 것 같다. 그리고 도가의 '함이 없으면서 하지 않는 것도 없다[無爲無不爲].'는 사유논리에 따라 불의 특성을 규정하고 있는데, 사실상 이는 불과 신선을 동등하게 본 것이다. 여기에서 주목할 것은 '불(佛)은 곧 도와 덕의 원조[佛乃道德之元祖]'라는 진술 속의 '도(道)'의 의미이다. 『이혹론(理或論)』은 "도란 인도한다는 말이다. 사람을 인도하여 무위에 이르게 하는 것이다. 끌어도 앞이 없고, 밀어도 뒤가 없으며, 들어 올려도 위가 없고, 눌러도 아래가 없고, 보아도 형태가 없으며, 들어도 소리가 없고, 사표가 크지만 바깥까지를 포용할 수 있고, 털끝처럼 미세하여도 그 속에 존재할 수 있으니 이를 일러 도라고 한다."265) 라고 한다. 여기서 '사표(四表)'란 사방이 지극히 먼 곳을 의미한다. 이 글에 의하면 도는 중생을 인도하여 열반(무위)에 들어가게 하는 것이며, 열반에 들어가는 것이 도를 체득하는 것이다. 이 도

緖. 佛之言覺也, 恍惚變化, 分身散體, 或存或亡, 能小能大, 能圓能方, 能老能少, 能隱能彰, 蹈火不燒, 履刃不傷, 在汚不染, 在禍無殃, 欲行則飛, 坐則揚光, 故號爲佛也."

265) 앞의 책, p.4, "道之言導也. 導人致於無爲. 牽之無前, 引之無後, 擧之無上, 抑之無下, 視之無形, 聽之無聲, 四表爲大, 綩綖其外, 毫厘爲細, 間關其內, 故謂之道."

는 소리도 없고 모습도 없고, 사방과 상하의 속박도 없으며, 온 우주에 충만하여 있다. 도는 불의 특성과 털끝만큼의 차이도 없고 성불은 도와 합일되어 일체를 이루는 것이다. 이 도의 내용과 특징은 '허무황홀(虛無恍惚)'266)로 요약된다. '허무(虛無)'는 도의 본체이다. 불은 도의 본체를 체득하여 깨달은 자 곧 신명(神明)이다.

지겸(支謙)이 번역한 『대명도경(大明度經)』에서도 이와 같이 말한다. "도를 체득하면 보살이 되지만 공허하다. 이 도가 보살인데 역시 공허하다."267) 허무나 허공을 도로 삼는다는 것은 도가에서 말하는 도와 매우 유사하다. 그러나 이것은 대승의 중관학설(中觀學說)과 비록 비교되거나 부합될 수 있을지는 모르지만, 총체적인 관점에서 보면 불교의 교의에서 언급하는 불도의 도와는 서로 모순된다. 이른바 도를 체득한 불과 보살은 사실 도가의 이론적인 색채를 띤 중국화된 신명(神明)이라고 말할 수 있다.

2. "주공과 공자가 곧 불이고, 불이 곧 주공과 공자이다."

동진시기에 불교를 신봉한 대표적 인물인 손작(孫綽)은 유교와 불교를 비교하는 관점에서 '불(佛)'을 해석하고 있다.

그는 『유도론(喩道論)』에서 "주공과 공자가 곧 부처이며, 부처가 바로 주공과 공자이다. 모두 안팎의 이름에 지나지 않을 따름이다. ……불은 범어로서 진나라 말로는 깨달음이다. 깨달음의 의미는

---

266) 석준 등 편찬, 『중국불교사상자료선편』 제1권, p.4.
267) 『대명도경(大明度經)』 권1, 『행품제일(行品第一)』, 『大正藏』 8, p.478c, "夫體道爲菩薩, 是空虛也. 斯道爲菩薩, 亦空虛也."

사물에 대하여 깨친 것을 말한다. 맹자가 성인을 선각이라고 한 것과 그 취지가 같다. 세상에 맞추어 사물에 대한 규범을 정하였는데 대개 시류에 따르는 것이었다. 주공과 공자는 세상을 폐단에서 구하고자 하였고 불교는 그 근본을 밝혔을 따름이다. 시작과 끝이 같고 그 극치에 이른 것에도 서로 다름이 없다."[268]고 하였다. 이와 같이 손작은 주공과 공자와 석가모니불은 본질적으로 어떤 차이도 없고 그들 모두 각자(覺者)이고 선각자이며 단지 가르침 안팎의 명분과 사회적 기능이 다를 뿐이라고 보았다. 유가는 '시대적 폐단을 구하기' 위해 사회적 도리를 다스리는 데에 중점을 두었고, 불교는 '그 근본을 밝히기' 위해 내심의 교화에 치중하였다는 것이다. 이는 국가를 다스리고 백성을 편안하게 한다는 사회적 작용의 측면에서 유교와 불교의 출발점과 목적이 일치하고 동일함을 긍정함으로써 유불 사상의 합류를 촉진시켰다. 그러나 다른 측면에서 볼 때 손작은 부처와 주공과 공자를 동등시함으로써 불교와 유가의 구분을 모호하게 하였고, 불교의 세속을 초월하는 신성성을 약화시켰다.

3. 불은 인격신이다

동진시대에 남방불교계를 이끌었던 혜원(慧遠)은 중국의 전통적인 형진신불멸 관념의 기초 위에 불교의 해탈성불 이론을 결합하여 "그윽한 정신이 경계를 초월한 것을 열반이라 한다."[269]고 하였

---

268) 석준 등 편찬, 『중국불교사상자료선편』 제1권, p.27, "周孔卽佛, 佛卽周孔, 蓋外內名耳. ……佛者梵語, 晉訓覺也. 覺之爲義, 悟物之謂. 猶孟軻以聖人爲先覺, 其旨一也, 應世軌物, 蓋亦隨時. 周孔救極弊, 佛敎明其本耳. 共爲首尾, 其致不殊."

다. 이것은 해탈의 경계를 '정신[神]'이 머무는 그윽하고 알 수 없는 곳, 바깥 경계의 영향을 받지 않는 초연한 상태로 귀결시킨 것이다. 그는 일찍이 여산(廬山)의 북쪽 땅에 있는 반야운대정사의 아미타불상 앞에서 제자 123명을 인솔하여 재를 올리며 서원을 세웠다. 그 서원이란 서방극락세계에 모두 함께 왕생하기를 발원하는 것이었다. 그의 제자 유유민(劉遺民)이 집필한 『발원문(發願文)』에 "놀랄 만큼 특출한 사람이 신의 경계에 먼저 오른다[其有驚出絶倫, 首登神界].''라는 말이 보인다. 여기에서 혜원은 서방극락세계를 '신의 경계'라고 하였다. 신의 경계란 열반의 경지 곧 불교에서 말하는 수행을 통하여 도달할 수 있는 사후에 왕생하는 경계를 말한다. 이 경지에서 영원한 주체인 '신(神)'은 해탈을 획득하고 사람은 영생을 얻게 된다. 혜원은 성불이란 바로 '신(神)'이 정과 식[情識]의 망령된 미혹에서 벗어나 육체의 굴레를 떨쳐 버리고 이르게 되는 청정한 경계이며, '신'은 영원토록 진실한 존재이고 성불의 주체이며, 불은 신이 승화한 가장 이상적인 인격인 인격신이라고 보았다.

혜원의 '불'에 대한 해석은 초기불교의 해석과는 다르다. 초기불교는 영혼불멸설을 반대하고 무아설(無我說)을 주장했다. 또한 모자(牟子)가 『이혹론(理惑論)』에서 본체인 '도(道)'를 체득하여 드러낸 것이 불(佛)이라는 설법과도 다르다. 혜원은 '신(神)'을 초월한 것이 불이라고 하고 영원한 주체인 정신과 영혼의 존재와 신성(神聖)을 강조한다.

---

269) 『사문불경왕자론·구종불순화(沙門不敬王者論·求宗不順化)』, 석준 등 편찬, 『중국불교사상자료선편』 제1권, p.83, "冥神絶境, 故謂之涅槃."

4. '법이 곧 불[法卽佛]'이며 '진리가 곧 불'이다[理者卽是佛]

　　동진과 송나라 연간의 저명한 불교학자인 축도생(竺道生)은 '뜻을 얻으면 겉모습을 잊어버린다[得意忘象].'는 중국 전통의 사유방식을 반야실상설(般若實相說) 및 열반불성학설(涅槃佛性學說)과 결합시켜, 우주의 본체(실상)를 인식하고 중생의 본성(불성)을 드러낸 것이 불이라고 생각하였다. 축도생의 이러한 '불'에 대한 해석은 중국민족의 특색을 충분하게 드러내고 있을 뿐만 아니라 인도 대승불교의 공(空)과 유(有)의 사상을 종합한 결과이기도 하다.

　　축도생은 이렇게 말한다. "법을 체득함으로써 불이 되며, 법을 떠나서 불은 있을 수 없다. 법을 떠나지 않으면 불이 법이다. 그러므로 불 역시 법이다."270) 이 말은 법이 불이고, 법을 떠나 다른 불은 없다는 것을 알아야 한다는 것이다. 이러한 측면에서 불이 법이라고 말하는 것이다. 그렇다면 도대체 무엇을 법이라고 하는가? "법이란 법 아닌 것이 없다는 뜻이다. 법 아닌 것이 없다는 것은 형상에는 실제가 없다는 뜻이다."271) "법은 이치와 실제의 이름이다."272) 이른바 법이라는 것은 '법 아닌 것이 없다[無非法].'는 것이다. 우주 안에 법 아닌 것은 하나도 없고, 법은 우주의 일체를 망라하는 것이므로 법은 형상도 없는 것이다. 법은 '실제[實]'이고 '이치'이며 진리이다. 법은 모든 것에 두루 존재하는 본체이며 보

---

270) 『주유마힐경(注維摩詰經)』 권8, 『大正藏』 38, p.398b, "以體法爲佛, 不可離法有佛也. 若不離法, 有佛是法也. 然則佛亦法矣."

271) 『주유마힐경(注維摩詰經)』 권2, 『大正藏』 38, p.343a, "法者, 無非法義也. 無非法義者, 卽無相實也."

272) 『대반열반경집해(大般涅槃經集解)』 권54, 『大正藏』 37, p.549a, "法者, 理實之名也."

편적 진리임을 알 수 있다. 그러므로 축도생은 다시 이렇게 말한다. "법을 체득하는 것이 불이고, 법이 불이다."273) 법은 우주의 본체를 반영하고 진리의 보편적 개념이며, 성불의 원인이고 근거이므로 불은 법을 벗어날 수 없다. 불은 본체와 진리를 인식하고 '법을 체득한' 결과이다. 그래서 한편으로는 '불이 법이다[佛是法].'라고 말할 수 있으며, 다른 한편으로는 '법이 불이다[法即佛].'라고도 말할 수 있다. 축도생은 또 '법을 체득한다.'는 의의에 대해서 이렇게 말하고 있다. "한 생각으로 알지 못할 것이 없다는 것이 큰 깨달음이 시작되는 때이다. 모든 행위를 이렇게 하다 보면 마침내 큰 깨달음을 얻게 되므로 그렇게 부르는 것이다. 직심을 행위의 시작으로 삼으면 한 생각에 모든 법의 뜻을 다 알게 된다. 이것이 불을 얻은 자리가 아니겠는가?"274) 즉 한 생각 사이에 모든 법을 감지하는 것이 '불을 얻은 자리[得佛之處]'라는 것이다.

법은 '이치이고 실제[理實]'이다. 이에 대해 축도생은 이렇게 말한다. "불은 이치를 궁구하는 것을 주로 한다."275) "불은 이치를 깨달은 주체이다."276) 그에 따르면 불은 '이치를 궁구하여', '이치를 깨달은' 결과로 그것을 체현한 자이다. "진리가 불이고, 진리에서 벗어나면 범부이다."277) 성불은 본체의 실상인 '진리'를 체득하

---

273) 『대반열반경집해(大般涅槃經集解)』 권54, 『大正藏』 37, "體法爲佛, 法即佛矣."

274) 『주유마힐경(注維摩詰經)』 권4, 『大正藏』 38, p.353c, "一念無不知者, 始乎大悟時也. 以向諸行終得此事, 故以名焉. 以直心爲行初, 義極一念之一切法, 不亦是得佛之處乎?"

275) 『주유마힐경(注維摩詰經)』 권3, 『大正藏』 38, p.353c, "佛以窮理爲主."

276) 『주유마힐경(注維摩詰經)』 권3, p.360a, "佛爲悟理之體."

277) 『대반열반경집해(大般涅槃經集解)』 권21, 『大正藏』 37, p.464a, "理者是佛, 乖則凡夫."

여 인식하는 것이다. 이러한 의미에서 볼 때 진리는 불이 되고 진리에 위배되면 범부인 것이다.

축도생은 우주본체의 법(法)과 진리는 중생심 속에서도 체현(體現)되며, 중생의 본성과 불성이 바로 성불의 내재적인 근거라고 강조한다. 그는 "법을 체득한다는 것은 자연과 그윽하게 합치되는 것이며, 일체제불이 모두 그렇지 않은 경우가 없으므로 법이 불성이 된다."278)라고 하였다. 이 글은 '법을 체득한다'는 것은 '자성과 그윽하게 합치하는 것'이고 '법(法)'이 바로 불성이 된다는 것이다. 따라서 불성을 드러내는 것은 그윽하게 자연과 합치하는 것이라고 말할 수 있다. 축도생은 또 "편견이 없는 것이 불성의 체이다. ……치우치지 않으면 진실하지 않음이 없다."279)고 한다. 여기서 '편(偏)'은 치우쳐서 벗어남, 옳지 않음을 의미한다. '치우치지 않는 것[不偏]'이란 정도에서 벗어나 치우치지 않는 것, 즉 진실하지 않음이 없는 것을 뜻한다. 이것은 치우치지 않고[不偏], 진실하지 않음이 없는 것[無不眞]이 불성의 체라고 말하는 것이다. 법과 자연은 치우치지 않고, 진실하지 않음이 없고, 치우치지 않는 곳에 존재한다. 진실하지 않음이 없다는 측면에서 그 의미를 살펴보면, 불성과 법과 자연 이 셋은 서로 같다고 말할 수 있다. 축도생은 만약 중생이 불성을 드러내어 자연과 그윽하게 합치하고 우주의 진상을 바로 깨닫는다면 그것이 성불을 성취한 것이라고 생각하였다.

---

278) 『대반열반경집해(大般涅槃經集解)』 권54, 『大正藏』 37, p.549ab, "夫體法者, 冥合自然, 一切諸佛莫不皆然, 所以法爲佛性也."
279) 『대반열반경집해(大般涅槃經集解)』 권54, 『大正藏』 37, p.544c, "不偏見者, 佛性體也. ……不偏則無不眞也矣."

5. 천태종의 '육즉불(六卽佛)'설

'육즉불(六卽佛)'설의 '육(六)'은 수행의 여섯 가지 다른 계위(階位, 行位)를 의미하며, '육즉(六卽)'은 여섯 가지 수행의 계위가 서로 차별이 없이 일체를 이룬다는 뜻이다. 따라서 '육즉불(六卽佛)'이란 나누어진 여섯이 하나가 된 여섯 가지 수행 계위의 불이라는 의미이다. 지의(智顗)의 『마하지관(摩訶止觀)』 권1 하(下)와 지례(知禮)의 『관무량수불경소묘종초(觀無量壽佛經疏妙宗鈔)』 권1, 2[280]에서 이에 대해 상세하게 설명하고 있다. 그 구체적인 내용은 아래와 같다.

(1) 이치가 불이다[理卽佛]

지의(智顗)는 이렇게 말한다. "이즉(理卽)이란 한 생각하는 마음이 곧 여래장의 이치이고, 여(如)이기 때문에 공(空)이고, 장(藏)이기 때문에 가(假)이며, 이(理)이기 때문에 중(中)이다. 세 가지 지혜가 한마음 속에 모두 갖추어져 있으니 불가사의하다. 위에서 말한 바와 같이 삼제(三諦)는 일제(一諦)이므로는 삼도 아니고 일도 아니다. 한 색깔도 한 향기도 일체의 법도 일체의 마음도 이와 마찬가지이다. 이것을 이즉(理卽)이라고 한다. 이것이 바로 보리심이다."[281] 이 글에서 말하는 "한 생각하는 마음이 곧 여래장의 이치

---

280) 『大正藏』 37, pp.200a~205a에 상세히 보임.

281) 『마하지관(摩訶止觀)』 권1c, 『大正藏』 46, p.10b, "理卽者, 一念心卽如來藏理, 如故卽空, 藏故卽假, 理故卽中, 三智一心中具不可思議. 如上說三諦一諦, 非三非一. 一色一香, 一切法, 一切心, 亦復如是, 是名理卽是菩提心."

이다[一念心卽如來藏理].”라는 것과 '보리심(菩提心)'은 중생이 본래 가지고 있는 불성을 말하는 것이다. 이것은 '공이고 가이고 중인[卽空卽假卽中]' 삼지중도(三智中道)를 말하는 것으로서 바로 불의 불가사의한 경계를 말한다. 그러므로 여래장의 이치와 불성(佛性)은 서로 일치한다. 즉 여기서 말하는 이치[理]는 여래장 혹은 불성에서 말하는 이치[理]이다. 이 이치[理]는 모든 중생이 지니고 있는 여래장(如來藏) 또는 불성(佛性)이다. 즉 공(空), 가(假), 중(中) 삼제(三諦)의 이치[理]이다. 이 이치[理]는 본질적으로 제불여래와 둘이 아니며 구별할 수도 없다. 이러한 측면에서 보면 이치[理]가 바로 불(佛)이기 때문에 '이치가 불이다[理卽佛].'라고 말하는 것이다. 이치가 불이다[理卽佛]라는 것을 '이불(理佛)'이라고도 하는데, 이것은 이론적으로 모든 중생이 불이라는 의미이다.

(2) 이름이 불이다[名字卽佛]

지의(智顗)는 이렇게 말한다. "이름이 상즉한다[名字卽]는 것은 비록 이치가 옳을지라도 매일매일 사용하여도 알지 못하고 삼제를 듣지 못하면 불법을 온전하게 알지 못하는 것이다. 이는 마치 소와 양이 눈으로는 가야 할 방향을 구분하지 못하는 것과 같다. 혹은 선지식을 따르고 혹은 경전을 따라서 위에서 말한 하나의 진실한 보리를 듣고 이름에 의하여 통달하고 이해하여 일체의 법이 모두 불법임을 아는 것 이것의 이름이 보리이다."282) '이름[名字]'은 이

---

282) 『마하지관(摩訶止觀)』 권1c, 『大正藏』 46, "名字卽者, 理雖卽是, 日用不知, 以未聞三諦, 全不識佛法, 如牛羊眼不解方隅, 或從知識, 或從經卷, 聞上所說一實菩提, 於名字中通達解了, 知一切法皆是佛法, 是爲名字卽菩提."

름이 가리키는 개념이다. '지식(知識)'이란 선지식(善知識) 곧 불법을 잘 가르치고 바른 길로 인도하는 사람을 일컫는다. 여기서 말하고자 하는 것은 '이치'는 매우 이해하기 어려워 선지식을 따르거나 경전 속에서 이름이 가리키는 개념을 듣고 알게 된다면, '일체의 법이 모두 불법'임을 이해하고 통달할 수 있다는 것이다. 이러한 의미에서 말할 때 이름이 곧 불이다. 이것은 들어서 안다는[聞知] 측면에서 이름과 불법은 서로 상즉하는 관계가 성립하는 행위(行位)라는 것이다.

(3) 관행이 불이다[觀行卽佛]

'관행(觀行)'은 실제 수행하는 것을 의미한다. 천태종에서 오품관행(五品觀行)은 수희(隨喜), 독송(讀誦), 강설(講說), 겸행육도(兼行六度)와 정행육도(正行六度)의 다섯 가지 수행방법과 과정을 의미한다.

천태종에서는 이름이 불이라는 것[名字卽佛]을 이미 이해했다면, 한 걸음 더 나아가 불교경론을 듣고 기뻐하고 경을 읽고 암기하고 경전을 강의하고 법을 설하고 중생을 계도하고 이롭게 하며 더 나아가 육도(六度)[283]의 수행을 돕고 마지막으로 육도의 실천으로 전환하여야 한다고 말한다.

이상 다섯 항목의 수행은 점층적으로 깊어지면서 차례대로 나아간다. 이는 지(智)와 이(理), 즉 지혜와 불성이 서로 상응하여 번뇌를 제압하는 것이다. 이러한 수행계위를 관행즉불(觀行卽佛)이라고 한다.

---

283) 육바라밀: 보시, 지계, 인욕, 정진, 선정, 지혜.

(4) 불과 비슷하면 불이다[相似卽佛]

천태종에서는 오품관행(五品觀行)을 거친 후에 번뇌를 억제하고 굴복시키는 것만이 아니라 더 나아가 번뇌를 끊어 없애고, 무명을 억제하여 항복받고, 더 나아가 육근(六根)[284]이 청정해지는 경계에 도달해야 한다고 말한다. 이 모든 계위에서 아직 진정한 진리[理]를 증득하지는 못했을지라도, 자신이 진리[理]와 멀리 떨어져 있지 않고 진리[理]와 서로 비슷하면 불이기 때문에 진리를 증득한 것과 같다고 한다. 이러한 수행자는 비록 성인은 아닐지라도 성인과 비슷하고, 불의 계위[佛位]와 비슷하여 '불과 비슷하면 불이다[相似卽佛].'라고 한다.

(5) 단계별로 증득하면 불이다[分證卽佛, 分眞卽佛]

'분증(分證)'이란 무명을 단계별로 나누어 단절하여 법신(法身), 반야(般若), 해탈(解脫) '삼덕(三德)'을 증득한다는 뜻이다. 상사즉불(相似卽佛)은 단지 무명(無明)의 미혹만을 억제하여 항복받았을 뿐이지만 분증즉불(分證卽佛)은 무명의 미혹을 끊어 없애고 '삼덕(三德)'도 함께 증득한 것을 말한다.

천태종은 무명의 미혹에는 모두 42종이 있고, 무명을 하나 끊으면 중도(中道)를 하나 체득하게 된다고 생각한다. 초주위(初住位)에서 등각위(等覺位)까지 41종 무명의 미혹을 차례대로 끊으면서 중도의 계위[中道之位]를 차례대로 나누어 체득한다. 이것이 단계

---

284) 육근(六根)은 안근(眼根), 이근(耳根), 비근(鼻根), 설근(舌根), 신근(身根) 다섯 가지 감각기능과 하나의 사유기능[意根]을 의미한다.

별로 증득한 불[分證卽佛]의 계위에 속하는 것이다.

(6) 구경이 불이다[究竟卽佛]

'구경(究竟)'이란 지극히 높아서 위가 없는[至高無上] 경지를 말한다. 이는 42종의 무명을 모두 끊어 없애고 가장 원만한 깨달음의 지혜[覺智]를 드러내는 것이다. 이렇게 구경해탈을 증득한 후에 묘각의 불위(佛位)로 들어가는 것이다.

이상의 육불(六佛)은 비록 지혜와 감정, 깨달음과 미혹이 깊고 얕음에 따라 계위에 차별은 있지만, 그 본성으로 볼 때 육불의 계위는 둘도 아니고 다르지도 않으며 모두 상즉한다. 이즉불[理卽佛]과 마찬가지로 명자즉불(名字卽佛)이나 구경즉불(究竟卽佛) 등 나머지 다섯도 마찬가지이다.

천태종의 육즉불(六卽佛)은 '육(六)'으로써 계위의 높낮이와 순서가 있음을 나타내어 수행자에게 공(貢)이 높다는 자만심이 생기지 않게 하고, '즉(卽)'으로써 여섯 계위의 체성이 완전히 같다는 것을 나타내어 수행자에게 비굴한 마음이 생기지 않게 한 것이라고 한다. 이와 같이 수행자를 고무하여 발원심과 신심이 생기게 하고, 순서에 입각하여 수행하여 증득하고 태만하지 않으면 마침내 바른 과보[正果]를 성취할 수 있다고 그들은 생각하였다.

육즉불설(六卽佛說)은 천태종의 성불이론이다. 이 이론은 부처를 중생과 둘이 아닌 것으로 보고 성불을 하나의 과정으로 본다. 우리가 주목할 만한 육즉불설 중의 이즉불(理卽佛)은 이(理)와 불(佛)을 소통시키면서 이(理)와 불성(佛性)과 불(佛)을 관통시키고 나아가서는 중생과 불을 통하게 한다는 점이다. 이것은 바로 불(佛)과 진리[理]와 불성(佛性)과 중생의 관계에서 불의 의미를 더욱 풍부하게 한 것이다. 하나 더 주목해야 할 점은 육즉불설이 성불을 순서에 입각한 점진적 과정으로 나누고 여섯 계위를 상즉(相卽)관계로 강조하고 있다는 점이다. 이것은 수행자가 성불을 수행한 기점으로부터 마지막으로 공덕을 닦아 원만해지기까지 한결같이 불의 원인이 되는 요소와 성분을 포함하고 있다는 것이다. 이러한 원인이 되는 요소와 성분은 서로에게 스며들어 중첩되어 있다. 이것은 사람들에게 변화하는 상태에서 불의 의미를 파악할 것을 시사한 것이라고 할 수 있다.

6. 선종의 '무엇이 불인가[如何是佛]?'설

천태종과 화엄종이 불신(佛身)을 설명하는 데 몰두하였다면, 선종은 '무엇이 불인가?' 하는 문제에 적극적인 관심을 보였다. 선종의 각종 어록들을 열람해 보면 스승과 제자가 '무엇이 불인가?' 하는 문제에 관하여 묻고 답하는 것을 쉽게 접할 수 있다. 그에 대한 구체적인 견해는 수백 가지를 헤아릴 정도로 그야말로 형형색색이어서 보는 이로 하여금 쉽게 이해하기 힘들게 한다. '어떤 것이 불인가?' 하는 문제는 '무엇이 불인가?'라는 것과 '어떻게 성불할 것인가?' 하는 두 가지 의미를 모두 포함하고 있다. 아래에서 몇 가지 중요한 의미를 지니고 있는 관점을 개괄하여 네 가지 전형으로 정리하고 그 공통점을 제시하겠다.

(1) 마음이 불이다[心卽佛]

‘무엇이 불인가[如何是佛]?’에 대한 선종의 기본적 해답은 ‘마음이 불[心卽佛]’이라는 것이다. ‘마음’에 관해 어떤 이는 주체의 현실적인 심령(心靈)을 가리키는 것에 치중하고, 어떤 이는 주체의 청정심(淸淨心), 마음의 본성을 가리키는 것에 치우쳐 있다. 어떤 이는 ‘불(佛)’을 불성 또는 불심이라고 하고, 어떤 이는 불과(佛果)라고 한다. 마음과 불(佛)의 관계에 대해서 어떤 이는 양자가 서로 분리될 수 없는 것이라고 강조하고, 어떤 이는 양자가 서로 동등하며 차별이 없는 것으로 인식하였다. 마음이 불[心卽佛]이라는 전형적인 설법으로 다음과 같은 것이 있다.

이 마음이 불이다[是心是佛].

선종의 이조(二祖)로 봉해진 혜가(慧可)는 무엇이 불(佛)인가라는 문제에 대하여 그의 제자들에게 말했다. “이 마음이 불이다.”[285] 즉 중생의 마음이 바로 불이라는 것이다. 마조(馬祖)의 제자 대주혜해(大珠慧海)도 “이 마음이 불이며, 이 마음이 불을 만든다.”[286]라고 하였다.

마음이 바로 불이다[心卽佛].

역사 기록에 의하면 “마조는 대매가 무엇이 불이냐고 묻자, ‘마음이 곧 불이다.’”[287]라고 대답하였다. 또 “마음이 곧 불이다. 그것이 불이다[卽心卽佛, 那個是佛].”라는 것에 대한 대주혜해(大珠慧

---

285) 『경덕전등록(景德傳燈錄)』 권3, 『大正藏』 51, p.220c, “是心是佛”.

286) 『경덕전등록(景德傳燈錄)』 권28, 『大正藏』 51, pp.443c～444a, “是心是佛, 是心作佛.”

287) 『무문관(無門關)』[30], 『大正藏』 48, p.296c, “馬祖因大梅問如何是佛, 祖云: ‘卽心是佛’.”

海)의 해석도 기록되어 있다. "한 행자가 물었다. '마음이 곧 불이라는데, 그것이 불이란 말입니까?' 스승 혜해가 대답하길, '너는 그것이 불이 아니라고 의심하는가? 그렇다면 그 잘못된 점을 지적해 보아라.' 대답이 없자 스승이 말하였다. '도달하면 모든 경계 끝까지 이르고, 깨치지 못하면 영원히 멀어진다.'"288) 이 역시 중생 자신의 마음이 바로 불(佛)임을 강조한 것이다.

마음이 바로 불이다[心卽是佛].

황벽(黃檗) 희운(希運) 선사가 말하기를 "제불과 일체 중생은 오직 일심이다. ……오직 이 일심이 곧 불이다 ……이 마음이 곧 불이며, 불이 곧 중생이다."289) 희운(希運)은 마음이 불과 중생을 함께 주재하며 마음이 중생이고 마음이 불이라고 생각한 것이다.

이상의 세 가지 견해는 표현은 다소 달라도 그 사상은 실질적으로는 일치하고 있다. 다시 말해 중생심이든 불심이든 모두 한결같이 긍정하고 있고 마음의 본성은 불(佛)과 다르지 않고 이 마음이 바로 불이라는 것이다.

선사(禪師)들이 "이 마음이 바로 불이다[此心卽是佛]."라고 할 때 '이 마음[此心]'에 대해서도 각기 달리 표현하고 있다. 중요한 것으로는 아래와 같은 것이 있다.

염불심(念佛心)이 불이다.

선종의 사조(四祖)로 받들어지고 있는 도신(道信)은 "염불심이

---

288) 『경덕전등록(景德傳燈錄)』권6, 『大正藏』51, p.247c, "有行者問: '卽心卽佛, 那個是佛?' 師(慧海)云: '汝疑那個不是佛? 指出看.' 無對. 師云: '達卽遍境是, 不悟永乖疏.'"

289) 『황벽산단제선사전심법요(黃檗山斷際禪師傳心法要)』, 『大正藏』48, p.379c, "諸佛與一切衆生, 唯是一心. ……唯此一心卽是佛 ……此心卽是佛, 佛卽是衆生."

불이고 망념은 범부이다."290)라는 것을 널리 알렸다. 그는 염불심과 망념의 상을 대립시켜서 망념을 제거하고 염불에 온 마음을 기울일 때 마음속에서 불을 볼 수 있다고 생각하였다. 이러한 의미에서 염불심도 불이 되는 것이다.

자심(自心)이 불이다.

선종의 육조(六祖)인 혜능(慧能)은 자심(自心)이 불이라는 견해를 강력히 제창하였다. 그는 "내 마음에 저절로 불이 있다. 자신의 불이 참된 불이다. 자신에게 만약 불심이 없다면, 어디에서 불을 구하겠는가?"291)라고 하였다. 혜능이 말하는 자심(自心)이란 자신의 마음이 갖추고 있는 자성(自性)이다. 그는 "자성이 미혹하면 불도 중생이요, 자성을 깨달으면 중생도 불이다."292)라고 하였다. '자심시불(自心是佛)'은 자신의 마음을 깨닫는 것, 자성을 깨치는 것을 가리키는 말이다. 미혹되고 망령된 상태에 처한 자심과 자성은 불이 아니라 중생이라는 것이다.

청정심(淸淨心)이 불이다.

황벽(黃檗) 희운(希運)은 '본원청정심(本源淸淨心)'이라는 개념과 "이 마음은 본원이 청정한 불이다."293)라는 명제를 제시하였다. 이 마음이 본원(本源)의 마음이고 마음의 본체이며, 중생이 이 마음을 곧바로 증득하여 깨닫기만 한다면 즉시 불이 된다294)는 것이

---

290) 『입도안심요방편법문(入道安心要方偏法門)』, 『능가사자기(楞伽師資記)』에서 인용, 『大正藏』 51, p.220c, "念佛心是佛, 妄念是凡夫."

291) 『단경(壇經)』[52]. "我心自有佛, 自佛是眞佛; 自若無佛心, 向何處求佛?"

292) 『단경(壇經)』[35]. "自性迷, 佛卽衆生; 自性悟, 衆生卽佛."

293) 『지월록(指月錄)』 권10, 『속장경(續藏經)』 제1집·제2편乙·제16조·제2책, p.117, "此心是本源淸淨佛."

294) 『황벽산단제선사전심법요(黃檗山斷際禪師傳心法要)』, 『大正藏』 48, p.380bc에 자

다. 희운의 제자이면서 임제종의 창시자인 의현(義玄)은 진일보하여 한 순간의 생각하는 마음[一念心]이 청정하면 곧 불이라고 말하고,295) 이와 같이 한 순간의 생각하는 마음이 마음마다 모두 청정하여 오염되지 않으면, "마음과 마음이 다르지 않으면 이를 살아 있는 조사라고 한다."296)고 하였다. 이는 중생의 일상적인 청정심이 진정한 조사(祖師)이고 진정한 부처임을 강조함으로써 인류의 주체적인 가치를 충분히 긍정한 것이다.

'너 자신이 불이다[汝自是佛].'와 '내가 곧 불이다[我卽是佛].' 제자들이 스승께 '무엇이 부처인가?'라는 문제에 대한 가르침을 청하였을 때, 어떤 선사(禪師)는 질문한 자에게 너 자신이 곧 불이라고 답하곤 하였다. 예를 들면 다음과 같은 이야기가 전해 온다. "스승(복주대안)께서 단상에 오르면서 말씀하셨다. '너희들은 항상 무얼 그리 찾고 있느냐? 부처가 되고 싶으냐? 너희 자신이 바로 부처이니라.'"297) 또 "한 승려가 물었다. '무엇이 불입니까?' 스승(대용산 지홍)께서 말하길, '바로 너이다.'"298) 또 "배휴가 하루는 스승(황벽 희운) 앞에 불상을 맡기며 무릎을 꿇고 말했다. '스승님께 이름을 내려 주실 것을 청하옵니다.' 스승이 '배휴!' 하고 부르자 배휴는 당연히 '예.' 하고 대답하였다. 그러자 스승이 말했다, '너에

세히 설명되어 있음.

295) 『진주임제혜조선사어록(鎭州臨濟慧照禪師語錄)』, 『大正藏』 47, p.497에 상세히 보임.

296) 『진주임제혜조선사어록(鎭州臨濟慧照禪師語錄)』, 『大正藏』 47, p.499, "心心不異, 名之活祖."

297) 『경덕전등록(景德傳燈錄)』 권9, 『大正藏』 51, p.267c, "師(福州大安)上堂云: '汝諸人總來就安求覓甚麼? 若欲作佛, 汝自是佛.'"

298) 『경덕전등록(景德傳燈錄)』 권23, 『大正藏』 51, p.394c, "僧問: '如何是佛?' 師(大龍山智洪)曰: '卽汝是'."

게 내리는 이름이다.' 배휴가 예배하였다."299) 이 말은 불의 이름이 바로 배휴이고 배휴가 바로 불이라는 것이다.

또 한 예를 들면 "여산 귀종사에서 법을 베푼 책진선사는 조주 사람이었다. 성은 위씨이고 본명은 혜초였다. 정혜의 당상에 올라 '무엇이 불입니까?' 하고 혜초가 묻자, 정혜가 이르길 '너는 혜초이다.'라고 하였는데 이때부터 혜초는 정혜를 믿었다."300)고 전해 온다. 정혜의 답변의 의미는 너 혜초가 바로 불이라는 것이다.

근대(近代)의 자칭 호선사(虎禪師)인 양도(楊度)도 '내가 바로 불이다[我卽是佛].'라는 것을 제창하며 "일단 이 마음이 확 열리면 내가 곧 부처이고, 죽으면 가고 태어나면 오고 크게 통하고 크게 깨친다."301)고 하였다. 이른바 '너 자신이 바로 부처이다[汝自是佛].'와 '내가 바로 부처이다[我卽是佛].'란 마음[心]과 불(佛)과 중생(衆生) 셋 모두에 차별을 둘 수 없다는 사상적 기초 위에서 마음 밖에 부처가 없음을 강조하여 너와 내가 바로 부처이고 모든 중생이 바로 부처라고 강조한 것이다.

(2) 무심이 불이다[無心是佛]

선종은 인도의 유심(唯心)사상의 일부를 계승하고, 반야공종(般

---

299) 『지월록(指月錄)』 권10, 『續藏經』 제1집·제2편乙·제16조·제2책, p.115, "裴一日托一尊佛於師(黃蘗希運) 前, 跪曰: '請師安名.' 師召曰: '裴休!' 公應諾. 師曰: '與汝安名竟.' 公禮拜."

300) 『경덕전등록(景德傳燈錄)』 권25, 『大正藏』 51, p.417a, "廬山歸宗寺法施禪師策眞, 曹州人也. 姓魏氏, 本名慧超, 升淨慧之堂, 問: '如何是佛?' 淨慧曰: '汝是慧超'. 師從此信入"

301) 『「아불게서(我佛偈序)」 미국의 베이 박사에게 드림』, 『양도집(楊度集)』, p.657, "一旦此心豁然, 我卽是佛. 死去活來, 大徹大悟."

若空宗)의 일부 학설을 수용하여 선오해탈(禪悟解脫), 즉 '일체의 상에서 벗어날 것[離一切相]'을 강조하고 있다. 사서(史書)에 의하면 "'여러 경설에 불은 상주한다고도 하고, 불은 멸도한다고도 한다. 상주한다면 멸하지 않는 것이고 멸한다면 상주하는 것이 아닌데, 어찌 서로 맞지 않는가?' 하고 묻자, 답하기를 '일체의 상에서 벗어난 것을 제불이라고 한다. 어찌 세상에 나왔다가 입멸한 것이 사실이겠는가? 나타나고 사라지는 것을 보니 근기와 인연에 있더라.'"302)라고 하였다. 이것은 규봉선사(圭峰禪師) 종밀(宗密)이 불의 생멸(生滅)과 출몰(出沒) 문제에 대하여 답한 것이며, 불은 일체의 상(相)을 떠났으므로 본질적으로 말하면 출세와 입멸은 없다는 것을 말하고 있다. 이른바 세상에 나타나고 입멸하는 형상(形相)도 근기와 인연[機緣]에 따라 정해지는 것이어서 결코 불신(佛身)을 진정으로 지닌 것이 아니라는 것이다.

임제(臨濟) 의현(義玄)도 말하였다. "옛사람이 이르길, 여래가 몸의 형상을 가지고 거동하는 것은 세간의 사정에 따르기 위한 것이다. 사람들에게 그릇된 견해가 생길까 두려워하여 세간 사람들에게 맞추어 다시 허명을 세운 것이다. 32상 80종호라고 가탁하여 말하는 것도 공허한 소리이며 몸에 깨달음의 본체가 있는 것이 아니고 상이 없는 것이 진정한 형상이다."303) 이 말의 의미는 이른바 붓다의 몸에 있는 32상과 80종호는 모두 중생의 세속적인 견해에 순응

---

302) 『경덕전등록(景德傳燈錄)』 권13, 『大正藏』 51, p.307b, "問曰: '諸經說, 佛常住; 或卽說, 佛滅度. 常卽不滅, 滅卽非常, 豈不相違?' 答: '離一切相卽名諸佛, 何有出世入滅之實乎? 見出沒者, 在乎機緣."

303) 『지월록(指月錄)』 권14, 『續藏經』 제1집·제2편乙·제16조·제2책, p.166, "古人云, 如來擧身相, 爲順世間情. 恐人生斷見, 權且立虛名. 假言三十二, 八十也空聲. 有身非覺體, 無相乃眞形."

하기 위하여 말한 것이므로 실제로는 모두 존재하지 않는 것이며 불의 진실한 형상은 상이 없다는 뜻이다.

선종에서는 불은 일체의 상을 떠났다고 보기 때문에 선을 수행하는 자는 마땅히 구하지도 집착하지도 말아야 한다고 주장한다.

황벽(黃檗) 희운(希運)은 이렇게 말했다. "도를 배우는 사람은 오로지 일념이 있는 것을 두려워해야 한다. 도를 가로막기 때문이다. 생각 생각마다 상이 없고, 생각 생각마다 무위일 때, 이것이 바로 불이다. 도를 배우는 사람이 만약 성불하고 싶다면, 일체의 불법은 배우지 말고 오로지 구하지도 않고 집착하지도 않는 것을 배워야 한다. 구하지 않으면 마음이 생기지 않고 집착하지 않으면 마음이 오염되지 않는다. 생기지도 않고 오염되지도 않은 것, 이것이 바로 불이다."304) 이 글 중의 '구하는 것도 없고 집착도 없다[無求無著].'는 것은 마음이 생기지도 오염되지도 않는다는 것을 의미하며 이러한 것이 바로 불이라는 것이다. '마음이 생기지 않는다[心不生].'는 것이 바로 '무심(無心)'이며 무심은 불을 의미한다.

역사에 의하면 "상주의 영각 스님이 물었다. '마음을 내어 출가한 것은 본래 불을 구하고자 함이었는데, 마음을 어떻게 써야 성불할 수 있는지 잘 모르겠습니다.' 스승(남양 혜충)이 '무심을 사용하면 성불할 수 있다.'고 하자, 영각이 '무심을 사용하여 누가 성불을 하였는지요?' 하고 물었다. 스승이 '무심으로 스스로 성불한 것을 말하자면 부처 역시 무심이다.'고 하였다."305) 남양 혜충은 '무심

---

304) 『경덕전등록(景德傳燈錄)』 권9, 『大正藏』 51, p.271c, "學道人只怕一念有, 卽與道隔矣. 念念無相, 念念無爲, 卽是佛. 學道人若欲得成佛, 一切佛法總不用學, 惟學無求無著, 無求則心不生, 無著則心不染, 不生不染卽是佛."

305) 『경덕전등록(景德傳燈錄)』 권28, 『大正藏』 51, p.439a, "常州僧靈覺問曰: '發心出

(無心)'으로 성불하며, 부처 역시 무심으로 성불한 것이라 생각하였다. 나아가 그는 '무가 곧 불[無即佛]'이라고 생각했다. 상주 승려 영각이 "'무엇이 일념에 상응하는 것입니까?' 하고 묻자 스승이 '억만의 지혜를 모두 잊는 것, 그것이 상응하는 것이다.'라고 대답하였다. 영각이 '억만의 지혜를 모두 잊어버리면 누가 제불을 볼 수 있겠습니까?' 하고 묻자 스승이 대답하였다. '잊는 것은 곧 무(無)이고, 무가 곧 불이다.' 영각이 다시 '무는 없는 것을 말하는데, 어떻게 불을 부르고 불이 될 수 있습니까?'라고 묻자, 스승이 '무도 역시 공이고 부처도 역시 공이다. 그러므로 무가 바로 불이요, 불이 바로 무이다.'라고 하였다."306) 이 글은 기억과 지혜를 망각하는 것이 무이며, 무 또한 공이라고 말한다. 이와 같이 기억과 지혜를 잊어버리는 것이 무이고 공이다. 또한 불은 공과 무의 모든 형상[空無一切相]이기 때문에 불인 것이다.

'마음이 불이다[心即佛].' '무심이 불이다[無心是佛].'라는 두 명제는 사실상 동일한 것으로 서로 다른 각도에서 마음과 불(佛)의 관계를 말하고 있다.

'마음이 불이다[心即佛].'라는 명제는 중생 모두가 불심과 불성을 지니고 있다고 보고, 마음과 불은 서로 떨어질 수 없는 관계라는 것을 긍정하고 마음과 불이 동등하다고 인정하는 것이다.

'무심이 불이다[無心是佛].'라는 명제는 도를 배우고 선을 수행

家本擬求佛, 未審如何用心即得?' 師(南陽慧忠)曰: '無心可用, 即得成佛.' 曰: '無心可用, 阿誰成佛?' 師曰: '無心自成, 佛亦無心.'"
306) 『경덕전등록(景德傳燈錄)』 권28, 『大正藏』 51, p.439b, "問曰: '如何是一念相應?' 師曰: '億智俱忘, 即是相應'. 曰: '億智俱忘, 誰見諸佛?' 師曰: '忘即無, 無即佛.' 曰: '無即言無, 何得喚作佛?' 師曰: '無亦空, 佛亦空, 故曰無即佛, 佛即無'."

하는 자가 불신의 형상에 집착하거나 추구해서는 안 되며, 이러한 '무심(無心)'이 바로 불이라는 것을 강조하고 있다. '무심'은 주체적인 '마음[心]'의 활동에 대한 진일보된 규정이며, "무심이 불이다."라는 것은 "마음이 불이다."라는 것에 비해 진일보한 설명이라고 할 수 있다.

마조도일(馬祖道一) 선사가 때로는 "마음이 곧 불이다[卽心卽佛]."라고 하고, 때로는 "마음도 아니고 불도 아니다[非心非佛]."라고 한 것과 마찬가지로 양자는 결코 모순되는 것이 아니다. "마음도 아니고 불도 아니다[非心非佛]."는 마음과 불에 대한 집착을 타파하고 마음을 마음으로 찾고 불을 불로 구함으로써 해탈을 얻지 못하는 것을 피하게 하려는 것이다. 이는 마음이 불이라는 즉심즉불에 대한 특정 의미를 부정하는 것이지만 즉심즉불의 한층 더 깊은 의미를 긍정하는 것이기도 하다.

(3) '진리와 현상은 둘이 아닌 여여불이다[理事不二, 卽如如佛]'

위산(潙山) 영우(靈祐)가 말했다. "실제 진리의 경지는 티끌하나도 받아들이지 않으며 수많은 법문 중 하나의 법문도 버리지 않는다. 단도직입적으로 범인과 성인이 정념을 다 없애면 마음의 본체가 참모습과 항상성을 드러낸다. 진리[理]와 현상[事]이 둘이 아니니 이것이 바로 여여불이다."307) '여여불(如如佛)'은 법신불을 말한다. 진리는 티끌 하나만큼도 오염되지 않으며, 무수한 수행법문

---

307) 『지월록(指月錄)』 권12, 『續藏經』 제1집·제2편乙·제16조·제2책, p.137, "實際理地, 不受一塵; 萬行門中, 不捨一法. 若也單刀直入, 則凡聖情盡, 體露眞常. 理事不二, 卽如如佛."

중 그 어떤 법문도 버리지 않는다. 만약 (교리나 계율을 떠나) 사람의 마음을 직접 교화[直指]하여 모든 정념과 상념을 없애면 마음의 본체가 참되고 항상한 상태로 드러난다. 그러므로 진리와 현상은 원융(圓融)하여 둘이 아니며 여여불 또는 법신불이 된다. 이것은 자기의 마음[自心]을 깨달은 기초 위에서 진리와 현상이 일치하게 되어 걸림 없는 경지를 실현하는 것이다. 이러한 선의 경지가 바로 불의 경지이다.

(4) 기타 여러 가지 회답의 배후

'무엇이 불인가?' 하는 문제에 대하여 선사들이 위에서 언급한 것과 같이 정면으로 회답한 것 이외에 여러 가지 언어 외적인 의미의 답을 한 것도 있다. 이러한 회답은 질문자의 영성을 자극하려는 의도가 있는 것이어서 이해하기 매우 힘들다. 그러나 자세히 살펴보면 사변적 경로를 지니고 있고 생각해 볼 만한 진의(眞意)가 분명히 있다. 간략하게 분류하여 살펴보겠다.

① 형상에 비유한 설[形象喩說]

'무엇이 불인가?' 하는 문제에 대해서 적지 않은 선사들이 종종 여러 가지 다른 형상의 사물로써 회답을 하고 있다.

예를 들면, '마삼근(麻三斤)',308) '흙덩이',309) '전각의 바닥[殿里底]',310) '백액대충(白額大蟲)',311) '마른 똥 막대기[干屎橛]',312)

---

308) 동산수초어(洞山守初語), 『벽암록(碧巖錄)』 12, 『大正藏』 48, p.152c.

309) 『엄양존자(嚴陽尊者)』, 『경덕전등록(景德傳燈錄)』 권11, 『大正藏』 51, p.287a.

310) 『조주종념선사(趙州從諗禪師)』, 『경덕전등록(景德傳燈錄)』 권10(『大正藏』 51, p.277c.

311) 『법륜언자선사(法輪彦孜禪師)』, 『오등회원(五燈會元)』 권12, 중책(中冊), p.770(北京: 中華書局, 1984).

'동정호에는 덮개가 없다[洞庭無蓋]',313) '금사에 그림자를 비추다 [金沙照影]'314) 등이 있다.

이 중 '마삼근(麻三斤)', '전각의 바닥', '흙덩이'는 법당 바닥에 마를 얽어 진흙으로 만든 불상으로서 법당의 불상은 단지 상징적 인 의미가 있을 뿐이라는 뜻이다. 이는 도를 배우는 자들은 불상에 집착하지 말고 본질을 추구하라는 것이다.

'백액대충(白額大蟲)'은 늙은 호랑이를 말하며, '마른 똥 막대기 [干屎橛]'는 인분을 닦는 물건으로 매우 불결한 것이다. 이는 불의 이름에 집착하는 것은 해가 되고 독이 되며 자심의 청정한 본성을 오염시키는 것이므로, 마땅히 바깥으로는 불의 이름에 집착하는 것 을 타파하고 안으로는 자심의 청정을 추구해야 한다는 뜻이다.

'동정호에는 덮개가 없다[洞庭無蓋]', '금사에 그림자를 비추다 [金沙照影]'는 불법은 본래 이루어져 드러나 있는 것으로 대지의 만물 중에서 불의 당체(當體)가 아닌 것이 하나도 없다는 것을 말 한다.

② 질문으로써 질문에 답한다[以問答問]

어떤 선사는 "무엇이 불(佛)인가?"라는 질문에 답할 때 반문 형 식을 채택하여 질문자가 제시한 각종 문제에 대처하고 있다.

예를 들면, "'무엇이 불입니까?' 하고 묻자, 스승(숭수 계조)이 '무엇이 불이냐?'"라고 답한다.315) 또 이런 회답도 있다. "너는 어

---

312) 『무문관(無門關)』[21](『大正藏』 48, p.295c).

313) 『도오오진선사(道吾悟眞禪師)』, 『오등회원(五燈會元)』 권12, 중책(中冊), p.733.

314) 『양봉동연선사(涼峰洞淵禪師)』, 『오등회원(五燈會元)』 권12, 중책(中冊), p.741.

315) 『경덕전등록(景德傳燈錄)』 권25, 『大正藏』 51, p.416a, "問: '如何是佛?' 師(崇壽契 稠)曰: '如何是佛?'"

떤 사람이냐?"316) "누구에게 묻느냐?"317) "무엇이 상좌냐?"318) "또 누구라고?"319) "어찌하여 스스로를 폄하하는가?"320) "또 뭐라고?"321) 등이 있다.

어떤 것은 답하는 말이 곧 묻는 말이고, 어떤 것은 질문에서 비켜나서 상대방에게 되묻는다. 이런 회답 방식의 목적은 묻는 사람을 깨우쳐 불은 자기 마음에서 벗어나 독립적으로 존재하는 것이 아니고, 자기 마음이 바로 불이며 밖에서 그것을 찾을 필요가 없다는 것을 답 가운데서 스스로 인식하게 하는 것이다.

이 이외에도 형형색색의 다양한 대답이 있다. 예를 들면, 답을 하지 않음으로써 답을 하기도 하고, "어떤 것이 불이냐?"고 묻는 사람에게 "노승은 결코 알 수가 없습니다."322)라고 답하기도 한다. "무엇이 불이냐?"고 묻자 어떤 이는 명쾌하게 "틀렸다."323)고 답하기도 하고, 또 어떤 이는 "무엇이 불이냐?"는 물음에 "얼굴에 침 뱉기"324)라고도 하였다.

---

316) 『청화지초선사(清化志超禪師)』, 『오등회원(五燈會元)』 권10, 중책(中冊), p.631, "汝是甚麼人?"

317) 『백장정오선사(百丈淨悟禪師)』, 『오등회원(五燈會元)』 권16, 하책(下冊), (北京: 中華書局, 1984), p.1054, "問誰?"

318) 『단하의안선사(丹霞義安禪師)』 『경덕전등록(景德傳燈錄)』 권14, 『大正藏』 51, p.313c, "如何是上坐?"

319) 『영봉지은선사(靈峰志恩禪師)』 『경덕전등록(景德傳燈錄)』 권24, 『大正藏』 51, p.402a, "更是阿誰?"

320) 『선암회의선사(仙巖懷義禪師)』, 『오등회원(五燈會元)』 권16, 하책(下冊), p.1087, "自屈作麼?"

321) 『흥양도흠선사(興陽道欽禪師)』, 『오등회원(五燈會元)』 권8, 중책(中冊), p.510, "更是甚麼?"

322) 『제용선사(齊聳禪師)』, 『오등회원(五燈會元)』 권11, 중책(中冊), p.659, "老僧幷不知."

323) 『천왕원화상(天王院和尙)』 『경덕전등록(景德傳燈錄)』 권20, 『大正藏』 51, p.368b, "錯".

324) 『복엄문연선사(福嚴文演禪師)』 『오등회원(五燈會元)』 권18, 하책(下冊), p.1166, "當面便唾".

이상의 설명에서 알 수 있듯이 선종은 심성적인 측면에서 불을 논하였다. 중생의 자기 마음과 본성이 불이므로 자기 마음과 본성에서 벗어나 불을 논하거나 불을 구하거나 불을 이룬다는 것은 잘못된 것이며 자기 마음과 본성은 공적(空寂)하고 청정(淸淨)한 것이어서 자기 마음과 본성에 집착하거나 불에 집착하는 것도 옳지 않다고 생각하였다. 심성론은 선종에 있어서 성불의 이론적 기초가 되고 선종 사상의 진면목이라고 볼 수 있으며 선수행 실천의 중요한 내용이기도 하다.

제3절 중국불교의 불신(佛身)에 관한 창조적 설명

중국불교학자의 불신에 관한 설명은 대체로 두 단계를 거친다. 수 · 당 이전에는 법신의 이해와 인식에 중점을 두었다. 이 시기의 『대승기신론(大乘起信論)』은 앞선 이론들을 계승하여 삼신(三身) 이론에 관하여 완전히 정리된 입장을 보이고 있다. 수 · 당시기 불교의 각 종파는 그들 종파가 숭상하는 경전과 기본 이론에 의거하여 각기 다른 특색을 지닌 삼신설(三身說)을 설명하고 있다.

1. 수 · 당(隋唐) 이전의 법신관(法身觀)

불교가 중국에 전래된 이후 불신(佛身)문제는 중국불교학자의 관심을 불러일으켰다. 이론적인 측면에서 불의 생신(生身)과 보신(報身)은 비교적 이해하기 쉬웠으나 이론적으로 가장 풍부한 특색을 지닌 법신(法身)은 그렇지 않았다. 한동안 불교계에서 법신은 모두가 주목하는 이론의 초점이 되었고 사람들의 사색과 연구 및 논쟁을 촉진시키기도 하였다. 현존하는 역사자료에 의하면 구마라집(鳩摩羅什), 승조(僧肇), 축도생(竺道生) 등이 법신문제에 관해 많은 논술을 하였다. 이러한 논술이 수·당시대 이전의 중국불교 법신관의 기본사상을 구성하고 있다.

일찍이 동진(東晋)시대의 남방 불교계의 영수인 혜원(慧遠)은 이미 법신 문제에 깊은 관심을 가지고, 당시 북방 장안(長安)의 불학이론의 대가인 구마라집과 함께 이 문제에 관하여 토론을 펼치기도 하였다.325) 그리고 혜원은 자신의 이해에 근거하여 구마라집의 법신에 대한 견해를 세 가지로 정리하였다. "첫째, 법신의 실상은 오지도 않고 가지도 않으며 열반과 같은 모습이다. 둘째, 법신은 물속의 달이나 거울에 비친 모습처럼 꼭 같은 모습으로 변화하여 나타나므로 사대(四大)326)와 오근(五根)이 없다. 셋째, 법성(法性)을 갖춘 생신이 진정한 법신이다. 마치 태양이 떠오르는 것처럼 세상에 오래도록 머무를 수 있다. 이 셋은 각각 다르지만 하나의 이름으로 통일하여 법신이라고 한다."327) 이것은 세 가지 측면에서

---

325) 혜원과 구마라집은 법신을 포함한 대승교의에 관한 문답을 주고받았으며, 그 문서들은 이미 수대(隋代)에 책으로 편찬되었는데,『구마라집법사대의(鳩摩羅什法師大義)』,『대승대의장(大乘大義章)』,『대승의장(大乘義章)』 등이 있다.

326) '사대(四大)'란 지(地), 수(水), 화(火), 풍(風)을 말한다.

327)『구마라집법사대의·초문답진법신(鳩摩羅什法師大義·初問答眞法身)』,『大正藏』 45, p.123a, "一謂法身實相, 無來無去, 與泥洹同像; 二謂法身同化, 無四大五根, 如水月鏡像之類; 三謂法性生身是眞法身, 能久住於世, 猶如日現. 此三各異, 統以一名, 故總謂法身."

법신을 설명하고 있는 것이다.

첫째는 법신의 실제 모습을 말하는 것이다. 이것은 '무래무거(無來無去)', 즉 온 곳도 없고 가는 곳도 없어서 법신의 본성은 공적(空寂)하며, 열반과 마찬가지로 무위무작(無爲無作)하여 모두 공무(空無)로 귀결된다고 본다.

둘째는 법신이 똑같은 모습으로 변화한다는 것이다. 따라서 신체적으로 '사대오근(四大五根)'이라는 여러 가지 요소로 구성되어 있지 않으며, 마치 물속의 달과 거울에 비친 모습처럼 진실하지 않은 환상이라는 것이다. 이것은 법신이 육신(肉身) 또는 색신(色身)이 아니라는 것을 강조한 것이다.

셋째는 무량한 공덕과 오묘한 행으로 말미암아 '법성생신(法性生身)'은 수행을 통하여 깨달음을 성취하였고 '법성(法性)'을 체득하였지만 중생을 제도하기 위하여 열반에 머무르지 않고 계속해서 생을 받는다는 것이다. 이 몸이 '진법신(眞法身)'이며 태양이 시방세계를 두루 가득 채우는 것처럼, 광명이 무량한 국토를 차별 없이 비추는 것처럼, 오랫동안 세상에 머물러 영원불멸하다는 것이다.

혜원은 법신의 발생, 모습, 수명, 감응 등에 대하여 의문을 제기하고, '진법신(眞法身)'과 '변화신(變化身)'의 구별을 대단히 중시하였다. 그는 진법신은 실제로 존재하는 일종의 실체로 생겨나서 모습과 수명을 지니고 신통으로써 중생에게 감응한다고 하였다. 변화신은 진법신이 중생을 제도하기 위하여 나타난 환상이라는 것이다. 다시 말해 진법신불(眞法身佛)은 신령(神靈)의 체현으로서 진정으로 존재하는 인격신이다. 불(佛)이 중생을 교화하기 위하여 제왕이나 성현 등으로 변화하여 나타난 것은 모두 일종의 진법신불의 환상이라는 것이다. 확실히 혜원은 신불멸의 입장에서 법신을 이해하고 있으며, 진(眞)과 가(假), 유(有)와 무(無)의 이원(二元)적인 대립적 사유방식으로 법신 문제를 다루고 있다.

구마라집(343～413)은 혜원이 제기한 문제에 중관학파의 입장인 반야성공이론으로써 해답하고 있다. 그는 "법신은 가명이라고 말할 수 있으며 형상을 구할 수 없다."[328]고 하였다. 법신도 명언가설이기 때문에 구할 수 있는 형상이 없고 진실한 실체도 없다는 것이다. 그 이유는 무엇인가? "제불이 바라본 불 역시 여러 인연이 화합하여 생겨난 것이어서 허망하고 진실하지 않다. 그래서 필경에는 본성이 공하고 법성과 동일하다."[329] 즉 불(佛)도 여러 가지 원인과 조건이 화합하여 이루어진 것이므로 그 본성이 공하여 진실하지 않다는 것이다. 그러므로 "유무의 진실에 대하여 쓸모없이 따지고 논할 필요가 없다."[330] 억지로 유무의 진실을 구분하는 것은 불교의 의리(義理)에 위배되는 희론(戱論)이라는 것이다.

구마라집이 볼 때 불을 포함한 모든 것들은 전부 인연의 화합으로 생겨나므로 인연에 의해 발생한 것은 성공(性空), 즉 공(空)하다는 것이다. 그러므로 불은 결코 진정한 실체적 존재가 아니다. 불과 그 법신은 단지 불이 신령하고 성스럽다는 것을 말하는 이론이며 위대한 공덕을 드러낸 것이고 세속 사람들이 임시로 붙인 이름

---

328) 『구마라집법사대의(鳩摩羅什法師大義)·차문수삼십이상병답(次問修三十二相幷答)』, 『대정장(大正藏)』 제45권, p.127a, "法身可以假名說, 不可以取相求."

329) 『구마라집법사대의(鳩摩羅什法師大義)·차문수삼십이상병답(次問修三十二相幷答)』, 『대정장(大正藏)』 제45권, p.129a, "諸佛所見之佛, 亦從衆緣和合而生, 虛妄非實, 畢竟性空, 同如法性."

330) 『구마라집법사대의·문법신감응병답(鳩摩羅什法師大義·問法身感應幷答)』, (『大正藏』 45, p.130b), "不須戱論有無之實也."

으로서 말과 이름에 지나지 않는 것이다. 법신과 변화신은 오로지 세속적인 필요에 부응하기 위하여 분별하여 만들어진 말과 이름에 지나지 않는다.

혜원은 중국의 전통적인 신령(神靈)관념과 진가(眞假)·유무(有無)의 대립관념 영향을 깊이 받았기 때문에, 이것이 오히려 법신문제를 이해하는 데 걸림돌이 되지 않을 수 없었다. 이와 같이 혜원과 구마라집이 주고받은 문답은 신불멸론과 반야성공론이 현저하게 대립되었던 것을 반영하고 있으며, 중국불교와 인도불교의 신령문제에 대한 관점의 차이를 반영하고 있다.

법신문제에 있어서는 구마라집의 제자 승조(384, 일설에는 374~414)와 축도생도 반야성공적인 주장을 견지하여 법신이 진실한 실체라는 견해를 부정한다. 승조는 "법신은 공허한 몸이다."331) "법신은 허공과 같아서 사대에 의해 만들어진 것이 아니다."332) 법신은 허공이며 실제로 있는 불의 신체가 아니다. 결코 사람처럼 지(地)·화(火)·수(水)·풍(風) '사대(四大)'로부터 생성된 형상이 아니다. 허공과 같은 몸으로 말미암아 "생겨남이 없으면서 생겨나지 않음이 없고, 형상이 없으면서 형상이 아님이 없다."333) "천신에게는 천신으로, 사람에게는 사람으로 나타난다."334) 여기서 '무생(無生)'이란 다시 생겨나지 않는 것을 뜻하고, '무불생(無不生)'은 중생을 교화하기 위하여 천(天)·인(人)·축생(畜生)·아귀(餓鬼)

---

331) 『주유마힐경(注維摩詰經)』 권2, (『大正藏』 38, p.343a), "法身者, 虛空身也."

332) 『주유마힐경(注維摩詰經)』 권9, (『大正藏』 38, p.410a), "法身如空, 非四大所起造也."

333) 『주유마힐경(注維摩詰經)』 권2, (『大正藏』 38, p.343a), "無生而無不生, 無形而無不形."

334) 『주유마힐경(注維摩詰經)』 권2, (『大正藏』 38, p.343a), "在天而天, 在人而人."

· 지옥(地獄)의 '오도(五道)'를 드러내 보이는 것을 가리킨다.

다시 말해서 법신은 형상이 없으면서도 또한 형상이 없는 것도 아니고, 중생을 널리 제도하기 위하여 천변만화(千變萬化)하는 신통력을 지닌다는 것이다.

축도생은 『법신무색론(法身無色論)』을 저술하여 법신과 색의 관계를 전문적으로 논술하고 붓다와 사대(四大)의 관계에 대해서도 언급하였으나 그 원문은 유실되었다. 그는 『주유마힐경(注維摩詰經)』에서,

> 인불(人佛)은 오음이 화합하여 만들어진 것일 뿐이다. 만약 방편으로 색에 응한 것이 불이고, 색은 불이 아니라고 한다면, 색에 응하는 바 깥에 불이 있다는 것이다. 색 밖에 불이 있는 것에도 세 종류가 있 다. 즉 불이 색 속에 있는 것, 색이 불 속에 있는 것, 색이 불에 속하 는 것이 그것이다. 만약 색이 바로 불이라면 사대에 응할 필요가 없 고, 색 밖에 불이 있다면 색에 응할 필요가 없다. 만약 색 중에 불이 있다면 불은 무상한 것이다. 만약 불 중에 색이 있다면 불은 나누어 진다. 만약 색이 불에 속한 것이라면 색은 변할 수 없다.335)

여기서 말하는 '인불(人佛)'이란 인간의 형상을 한 부처를 가리 킨다. 이 글은 '색이 바로 불이다[色卽是佛].' '색은 불이 아니다 [色不卽是佛].'라는 양쪽으로 치우친 관점에 대하여, 한편으로는 불은 형상이 없고 언어로 나타낼 수 없는 성공(性空)이지만, 다른 한편으로는 근기와 인연에 따라 변화하여 중생을 제도하고 인연에

---

335) 『주유마힐경(注維摩詰經)』 권9, (『大正藏』 38, p.410b), "人佛者, 五陰合成耳. 若有 便應色卽是佛, 若色不卽是佛, 便應色外有佛也. 色外有佛, 又有三種: 佛在色中, 色 在佛中, 色屬佛也. 若色卽是佛, 不應待四也. 若色外有佛, 不應待色也. 若色中有 佛, 佛無常矣. 若佛中有色, 佛有分矣. 若色屬佛, 色不可變矣."

따라 나타나 불신을 나타내 보인다는 것이다. 불은 색이 없는 것이며 색 밖에 불이 존재하는 것도 아니다. 따라서 그는 "불신은 키가 6척이다. 6척 크기의 체구는 법신에서 나온 것이다. 이름을 따르는 까닭에 법신이라 하는 것이다. ……법신은 진실하고 6척의 키는 가설에 부응한 것이다."336) 불의 6척 체구는 형태와 물질이 있는 색신이며, 이는 법신이 감응하여 형상으로 나타난 것이므로 법신과 키가 6척인 체구는 서로 상즉하여 둘이 아니고 양자는 진리를 말하고 세속을 계도하여 서로 위배되지 않는다. 이것도 대승불교 반야학의 중도불이(中道不二) 사상이 구체적으로 체현된 것이라고 볼 수 있다.

남조(南朝) 시기 양 무제의 장자 소통(蕭統, 昭明太子)은 『영지해법신의병문답(令旨解法身義并問答)』을 찬술하여 당시 유행하던 법신에 관한 각종 문제를 광범위하게 설명하며 지적하였다. "법신은 공허하고 적막하여 유무의 경지에서 멀리 떠나 홀로 인과를 초탈하였다. 지혜로써 그것을 알 수 없고 식으로써 그것을 분별할 수 없는데 어찌 호칭이 논쟁이 될 수 있겠는가? 진리를 드러내기 위하여 침묵할 수 없어 언설을 따르다 보니 법신이라는 호칭이 있게 된 것이다."337) 법신은 유와 무를 떠나 공허하고 적멸하여 상이 없고 지혜로써 이해할 수 없고 식으로써 분별할 수도 없다. 다만 불의 진리를 밝히기 위해 언어로써 법신이라는 칭호를 붙이게 되었음을

---

336) 『주유마힐경(注維摩詰經)』 권2, (『大正藏』 38, p.343a), "夫佛身者, 丈六體也. 丈六體者, 從法身出也. 以從出名之故, 曰卽法身也. ……法身眞實, 丈六應假."

337) 『광홍명집(廣弘明集)』 21권 『사부총인영인본(四部總刊影印本)』, "法身虛寂, 遠離有無之境, 獨脫因果之外, 不可以智知, 不可以識識, 豈是稱謂所能論辯? 將欲顯理, 不容黙然, 故隨從言說, 致有法身之稱."

강조하는 것이다.

2. 『대승기신론(大乘起信論)』의 삼신(三身)이론

『대승기신론(大乘起信論)』은 진여심(眞如心) 특히 진여심의 기능적인 측면에서 삼신(三身)이론을 설명함으로써 비교적 완성된 하나의 이론을 형성하였다.

『대승기신론』은 일심(一心)의 본체·형상·공용(功用)이라는 세 가지에 관하여 폭넓은 견해를 제시한다. 진여심의 체성은 평등하여 차별이 없으며 일체의 상(相)을 떠나 존재하고 항상 변함이 없으므로 '체대(體大)'라고 말한다. 진여심의 형상은 큰 지혜의 광명과 같은 무량한 공덕을 갖추고 있으므로 '상대(相大)'라고 한다. 그리고 진여심의 공용은 모든 세간과 출세간의 선(善)의 인과를 발생시킬 수 있으므로 '용대(用大)'라고 한다.

『대승기신론』은 진여심의 체상(體相)이 여래법신이고, 진여심의 공용은 광대하여 법신의 의의를 드러낸다고 한다. 나아가서는 응신(應身)과 보신(報身)의 의의를 설명한다. 『대승기신론』은 이렇게 말한다.

> 진여의 묘용은 소위 제불여래가 본래 인위에 있을 때, 대자비를 일으키고 모든 바라밀을 수행하여 미래세가 다하도록 중생을 교화하며 중생계를 고루 제도하여 모두 해탈시키고자 하는 대서원을 세웠다. 또 겁의 수를 한정하지 않고 미래까지 다하고자 한 것이다. 모든 중생을 자신의 몸처럼 생각하면서도 중생의 상을 취하지 않는다. 이것은 무슨 뜻인가? 모든 중생과 자기 자신의 진여가 평등하여 차별이

없음을 여실히 알기 때문이다. 이와 같은 대방편의 지혜를 가지고 무
명을 없애 버리고 본래의 법신을 보게 되면 자연스럽고 불가사의한
업력의 갖가지 묘용이 있게 된다. 이 묘용은 진여와 더불어 모든 곳
에 두루 있는 것이지만 상을 사용하여 얻을 수 있는 것은 아니다. 무
엇 때문인가? 제불여래는 오직 법신의 지혜상으로 된 몸이며, 제일의
제에는 세제의 경계가 없으므로 베풀어 짓는 것에서 벗어나 있기 때
문이다. 그러나 중생이 보고 들어 이익을 얻는 것을 따르기 때문에
묘용이라고 말하는 것이다. 이 용에는 두 가지 종류가 있다. 무엇을
두 가지라고 말하는가? 하나는 분별사식에 의해 범부와 이승의 마음
으로 본 것으로서 응신이라고 한다. ……또 하나는 업식에 의하여 모
든 보살이 초발의에서 보살의 구경지에 이르기까지 마음으로 본 것
으로서 보신이라고 한다.338)

이 글 속의 '분별사식(分別事識)'이란 의식을 의미한다. 『대승기
신론』은 안(眼), 이(耳), 비(鼻), 설(舌), 신(身), 의(意) 육식(六識)
을 의식이라고 하고, 이는 사물을 분별하는 인식작용을 일으키기
때문에 '분별사식'이라고도 한다. '업식(業識)'은 중생을 유전하게
하는 근본식으로서, 각종 심령활동, 사유활동, 생리활동은 모두 업
식에 누적되어 있다가 일깨워지는 것이다. 이 단락의 내용은 매우
풍부하다. 그중에서 법신에 관한 사상의 요점만 간추려 보면 다음과
같다.

첫째, 제불여래(諸佛如來)는 수행의 계위(階位)에 있을 때, 일체

---

338) 『大正藏』 32, p.579b, "眞如用者, 所謂諸佛如來本在因地, 發大慈悲, 修諸波羅蜜,
攝化衆生, 立大誓願, 盡欲度脫等衆生界, 亦不限劫數, 盡於未來. 以取一切衆生如
己身故, 而亦不取衆生相. 此以何義? 謂如實知一切衆生及與己身, 眞如平等無別異
故. 以有如是大方便智, 除滅無明, 見本法身, 自然而有不思議業種種之用, 卽與眞
如等遍一切處, 又亦無有用相可得. 何以故? 謂諸佛如來唯是法身智相之身, 第一義
諦, 無有世諦境界, 離於施作, 但隨衆生見聞得益, 故說爲用. 此用有二種, 云何爲
二? 一者依分別事識, 凡夫, 二乘心所見者名爲應身. ……二者依於業識, 謂諸菩薩
從初發意乃至菩薩究竟地心所見者, 名爲報身."

중생과 자기 자신의 진여심이 평등하고 차별이 없다는 진리를 여실하게 깨닫는다는 것이다.

둘째, 위에서 말한 진리를 깨달아 대방편의 지혜를 두루 갖추고 불가사의한 여러 가지 공능과 묘용을 발휘한다는 것이다. 법신은 모든 곳에 두루 있지만 찾을 수 있는 형상을 지니고 있지 않다. 단지 중생의 근기와 인연에 따라 보고 들어서 그것을 깨닫게 하고, 교화와 인도의 이익을 얻게 한다는 것이다. 이것은 진여심의 기초 위에서 법신은 진리와 지혜의 화신이며 불가사의한 묘용을 고루 갖추고 있다는 것을 강조한 것이다.

셋째, 진여의 묘용을 두 가지로 귀결하고 나아가 응신과 보신의 구별을 확정한 것이다. 진여는 사물을 분별하는 인식['分別事識'] 에 의하여 여러 가지 작용을 한다. 범부와 이승(二乘)이 보는 불신을 '응신(應身)'이라고 하며, 응신은 특정 중생에 부응하여 나타나는 불신이다. 그리고 진여는 근본식['業識']에 의하여 생겨나서 여러 가지 작용을 한다. 즉 성불하고자 하는 보살이 초발심에서부터 수습하여 보살 십지(十地)라는 완전하고 원만한 계위에 이르러 보게 되는 불을 '보신(報身)'이라고 한다. 『대승기신론』의 관점에서 보면 응신(應身)은 분별사식(分別事識)에 의하여 생기는 것이다. 범부와 이승(二乘)은 자기의 진여심이 변화하여 나타나는 것을 마음 밖의 현상으로 간주하기 때문에 이것은 인식에 있어서는 불완전한 것이다. 이와는 달리 보신(報身)은 보살이 선행을 수행한 결과이며 진여에 대한 절대적인 깊은 믿음에 의해서 얻어지는 것이다. 보살은 보신(報身)의 훌륭한 점을 보게 되어도 업식(業識)에서 아직 벗어나지 못하여 여전히 자기의 마음을 분별한다. 이는 보신

(報身)의 일부분만을 본 것으로서 아직 진여법신의 깨달음에 들어가지 못한 것이다. 법신은 청정한 마음[淨心]이다. 보살은 오직 십지(十地)를 끝마치고 업식(業識)에서 벗어나 불을 보겠다는 염원마저 완전히 소멸되어 볼 수 있는 형상마저 없어졌을 때 마침내 법신과 일치하여 법신을 얻게 되고 성불하는 것이다.

『대승기신론』은 진여심의 불삼신이론(佛三身理論) 기초를 다졌다. 특히 법신설은 천태와 화엄 등 여러 종파가 불신론의 근거를 세우는 데에 지대한 영향을 끼쳤다.

3. 천태, 화엄, 정토, 선종의 불신설(佛身說)

수·당시대의 불교 각 종파는 자신들의 교판설[判敎學說]로 불신의 구조와 불신의 관계 및 우열을 비교하면서 설명하였다. 그중에서 천태, 화엄, 정토, 선종 학설이 비교적 체계적이고 특색이 있다.

(1) 천태종의 불삼신상즉설(佛三身相卽說)

천태종의 지의(智顗)가 제창한 '삼신상즉(三身相卽)'의 새로운 학설은 종교철학적인 색채가 강하다. 지의(智顗)는 "일신이 삼신이며 같지도 않고 다르지도 않다."[339]고 말한다. 법신은 모든 곳에 두루 있는 여래뿐만 아니라 보신(報身)과 응신(應身)도 의미하고 보신과 응신이 곧 법신이라고 생각하였다. 이것이 천태종의 삼신은

---

339) 『묘법연화경문구(妙法蓮華經文句)』 권9c, (『大正藏』 34, p.129a), "一身卽是三身, 不一不異."

서로 같다고 보는[三身相卽] 불신관(佛身觀)이다. 이러한 불신관은 삼신(三身)은 모두 본래부터 저절로 그러한 것이지 본래의 불을 조금이라도 조작한 것이 아니라고 강조하는 '무작삼신(無作三身)설'이다.

지의(智顗)는 이러한 삼신상즉설(三身相卽說)을 '비밀장(秘密藏)'이라고 하여 일반수행자에게는 비밀이어서 전하지 않는 것이라고 말한다. "비밀이라고 한 것은 일신이 곧 삼신인 것을 '비'라고 하고, 삼신이 곧 일신인 것을 일러 '밀'이라고 한다. 또 예전에 말하지 않는 것을 '비(秘)'라 하고 오직 불 자신만 아는 것을 '밀(密)'이라고 한다."340) 이는 천태원교(天台圓敎)의 설법으로서 종횡의 두 방면으로 불신을 해설한 것일 뿐만 아니라 종적이지도 횡적이지도 않는 상즉(相卽)의 관계로 불신을 설명한 것이다. "본성적으로 공덕이 있는 세 여래를 횡이라고 한다면 공덕을 수행한 세 여래는 종이다. 먼저 법신, 다음에 보신, 그다음에 응신으로 나누는 것은 종이다. 지금 경전은 종적이지도 않고 횡적이지도 않은 세 여래를 원만하게 설명하고 있다."341)

다시 말해서 오직 진여법성의 측면에서 실상을 끝까지 추구하여 얻게 된 지혜와 보편적으로 얻게 된 명칭으로 법신과 보신과 응신으로 분별하여 말하는 것은 횡적인 설법이다. 그리고 단지 공덕을 수행하는 측면에서 법신에 의하여 보신을 얻고, 보신에 의지하여 응신을 얻는 것이 종적인 설법이다. 원교(圓敎)는 종적인 것도 아

---

340) 『묘법연화경문구(妙法蓮華經文句)』권9c, (『大正藏』 34, p.129c, "秘密者, 一身卽三身名爲秘, 三身卽一身名爲密. 又昔所不說名爲秘, 唯佛自知名爲密."

341) 『묘법연화경문구(妙法蓮花經文句)』권9c, (『大正藏』 34, p.128b), "若但性德三如來者是橫, 但修德三如來者是縱, 先法次報後應亦是縱, 今經圓說不縱不橫三如來也."

니고 횡적인 것도 아니고, 선후를 구분하는 것도 아니며, 또한 병렬되는 것도 아니고, 어느 한쪽으로 치우친 것도 아닌 원융상즉(圓融相卽)한 것이다. 천태종은 이것을 가장 원만한 설법이라고 여긴다.

천태종에서는 불교경전을 교법내용의 측면에서 낮은 것에서 높은 것으로 장(藏)·통(通)·별(別)·원(圓) 네 가지로 분류하여 '화법사교(化法四敎)'라고 한다. 따라서 사교(四敎)의 차별에 근거하여 삼장불(三藏佛)·통불(通佛)·별불(別佛)·원불(圓佛)이라는 네 종류의 불을 세우고 있다. 천태종은 사교를 신봉하는 중생들의 근기(根機)가 제각기 달라서 보게 되는 불신과 불의 형상도 다르다고 한다.

장교인(藏敎人)들이 보게 되는 불은 '열등한 응신[劣應身]'으로서 불은 키가 6척의 왜소한 몸으로 나타나 범인과 성인이 함께 사는 나라에 머무른다.

통교인(通敎人)들이 보게 되는 불은 '뛰어난 응신[勝應身]'으로서 '대열승응신(帶劣勝應身)'이라고도 하는데, 키는 비록 6척이지만 여러 가지 신통을 구비하여 자유롭게 변화하며 나타난다. 여기서 천태종에서는 응신(應身)을 다시 두 종류로 나누고 있다. 뛰어난 응신[勝應身]은 '존특신(尊特身)'이라고 하여 존엄하고 숭고하고 기묘하고 특별한 몸을 의미한다. 또 승응신(勝應身)은 보신(報身) 가운데 '타수용신(他受用身)'으로 본다. 이 종파는 보신이 수용하는 정황에 따라 '자수용보신(自受用報身)'과 '타수용보신(他受用報身)' 두 가지로 구분한다. 전자는 여래가 무량한 복덕과 지혜를 닦아서 넓고 큰 법락(法樂)을 수용한 몸을 가리키며, 후자는 여래가 평등한 지혜로써 청정한 공덕을 나타내는 몸과 불법을 널리 펼치는 몸을 의미한다.

별교인(別敎人)들은 타수용보신불(他受用報身佛)을 보고, 원교인(圓敎人)들은 청정법신불을 본다. 이는 법(法)·보(報)·응(應) 삼신상즉(三身相卽)의 불로서 그 형상이 가장 장엄하고 훌륭하다.

천태종의 지례(知禮, 960~1028)와 그 문하의 인악(仁岳)은 아미타불(阿彌陀佛)과 석가모니(釋迦牟尼)와 비로자나(毘盧遮那)불 형상의 우열 등에 대해서도 토론을 전개하여 불신설을 보다 다채롭고 생동적으로 구성하였다.342)

(2) 화엄종의 해경십불설(解境十佛說)과 행경십불설(行境十佛說)

화엄종은 총체적으로 우주를 관찰하고 사유하고, 불의 공덕·불의 경계·불신을 관찰하고 생각하는 것을 중시하였다.

지엄(智儼, 602~668)은 해경(解境)과 행경(行境)의 이종십불설(二種十佛說)을 제시하면서 이렇게 말했다. "이 세 계위(법신·보신·화신)가 만약 일승의 의미라면 지니고 있는 공덕은 모두 이종십불에서 벗어나지 않는다. 첫째, 행경십불은 불 등에 집착하지 않는 것을 말하는데 「이세간품」에서 말하는 것과 같다. 둘째, 해경십불은 제팔지(第八地)의 삼세간(三世間) 중의 불신과 중생신 등을 말한다."343) 즉 일승불교(一乘佛敎)의 궁극적인 교리에 비추어 보

---

342) 『관무량수불경소묘종초(觀無量壽佛經疏妙宗鈔)』, 『大正藏』 37, pp.221~223에 자세히 보임.

343) 『향생성불덕차별의장(向生成佛德差別義章)』, 『화엄경내장문등잡공목장(華嚴經內章門等雜孔目章)』 권3, (『大正藏』 45, pp.559c~560a), "此之三位, 若一乘義, 所有功德, 皆不離二種十佛: 一行境十佛, 謂無著佛等, 如『離世間品』說. 二解境十佛, 謂第八地三世間中佛身, 衆生身等."

면 불의 모든 공덕은 이종십불설(二種十佛說)로 설명할 수 있다는 것이다. 이것은 이종십신설(二種十身說)이라고도 한다. 그 후에 법장(法藏)과 징관(澄觀)이 계속해서 발전시켜 철학적 내용이 매우 풍부한 불신설을 형성하였다.

행경십불설(行境十佛說)의 '행경(行境)'은 수행의 경계를 가리킨다. 화엄종은 보살이 수행하여 도달하는 불과(佛果)와 성취하는 불신(佛身)을 열 가지로 설명하고 있다. 여기서 불신(佛身)은 비로자나불(毘盧遮那佛)을 가리키며 주변법계신(周遍法界身)이라고도 하고 십덕(十德) 또는 십신(十身)을 두루 갖추고 있다. 징관은 이를 '불상자유십신(佛上自有十身)'344)이라고 하였다.

구역(舊譯) 『화엄경(華嚴經)』 권42 「이세간품(離世間品)」에 의하면 십불(十佛, 十身)은 다음과 같다.

(1) 무착불(無著佛): 이미 진실한 깨달음을 완성하여 생사[미혹, 迷]와 열반[깨달음, 悟]에 집착하지 않으면서 세간에 안주한다. 정각불(正覺佛)이라고도 한다. (2) 원불(願佛): 광대한 서원력으로 생긴 것이다. (3) 업보불(業報佛): 장엄한 수행으로 얻은 과보이다. (4) 지불(持佛): 정신적 주체인 '정식(淨識)'으로써 선근(善根)을 유지하여 정각을 성취한다. (5) 열반불(涅槃佛): 열반에 상주한다. (6) 법계불(法界佛): 불신은 일체의 법계에 두루 충만해 있다. (7) 심불(心佛): 모든 것은 오직 마음에 따라 나타나며, 마음이 불이고[心是佛], 마음이 바로 불이다[心卽佛]. (8) 삼매불(三昧佛): 깊은 선정(禪定)의 상태 속에 상주한다. (9) 성불(性佛): 불변의 진리를

---

344) 『화엄경소초현담(華嚴經疏鈔玄談)』 권3, 『續藏經』 제1집·제8조·제3책, p.208, 211 에 자세히 보임.

본성으로 삼는다. (10) 여의불(如意佛): 뜻대로 자유자재한 신통력을 지니고 있어 중생이 원하는 대로 베풀어 주고 교화할 수 있다.345)

십불(十佛)의 명칭은 구역『화엄경』권37에 기재된 것과 차이가 나며, 신역『화엄경』권53, 57의 것과도 약간 다르다. 십불 중의 무착불(無著佛)은 여래의 총체적인 덕[總德]을 표시하며, 나머지 아홉 불은 여래의 개별적인 덕[別德]을 표시한다. 행경십불은 불의 공덕과 특성과 공능을 나타내며, 일불은 십신(十身)을 지니고 있고 십신은 일불에 집중되어 있다는 것을 강조한다.

해경십불설(解境十佛說)의 '해경(解境)'은 이해하고 깨달아 [解悟] 비추어 보는 경계를 가리킨다. 화엄종은 보살이 진실한 지혜로써 깨달아 법계를 비출 때 보이는 만사와 만물 모두가 불이고 불신이라고 생각한다. 이는 대략 열 가지로 구분되는데, 이를 해경십불(解境十佛) 또는 해경십신(解境十身)이라고 한다.

구역『화엄경』권26의「십지품(十地品)」에 의하면 십신(十身)은 다음과 같다. (1) 중생신(衆生身): 일체의 중생신이 불신이다. (2) 국토신(國土身): 일체의 산하, 대지, 초목, 국토가 불신이다. (3) 업보신(業報身): 중생의 과거세 업보가 불신이다. (4) 성문신(聲聞身): 성문의 과위(果位)가 불신이다. (5) 벽지불신(辟支佛身): 연각(緣覺)의 과위가 불신이다. (6) 보살신(菩薩身): 보살의 몸이 불신이다. (7) 여래신(如來身): 불과(佛果)를 완성한 불 자신을 말한다. (8) 지신(智身): 완전한 지혜를 두루 갖춘 불신이다. (9) 법신(法身): 불 자신의 정신적 주체를 말한다. (10) 허공신(虛空身): 허공

345)『大正藏』9, p.663b에 자세히 보임.

은 무형, 무상, 무명, 무애(無碍)하여 없는 곳이 없으며 이것이 바로 비로자나불(毘盧遮那佛)의 신상이다.346)

화엄종에서는 보살이 중생들 마음의 희로애락(喜怒哀樂)을 잘 알고 중생신(衆生身) 등의 십신을 자신으로 삼는다고 생각하였다. 징관(澄觀)은 십신이 삼세간(三世間)을 원융하게 회통한다고 생각하여 '융삼세간십신(融三世間十身)'으로 부르기도 하였다. 삼세간이란 중생세간(衆生世間, 有情世間), 국토세간(國土世間, 器世間), 지정각세간(智正覺世間)을 말한다. 십신 가운데 중생신과 업보신은 중생세간이 되고, 국토신은 국토세간이 되며, 다음으로 성문신에서 법신과 허공신까지는 지정각세간이 된다. 십신과 삼세간은 서로 대응하며 원융회통하여 걸림이 없다. 십신은 삼세간을 융합하여 비로자불의 깨달음 본체가 되고, 다시 십신으로써 비로자나불의 깨달음 본체가 알려지는 경지를 깨닫게 된다. 이를 해경십신(解境十身)이라고 한다.

해경십신설은 화엄종 염정(染淨)의 상융성(相融性)과 불신의 다중성(多重性)과 세간과 출세간의 융합성(融合性) 등 사상적인 특징을 구현함으로써 철학적인 사유를 풍부하게 한 이론적 의의가 있다.

(3) 정토종의 아미타불 '보신론'

아미타불은 무량수불(無量壽佛)로서 서방극락세계의 교주이며 중국정토종이 받들어 모시는 주요 대상이다. 아미타불은 어떤 신(身)인가? 보신(報身)인가 아니면 화신(化身)인가? 이것은 아미타불의

---

346) 위 책, p.565 中에 자세히 보임.

불격(佛格)과 관련된 매우 중대한 문제이다.

수(隋)나라 시대에 아미타불이 화신이라는 견해가 한차례 유행한 적이 있었다. 정토종에서는 여기에 초미의 관심을 보이며 강력히 반발하였다. 그들은 아미타불은 보신이며 화신이 아니라고 강조하였다.

수대(隋代) 불학 대사(大師)인 혜원(慧遠), 지의(智顗), 길장(吉藏) 등도 한결같이 아미타불을 응신(應身, 化身)으로 해석하고 있다. 정영사(淨影寺)의 혜원은 다음과 같이 말했다.

> 이 불은 그 수명에 따라 이름을 밝힌 것이다. 수명에는 진과 응이 있다. 진은 상주하고 성품이 허공과 같지만, 응은 수명이 정해지지 않아 길거나 짧다. 지금 이를 논하자면, 이것은 응이지 진이 아니다. 응의 수명 가운데 이 불의 수명은 길어서 범부와 이승이 그 수명의 한계를 헤아릴 수가 없으므로 무량이라 하고 수명에 한계가 있으므로 '수'라고 칭한다. 이것이 응이고 진이 아님을 어떻게 아는가? 『관세음급대세지수기경』에서 '무량수불은 비록 그 수명이 길고 멀지만 역시 끝과 다함이 있으므로, 그 불이 멸한 후에는 관음과 대세지가 그 다음으로 불이 된다. 그러므로 이것이 응임을 아는 것이다.'라고 설한 것과 같다.[347]

'응(應)'은 응신으로서 중생을 교화하고 인도하기 위하여 나타나는 불신이다. '진(眞)'이란 진신으로서 법신과 보신을 가리킨다. 혜

---

347) 『무량수경의소(無量壽經義疏)』 권上, (『大正藏』 37, p.92a), "此佛從其壽命彰名, 壽有眞應, 眞卽常住, 性同虛空, 應壽不定, 或長或短. 今此所論, 是應非眞. 於應壽中, 此佛壽長, 凡夫, 二乘不能測度知其限算, 故曰無量, 命限稱壽. 云何得知是應非眞? 如『觀世音及大勢至授記經』說, 無量壽佛雖壽長遠, 亦有終盡, 彼佛滅後, 觀音, 大勢至次第作佛, 故知是應." 또 혜원은 『관무량수경의소』 권末(『大正藏』 37, p.183c)에서 말한다. "불은 삼신을 갖추고 있는데, 하나는 진신으로서 법신과 보신이 된다. 둘은 응신으로서 팔상을 이루며 나타난다. 셋은 화신으로서 근기에 따라 나타난다.(佛具三身, 一者眞身, 爲法與報. 二者應身, 八相現成. 三者化身, 隨機現起.)"

원에 의하면 무량수불(아미타불)은 수명으로써 불의 이름을 나타낸 것이다. 수명에는 두 가지 종류가 있다. 진신의 수명은 영원하고 무량하지만, 응신의 수명은 그 길고 짧음을 정할 수 없다. 무량수불은 응신이며 진신이 아니다. 그는 응신 중에서는 수명이 길지만 한계가 있다. 그가 열반에 든 이후에는 이를 대신해서 관세음보살과 대세지보살이 차례대로 불이 된다.

정토종의 도작(道綽, 562~645)과 선도(善導)는 위의 설명에 반대한다. 도작은 『안락집(安樂集)』에서 다음과 같이 말한다.

> "지금 현재의 아미타불은 어떤 몸[身]입니까? 극락국은 어떤 땅입니까?" 하고 물었다. 답하길, "현재의 미타는 보불이며 극락보장엄국은 보토이다. 그런데 예로부터 전해 오는 말로는 아미타불은 화신이고 극락국 역시 화토라고 한다. 이는 큰 잘못이다. 그렇게 말하는 자는 예토도 화신이 거주하는 곳이고 정토도 역시 화신이 거주하는 곳이라고 한다. 이는 여래의 보신이 다시 어떤 땅에 의지하는지 살피지 않았기 때문이다. 이제 보신과 화신, 정토와 예토를 판가름하고 있는 『대승동성경』을 보자. 이 경에 의하면 '정토에서 성불한 자는 모두 보신이며, 예토에서 성불한 자는 모두 화신'이라고 한다. 경은 또 '아미타여래, 연화개부성왕여래, 용주왕여래, 보덕여래 등의 여러 여래는 청정한 사찰에서 도를 실현하여 도를 얻은 자들이니 이와 같은 일체는 모두 보신불이다.'라고 한다."[348]

이 단락은 정토(淨土)나 예토(穢土)에서 성취한 불은 같지 않다

---

348) 『안락집(安樂集)』 권上, (『大正藏』 47, p.5c), "問曰: '今現在阿彌陀佛是何身? 極樂之國是何土?' 答曰: '現在彌陀是報佛, 極樂寶莊嚴國是報土. 然古舊相傳皆云, 阿彌陀佛是化身, 土亦是化土, 此爲大失也. 若爾者, 穢土亦化身所居, 淨土亦化身所居者, 未審如來報身更依何土也. 今依『大乘同性經』辯定報化淨穢者, 經云: 淨土中成佛者悉是報身, 穢土中成佛者悉是化身. 彼經云: 阿彌陀如來, 蓮花開敷星王如來, 龍主王如來, 寶德如來等諸如來, 淸淨佛利, 現得道者, 當得道者, 如是一切, 皆是報身佛也.'"

고 강조하고, 이것을 논거로 삼아 과거의 아미타불과 그 정토를 화신이나 화토라고 하는 견해를 비평하고 있다. 즉 아미타불은 예토에서 성불한 화신불이 아니라 청정한 불토에서 성불한 보신불임을 강조한 것이다.

선도(善導, 613~681)는 『관무량수불경소(觀無量壽佛經疏)』 권1에서 말하였다. "묻는다. '미타와 청정국은 응당 보신인가 아니면 화신인가?' 대답한다. '보신이지 화신이 아니다.'"349) 여기서 말하는 '보신이지 화신이 아니다[是報非化].'는 바로 혜원(慧遠) 등이 제기한 '응이지 진이 아니다[是應非眞].'를 부정하는 것이다. 선도는 또 이렇게 말하였다.

> 또 『관경』에는 상품(上品)의 세 사람이 임종할 때는 아미타불과 화불이 함께 와서 이 사람을 맞이한다고들 한다. 그런데 보신불은 화불을 겸하고 있어서 함께 와서 손을 내민다. 그래서 '함께'라고 말하는 것이다. 이 글의 증명으로 아미타불은 보신임을 알 수 있다. 그런데 보신과 응신의 이신은 안목에 따른 다른 이름이다. 앞 사람들은 보를 응으로 번역하였고, 나중에는 응을 보로 번역하였다. '보'라고 하는 것은 원인이 되는 행이 허망하지 않아서 반드시 결과를 초래한다. 원인에 따른 과보이므로 '보'라고 하는 것이다. 또 삼아승지대겁 동안 온갖 행을 다 닦으면 반드시 보리를 얻게 된다. 지금 도를 이루면 바로 응신이 된다. 이것은 과거에 나타난 제불을 변별하여 삼신을 세운 것이다. 이 이외에 또 다른 실체는 없다. 설령 팔상과 명호가 무궁하고 무량할지라도 실체로 논하자면 이들 모두 화신에 귀속되며 지금의 미타불은 출현한 보신불인 것이다.350)

---

349) 『大正藏』 37, p.250b, "問曰: '彌陀淨國爲當是報是化也?' 答曰: '是報非化.'"

350) (『大正藏』 37, p.250b), "又『觀經』中上輩三人臨命終時, 皆言阿彌陀佛及與化佛來迎此人, 然報身兼化, 共來授手, 故名爲與. 以此文證, 故知是報. 然報應二身者, 眼目之異名, 前翻報作應, 後翻應作報. 凡言報者, 因行不虛, 定招來果, 以果應因, 故名爲報. 又三大僧祇所行萬行, 必定應得菩提. 今旣道成, 卽是應身. 斯乃過現諸佛

이것은 『관무량수경(觀無量壽經)』의 설법을 근거로 진일보하여 '보신겸화(報身兼化)'를 명확히 한 것으로서 보신인 아미타불이 화신을 겸하고 있다는 것이다. 또 보신과 화신은 하나의 실체가 이름만 다른 것이라고 말하고, 이것은 단지 번역의 과정에서 발생된 차이라고 한다. 수행의 결과로 보면 보신과 화신은 동일한 것이다. 그러나 근본에서 볼 때는 현재 서방극락세계에 있는 아미타불은 보신불이라고 한다.

선도(善導)는 아미타불이 열반에 들어가는 문제에 대해서도 회답을 하고 있다. 그는 "들어가고 들어가지 못한다는 의미는 오로지 제불의 경계이다."[351]라고 하여, 아미타불의 불경계는 영원한 것임을 강조하였다.

(4) 선종의 일체삼신자성불설(一體三身自性佛說)

선종의 혜능(慧能, 638~713)은 인간의 자성에 입각하여 이론을 세우고 또 자성으로써 불의 삼신을 해석하고 있다. 그는 일체삼신자성불(一體三身自性佛) 사상을 제시하고 말한다.

> 선지식으로 하여금 자신의 삼신불을 동시에 구비하도록 하라. 자신의 색신을 청정법신불에 귀의하고 자신의 색신을 천백억화신불에 귀의하고 자신의 색신을 미래의 원만보신불에 귀의하라. 색신은 집이므로 돌아간다고 말할 수 없다. (밖으로) 향한다는 것은 삼신이 자신의 법성 속에 있고 세간사람 모두에게 있지만 미혹하여 보지 못하고 밖에

辨立三身, 除斯已外, 更無別體, 縱使無窮八相名號塵沙, 剋體而論, 衆歸化攝, 今彼彌陀, 現是報也."
351) 『大正藏』 37, p.250c. "入不入義者, 唯是諸佛境界."

서 삼신여래를 찾고 자기 색신 속의 삼신불을 보지 못하는 것이다. ……이 삼신불은 자성에서 생긴다.

무엇을 청정법신불이라고 하는가? 선지식이여, 세간 사람들의 성품은 본래 스스로 청정하며 만법은 자성에 있다. 악한 일을 생각하면 악을 행하게 되고, 착한 일을 생각하면 선행을 베풀게 된다. 이와 같이 모든 법은 다 자성 속에 있다. ……자성 속에서 만법이 나타나고 일체의 법이 스스로 자성에 있는 것을 이름하여 청정법신이라고 한다.

무엇을 천백억화신불이라고 하는가? 생각하지 않으면 자성은 공적하지만 생각하면 곧 스스로 변화한다. 그러므로 악한 법을 생각하면 변화하여 지옥이 되고, 착한 법을 생각하면 변화하여 천당이 되며, 해와 독[害毒]은 변화하여 축생이 되고, 자비는 변화하여 보살이 되며, 지혜는 변화하여 좋은 세계가 되고, 어리석음은 변화하여 나쁜 곳이 된다. 자성은 변화가 매우 많아서 미혹한 사람은 스스로 알아보지 못한다. 한 생각이 착하면 지혜가 바로 생기므로 이를 자성화신이라고 부른다.

무엇을 원만보신이라고 하는가? 하나의 등불이 천년의 어둠을 없앨 수 있고, 하나의 지혜가 만년의 어리석음을 없앨 수 있다. 과거를 생각하지 않고 항상 미래를 생각하며 미래의 생각이 항상 착한 것을 보신이라고 한다. 한 생각이 악하면 그 과보는 천년의 선을 망하게 하고, 한 생각이 선하면 그 과보는 천년의 악을 멸한다. 무상한 이래로 나중의 생각이 선한 것을 보신이라 한다. 법신을 따라서 생각하는 것이 화신이고 생각마다 선하면 바로 보신이다.352)

위 글의 의미를 살펴보면 중생 자신이 삼신불이고, 삼신불은 중

---

352) 『단경(壇經)』[20], "令善知識兼自三身佛: 於自色身歸依淸淨法身佛, 於自色身歸依千百億化身佛, 於自色身歸依當來圓滿報身佛. 色身者是舍宅, 不可言歸. 向者三身在自法性, 世人盡有, 爲迷不見, 外覓三身如來, 不見自色身三身佛. ……此三身佛從性上生. 何名淸淨法身佛? 善知識, 世人性本自淨, 萬法在自性. 思量一切惡事, 卽行於惡, 思量一切善事, 便修於善行, 如是一切法, 盡在自性. ……於自性中, 萬法皆見, 一切法自在性, 名爲淸淨法身. ……何名千百億化身? 不思量性卽空寂, 思量卽是自化. 思量惡法化爲地獄, 思量善法化爲天堂, 毒害化爲畜生, 慈悲化爲菩薩, 知惠(智慧)化爲上界, 愚痴化爲下方, 自性變化甚多, 迷人自不知見. 一念善知惠卽生, 次名自性化身. 何名圓滿報身? 一燈能除千年暗, 一智惠能滅萬年愚, 莫思向前, 常思於後, 常後念善, 名爲報身. 一念惡報却千年善亡, 一念善報却千年惡滅, 無常已來后念善, 名爲報身. 從法身思量, 卽是化身. 念念善卽是報身."

생의 자성(自性)에서 파생된 것이다. 중생의 자성은 본래 청정한 것이어서 일체 제법을 생겨나게 할 수 있다. 이것이 법신불이다. 중생의 자성은 변화가 다양하고 끊임없이 생각한다. 선한 마음은 위로 향하고 악한 마음은 아래로 향한다. 이것이 화신불이다. 중생이 생각마다 선을 생각하면 욕망이 다 없어지고 어리석음이 제거된다. 이것이 보신불이다. 이와 같이 혜능은 삼신을 바로 중생 자신으로 통일시키고 있다. 이것은 자성과 중생이 불이라는 사상의 필연적 논리이며 인도불교 삼신설의 중대한 발전이다.

혜능 이후에 선종은 법상유식학(法相唯識學) 사상을 수용하여 팔식설(八識說)로써 불삼신관념을 설명하였다. "……삼심(三心)을 소멸하여 전환하면 삼신(三身)을 얻는다. 첫째는 근본심, 즉 제팔식을 전환하면 법신을 얻는다. 둘째는 의본심, 즉 제칠식을 전환하면 보신을 얻는다. 셋째는 기사심, 즉 전육식을 전환하면 화신을 얻는다."353) 이것은 팔식(八識)을 세 가지 종류의 마음으로 나누어 삼신과 상응시키고 나아가 삼신은 삼심을 전환하여 얻어지는 것임을 강조하고 있다.

그리고 선종에서는 불과위(佛果位)의 측면에서도 삼신의 관념을 설명하고 있다. 『불성론(佛性論)』 권2에서 불의 과위는 단덕(斷德)·지덕(智德)·은덕(恩德) 세 종류의 덕상(德相)을 두루 갖추고 있다고 말한다. 선종은 이 삼덕(三德)을 삼신과 대응시키고 있다. "첫째, 단덕은 일체의 번뇌를 끊은 것으로서 법신이다. 둘째, 지덕은 네 종류의 지혜를 종합한 것으로서 보신이다. 셋째, 은덕은 은혜와

353) 『宗鏡錄』 권89, (『大正藏』 48, 900b), "……轉滅三心得三身: 一根本心, 卽第八識轉得法身; 二依本心, 卽第七識轉得報身; 三起事心, 卽前六識轉得化身."

자비로써 불쌍한 모든 유정을 기르는 것으로서 화신이다."354)

'사지(四智)'는 법상유식종에서 내세운 불과의 사지를 말하며, 여덟 가지 식이 전환하여 이루어진 네 가지 지혜를 가리킨다. 대원경지(大圓鏡智), 평등성지(平等性智), 묘관찰지(妙觀察智), 성소작지(成所作智)가 그것이다.

이 글에 따르면 모든 번뇌와 혹업을 소멸한 것이 법신이며, 대원각지를 비롯한 네 가지 지혜를 고루 갖춘 것이 보신이며, 중생을 제도하려는 원력(願力)으로 중생에게 은덕을 베푸는 것이 화신이다. 선종은 중생의 팔식삼심(八識三心)과 불과의 사지삼덕(四智三德)으로써 삼신을 설명하였다. 이는 오로지 식이 변하는 것[唯識所變]과 식을 전환하여 지혜를 이룬다[轉識成智]는 사상을 드러낸 것이며 법상유식학이 나중에 선종에 끼친 영향을 여실히 반영하고 있다.

---

354) 『종경록(宗鏡錄)』 권89, (『大正藏』 48, p.900b), "一斷德, 斷一切煩惱, 卽法身; 二智德, 總四智爲報身; 三恩德, 恩憐悲育一切有情爲化身."

제8장 중국불교 정토관념의
분류와 전환

제1절 인도불교의 정토설 약술

정토(淨土)의 '정(淨)'은 청정(清淨)하고 정결(淨潔)하다는 뜻이다. 정토는 정화(淨化)된 국토와 정화된 중생을 말한다. 이는 더러움과 지옥·아귀·축생의 악도 세계에서 멀리 벗어나 불보살과 불제자들이 거주하는 곳이며 중생들이 바라고 추구하는 이상의 세계이다.

정토와 불토(佛土, 佛國, 佛界, 佛刹)는 상호 연계되면서도 동시에 구별되는 개념이다. 먼저 불토는 두 가지 의미를 지니고 있다. 하나는 불이 거주하는 곳이라는 뜻이고, 다른 하나는 불이 교화한 국토로서 범부가 거주하는 세계인 예토(穢土)를 말한다. 오직 전자 의미의 불토가 정토이다. 다음으로 정토는 결코 불토가 아니다. 예컨대, 불전(佛典)에서 말하는 미륵보살의 도솔천, 관음보살의 보타락산(補陀洛山, 중국에는 보타락산으로 명명된 普陀山이 있다) 등은 모두 정토이지만 불토는 아니다.

정토사상은 열반학설이 발전한 필연적인 결과이다. 열반은 불교가 제시한 인생의 이상으로서 생명에 대한 그릇된 집착으로부터 해탈하는 데 중점을 두고 있다. 정토는 바로 중생이 해탈한 이후의 거처이며 내생에서 행복과 안락을 향유하게 될 하나의 이상적인 공간이다.

정토사상은 대승불교 불신설(佛身說)의 변천과 다불관념(多佛觀念), 보살신앙과 서로 직접적인 관계가 있다. 이로 말미암아 종파마다 각자의 정토와 불토사상을 앞을 다투어 제시하게 되었다. 그 중 중요한 것으로는 극락정토(極樂淨土), 미륵정토(彌勒淨土), 정유리정토(淨琉璃淨土), 화장세계(華藏世界)와 삼종불토(三種佛土) 등 학설이 있다.

(1) 극락정토

대승불교에 의하면 서방에는 무수한 정토가 있다. 극락정토는 그 중 가장 중요한 하나로 서방정토라고도 한다. 이곳은 아미타불에 의해 교화(敎化)된 국토로서 설(說)에 의하면, 서방정토는 본래 과거세의 법장비구가 서원을 세워 건립한 곳으로서 우리가 있는 세계로부터 서쪽에 있으며 중간에 십만억 개의 불국토가 있기 때문에 그렇게 부른다고 한다.

'극락'은 안락, 안양, 쾌락의 뜻이다. 극락정토는 안락이 충만하고 상서롭고 화평하고 청정한 세계이다. 『아미타경(阿彌陀經)』과 『무량수경(無量壽經)』에 의하면 극락세계의 자연환경은 탁월하고 예사롭지 않고 인간에게 적합하다. 이 세계는 일곱 겹으로 된 난간과 칠보(七寶)로 된 가로수와 일곱 겹의 그물이 사방을 둘러싸고 있어 견고하기가 이를 데 없다. 눈부실 정도로 휘황찬란한 금, 은, 유리, 수정 네 가지 보석이 도처에 깔려 있으며, 이 네 가지 보배에 산호(珊瑚), 마노(瑪瑙), 호박(琥珀)을 더한 칠보로 장식한 칠보연못이 있다. 연못에는 청정하고 감미로운 공덕수(功德水)가 가득하고, 그 속의 연꽃은 청, 황, 적, 백 등 형형색색의 화려한 빛을 내뿜고 있다. 전당(殿堂), 누각(樓閣), 정사(精舍) 역시 칠보로 짓고 단장하여 장엄하고 화려하며 진귀하다. 하늘에는 아미타불이 화현(化現)으로 만든 온갖 새가 평화롭고 맑은 소리로 지저귀며 불법을 널리 선양하는 소리를 내고 있다. 지상에도 수목이 바람을 타고 산들거리며 미묘한 음성을 낸다. 사람들이 이 소리를 들으면 불(佛), 법(法), 승(僧) 삼보를 바라는 마음이 저절로 생긴다. 극락세계에 왕생한 불제자는 이러한 쾌락을 향유하며, 외형상으로는 부처와 흡사하여 훌륭하게 보이며 신통력도 지니고 있다. 내면적으로도 상쾌하고 즐거우며 법문을 듣고 바로 깨달음을 얻는다. 이러한 극락정토에 대한 신앙은 북전(北傳) 불교에 깊은 영향을 미쳤고 극락세계는 중국을 위시한 일본 등의 민간신앙이 보편적으로 지향하는 목표가 되었다.

(2) 미륵정토

『미륵상생경』과 『미륵하생경』은 미륵신앙을 상세히 설명하면서 미륵보살이 거처하는 곳을 미륵정토라고 한다.

경에 의하면 미륵은 바라문 가정에서 출생하여 나중에 석가모니에게 귀의하였으나 석존보다 먼저 세상을 떠나 보살의 몸으로서 천인(天人)들을 위하여 설법하면서 도솔천에 살고 있다. 미륵보살은 석존(釋尊)의 부탁을 받들어 그의 수명 사천 세(인간의 시간으로 대략 오십칠억 육천만 년)를 다하면 인간세상에 내려와 용화수(龍華樹) 아래서 성불한 뒤, 석가모니를 대신하여 설법을 한다. 도솔천이 바로 미륵정토이고 욕계육천(欲界六天)355) 가운데 제4천이다. 도솔(兜率)이라는 말은 범어 뚜시따(Tuṣita)의 음역으로서 만족(滿足), 미묘한 만족[妙足]이라는 뜻이다. 도솔천에는 안팎으로 두개의 원(院)이 있다. 외원(外院)은 욕계천에 속하고 하늘의 중생들이 거주하는 곳이다. 도솔 내원(內院)은 장차 성불할 보살들이 사는 곳으로서 과거 석가모니가 보살이었을 때에도 이곳에서 살다 인간세상으로 내려가 성불하였다. 지금은 미륵보살이 이곳에 머무르며 불법을 설파하고 있다. 미륵보살의 성불관념이 유행함에 따라 인도 고대의 도솔신앙 역시 날이 갈수록 성행하였다.

(3) 청정한 유리정토

서방극락세계와 대응하여 동방유리세계 또한 마찬가지로 장엄하고 미묘하여 불교도들이 가고 싶어 하는 이상국토이다.

『약사여래본원공덕경(藥師如來本願功德經)』에 따르면, 청정한 유리정토는 약사불이 거주하며 교화(敎化)하는 국토이다. 이곳의 땅은 모두 유리로 깔려 있으며, 성곽과 망루(望樓), 기둥, 건물들의 주위에는 모두 금, 은 등 칠보가 그물처럼 빼곡하게 둘러싸고 있다.

---

355) 욕계육천(欲界六天)이란 사대천왕(四大天王), 도리천(忉利天), 염마천(焰摩天), 도솔천(兜率天), 화자재천(化自在天), 타자재천(他自在天)을 말한다.

약사의 몸도 유리와 마찬가지로 안과 밖이 맑고 투명하여 광명이 광대하다. 이 나라에서는 여인의 형상을 찾아볼 수 없고, 탐욕과 악도(惡道)가 없어 청정하며 더러움이 없다.

경(經)을 보면 약사불은 과거세에 보살도를 행할 때 십이대원(十二大願)을 세웠다. 그것은 중생의 질병과 고통을 제거하고 중생을 제도하여 해탈을 이루게 하겠다는 염원으로서 이 염원의 원력으로 성불하여 유리세계에 살게 되었다고 한다.

또 경은 약사불의 서원은 불가사의한 것으로 만약 어떤 중생이 중병에 걸려 사망하게 되었을 때, 그의 가족이 밤낮으로 약사불께 마음을 다하여 공양하고 예배하며 『약사여래본원공덕경(藥師如來本願功德經)』을 49번 독송하고 49개 등을 밝히고 49천(天) 오색 깃발을 공양하면 병자가 기사회생할 수 있다고 한다. 또한 중생이 일상생활을 하면서 『약사여래본원공덕경(藥師如來本願功德經)』을 늘 암송하고 끊임없이 약사불을 명호하며 선행을 널리 행한다면 사후에 청정한 유리정토에 갈 수 있다고 한다.

(4) 화장세계(華藏世界)

『화엄경(華嚴經)』에 의하면 비로자나불(毘盧遮那佛)이 보살행을 할 때에 성취한 정토가 화장(華藏)세계인데, 명확한 이름은 '연화장세계(蓮華藏世界)'이고 약칭하여 '화장(華藏)'이라고 한다. 이것은 연꽃 속에서 생겨나거나 연꽃 속에 간직된 세계, 연꽃으로 상징이 되는 세계이기 때문에 이렇게 부른다.

기록에 의하면 화엄세계는 무수한 풍륜(風輪)으로 받쳐져 있다고 한다. 제일 위의 풍륜은 향수해(香水海)를 지탱하고 있고, 바다 속에는 큰 연꽃이 피어 있고, 그 연꽃 속에 화장세계가 들어 있다고 한다. 화장세계의 사방은 금강륜산(金剛輪山)이 둘러싸고 있고 대지는 금강(金剛)으로 만들어져 견고하고 깨끗하며 평탄하다. 대지 중에는 무수한 향수해가 있고 그 각각의 향수해 속에는 다시 무수한 세계가 있다. 화장세계의 중앙에 있는 향수해에는 또 큰 연꽃이 있고 그 연꽃 위에는 또 무수한 세계가 있으며 불(佛)은 그곳에 거처하고 중생도 역시 그 속에 거주한다는 것이다.

『화엄경(華嚴經)』에서는 모든 화엄의 세계는 장엄하고 미묘하고 광명이 찬란하며 또한 그곳에 거주하는 사람들은 모두 불성을 지니고 있기 때문에 부지런히 수행에 힘써 본성[佛性]이 드러나기만 하면 성불한다고 한다.

(5) 삼종불토(三種佛土)

앞서 서술한 바와 같이 유식학에서는 불에는 자성신(自性身)·수용신(受用身)·변화신(變化身)의 삼신이 있고, 이에 상응하여 불신도 각자의 거처가 있다고 주장한다.

법성토(法性土)·수용토(受用土)·변화토(變化土) 등 삼종불토(三種佛土)가 그것이다. 법성토는 법신이 거주하는 진여법성토(眞如法性土)이다. '법성(法性)'은 이(理) 또는 진리(眞理), 즉 진여의 이치[眞如理]를 불토로 삼는 것으로서 진여의 이치 또는 이(理)는 불토를 말한다. 자성신은 진여자성(眞如自性)을 몸으로 삼고 법성토는 진여의 이치를 국토로 삼는다. 실제적으로 법성토와 자성신의 체성에는 털끝만큼도 차별이 없다. 모두 비물질적이고 비실체적이며 또한 거처하는 곳도 없고 형체도 없으면서도 동시에 일체에 두루 존재하여 존재하지 않는 곳이 없다. 자성신과 법성토를 구별하자면 자성신은 불이 증득할 수 있는 깨달음을 가리키는 것이고 법성토는 증득한 내용을 가리키는 것이다. 양자를 보는 각도가 다를 뿐 불의 깨달음과 그 깨달음의 내용은 분리될 수 있는 것이 아니므로 결코 자성신을 떠나서 별도의 법성토가 있는 것이 아니다.

수용토는 수용신이 거주하는 땅으로 불 또는 보살이 법락(法樂)을 받는 정토이며 보토(報土) 또는 보지(報地)라고 한다. 불의 변화신이 거처하는 땅은 변화토(變化土)이며 약칭하여 화토(化土)라고 한다. 이것은 불이 대자비(大慈悲)의 힘으로 여러 보살(菩薩)·성문(聲聞)·연각(緣覺)과 육도 중생의 근기에 따라 크거나 작거나 또는 깨끗하거나 더러운 각종 불토를 변화시키는 것이다.

인도불교의 정토설(淨土說)은 제불과 보살이 존재하는 장엄하고 미묘하고 청정한 세계를 묘사하고 있다. 이는 중생들이 살고 있는 현실세계와 선명한 대비를 이루며 엄청난 차이를 보이고 있어 현실을 초월한 이상세계에 대한 하나의 전형을 이루고 있다.

인류의 본성에 입각하여 볼 때 인간은 언제나 행복을 기원하며 영생을 갈망한다. 초기의 열반설이 주창하는 육신과 지혜가 완전히 소멸된 적멸의 경지와는 달리, 정토설은 인간을 위한 미래의 행복한 전경을 그려 내어 생명에 희망의 불을 붙인 것이다. 정토세계는 사람들이 내심 간절히 바라고 추구하는 하나의 목표가 됨으로써 민간을 위한 불교신앙의 기본내용이 되었다.

제2절 미륵정토 신앙의 흥망성쇠

　위에서 언급한 바와 같이 정토관념과 불신관념은 밀접한 관계를 가지고 있다. 중국불교학자의 정토관념은 불신관념이 부단히 발전함에 따라 발전하였다.

　가장 먼저 성행한 것이 미륵신앙이다. 훗날 미타신앙(彌陀信仰)과 미륵신앙 사이에 논쟁이 발생하였고, 미타신앙이 미륵신앙을 대신하게 되면서 미타신앙이 차츰 주류가 되었다. 또한 천태종, 선종 등의 종파와 미타신앙이 결합하여 대략 당 중엽 이후로는 유심정토관념(唯心淨土觀念)이 날로 유행하기 시작하였다. 이후 이는 중국불교의 정토사상을 주도하는 개념이 되고, 근대에 이르러 이것은 다시 인간정토사상으로 나타나게 된다.

　중국불교의 미륵정토신앙은 진대(晉代)에 불전(佛典)이 전해져 번역되면서 시작된다. 남북조시대에 미륵신앙이 상류사회와 민간에 널리 전파되기 시작하면서 미륵보살은 아미타불보다 먼저 신봉의 대상이 되었다. 미륵정토사상이 이처럼 광범위하게 전파된 원인의 하나는 미륵의 신분과 그 경지가 만들어 낸 막강한 흡인력 때문이다. 즉 미륵은 두 개의 신분을 지니고 있다. 하나는 지금도 여전히 도솔천궁에서 설법을 하는 미륵보살이고, 다른 하나는 장래에 인간 세상에 내려와 태어날 미륵불이다. 이 두 개의 신분에 상응하는 두 종류의 이상 경지가 있다. 위로는 도솔천 천상의 뛰어난 경계에 올라가 태어나는 것이고, 아래로는 성불한 인간의 뛰어난 경계로 내려가 태어나는 것이다.

앞서 설명한 미륵보살이 거주하는 미묘하고 성스럽고 장엄한 도솔천은 초기의 중국불교학자가 추구했던 이상경지이다.

기록에 의하면 가장 먼저 미륵상생신앙(彌勒上生信仰)을 제창한 전형적인 인물은 동진시대의 명승 도안(道安, 312~385)이었고, 담계(曇戒)를 위시한 최소 여덟 명의 제자가 그의 지도 아래 미륵도솔정토(彌勒兜率淨土)에 관한 이론을 전수받았다. 이후 북방지역과 강남 일대에서도 적지 않은 추종자가 계속하여 나왔다. 수·당 시대에 이르러서는 천태종의 지의(智顗), 관정(灌頂), 법상유식종(法相唯識宗)의 현장(玄奘), 규기(窺基) 등 저명한 불교학자들에 의해 여전히 사후 미륵도솔정토상생신앙이 신봉되었다.

『불설미륵대성불경(佛說彌勒大成佛經)』은 미륵이 하생하는 인간정토를 다음과 같이 묘사하고 있다.

> 그 땅이 평탄하고 깨끗하기는 유리 거울과 같다. ……금으로 된 잎과 꽃, 칠보로 된 잎과 꽃, 백은으로 된 잎과 꽃들이 피며, 꽃들은 모름지기 연하고 부드러워 그 모습이 마치 하늘 비단과 같다. 길상과가 열리며 향기와 맛을 함께 갖추고 있고 부드럽기는 하늘의 솜과 같다. 숲속의 나무에는 꽃이 피고 온갖 과일이 미묘하게 열리고 무성하기 짝이 없다. ……도시 하나하나가 이어지고 대단히 번영하고 풍요롭다. ……지혜와 위덕과 오욕을 두루 갖추어 즐겁고 편안하다. 또 추위와 더위와 열, 바람, 불 등 병이 없고, 아홉 가지 번뇌와 고통이 없으며, 수명은 팔만 사천 세에 이르고 중간에 요절하는 경우가 없다. 사람의 키는 모두가 십육 장이나 되고, 매일매일 지극히 미묘한 안락을 누리고, 깊은 선정 속을 노니는 것을 즐거움의 도구로 삼는다.356)

---

356) 『大正藏』 14, p.429a, "其地平淨如琉璃鏡. ……大金葉華, 七寶葉華, 白銀葉華, 華須柔軟, 將如天繒. 生吉祥果, 香味具足, 軟如天綿. 叢林樹華, 干果美妙, 極大茂盛. ……城邑次比, 鷄飛相及. ……智慧威德, 五慾衆具, 快樂安隱(穩), 亦無寒熱風火等病, 無九惱苦, 壽命具足八萬四千歲, 無有中夭. 人身悉長一十六丈, 日日常受極妙

미래에 미륵이 내려와 사는 인간세계는 대지가 평정하며 꽃과 열매가 향기를 드날리고 사람들은 모두가 건강하고 장수하며 즐겁고 편안하게 산다. 또한 물과 불, 전쟁, 기근 등으로 야기되는 각종의 천재(天災)와 인재(人災)가 없다. 이 경(經)에 따르면 미륵불이 도솔천에서 내려와 인간세상에 하생할 때, 대지는 광명으로 빛나고 방방곡곡에는 오곡이 풍성하게 무르익고 백성들은 건강하고 안락하고 행복하다. 미륵은 장차 화엄수(華嚴樹) 아래에서 세 차례 설법을 하여 수많은 백성들이 해탈을 얻게 한다. 미륵하생신앙은 사람들에게 이와 같이 복음을 가져다주어서 불교계뿐만 아니라 통치자와 하류계층의 민중들에게도 강력한 반향을 불러일으켰다.

예를 들면 측천무후는 이러한 신앙을 이용하여 자신이 마치 미륵의 화신인 것처럼 꾸며서 당나라를 주(周)나라로 바꿀 때 '자씨월고금륜성신황제(慈氏越古金輪聖神皇帝)'로 자처하였다. 여기서 '자씨(慈氏)'는 미륵이다. 하류계층의 민중은 미륵하생신앙을 이용하여 통치계층을 상대로 반항하기도 하였다. 그들은 '미륵하생(彌勒下生)'의 기치를 내걸고 수·당 왕조에 반기를 들기도 하였다. 미륵신앙은 이러한 특별한 매력으로 당시 한때를 풍미하였다. 이렇게 미륵신앙이 발전하자 최고 통치자들은 미륵신앙이 자신의 통치에 부정적 영향을 끼치지나 않을까 민감하게 반응하면서 높은 경각심과 관심을 기울였다. 급기야 당 현종은 『금단요와칙(禁斷妖訛敕)』을 발령하여 '미륵하생신앙에 가탁한다[假托彌勒下生].'는 명분으로 왕조의 통치활동에 불리한 각종 일에 종사하는 것을 금지시켰다. 이 조치는 미륵하생(彌勒下生)신앙에 큰 타격을 주었다.

安樂, 游深禪定以爲樂器."

이 밖에 미륵신앙은 불교 내부에서도 미타신앙사상과 끊임없이 충돌하는 등 안팎으로 이중의 압력에 시달리면서 차츰 쇠락하게 되었다.

제3절 미타정토(彌陀淨土)사상의 다른 견해

미타신앙 관련 경전이 번역되어 나옴에 따라 미타정토학설이 중국에서 점차 유행되기 시작하였고, 동시에 해석과 설명에 있어서도 여러 가지 다른 관점이 출현하였다.

역사 기록에 의하면 동진(東晋)시대의 혜원(慧遠)은 그의 스승 석도안(釋道安)과는 달리 아미타불을 신봉하는 쪽으로 전향하고 그의 제자와 뜻을 같이하는 자들을 인솔하여 서방극락세계에 왕생할 것을 발원하기도 하였다. 그러나 같은 시대의 승조(僧肇), 축도생(竺道生) 등은 구마라집(鳩摩羅什)이 전수한 반야학설 등으로부터 깊은 영향을 받아 멀리 있는 서방의 극락세계에 특별한 관심을 보이지 않았다.

승조는 "여래가 수행한 정토는 방향이 없는 것을 근본으로 삼기 때문에 여러 가지 수행을 하는 중생들이 다른 견해를 동일하게 보게 한다. 견해가 다른 것이 깨끗함과 더러움이 생겨나는 까닭이 되며 방향이 없는 것이 진리의 땅이 형성되는 까닭이 된다. 그 깨끗함과 더러움을 취하는 것이 중생의 응보가 되고 그 방향이 없음을 근본으로 하는 것이 불토의 진리이다. 어찌하여 어떤 특별한 지역과 다른 장소를 범인과 성인의 두 가지 땅으로 분별하고 그 깨끗함과 더러움을 구별하여 말할 수 있겠는가?"357)라고 하였다.

여기서 '방향이 없다[無方]'는 것은 방향과 장소를 정할 수 없다는 의미이다. '여러 가지 행[雜行]'은 삼학(三學)·육도(六度) 등 선행을 말한다. '견해가 다르다는 것'은 번뇌로 인하여 생겨나는 다른 견해를 말한다. 이에 대하여 승조는 불의 정토는 방향과 장소를 확정할 수 없으며 중생에게는 각자 닦고 익힌 결과가 다르기 때문에 깨끗함과 더러움의 구별이 있다고 한다. 또한 그는 이 깨끗함과 더러움은 중생의 응보가 다른 것으로서 마음이 같지 않은 탓이지 결코 진정한 정토와 예토 두 가지 국토가 있거나 범인과 성인의 대립과 구별이 있는 것이 아니라고 한다.

승조는 또 이렇게 말한다. "행이 청정하면 중생이 청정하고, 중생이 청정하면 불토가 청정하다."358) "정토는 대개 마음의 영향일 따름이다."359) 이러한 설명은 모두 중생을 떠난 수행을 통해서 별도의 불국정토를 구하는 것에 찬성하지 않는다는 것이다.

축도생은 『불무정토론(佛無淨土論)』을 지어 보다 명확하게 불의 정토가 없다고 선포하였다. 그가 이러한 견해를 피력한 이유는 앞서 말한 바와 같이 축도생은 법신(法身)은 색이 없다고 여겼고 법신이 색도 없고 형체도 없는 것이라면 자연히 국토도 없다고 생각

---

357)『불국품제일(佛國品第一)』, 『주유마힐경(注維摩詰經)』 권1, (『大正藏』 38, p.334b), "夫如來所修淨土, 以無方爲體, 故令雜行衆生同視異見. 異見, 故淨穢所以生; 無方, 故眞土所以形. 若夫取其淨穢, 衆生之報也; 本其無方, 佛土之眞也. 豈曰殊域異處, 凡聖二土, 然後辨其淨穢哉?"

358)『불국품제일(佛國品第一)』, 『주유마힐경(注維摩詰經)』 권1, (『大正藏』 38, p.335b), "夫行淨則衆生淨, 衆生淨則佛土淨."

359)『불국품제일(佛國品第一)』, 『주유마힐경(注維摩詰經)』 권1, (『大正藏』 38, p.337b, "淨土蓋是心之影響耳."

했기 때문이다. "더러움이 없는 청정함은 국토가 없다는 것을 의미하고 국토에 대해서 없다고 말하므로 정토라고 하는 것이다. 국토가 없는 청정함이야말로 어찌 법신이 의지할 바가 아니겠는가?"360) 말하자면 청정함은 국토가 없는 것[無土]으로서 정토(淨土)와는 상관이 없다. 국토라고 말하기 위해 잠시 정토라고 부른 것이다. 사실 법신은 결코 정토에 의탁하지 않는다. 축도생은 불경이 정토에 대하여 언급하는 것은 순전히 중생을 교화하기 위한 것이라고 생각하였다. "정토는 훼손되지 않으므로 인간들이 그 아름다움을 좋아하게 되고 또 좋은 것을 바라게 된다. 만약 사람들이 정토가 훼손되지 않는다는 것을 듣게 되면 바라고 흠모하는 뜻이 깊어질 것이요, 그렇게 하여 현묘함에 통한다면 그 이로움도 많을 것이다."361) 이 글은 정토설이 단지 중생을 교화하기 위한 하나의 방편설법이지 결코 진정한 불의 진리가 아니라는 것이다.

수대의 혜원(慧遠), 지의(智顗), 길장(吉藏)도 불신관(佛身觀)의 기초 위에 불토에 대한 자신들의 구체적인 견해를 다양하게 제시하였다.

혜원은 『대승의장(大乘義章)』 권19 「정토의(淨土義)」에서 정토 속에 불이 거주하고 중생도 거주한다고 말하고, 정토를 사정토(事淨土)·상정토(相淨土)·진정토(眞淨土) 세 가지 종류로 나누었다. 사정토는 범부가 거주하는 곳이고 상정토는 성문·연각·보살이

---

360) 『묘법연화경소(妙法蓮華經疏)』, 『續藏經』 제1집·제2편乙·제23조·제4책, p.410, "無穢之淨, 乃是無土之義. 寄土言無, 故言淨土. 無土之淨, 豈非法身之所托哉?"

361) 『묘법연화경소(妙法蓮華經疏)』, 『續藏經』 제1집·제2편乙·제23조·제4책, p.410, "淨土不毀且令(원래는 '令'으로 되어 있으나 수정하였음) 人情欣美尚好. 若聞淨土不毀, 則生企慕意深. 借事通玄, 所益多矣."

거주하며 진정토에는 초지(初地) 이상의 보살과 여러 불이 거주한다. 혜원은 또 진정토를 진토(眞土)와 응토(應土) 두 종류로 나누고 진토를 다시 법성토(法性土)와 실보토(實報土) 두 종류로 나누었으며 응토는 원응토(圓應土)라고 하였다. 그는 법성토와 실보토와 원응토가 불의 법(法)·보(報)·응(應) 삼신에 대응된다고 생각하였다. 혜원은 아미타불이 결코 수명이 무량하지 않은 응신불(應身佛)이라고 생각하였다. 아미타불의 정토는 한편으로는 범부의 번뇌 가운데서 생겨나는 보리심(菩提心)이고 수행을 쌓아 감득하는 세계로서 사정토이고, 다른 한편으로는 불이 대비원력(大悲願力)을 쌓고 수행하여 얻게 되는 세계로서 진정토라고 생각하였다.362)

천태종의 창시자인 지의(智顗)는 한 걸음 더 나아가 사정토설(四淨土說)을 제시하였다.

첫째는 법신토(法身土)로서 상적광토(常寂光土) 또는 적광토(寂光土)라고도 하며 성불한 자들이 거주하는 국토이다.

둘째는 보신토(報身土)로서 실보무애토(實報無碍土) 또는 실보토(實報土)라고 하며 초지(初地) 이상의 보살이 살아가는 국토이다.

셋째는 유여방편토(有餘方便土)로서 응신토(應身土)의 일종이며 성문·연각과 보살방편도에 속하는 자들이 거주한다.

넷째는 범성동거토(凡聖同居土)로서 이 역시 응신토의 일종이며 예토와 정토 두 종류로 나누어진다. 예토는 사바세계이고 정토는 극락세계이다. 둘 다 범부와 성문·연각·보살 삼승의 성자가 함께 거주하는 국토이다.363) 지의와 혜원의 관점은 서로 일치하고 있

362) 『大正藏』 44, pp.834a～837c에 상세히 보임.
363) 『유마경약소(維摩經略疏)』 권1, 『大正藏』 38, p.564b에 상세히 보임.

다. 아미타불은 법(法)·보(報)·응(應) 삼신 가운데 응신이며, 아미타불의 정토는 범부와 성인이 함께 거주하는 국토라고 생각한다.

삼론종(三論宗)의 창시자인 길장(吉藏, 549~623)도 혜원과 지의의 정토사상과 동일하다. 아미타불의 정토는 수행 후 얻게 되는 보토(報土)일 뿐만 아니라 중생을 위하여 중생에 따라 나타나는 응토(應土)이며 범인과 성인이 함께 거주하는 정토(淨土)라고 생각하였다.364)

북위(北魏)의 담난(曇鸞, 476~542)에서부터 수나라의 도작(道綽)을 거쳐 당 나라의 선도(善導)에 이르기까지 정토사상은 한결같이 아미타불을 법(法)·보(報)·응(應) 삼신(三身) 중 보신(報身)으로 간주하였으며 정토를 세속세계를 초월한 보토(報土)로 보았다.

도작과 선도는 아미타불의 정토가 응토(應土, 化土)라는 견해에 강력하게 반대하였을 뿐 아니라 심지어 미타정토가 미륵정토에 비해 우월하다는 주장까지도 하였다. 이 모두가 정토종(淨土宗) 철학사상의 중요한 내용을 구성하고 있다. 아미타불정토에 관하여 도작은 이렇게 말한다. "지금의 이 무량수국은 보답으로 얻은 정토이다. 불의 원력으로 아래위가 서로 통하고 범부가 선을 행하면 왕생하게 된다. ……묻는다. '미타정국은 이미 상하가 갖추어져 범부와 성인을 묻지 않고 모두가 통하고 왕생하는 곳이다. 오로지 상(相)이 없는 수행을 하여야 왕생할 수 있다는 것을 모른다. 상을 지닌 범부도 정토에 왕생할 수 있는가?' 답한다. '범부의 지혜는 얕아서 (아미타불에게) 많이 의지하고 상을 구하면 반드시 왕생하게 된다.

---

364)『관무량수경의소·명정토(觀無量壽經義疏·明淨土)』제5, 『大正藏』37, p.235에 상세히 보임.

그러나 상을 가지고 수행하는 선의 힘은 미약하여 상이 있는 국토에 태어날 뿐이며 오직 보화불만 보게 된다.'"365) 여기서 말하는 '상하(上下)'는 성인과 범부를 가리킨다. 도작은 아미타불의 정토는 보토(報土)이며 아미타불의 원력은 강대하여 성인과 범부 모두 왕생할 수 있지만, 특히 범부가 보토에 왕생하는 것은 불의 원력을 떠나서는 불가능하다고 보았다. 범부의 지혜는 깊이가 얕아서 상이 있는 정토를 구하고 거기에 왕생할 수 있게 된다는 것이다.

선도는 도작의 사상을 계승하여 『관무량수불경소(觀無量壽佛經疏)』에서, "묻는다. '그 불과 정토는 이미 보신이며 보토라고 하고, 과보의 법은 높고 미묘하여 소인과 성인에게 모두 어려운 단계이다. 번뇌의 때가 끼어 장애가 있는 범부는 어떻게 들어갈 수 있는가?' 답한다. '만약 중생의 번뇌와 장애로 말하자면 사실 쉽게 나아가기 어렵지만 불의 원력에 의탁하여 강한 인연을 지음으로써 오승이 모두 들어가게 할 수 있다.'"366)고 하였다.

'오승(五乘)'이란 인(人)·천(天)·성문(聲聞)·연각(緣覺)·보살(菩薩)을 말한다. 이것은 아미타불의 보토는 왕생하기가 매우 어려우므로 범부가 그곳에 들어가는 것은 강력한 외연(外緣)인 불의 원력에 완전히 의탁해야 한다는 말이다. 선도는 서방의 극락세계는 범부의 최종 귀착점이며, 이것이 범부의 수행에 있어서 가장 중요

---

365) 『안락집(安樂集)』 권上, 『大正藏』 47, p.6bc, "今此無量壽國是其報淨土, 由佛願故, 乃該通上下, 致令凡夫之善幷得往生. ……問曰: '彌陀淨國旣云位該上下, 無問凡聖, 皆通往者, 未知唯修無相得生, 爲當凡夫有相亦得生也?' 答曰: '凡夫智淺, 多依相求, 決得往生. 然以相善力微, 但生相土, 唯睹報化佛也.'"

366) 『관무량수불경소·현의분(觀無量壽佛經疏·玄義分)』(『大正藏』 37, p.251a), "問曰: '彼佛及土旣言報者, 報法高妙, 小聖難階, 垢障凡夫云何得入?' 答曰: '若論衆生垢障, 實難欣趣, 正由托佛願以作强緣, 致使五乘齊入.'"

한 것이라고 생각하였다. 그는 말한다.

> 어떤 행자가 이 법문의 뜻을 유식법신지관이나 자성청정불성관으로
> 해석하는 것은 매우 잘못된 것으로서 절대로 비슷한 점이 없다. 임시
> 로 삼십이상을 상상으로 세워 말한 것인데 진여법계신이 어찌 상과
> 인연을 맺을 수 있겠으며 몸을 취할 수 있겠는가! 법신은 색이 없어
> 눈으로 절대 볼 수 없고 더욱이 방향으로 분류할 수도 없는 것이어
> 서 법신의 본체를 허공에 비유하는 것이다. 또한 지금 이 유식법신지
> 관이나 자성청정불성관에 대한 법문은 오직 방향을 가리켜 상을 세
> 우고 마음을 머무르게 하고 경계를 취하게 하는데, 이는 모두 상이
> 없고 생각을 떠난 것을 명확하게 하지 못하고 있다. 여래가 말법시대
> 오탁악세의 죄 많은 범부를 염려하여 상을 세우고 마음을 머무르게
> 하여도 오히려 얻지 못하는데, 하물며 상을 떠나 그 일을 구할 수 있
> 겠는가! 그것은 마치 신통한 방술도 없이 공중에 세운 집에 사람이
> 사는 것과 같다.367)

'방향[方]'은 방위를 말하는데, 여기서는 서방을 가리킨다. 이 글
은 『관무량수불경(觀無量壽佛經)』 제팔상상관(第八想象觀) 중에
서 "마음이 부처를 만들고, 마음이 불이다."368)라는 의미를 해석한
것이다.

위 글에서 선도는 '유식법신지관(唯識法身之觀)'(유심론) 또는
'자성청정불성관(自性淸淨佛性觀)'(관념론)을 활용하여 아미타불과
정토를 해석하는 것은 매우 잘못된 것이라고 비평한다. 그는 법신

---

367) 『관무량수불경소·정종분정선의(觀無量壽佛經疏·正宗分定善義)』(『大正藏』 37, p.267b),
"或有行者, 將此一門之義作唯識法身之觀, 或作自性淸淨佛性觀者, 其意甚錯, 絕
無少分相似也. 旣言想象假立三十二相者, 眞如法界身豈有相而可緣, 有身而可取
也! 然法身無色, 絕於眼對, 更無類可方, 故取虛空以喩法身之體也. 又今此觀門等,
唯指方立相, 住心而取境, 總不明無相離念也. 如來懸知末代罪濁凡夫, 立相住心尙
不能得, 何況離相而求事者! 如似無術通人居空立舍也."

368) 『관무량수불경(觀無量壽佛經)』(『大正藏』 12, p.343a) "是心作佛, 是心是佛."

은 색이 없는 것이어서 범부는 직관(直觀)할 수 없다고 한다. 이것은 범부가 주의력을 집중시킬 수 있는 형상에 의지하도록 하기 위해서는 '방향을 가리키고 형상을 세울' 필요가 있다는 것이다. 그래서 범부를 위하여 방위(서방정토)를 명확하게 지시하고 형상을 수립함(미타의 상호)으로써 범부가 '마음을 머무르게 하고 경계를 취하게 하여' 마음의 힘을 집중시켜 서방극락정토에 왕생하도록 수행하게 한다는 것이다. 그런데 구체적 형상을 떠난 수행 실천은 마치 신통력(神通力)도 없는 사람이 허공 속에 누각을 지어 살 생각을 하는 것처럼 완전히 하나의 공상에 지나지 않는다는 것이다. 이와 같이 도작과 선도는 아미타불정토가 보토(報土)임을 강조하고 중생은 오로지 아미타불의 원력에 의지할 때 비로소 왕생할 수 있다고 강조하고 있다.

도작과 선도는 또 극락이 우월하고 도솔이 열등하다는 관념을 선양하기도 하였다. 도작이 『안락집(安樂集)』 권상(卷上)에서 미타정토와 미륵정토를 비교해 놓은 것을 예로 들어 보면 다음과 같다.

(1) 미륵세존이 하늘의 대중을 위하여 불퇴전법륜을 굴릴 때 법을 듣고 믿음이 생긴 자는 이익을 얻는데 이들을 신동(信同)이라고 한다. 그런데 쾌락에 집착하여 믿음이 없는 자는 그 수가 하나가 아니다. 또 비록 도솔천에 태어나더라도 계위는 퇴전위이다. 이 때문에 경에서 "삼계가 편안하지 못하니 마치 불이 난 집과 같다."고 하는 것이다. (2) 도솔천에 왕생하면 사천 세의 수명을 얻지만 명이 다한 다음에는 물러나 떨어지는 것을 면할 수 없다. (3) 도솔천 위에는 비록 물과 새와 수풀이 있어 새가 슬프고도 아름답게 지저귀지만 하늘에서 생기는 여러 가지 즐거움과 인연이 되어 오욕을 따르느라 성스러운 도의 바탕을 마련하지 못한다. 만약 아미타불의 청정국토로 향하여 일단 왕생하면 모두 아비발치(불퇴전자)로서 퇴전자와 뒤섞여 사

는 일은 없다. 다시 계위를 회복한 자는 번뇌가 없고, 삼계를 벗어나 다시는 윤회하지 아니한다. 그 수명을 말하자면 부처와 같아서 이루 헤아릴 수 없다. 그곳에도 물과 새와 수풀이 있고 모두 설법할 수 있어서 듣는 이가 깨달아 해탈하고 태어나지도 않고 죽지도 않는 지혜[無生法忍]를 얻게 된다. (4) 대경에 의하면 음악만 비교하여도 경은 이렇게 찬탄하고 있다. "세상의 제왕에서부터 육욕천에 이르기까지 음악은 8중으로 미묘하게 전개되어 전보다 억만 배로 뛰어나게 훌륭하게 변한다. 보배로 된 나무에서 흘러나오는 음악의 아름다움이 배가 되는 것도 역시 그러하다. 또 저절로 나오는 미묘한 기악은 법음이 맑고 부드러워 마음과 정신을 기쁘게 하고 슬프고 순하고 아름답고 밝고 시방을 초월하기 때문에 그 청정한 공덕에 머리 숙여 예배한다."369)

'아비발치(阿毘跋致)'란 불퇴전(不退轉), 즉 물러나지 않는다는 뜻이다. 이것은 미륵정토에 왕생하면 수명이 유한하여 물러나게 되지만, 미타정토에 왕생하면 그 수명이 부처와 마찬가지로 무량하여 절대로 물러나지 않게 된다는 것이다. 따라서 미타정토는 미륵정토보다 훨씬 뛰어난 세계라는 것이다. 이와 함께 가재(迦才)가 편찬한 『정토론(淨土論)』370)에서는 극락정토는 실재하는 것이지만 도솔정토는 허상이며, 극락정토는 정토(淨土)이지만 도솔천궁은 예토(穢土)라는 것을 한층 더 선양하고 있다. 또 양자의 차이를 열 가

---

369) 『大正藏』 47, p.9bc, "一, 彌勒世尊爲其天衆轉不退法輪, 聞法生信者獲益, 名爲信同; 著樂無信者, 其數非一. 又來雖生兜率, 位是退處, 是故經云: "三界無安, 猶如火宅". 二, 往生兜率, 正得壽命四千歲, 命終之後, 不免退落. 三, 兜率天上雖有水鳥樹林和鳴哀雅, 但與諸天生樂爲緣, 順於五欲, 不資聖道. 若向彌陀淨國, 一得生者, 悉是阿毘跋致, 更無退人與其雜居. 又復位是無漏, 出過三界, 不復輪回. 論其壽命, 卽與佛齊, 非算數能知. 其有水鳥樹林, 皆能說法, 令人悟解, 證會無生. 四, 據大經, 且以一種音樂比校者, 經贊言: "從世帝王至六天, 音樂轉妙有八重, 展轉勝前億萬倍, 寶樹音麗倍亦然. 復有自然妙伎樂, 法音淸和悅心神, 哀婉雅亮超十方, 是故稽首淸淨勳.""

370) 『大正藏』 47.

지로 거론하며 논증을 전개하고 있다.

정토종의 선양으로 아미타불은 보토(報土)로서 미륵정토보다 뛰어나다는 사상이 보편적으로 인정받게 되었다.

제4절 유심정토관념의 유행

유심정토사상이 선양되고 유행했다는 사실은 불교정토관념의 전형이 중국에서 변화했다는 사실을 의미하는 중대한 지표가 된다. 이른바 유심정토는 마음이 일체의 근원이며 정토는 마음이 나타난 것이고 오로지 마음이 변화를 일으킨 것이므로 정토는 중생의 마음속에 존재하는 것이라고 한다. 다시 말해서 인간의 마음에서 불과 정토를 체험하고 깨닫는다는 주장으로서, 자기의 마음을 관찰하면 자성(自性)의 미타와 정토가 나타난다는 것이다. 따라서 아미타불과 극락정토는 자신의 마음속에 갖추어져 있으므로 "자기의 마음이 미타이고 오직 마음속에 정토가 있다."고 한다.

'유심정토(唯心淨土)'를 강력하게 제창한 이들은 선종의 대사들이었다. 그들은 『유마경』의 "마음이 청정하면 그에 따라 불토가 청정해진다."371)는 사상에 근거하여, 염불을 통하여 서방정토에 왕생하고자 하는 수행방식을 비판하고, 마음 그대로가 바로 정토[卽心卽淨土]라는 주장을 선양하였다.

예를 들어 선종의 사조(四祖) 도신은 "마음은 본래 나지도 않고

---

371) 『大正藏』 14, p.538c, "隨其心淨, 則佛土淨."

죽지도 않는 것으로서 구경청정하므로 이것이 바로 청정한 불국토
라는 것을 안다면 다시 서방으로 향할 필요가 없다."372)고 하였다.
중생의 본심이 바로 불국정토이므로 바깥에서 추구할 필요가 없다
는 것이다.

혜능(慧能)은 아미타불을 항상 잊지 않고 생각하면 서방극락세계
에 왕생할 수 있는가를 묻는 질문에 다음과 같이 답했다. "미혹한
이는 불을 잊지 않고 생각하면 불이 나타난다고 한다. 깨달은 이는
스스로 자기 마음을 깨끗이 한다. 그 때문에 붓다는 마음이 깨끗하
면 그에 따라 불토가 깨끗해진다고 말한 것이다."373) 이것은 염불
로써 왕생하기를 기대하는 사람은 미혹된 자라고 비판하는 것이다.
사리에 밝은 사람은 이와는 달리 자기 마음의 청정을 구한다. 마음
이 깨끗해지면 불토가 청정해지기 때문이다.

대주혜해선사(大珠慧海禪師)는 더 나아가 이렇게 말했다.

> 경에 이르길, 정토를 얻고자 하거든 그 마음을 청정하게 해야 한다.
> 마음이 청정하면 그에 따라 불토도 청정해진다. 만약 마음이 깨끗하
> 면 머무는 곳 모두가 정토이다. ……그 마음이 깨끗하지 못하면 태어
> 나 머무는 곳 모두가 예토이다. 정토와 예토는 마음에 있는 것이지
> 국토에 있는 것이 아니다.374)

여기서 대주혜해선사는 정토와 예토의 구별을 전적으로 마음의

---

372) 『인도안심요방편법문(人道安心要方便法門)』, 『능가사자기(楞伽師資記)』에서 인용
해 온 것이다(『大正藏』 85, p.1287c). "若知心本來不生不滅, 究景清淨, 卽是淨佛國
土, 更不須向西方."

373) 『단경(壇經)』[35]. "迷人念佛生彼, 悟者自淨其心, 所以佛言 隨其心淨則佛土淨."

374) 『대주선사어록(大珠禪師語錄)』 권下, 석준 등 편찬, 『중국불교사상자료선편』 제2권·
제4책, p.200, 201. "經云, 欲得淨土, 當淨其心, 隨其心淨, 卽佛土淨. 若心清淨, 所在
之處, 皆爲淨土. ……其心若不淨, 在所生處, 皆是穢土. 淨穢在心, 不在國土."

청정과 잡예로 귀결시켜 보다 선명하게 유심정토사상을 표현하여 마음의 밖에 객관적으로 서방극락정토가 존재한다는 것을 부정하였다.

송대에 이르러 유심정토사상을 계승한 연수선사(延壽禪師, 904~975)도 "오로지 마음으로 불을 잊지 않고 생각하고 오롯한 마음으로 관찰하면, 만법이 두루 갖추어져 있고 모든 경계가 오직 마음에 달려 있음을 알게 되어, 마음이 불임을 깨달으면 생각에 따라 불이 아닌 것이 없게 된다."375)고 하였다. 그는 유심염불(唯心念佛)은 오로지 마음으로써 만사만물을 관조하는 것으로 일체의 경계는 모두 오직 마음이 만드는 것이고, 이것을 깨닫는 마음이 불이므로 오롯한 마음으로 잊지 않고 생각하는 것이 바로 불이라고 하였다. 오롯한 마음으로 생각하면 불 아닌 것이 없으므로 그는 더 나아가 "유심정토는 시방에 두루 있다."376)고 주장하였다. 오직 마음이 만든 정토는 시방세계에 두루 있어 무한히 광대하다는 것이다. 동시에 연수(延壽)는 선사(禪師)들이 서방극락정토에 대한 견해를 버리는 것도 부정하고, 유심정토와 서방정토에 왕생하는 수행은 일치한다고 보았다. 그는 능력이 강한 사람은 선(禪)을 익히고, 능력이 부족한 사람은 여러 가지 선(善)을 수행(修行)할 것을 제창하였다. 그리고 그는 큰 소리로 염불하고 선(禪)과 정(淨)을 아울러 행할 것을 선양하며 선과 정은 일치한다고 주장하였다. 이후, 선정쌍수(禪淨雙修)는 차츰 선문의 보편적 수행방식으로 자리 잡게 되었다.

---

375) 『만선동귀집(萬善同歸集)』 권上, 『大正藏』 48, p.967a, "唯心念佛, 以唯心觀, 遍該 萬法, 既了境唯心, 了心卽佛, 故隨所念無非佛矣."

376) 『만선동귀집(萬善同歸集)』 권上, (『大正藏』 48, p.966b), "唯心淨土, 周遍十方."

선종의 유심정토사상은 사유형식의 측면에 있어서 천태종의 '일념삼천(一念三千)', 유식종의 '유식소변(唯識所變)', 화엄종의 유심회전(唯心回轉) 사상과 공통되는 부분이 있다. 따라서 유심정토설역시 선·천태·화엄 등 여러 종파가 한때 열띠게 토론한 내용이다.

　　예를 들면 천태종의 지례(知禮)는 그가 지은 『관무량수경소묘종초(觀無量壽經疏妙宗鈔)』에서 유심정토설은 단지 표현에 있어서약간의 차이가 있을 뿐이라는 주장을 하고 있다. 지례는 '약심관불(約心觀佛)'설을 제시하였는데, 이것은 마음에서 불을 본다는 것이다. 이러한 관불(觀佛)은 불을 마음속에 넣고서 보는 것이 아닐 뿐아니라 마음의 전부를 불 내부에 넣고서 보는 것도 아니다. 단지마음만 관찰하고 생각하는 것도 아니며, 불만 관찰하고 생각하는것도 아니다. 여기서 지례는 "온전한 마음이 불이요, 온전한 불이마음이다."[377] 또 '마음과 불은 한 몸이다[心佛同體].' '마음 바깥에 불은 없다[心外無佛].'라는 사상적인 기초 위에서 관불을 강조하고 있다. 지례는 마음의 작용을 부각시켜 자기의 마음을 통하여불을 볼 것을 강조하면서도 불을 관하고 생각하는 것[觀想]을 중시하여 불은 자신의 마음속에 있다는 것을 긍정하였다. 이는 사실상유심정토사상의 진전이라고 볼 수 있다.

　　유심정토사상은 정토종 내부에서도 반향을 일으켜 다양한 견해들이 나오게 되었다.

　　가령 선도(善導)의 제자 회감(懷感)은 유식설(唯識說)의 영향을받아 유심정토설(唯心淨土說)을 수용하고, 정토는 사람의 마음이

---

377) 『관무량수경소묘종초(觀無量壽經疏妙宗鈔)』 권1, 『大正藏』 37, p.197c, "全心是佛, 全佛是心."

만든 것이라는 주장을 하였다. 그는 "여래에 의지하여 무루토에서 자신의 마음을 변화시켜 유루토를 만들고 그 속에 태어난다. …… 비록 유루토이지만 여래의 무루국토에 의지하여 변화한 것이기 때문에 불의 무루토와 아주 비슷하고 여러 악이나 허물이나 근심이 또한 없다."[378]고 하였다. 불의 원력을 빌려 일반 범부에게 생긴 정토는 결코 번뇌와 더러움이 없는['無漏'] 불의 청정한 국토가 아니고, 단지 불의 청정국토에 의지하여 자신의 마음이 변하여 나타난 유사한 정토에 지나지 않는다는 것이다. 말하자면 일반 범부에 의해 생겨난 정토는 자신의 마음의 변현(變現)일 뿐 결코 진정한 불의 정토가 아니라는 것이다.

당대(唐代)의 자민삼장 혜일(慈愍三藏 慧日, 680~748)은 염불로써 정토에 왕생한다는 주장을 선종이 비판한 것에 대해 글을 지어 논박하면서, 염불하고 독경하는 등 일체의 정토수행이 모두 선(禪)이며 선(禪)과 염불을 병행하여 수행할 것을 제창하였다.

명 말(明末)의 주굉(朱宏)은 다음과 같이 평론하였다. "이른바 유심정토라는 것이 있다. 십만억 찰토 밖에 다시 극락정토가 있다는 것이 아니다. 이 유심설은 원래 경에서 나온 것으로 진실하며 잘못된 것이 아니다. 다만 그것을 인용하고 거론한 자들이 그 종지를 잘못 이해한 것이다. 마음이 바로 경계이다. 마음 밖의 경계라는 것은 절대로 없다. 경계가 바로 마음이고 경계 밖에 마음이 있는 것이 아니다. 경계는 전부 마음인데 어찌하여 마음을 정하여 잡을 필요는 있다고 하면서 경계는 배척하려고 하는가? 경계를 빼놓

---

378)『석정토군의론(釋淨土群疑論)』제1, (『大正藏』 47, p.32b), "依彼如來無漏土上, 自心變現作有漏土, 而生其中, ……雖有漏, 以托如來無漏之土而變現故, 極似佛無漏, 亦無衆惡過患.."

고 마음을 말하는 것은 아직 마음에 도달하지 못한 자이다."379)

이 글에 의하면 선종이 유심정토설로써 서방극락정토의 존재를 부정하는 것은 경전의 정신에 부합되지 않는다. 마음과 경계는 상즉하는 관계이므로 서로 배척할 수 없다. 마음에 집착함으로써 경계를 배척하거나 유심으로써 서방정토를 부정하는 것은 결코 진정으로 마음에 통달한 것이라고 할 수 없는 것이다. 주굉은 선정쌍수(禪淨雙修)를 염불의 상위수행으로 통일시키고 명호를 부르면서 하는 염불은 정토에 왕생하는 데 가장 중요한 법문이라고 강조하였다.

송대(宋代) 율종의 원희(元熙, 1048~1116) 역시 유심정토설을 주장하였다. 원희는 본래 천태종의 영향을 받았으나 지례(知禮)의 약심관불설(約心觀佛說)에 찬성하지 않고 마음을 보는 것[觀心]이 아닌 아미타불을 볼 것[觀阿彌陀佛]을 강조하였다. 그는 아미타불을 보고 대상과 마음이 일체임을 깨달을 때, 불이 바로 마음이 된다고 생각하였다. 원희는 관불(觀佛)의 기초 위에서 마음과 불의 관계를 이해하고 더 나아가 유심정토설을 긍정한 것이다.

위에서 살펴본 바와 같이 송대 이래로 유심정토와 선정(禪淨) 일치에 대한 주장은 대체로 이미 중국불교 각 종파의 공통된 인식이었다. 다만 구체적인 설명과 수행방법에 있어서는 여전히 차별이 존재하고 있음을 알 수 있다.

---

379) 『수착·죽창이필·정토불가언무(手著·竹窓二筆·淨土不可言無)』, 『운서법휘(云栖法彙)』 제24책, "有謂唯心淨土, 無復十萬億刹外更有極樂淨土. 此唯心之說, 原出經語, 眞實非謬. 但引而據之者錯會其旨. 夫卽心卽境, 終無心外之境; 卽境卽心, 亦無境外之心. 卽境全是心, 何須定執心而斥境? 拔境言心, 未爲達心者矣."

제5절 인간정토 사상의 제창

　근대 이래로 서양학문이 동양으로 유입되자 중국사회는 거대한 충격에 직면하였고 역사는 끊임없는 변천을 거듭하였다. 시국은 바람 불고 비 오는 밤처럼 암담하고 혼란스러웠으며, 전란이 끊임없이 발생하여 먹구름이 온 하늘을 뒤덮고 있는 것 같았다. 중국불교는 전반적으로 활기를 잃고 위축되어 침체 국면을 맞이하게 되었다. 바로 이러한 중국역사의 대전환기에 중국불교는 날이 갈수록 쇠락해져 갔다.

　시대의 도전을 받는 이 엄중한 시기에 불교의 새로운 지도자로 받들어진 태허대사(太虛大師, 1890～1947)는 중국사회의 발전 추세와 시대적인 맥박을 면밀하고 예리하게 감지하고 '인간정토(人間淨土)'설을 주창하였다. 그리고 이에 상응하는 '인생불교(人生佛教)'와 '인간불교(人間佛教)'라는 관념을 제시하였다. 태허의 주장은 다시 인순(印順) 등에 계승되어 현대 중국불교가 실천하고 추구하는 새로운 이상과 중국불교 현대화의 새로운 진로를 주도하게 되었다.

　태허는 그가 지은 『건설인간정토론(建設人間淨土論)』에서 먼저 광범위하게 미륵정토와 미타정토를 설명한 후에 곧 이어 '인간정토(人間淨土)'를 주장하고 있다.

　　근자에 이르러 정토를 수행하는 대부분의 사람들이 이곳은 청정하지 않아서 반드시 이 추악하고 혼탁한 세상을 벗어나 별도의 훌륭한 정토에 왕생할 것을 추구해야 한다고 한다. 그러나 이것은 일부분의 사람을 위한 소승적인 수행방법이지 대승적인 정토행이 아니다. ……현재 세상 사람들이 비록 훌륭하지도 않고 장엄하지도 않지만, 각자가 한 조각의 청정한 마음에 의지하여 청정하고 착한 인연을 많이 닦고 모아서 조금씩 나아가 세월이 흘러 오래 지나면 이 추악하고 혼탁한 세상이 문득 일변하여 장엄한 정토가 될 수 있고 인간 밖에서 따로 정토를 구할 필요가 없으므로 인간정토라고 한다.380)

그는 인간을 떠나 별도의 정토를 구하는 것은 대승정토수행의 목적이 아니라고 생각하였다. 각 개인의 청정한 마음을 빌어 함께 노력하여 한 걸음 한 걸음씩 오탁악세를 인간정토로 변화시켜 나갈 것을 강조하고 있다.

태허의 관점에 의하면 정토는 바로 훌륭한 사회이며 이것은 사람의 마음이 청정하여 얻은 선의 과보이다. 혼탁한 국토는 추악한 사회이며 사람들의 마음이 바르지 않아 받은 악의 과보이다. 그는 모두가 오로지 훌륭한 마음과 지혜와 순수하고 바른 사상으로 정상적인 일들을 이루어 나간다면, 혼탁한 중국을 하나의 정토 중국으로 건설하는 것이 그리 어려운 일이 아니라고 생각하였다.

인간정토의 이상을 제시하고 추진하고 실현하는 데 보조를 맞추기 위하여 태허는 불교를 개조하는 데에도 주의를 기울였다. 불교를 인생화하고 인간화하기 위하여 '인생불교'와 '인간불교'를 제창하였다.

'인생불교'는 인류를 중심으로 하고 인생을 기초로 하는 불교를

---

380) 『부록·창조인간정토((附錄·創造人間淨土)』, 『태허대사전서(太虛大師全書)』 제47책. [79], p.427(上海: 上海大法輪書局, 1948), "近之修淨土者, 多以此土非淨, 必須脫離此惡濁之世, 而另求往生一良好之淨土. 然此爲一部分人小乘自了之修行方法, 非大乘的淨土行. ……今此人間雖非良好莊嚴, 然可憑各人一片淸靜之心, 去修集許多淨善的因緣, 逐步進行, 久而久之, 此濁惡之人間便可一變而爲莊嚴之淨土, 不必於人間之外另求淨土, 故名爲人間淨土."

말한다. 말하자면 인류 이외의 기타 중생, 즉 천신(天神)과 귀신 등의 존재에 대해서는 말하지 않고 현실생활 속의 인간의 삶을 중시하고 '인간의 죽음'은 중시하지 않는다. 태허는 인간의 삶은 인간의 죽음보다 소중하며 생활(生活)이 생사(生死)보다 중요하다고 생각하였다.

'인생불교' 내용의 핵심은 하나의 훌륭한 사람이 되는 것을 중시하고 인격을 성취하여 성불의 경지에 들어가는 것이다. "오로지 불타를 우러러 보며 인격을 완성한다. 인간이 성불하면 완성된 것이니 이를 진정한 현실이라 한다."381) 태허의 유명한 이 시구는 인생불교의 진면목을 어느 정도 명확하게 표현하고 있다.

태허는 또 '출가승려 본위'로 편중되어 있는 인생불교의 기초에서 진일보하여 '사회 전체'를 향한 '인간불교'의 이념을 제시하고 있다. 그는 「어떻게 인간불교를 건설할 것인가?」라는 글을 통하여 "인간불교는 사람들이 인류를 떠나 무슨 신이 되거나 귀신이 되는 것이 결코 아니고, 모두가 출가하여 사원이나 산림으로 들어가 승려가 되는 불교도 결코 아니다. '인간불교'는 바로 불교의 도리로써 사회를 개량하고 인류를 진보하게 하여 세계를 개선하는 불교이다."382)라고 하였다. 이와 같이 '인간불교'의 이념은 불교의 교리를 활용하여 사람들을 교화하고 제도하고 개량하여 완벽하게 훌륭한 사회의 의미와 공능을 부각시킴으로써, 인생불교의 실행범위를 확대하였고 불교가 사회현실에 한 걸음 더 접근하게 하였다.

---

381) 『즉인성불적진현실론(卽人成佛的眞現實論)』, 『태허대사전서(太虛大師全書)』 제47책. [1], p.457, "仰止唯佛陀, 完成在人格; 人成佛卽成, 是名眞現實."

382) 『태허대사전서(太虛大師全書)』 제47책, [1], p.431.

태허의 제자 인순(印順) 역시 인생불교에 바탕을 두고, 다시 인생불교를 초월하는 인간불교를 제창하였다.383) 그는 사망과 귀신에 치중하고 정신과 영생에 편중되어 있는 불교를 바로잡기 위해서는 반드시 '인간불교'를 고양해야 한다고 생각하였다. 그래서 "진정한 불교는 인간적인 것이며, 오직 인간적인 불교만이 비로소 불법의 진정한 의미를 나타낼 수 있다."384)고 강조하였다. 조박초(趙朴初) 도 태허의 사상을 수용하여 "인간불교의 우월성을 선양할 것"385) 을 주장하였다. 그는 "인간불교의 주요 내용은 오계(五戒)와 십선 (十善)이다." 386)라고 하며 '인간불교'의 핵심 내용을 불교의 기본적인 도덕규범으로 귀결시키고 있다. 또한 '인간불교'의 의의는 사람들이 충분히 스스로 깨달아 고상한 도덕과 품행을 세울 수 있게 하는 데 있고, 남을 돕는 것을 즐거움으로 삼는 정신문명을 만들어 국가와 사회에 도움이 되고, 나아가 이것으로써 인간을 정화하여 인간정토를 건설하는 데 있다고 생각하였다.387)

태허가 제시한 인간정토와 인생불교·인간불교의 이념은 시대적·역사적 배경 이외에 여러 가지 복잡한 사상적인 연원을 지니고 있다.

첫째, 인간정토 사상은, 사람은 모두 청정심(淸淨心)을 지니고 있다는 것을 출발점으로 하고 있다. 이는 망령된 마음을 제거하고 덕행을 실천하여 현실의 인간을 떠날 필요 없이 인간세상을 고상

---

383) 印順, 『묘운집(妙雲集)』 하편 『불재인간(佛在人間)』(臺北: 正聞出版社, 1992)에 자세히 보임.
384) 『태허대사전서(太虛大師全書)』 제47책, [1], p.22.
385) 趙朴初, 『불교상식문답(佛敎常識問答)』, p.110(『法音』문고, 중국불교협회, 1990).
386) 趙朴初, 『불교상식문답(佛敎常識問答)』, p.110.
387) 趙朴初, 『불교상식문답(佛敎常識問答)』, p.110, p.113. 참조.

한 도덕과 정신문명의 정토로 변화시켜 서로 돕는 화목한 낙원으로 변모시키는 것이다. 『유마힐경(維摩詰經)』에서 언급한 "마음이 청정하면 국토가 청정하다[心淨則國土淨]."는 것이 인간정토설의 주요한 이론적 기초임을 알 수 있다.

둘째, 인생불교와 인간불교의 제창은 중국 유가의 인학사상(人學思想)과 나누어 생각할 수 없다. 이 점에 관해서는 태허도 이미 수많은 저술 속에서 분명하게 설명하였다. 유가는 사람의 일을 중시하고 귀신을 멀리한다. 그들은 '세상으로 나아가 백성을 구제하며', '세상을 경영하여 현실적인 문제 해결을 도모하는 것'을 강조한다. 또한 윤리 도덕적인 교화와 수양을 중시하여 군자의 인격을 제창하였다. 이러한 것들은 인생불교와 인간불교의 내용을 정의하고 실천방법을 선택하는 데 있어 중대한 영향을 끼쳤다.

셋째, 태허는 전통불교의 한계를 과감하게 타파하였다. 이것은 당시의 새로운 사상적인 조류를 열정적으로 반영한 그의 예리한 감수성에 바탕을 둔 것이다. 그는 강유위(康有爲)의 『대동서(大同書)』, 양계초(梁啓超)의 『신민설(新民說)』, 장태염(章太炎)의 『고불제자설(告佛弟子說)』, 엄복(嚴復)이 번역한 『천연론(天演論)』, 담사동(譚嗣同)의 『인학(仁學)』 그리고 손중산(孫中山)의 『삼민주의(三民主義)』, 추용(鄒容)의 『혁명군(革命軍)』 등 서적을 두루 탐독하여 안목을 넓히고 시대적인 사명감을 높였다. 이것은 그가 새로운 불교이론을 제창하고 신불교운동을 전개시켜 나가는 데 결정적인 동력이 되었다. 따라서 인간정토와 관련된 인생불교와 인간불교의 이념은 비록 인도불교사상에도 함유되어 있기는 하지만, 엄격하게 말하자면 그 주된 내용은 중국의 불교사상, 다시 말해 중국

근대의 불교사상이라고 말할 수 있다.

본질적인 측면에서 볼 때 태허 등의 인간정토와 인생불교·인간불교의 이념은 사람들의 도덕적 소양을 제고하고 정신적인 경지의 승화를 강조함으로써 인간사회를 나날이 정화하고 문명화하여 화목하고 아름답게 하는 데 있다. 이러한 이념은 초기불교의 출세간 정신이나 불교의 범중생론(汎衆生論)과 결코 일치되지는 않지만 중국의 전통문화와 중국인들의 실제 정황과 결합하고 시대적인 요청에 부응한 것이기 때문에 현대 중국불교의 실천활동에 있어서 지침이 되었고 동시에 강력한 생명력을 발휘하게 되었다.

위에서 설명한 것을 종합하면 중국불교의 인생이상론은 내용도 매우 풍부하고 민족적인 특색도 농후하다. 중국의 불교학자는 수용하고 이해하는 과정을 거친 후 창조에 이르고 있다. 한편으로 중국불교의 인생이상론은 중국인의 장생불사에 대한 강렬한 욕망과 신비한 경계에 대한 열렬한 기대에 부응하여 서방정토사상을 강력하게 선양하였다. 또 한편으로는 자신의 마음이 열반이고 자성이 바로 불이라는 것과 인간정토의 이념을 제시하여 인간의 마음을 소중하게 여기고 인생을 중시하며 인간을 존중하고 현실을 중시하는 사유의 특징을 나타내고 있다. 이것은 인도불교에 비하여 일대 사상적 전환을 이룬 것이며 사상적 발전을 한 것이다.

▍저자 팡리티엔(方立天)

　　북경대학 졸업, 인민대학 종신교수
　　인민대학 철학계와 종교학계 박사 지도교수

　　[주요 저서]

　　위진남북조불교논총
　　불교철학(1986년 도서영예상)
　　중국불교와 전통문화
　　중국고대철학문제발전사상·하권
　　중국불교사상사료선편 4권10책
　　중국불교철학요의상·하권 등

▍역자 김봉회

　　동국대학교 대학원 불교학과(철학박사)
　　경북외국어대학교 총장
　　서울불교대학원대학교 불교학과 교수
　　현) 한국교육선진화연구원 원장

▍ 역자 이봉순

　　경북대학교 사범대학 영어교육과
　　동국대학교 대학원 불교학과(철학박사)
　　서울불교대학원대학교 불교학과 교수

▍ 역자 황성규

　　중국 인민대학 철학과(철학박사)
　　한남대학교 강사
　　대전 보문고등학교 교사

중국불교철학 인생론 01

초판인쇄 | 2006년 12월 31일
재판인쇄 | 2010년 5월 20일

저　　자 | 팡리티엔(方立天)
역　　자 | 김봉회, 이봉순, 황성규
펴 낸 이 | 채종준
펴 낸 곳 | 한국학술정보(주)
주　　소 | 경기도 파주시 교하읍 문발리 파주출판문화정보산업단지 513-5
전　　화 | 031) 908-3181(대표)
팩　　스 | 031) 908-3189
홈페이지 | http://www.kstudy.com
E-mail | 출판사업부 publish@kstudy.com
등　　록 | 제일산-115호(2000. 6. 19)

ISBN　978-89-268-0986-0 93220 (Paper Book)
　　　　978-89-268-0987-7 98220 (e-Book)
　　　　978-89-268-0984-6 93220 (Paper Book set)
　　　　978-89-268-0985-3 98220 (e-Book set)